Zeitansage

Texte zur ökumenischen Situation

Friedrich Weber

Zeitansage

Texte zur ökumenischen Situation

Mit einem Geleitwort von
Walter Kardinal Kasper

Verlag Otto Lembeck
Frankfurt am Main

Umschlagbild: Ökumenische Vesper im Paderborner Dom 2009

FSC
www.fsc.org
MIX
Papier aus verantwortungsvollen Quellen
FSC® C019461

Bibliografische Information der Deutschen Nationalbibliothek
Die Deutsche Nationalbibliothek verzeichnet diese Publikation in der Deutschen Nationalbibliografie, detaillierte bibliografische Daten sind im Internet über http://dnb.d-nb.de abrufbar.

ISBN 978-3-87476-630-2

Umschlagentwurf: Markus Wächter

Gesamtherstellung: Druckerei und Verlag Otto Lembeck
Frankfurt am Main und Butzbach

Dieses Buch widme ich Walter Kardinal Kasper, dem vormaligen Präsidenten des für die Ökumene zuständigen Päpstlichen Rates zur Förderung der Einheit der Christen, in Dankbarkeit für die intensive Zusammenarbeit. Die Ökumene ist für ihn nicht eine Option, sondern eine Pflicht, die in der Botschaft Jesu ihren Grund hat. Seit 1999, als er Sekretär des Einheitsrates wurde, hat er, von dieser Einsicht geleitet, unter nicht immer leichten Bedingungen das theologische Gespräch und den Austausch zwischen den Kirchen aufrechtgehalten und gefördert. Kardinal Kasper plädiert für einen Dialog im Sinne des Zeugnisgebens und der sich selbst hingebenden Liebe und für eine geistliche Ökumene – nicht als Ersatz für solide wissenschaftliche Arbeit, sondern als deren Vertiefung und Rückbindung an den Heiligen Geist.

Friedrich Weber

Inhalt

III. Kommentare

IV. Interviews

V. Catholica-Berichte 2006–2010

Geleitwort

Der ökumenische Dialog zwischen den Kirchen hat in den letzten Jahrzehnten in Deutschland wesentliche Fortschritte gemacht. Dazu hat Landesbischof Professor Dr. Friedrich Weber als Catholica-Beauftragter der VELKD und ACK-Vorsitzender einen wichtigen Beitrag geleistet.

Landesbischof Weber hat sich im ökumenischen Gespräch immer als ein fairer und zugleich kompetenter, allseits geschätzter Partner erwiesen. Nicht zuletzt durch sein Engagement und seine Mitarbeit wurde im Jahr 2007 die Erklärung zur wechselseitigen Anerkennung der Taufe durch elf Mitgliedskirchen der ACK Deutschlands möglich. Sie hat wie zuvor die Gemeinsame Erklärung zur Rechtfertigungslehre im Jahr 1999 das gemeinsame Erbe, das evangelische und katholische Christen verbindet, neu bewusst gemacht. Nur auf dieser gemeinsamen Grundlage können die leider noch immer bestehenden Unterschiede in Lehre und Praxis verstanden, eingeordnet und zu überwinden versucht werden.

Auch in der Zusammenarbeit in gesellschaftlichen, kulturellen und sozialen Fragen sind wir uns in den letzten Jahrzehnten erfreulich näher gekommen. Durch die gemeinsamen Erklärungen zu diesen Fragen tun die Kirchen einen wichtigen gemeinsamen Dienst für das Gemeinwohl und für die Menschen in unserer Gesellschaft. Beide Kirchen sind fest entschlossen, auf dem eingeschlagenen Weg der Zusammenarbeit und der Annäherung gewappnet sowohl mit Geduld wie mit Mut zuversichtlich weiter zu gehen.

Es freut mich, dass der vorliegende Band von Landesbischof Friedrich Weber mit dessen Catholica-Berichten, Vorträgen, Kommentaren, Predigten und Interviews erscheinen kann. Sie sind – wie man sich dies bei ökumenischen Gesprächspartnern wünscht – immer instruktiv, und auch wenn sie kritisch Stellung beziehen, konstruktiv weiterführend. Ich hoffe und wünsche, dass sie zur weiteren Verständigung und Annäherung zwischen unseren Kirchen beitragen können. Landesbischof Friedrich Weber wünsche ich noch für viele Jahren Gesundheit und Gottes reichen Segen.

Walter Kardinal Kasper
Ehemaliger Präsident des
Päpstlichen Rates zur Förderung der Einheit der Christen

Einleitung

„Selbstverständlichkeiten müssen in der Regel nicht begründet werden. Und umgekehrt gilt: Was begründet werden muss, ist in aller Regel nicht selbstverständlich.“ [1]

Ökumene ist selbstverständlich, zumindest für die, die das Wort aus Johannes 17,21 gelesen und in ihr Herz und ihren Verstand haben fallen lassen: „Alle sollen eins sein: Wie du, Vater, in mir bist und ich in dir bin, sollen auch sie in uns sein, damit die Welt glaubt, daß du mich gesandt hast.“ Durch Jesus sind die Jünger in die Gemeinschaft von Vater und Sohn genommen. Aus dieser Teilhabe an der Einheit lebt die Gemeinde und bestätigt dadurch den Wahrheitsanspruch Jesu und macht das in ihm geschenkte Heil zugänglich. Ökumenisches Engagement muss nicht begründet werden, es gehört zum Gemeinde-Sein, zum Kirche-Sein dazu. Partnerschaftsbeziehungen der Kirchen zu europäischen Nachbarkirchen oder weit darüber hinaus – in die Weite der Ökumene also – prägen die Arbeit vieler Gemeinden in Deutschland. Die Missionswerke, der Evangelische Entwicklungsdienst und Brot für die Welt haben den theologischen, politischen und sozialen Horizont geweitet. Christen wissen, die Brotfrage der Bitte des Vaterunsers ist eine soziale Frage. Es geht um das rechte Maß und die gerechte Verteilung unter den Kindern Gottes auf der bewohnten Erde, der Ökumene.

Das ist das Eine, das Andere aber ist, dass sich genau diese Kinder des Einen Gottes nach wie vor nicht einig darüber sind, wie sie denn eins werden und sein können. Nicht selten wird der Eindruck erweckt, dass Ökumene erst gelebt werden könnte, wenn ein Akt eines wie auch immer gearteten Vertragsabschlusses stattgefunden habe. Oft werden auch Dialoge nach diesem Maßstab bewertet. Das aber widerspricht dem genuinen Wesen der Kirche Jesu Christi, die keineswegs durch Verträge begründet wird, sondern aus dem Glauben an Gottes Wort und Sakrament lebt. Die ökumenische Gemeinschaft der Kirchen wächst folglich nicht dadurch, dass wir nach und nach alle möglichen Fragen abhaken und sie damit erledigt wären, sondern indem wir unsere Gemeinschaft immer wieder mit Leben erfüllen und auch, indem wir unsere jeweiligen zentralen Glaubenswahrheiten im Dialog zu vermitteln versuchen und so darstellen, dass alle Gesprächspartner

1 Markschies, Christoph, Die altkirchlichen Väter – eine ökumenische Herausforderung?, in: Horizonte. Halbjahresschrift des Kirchenbezirks Mühlbach Siebenbürgen, Heft 1/2006, 40ff

einen Erkenntnisgewinn haben. Dies gilt auch für die Fragen, an denen wir uns noch oder jetzt wieder reiben. Wir müssen sie miteinander an der Heiligen Schrift prüfen.

Es könnte allerdings sein, dass die Vermutung Ebertz' zutrifft, der meint, dass Ökumene kurz- und mittelfristig gesehen, „allenfalls … als Netzwerk weiterentwickelbar zu sein (scheint), als Netzwerk eines zivilisierten, konstruktiven wie kritischen Begegnungsgefüges des Dialogs, der Kooperation und des Gebets – und ist realistischerweise mit keinen weiteren Erwartungen zu überfrachten – auch um sich in seinem Engagement nicht zu frustrieren".[2]

Dies bedeutet aber nicht, dass die Hoffnung auf die Erreichung eines Lehrkonsenses beispielweise zwischen Lutheranern und Römisch-Katholischen in Fragen des Amtes, der Eucharistie z. B. aufgegeben ist. Nach Harding Meyer muss die gesuchte Einheit der Kirche „gerade in einer klaren, verlässlichen und darum auch aussagbaren Übereinstimmung und Gemeinschaft im Bekenntnis des Glaubens, in den Sakramenten und im kirchlichen Amt ‚sichtbar' und erfahrbar werden".[3]

Einige der bereits jetzt im Sinne gelebter Ökumene anzugehenden Aufgaben sind leicht zu benennen. Neben dem gemeinsamen Zeugnis in gesellschaftspolitischen Fragen geht es auch um die Themen:

- Eucharistische Gastfreundschaft
- Konfessionsverbindende Ehen
- Ökumenische Sonntagsgottesdienste
- Christliche Kirchen in Europa
- Vermittlung des Glaubens

Der vorliegende Band mit Predigten, Vorträgen, Kommentaren und Interviews möchte einen Beitrag dazu leisten, dass Ökumene nicht nur in kirchlichen „Sonntagsreden" beschworen, sondern in theologischer Klarheit, in spiritueller Lauterkeit und selbstverständlicher Alltäglichkeit gelebt wird. Gemeint ist eine Ökumene, die Christen in allen christlichen Denominationen umfasst. Die Texte sind vor allem Frucht meiner Tätigkeit als Catholica-Beauftragter der Vereinigten Evangelisch-Lutherischen Kirche Deutschlands (VELKD), dem die Pflege der Beziehungen zur römisch-katholischen Kirche aufgetragen ist. Die Berichte hierzu werden der Generalsynode vorgetragen. Unterschiedliche Kommentare und Interviews in säkularen und

---

2 Ebertz, Michael N., Ökumene am Wendepunkt? – Eine soziologische Perspektive, in: epd-Dokumentation 12/2006, 14

3 Meyer, Harding, Ökumenische Zielvorstellungen, Göttingen, 175f

kirchlichen Medien versuchen auf aktuelle Entwicklungen in der römisch-katholischen Kirche zeitnah zu reagieren. Die Vorträge widmen sich theologischen Fragen, die mir vor allem als Bundesvorsitzender der Arbeitsgemeinschaft Christlicher Kirchen (ACK) vorgelegt wurden. Predigten zu verschiedenen Anlässen, in denen lutherische mit römisch-katholischen und anglikanischen Christen Gottesdienste feierten und zu denen sich die ganze Gemeinde der siebzehn ACK-Mitgliedskirchen zum gemeinsamen Lob Gottes einfand, finden sich in dem Band. Dopplungen ließen sich nicht immer vermeiden.

Martin Bräuer, Mitarbeiter des Konfessionskundlichen Instituts in Bensheim erzählte mir von einer steinernen Kreuzigungsszene über dem Eingangsportal der gotischen Stiftskirche im pfälzischen Landau: Die französischen Revolutionstruppen hätten den Gekreuzigten herausgeschlagen. Nun schauten die Menschen unter dem Kreuz sich nur noch gegenseitig ins Gesicht. Aber ist es nicht so: Wenn die Mitte leer bleibt, wird die Gemeinschaft nicht lange bestehen. Ökumene ohne den Gekreuzigten und seine Gegenwart ist nur eine Ökumene unseres eigenen guten Willens. Ökumene hat keine Zukunft, wenn wir nur uns selbst in die Augen sehen. Deshalb ist der gemeinsame Gottesdienst, auch wenn es noch nicht die gemeinsame Eucharistie sein kann, das Wichtigste, das wir tun können. Damit wenden wir uns weg von uns selbst, von unseren theologischen und kirchlichen Differenzen, hin zu dem, der den Grund unserer Gemeinschaft bildet.

Den Referenten im Kirchenamt der VELKD, mit denen ich seit 2006 zusammengearbeitet habe – den Oberkirchenräten Hans Krech, Dr. Christoph Jahnel, Prof. Dr. Klaus Grünwaldt und Dr. Oliver Schuegraf –, danke ich für äußerst sachkundige Begleitung der Catholica-Arbeit. Ohne ihre Arbeit sind die Catholica-Berichte nicht denkbar. Der Referentin in der bischöflichen Kanzlei, Frau Pfarrerin Cornelia Götz danke ich für inhaltliche Begleitung meiner Arbeit und Frau Pfarrerin Dagmar Lohrey für die Übernahme der Korrekturen.

Wolfenbüttel, im Dezember 2010
Friedrich Weber

I. Vorträge

Die Herausforderung konfessionsüberschreitender christlicher Strömungen für die Arbeitsgemeinschaft Christlicher Kirchen*

1. Die Situation

Neben weltweit etwa 260 Millionen orthodoxen Christen und 1,1 Milliarden Mitgliedern der römisch-katholischen Kirche gibt es zu Beginn des 21. Jahrhunderts ca. 400 Millionen Protestanten; die Anhänger der Pfingstkirchen sind hier nicht eingerechnet. Der reformierten Kirche, den Presbyterianern und den Kongregationalisten gehören ca. 75 Millionen Christen an. 2005 zählten sich knapp 70 Millionen Menschen zur Konfessionsfamilie der Lutheraner; und 70 Millionen Mitglieder umfasst die methodistische Kirche. Die Baptisten sind mit 85 Millionen Mitgliedern die deutlich größte Kirche. Die Anglikaner zählen ca. 75 Millionen protestantische Christen. Das 1999 erschienene Oxfordlexikon der Weltreligionen schätzt die Zahl der Pfingstler auf mindestens 130 Millionen, wobei allein die „Assemblies of God" als größte Pfingstkirche der USA 54 Millionen Mitglieder haben. Folgt man jedoch dem als seriös geltenden „Status of Global Mission", der regelmäßig aktualisiert wird, beläuft sich die Zahl der „Pentecoastle Charismatiker" Mitte 2006 auf rund 596 Millionen. Die Gesamtzahl aller Protestanten wäre damit nicht weit unter der Milliardengrenze zu verorten, selbst wenn Doppelmitgliedschaften im Blick sein sollten.

Wurden um 1900 weltweit 1.800 christliche Konfessionskirchen gezählt, so waren es Ende des 20. Jahrhunderts schon 33.000. „Für 1900 gibt das Gordon-Comwell-Theological Seminary 1.900 Kirchen und Denominationen, 600 im Ausland agierende große Missionsgesellschaften und 1.500 große sozialdiakonische christliche Organisationen an. 2006 sind es 38.000 Kirchen, 26.000 diakonische und caritative Trägerorganisationen und 4.410 global operierende Missionsgesellschaften. Schreibt man die derzeitigen Wachstumsraten der Kirchenbildung von 1,97 % fort, wird es schon in knapp 20 Jahre, d.h. im Jahr 2025, gut 55.000 christliche Konfessionskirchen geben – ein Differenzierungsprozess, der in dieser Intensität und Geschwindigkeit in der 2000-jährigen Christentumsgeschichte ohne Bei-

* Vortrag zur Tagung „30 Jahre ACK Sachsen-Anhalt" am 7. März 2009 in Magdeburg und zur Mitgliederversammlung der ACK Deutschland in Berlin am 11. März 2009

spiel ist."[1] Im Blick auf Europa ist festzuhalten, dass 1996 nur noch 15 % der Europäer Protestanten waren. In Nordamerika betrug der Anteil der Protestanten unter der Bevölkerung 35 %, in Asien 2,5 %, in Lateinamerika 4 %, in Ozeanien knapp 28 %. Die Verschiebungen, die seitdem aufgetreten sind, sind auffallend. „Sowohl in Afrika als auch in einigen asiatischen Staaten – vor allem in Südkorea – und insbesondere in Lateinamerika ist die Zahl der Protestanten in den letzten 10 Jahren stark gewachsen. Die einstmals dominant europäische und nordamerikanische Sozialgestalt des protestantischen Christentums wird zunehmend zu einer außereuropäischen Religion."[2] Die angeführten Daten zeigen, dass es offenbar keine genauen Angaben über die Anzahl evangelischer Christen weltweit gibt. Dies wirft ein bezeichnendes Licht auf die strukturellen Probleme des Protestantismus. Trotz aller ökumenischer Verständigungsbemühungen wird das Christentum keineswegs uniformer und in sich einheitlicher, sondern gegen alle unsere Bemühungen unterlag es „[…] vielmehr im 20. Jahrhundert einer sich weltweit stark beschleunigenden Differenzierungs- und Pluralisierungsdynamik, die im frühen 21. Jahrhundert ungebrochen ist."[3]

2. Konfessionsübergreifende Strömungen

Diese weltweit sich beschleunigende Ausdifferenzierung folgt nicht mehr vorrangig den bekannten Konfessionsgrenzen. Vielmehr lassen sich über die Konfessionsgrenzen hinweg verbindende Haltungen beschreiben, die keine neue Konfession erkennen lassen, wohl aber Haltungen und spirituelle Ausprägungen, die Lutheraner, Reformierte und mittlerweile auch Katholiken und Pfingstler wieder verbinden können.

Diese wiederum werden z. T. überlagert von Bewegungen, die sich sowohl in freikirchlichen Gemeinden als auch landeskirchlichen, diözesanen oder gar staatskirchlichen Zusammenhängen identifizieren lassen. Dass es daneben auch noch ganz andere verbindende Glaubens- und Lebensformen gibt, ist selbstverständlich. Gerade auf der Ebene der ACK (Weltgebetstag, Interreligiöse Projekte, Charta oecumenica etc.) sind diese sehr positiv besetzt und werden vor allem gemeinsam gelebt. Handelt es sich hierbei um durch gute Praxis gewonnene Übereinstimmung, die ein gewachsenes Maß an Vertrauen und zugleich die Bereitschaft, den anderen in seinem Anders-

1 Graf, Friedrich Wilhelm, Der Protestantismus, München 2006, 23
2 Graf, a. a. O., 23
3 Graf, a. a. O., 23

sein zu respektieren, erkennen lässt, so trägt diese die Konfessionsgrenzen überlagernde Bewegung durchaus ein Problem in sich. Ich sehe es im Fundamentalismus.

a. Fundamentalismus

Der Fundamentalismus ist eine ignorante Gegenbewegung gegen den Modernismus. Seine Haltungen sind nicht diskutierbar, seine Antworten einfach, sein Weltbild nicht selten schwarz-weiß. Fundamentalisten, gleich welcher religiösen Couleur, sind gefährlich, weil sie die Antworten der anderen nicht respektieren wollen und können.

Es geht vor allem um vier vermeintliche Wahrheiten:

- die buchstäbliche Unfehlbarkeit der Heiligen Schrift
- die Nichtigkeit aller modernen Theologie und Wissenschaft, soweit sie dem Bibelglauben widersprechen
- die Überzeugung, dass nur der, der den fundamentalistischen Standpunkt teilt, ein echter Christ sein könne und
- ein selektives Dementi des modernen politischen Grundsatzes der Trennung von Kirche und Staat.

b. Evangelikale Bewegung

Lange Zeit hat man auch die evangelikale Bewegung als unvereinbar mit der Volkskirche gesehen. Im Gegensatz zum Fundamentalismus will die evangelikale Bewegung keine negative Reaktion auf die moderne Gesellschaft sein, sie will die Moderne mitgestalten.

Mit evangelikal wird eine theologische Richtung bezeichnet, in die sämtliche konservative und orthodoxe Ausprägungen vorrangig evangelischen Glaubens eingeordnet werden können. Die evangelikale Bewegung ist transkonfessionell in eigenen Strukturen sowie in zahlreichen kirchlichen und parakirchlichen Organisationen, Werken und Verbänden lose organisiert. Ihre Wurzeln liegen in der Tradition des Pietismus und der Erweckungsbewegung. Kristallisationspunkt der Evangelikalen aus Landes- und Freikirchen ist die Evangelische Allianz.

Aber auch in den landeskirchlichen Gemeinden sind zahlreiche Menschen zu treffen, die sich zwar nicht als evangelikal bezeichnen würden, aber Glauben und Leben im oben beschriebenen evangelikalen Sinne gestalten.

Die Spannungen zwischen Landeskirchen und Evangelikalen sind heute eher zu vernachlässigen, bzw. gar nicht mehr vorhanden. Dies liegt zum einen daran, dass sich verschiedene Gemeinden innerhalb der Evangelischen Allianz aus der landeskirchlichen Gemeinschaft zurückgezogen haben; die Mitglieder sind nicht selten samt Prediger aus der Landeskirche ausgetreten. Zum anderen liegt die Entspannung auch daran, dass Pfarrer und Kirchenvorstände begriffen haben, dass vom Pietismus geprägte Gemeindeglieder das „Salz in der Suppe" der Gemeinde sein können. Denn versteht man evangelikal in dem Sinne, dass Evangelikale sich vom Evangelium leiten und ihr Leben nicht von der ständig sich wandelnden Tagesordnung der Welt bestimmen lassen, dann kann einer Kirchengemeinde nichts Besseres passieren, als solche Mitglieder zu haben. Dass es zwischen Evangelikalen und Pfingstlern sowie Charismatikern zu Problemen kommen kann, liegt daran, dass Evangelikale den Glauben allein von Schrift und Bekenntnis bestimmt sehen; Charismatiker binden ihn vor allem an die Erfahrung des Heiligen Geistes.

c. Charismatische Bewegung

Ein neueres Phänomen, das sich ebenfalls quer durch die Konfessionslandschaft findet, ist die „Charismatische Bewegung". Mit diesem Namen ist der seit den 60er Jahren zu beobachtende pfingstlerische Aufbruch gemeint, der Zungenreden und Geisttaufe ebenso wie Bekehrungserlebnisse beschreibt, ohne zur Institutionalisierung aufzurufen. Die Charismatiker betonen immer wieder, dass sie bewusst in den jeweiligen Kirchen bleiben wollen. Ausdruck dieser Absicht ist z. B. die Geistliche Gemeindeerneuerung (GGE) in der evangelischen Kirche. Dennoch ist bei manchen charismatischen Gruppen die Gefahr der Absonderung nicht zu verkennen.

3. Neue Freikirchen in Deutschland

Zur Erhellung der aktuellen Situation lasse ich Reinhard Hempelmann zu Wort kommen. Er berichtet im November 2002 in Paderborn:

„Vielmehr kann beobachtet werden, dass sich mehr und mehr neue Gruppen unter der Selbstbezeichnung ‚evangelische Freikirche' etablieren, die eine organisatorische Beziehung zu den klassischen Freikirchen nicht kennen und in ihrem Selbstverständnis teilweise hervorheben, dass sie konfessionsunabhängig (nondenominational) sind. Die ‚neuen Freikirchen' verstehen sich dabei nicht nur im Gegenüber zu evangelischen Landeskirchen und zur katholischen Kirche, sondern auch als Alternative zu den ‚alten Freikirchen'. Ihre Distanz zu den freikirchlichen etablierten Glaubensgeschwistern kann kulturelle und religiöse Gründe haben. Wenn religiöse Gründe im Vordergrund stehen, fürchtet man beispielsweise, dass durch den Anschluss an etablierte Strukturen eine Verwässerung des eigenen Profils erfolgen könnte.

– Seit den 70er Jahren sind in Deutschland mehrere hundert konfessionsunabhängige freie pfingstlich-charismatische Gemeinden entstanden, die teils klein und unbemerkt blieben, teils sich zu großen Zentren pentekostal-charismatisch geprägter Frömmigkeit mit weit ausstrahlender Wirkung entwickelten. Dieser erste Typ freikirchlicher Kirchenbildung konkretisiert sich u. a. in zahlreichen christlichen Zentren (Christliches Zentrum Berlin, Frankfurt, Wiesbaden, Ruhrgebiet), in Vineyard-Gemeinden (Hamburg-Harburg, Speyer, Aachen, Nürnberg, München), in Gruppen, die sich unter dem Einfluss der auch in der charismatischen Bewegung umstrittenen amerikanischen Glaubensbewegung gebildet haben. Zwischen Einzelgemeinden können netzwerkartige und freundschaftliche Verbindungen bestehen.
– Ein zweiter, vergleichsweise weniger einflussreicher Typ neuer freikirchlicher Gemeinschaftsbildungen repräsentiert eher eine evangelikal-fundamentalistisch orientierte Frömmigkeitsprägung. Er konkretisiert sich z. B. in der Konferenz für Gemeindegründung (KFG), die lockere Kontakte zu zahlreichen kleinen Gemeinden unterhält. In diesen Gemeinschaften herrscht teilweise eine dezidierte Ablehnung volkskirchlicher und landeskirchlicher Strukturen, die, wie auch die römisch-katholische Kirche, als »unbiblische Systeme« angesehen werden.
– Seit den 70er Jahren ist auch die Zahl von Migranten- bzw. Einwandererkirchen mit Menschen aus asiatischer und afrikanischer Herkunft kontinuierlich gewachsen. In vielen Städten gehören beispielsweise koreanische, indonesische und afrikanische Gemeinden zum Erscheinungsbild einer zunehmenden innerchristlichen Pluralisierung. Viele dieser Gemeinden praktizieren in ihren gottesdienstlichen Versamm-

lungen charismatische Ausdrucksformen ihres Glaubens und verstehen sich als »independent churches«.

– Darüber hinaus artikuliert sich die Pluralisierung protestantischer Frömmigkeit auch in zahlreichen eigenständigen Aussiedlergemeinden, die sich auch dort, wo sie eine spezifische konfessionelle Orientierung (z. B. baptistisch, mennonitisch oder lutherisch) verkörpern, weithin unabhängig von bestehenden freikirchlichen Strukturen etabliert haben. Die Gottesdienste in einzelnen Aussiedlergemeinden gehören zu den bestbesuchten im deutschsprachigen Raum.

Präzise statistische Daten liegen nicht vor. Es wird jedoch deutlich, dass sich in neuen Freikirchen vor allem ein evangelikaler und pfingstlich-charismatischer Frömmigkeitstyp ausbreitet, dessen weltweite Erfolgsstory auch im deutschsprachigen Kontext Westeuropas zunehmend erkennbar wird, wenn auch in vergleichsweise gebremster Form. Die skizzierten Entwicklungen sind Indikatoren für Wandlungsprozesse der konfessionellen Landschaft". [4]

4. Die Pfingstbewegung als ökumenische Herausforderung

Das 20. Jahrhundert wird von Kirchengeschichtlern als das Jahrhundert bezeichnet werden, in dem zwei große Bewegungen des Heiligen Geistes in Erscheinung traten: „Die eine wird offiziell als ökumenische Bewegung bezeichnet, die andere erkennt sich selber kaum als ökumenisch, nämlich die pfingstlich/charismatische Bewegung. Diese beiden Bewegungen haben vieles gemeinsam, aber sie haben selten erkannt, dass der Geist Gottes in beiden wirksam ist." [5] Rainer Hempelmann beschreibt die Pfingstbewegung als Teil der Weltchristenheit und zugleich als ökumenische Herausforderung. Er bestimmt sie als eine Bewegung, die „[...] kulturell angepassten Formen des Christentums in biblizistischer Berufung auf das Neue Testament die Radikalität und endzeitliche Ausgerichtetheit urchristlichen Lebens entgegensetzt". [6] Der Typus der pfingstkirchlichen charismatischen Gemeinden wehre sich „[...] gegen einen ritualisierten Gottesdienst, gegen

4 Hempelmann, Reinhard, Neue Freikirchen als weltanschauliche und ökumenische Herausforderung – eine Bestandsaufnahme, in: epd-Dokumentation, 8/2003, 5ff, hier 6f

5 Koslowski, Jutta, Pfingstkirchen, charismatische Bewegung und Ökumene, in: Bensheimer Hefte 103, Göttingen 2005, 26

6 Hempelmann, Rainer, Die Pfingstbewegung als Teil der Weltchristenheit und ökumenische Herausforderung, in: Bensheimer Hefte 103, Göttingen 2005, 7

die juridische Fixierung der Gemeindezugehörigkeit, drängt auf die Geistunmittelbarkeit jedes Glaubenden und akzentuiert die Autonomie der Einzelgemeinde. Er ist gefährdet u. a. durch die enthusiastische Überschätzung des Geistbesitzes, durch pseudo-prophetisches Machtbewusstsein, durch eine Frömmigkeit, die am Sichtbaren orientiert ist und die Gebrochenheit christlichen Lebens unterschätzt." [7]

Mit den Geisttaufen und dem damit verbundenen Sprachengebet des farbigen Predigers W. G. Seymour und den Gottesdiensten in der Azusa-Street-Mission in Los Angeles von 1906 bis 1909 begann die erste Welle der Pfingstbewegungen. An ihr hatten schwarze und weiße Juden und Christen aus allen Denominationen Anteil. Sie kamen, um ihre Neugierde zu befriedigen und an der Geistausgießung teilzunehmen. Die Pfingstbewegung wirkte durchaus konfessionsübergreifend. Allerdings sind die Abspaltungsprozesse in der Pfingstbewegung ungewöhnlich hoch, denn bis 1925 entstanden allein in den USA 38 verschiedene pfingstlerische Denominationen. Andererseits gibt es inzwischen 12 zum Teil größere Pfingstkirchen, die Mitglied im Ökumenischen Rat der Kirchen sind.

Die zweite Welle der Neo-Pfingstbewegung und der Charismatischen Erneuerung beginnt in den 1950er Jahren in den USA. Sie verbindet sich mit der Mitteilung über die Geisttaufe des episkopalen Pfarrers David B. Bennett 1960 und des lutherischen Pastors Larry Christenson 1962. Über Pfarrer Arnold Bittlinger kam die Charismatische Erneuerungsbewegung ab 1962 nach Deutschland und führte zur Gründung der ‚Geistlichen Gemeinde-Erneuerung'.

Die dritte Welle beginnt 1980 in Pasadena mit C. Peter Wagner und John Wimber. Das sogenannte ‚Power evangelism' lässt das Anliegen der Erneuerung der Konfessionskirchen zurücktreten und unabhängige charismatische Gemeinden gründen. Die dritte Welle stellt eine kräftige Herausforderung an die evangelische und römisch-katholische Kirche dar.

Die eigentliche ökumenische Bedeutung der Pfingstbewegung liegt darin, dass sie als Grassroot des Ecumenism bezeichnet wird. Ähnliches gilt für die charismatische Bewegung, die sich seit den 60er Jahren von den USA aus verbreitet und seitdem immer mehr an Bedeutung gewonnen hat. (Sie wird wegen ihrer Verwandtschaft mit der Pfingstbewegung auch gern als neo-pfingstliche Bewegung bezeichnet.) „The release of the Spirit has brought a great number of Christians nearer to Christ and thus nearer to each other. They have found a common vision and a common worship. A

---

7 Hempelmann, a. a. O., 10

number of prayer groups are interdenominational. [...] No doubt we can speak about a grassroot ecumenism – an ecumenism of the heart. The charismatic movement, with its emphasis on the experiential aspects of the life in Christ, has proven to be a vehicle by which the Holy Spirit can mould Christians together more deeply and quickly than by any other means. [...] The World Council of Churches has brought together Catholic and Protestant traditions, but it has not been a grassroots movement, nor does it have the Potential of becoming one as long as it is based mainly on discussion. The charismatic movement, in the few years of its existence, has begun to bring together, in significant numbers, the Catholic stream, the mainline Protestant stream, the evangelical Protestant stream, and the Pentecostal stream. [...] lt seems a matter of observation that without ongoing spiritual renewal further progress towards Christian unity will be minimal. Therefore, the question must be raised, what can the ecumenical movement learn from the charismatic movement? Characteristics of the latter must be examined: spontaneous; lay-oriented; dynamic; worship- and mission-oriented; transdenominational." [8]

Gerade der trans-denominationelle Charakter der charismatischen Bewegung wird sehr verschieden interpretiert. Hocken unterscheidet nach Koslowski drei verschiedene Ansätze:

– den denominationellen Ansatz: Hier liegt die Betonung auf der Erneuerung innerhalb der eigenen Denomination, weshalb charismatische Gottesdienste in der Regel in der eigenen Kirche stattfinden
– den nondenominationellen Ansatz; nach diesem Verständnis ruft sich Gott ein Volk aus und jenseits von allen Kirchen zusammen, und
– den interdenominationellen (ökumenischen) Ansatz; hier hat die Erneuerung des Verhältnisses zwischen den Denominationen Priorität.

Die Vertreter des letzten Ansatzes haben für die ökumenische Bewegung außerordentlich fruchtbar gewirkt.

Gerade auch im Blick auf die Pfingstbewegung sind nach den Diskussionen, die in Porto Alegre während der 9. Vollversammlung des Ökumenischen Rates der Kirchen im Jahre 2006 geführt wurden, deutliche Veränderungen wahrzunehmen. Der Pfarrer und pfingstlerische Theologe Norberto Saracco aus Argentinien stellte an die Versammlung provokante Fragen. Unter anderem: „Einheit wird schwer, wenn unsere Brüder und

8 zitiert nach Michael Plathow, Katholizismus und charismatisch-pfingstlerische Bewegung, in: Bensheimer Hefte 103, Göttingen 2005, 29

Schwestern uns (als Pfingstgemeinden) wie Sekten behandeln“ und die Pfingstgemeinden als Bedrohung sehen; „Einheit kann nicht auf falschen Darstellungen und Vorurteilen aufgebaut werden. Die religiöse Landkarte dieser Welt hat sich verändert. Ja, auch die Landkarte der Christenheit hat sich verändert. Der Schwerpunkt der Kirche hat sich vom Norden in den Süden verlagert. [...] Unsere verarmten Völker, unsere geplünderte Erde und unsere in Sünde versklavte Gesellschaft fordern uns heraus. Wir müssen unsere Unterschiedlichkeiten als Ausdruck der Gnade Gottes akzeptieren, die selbst verschiedene Formen annehmen. Es gibt unterschiedliche Arten, Kirche zu sein; und in jüngster Zeit hat sich diese Unterschiedlichkeit vervielfältigt. Wir könnten uns in der Zeit eines neuen Pfingstereignisses befinden. Nur eine mit Geist erfüllte Kirche wird erleben, dass rassistische, sexistische, wirtschaftliche und kirchliche Barrieren fallen werden. [...] Die Einheit der Kirche wird ein Werk des Geistes sein – oder sie wird überhaupt nicht zustande kommen“. [9]

Saracco, der zugleich auch stellvertretender Direktor der Lausanner Bewegung für Weltevangelisation ist, plädiert für einen Neubeginn der ökumenischen Bewegung. Er führt aus: „Wir müssen akzeptieren, dass ein ökumenisches Vorgehen, dass kirchliche Einheit auf die Anerkennung ihrer hierarchischen Autoritäten oder auf Dogmen oder auf theologische Vereinbarungen oder auf Allianzen zwischen Institutionen zu gründen versucht, so weit gekommen ist wie es nur möglich ist. Wir kennen einander besser als jemals zuvor; wir haben einander alles gesagt, was wir zu sagen haben; und wir verstehen in erschöpfender Weise die Gründe unserer Trennung. Was soll also der nächste Schritt sein? Die ökumenische Tagesordnung muss sich aus der Vergangenheit lösen und muss offen werden für den ‚Ökumenismus der Zukunft'. Das aber, so fährt er fort, ist ein Ökumenismus des Volkes, der in dem Liedvers zum Ausdruck kommt ‚You belong to the same church as me, you stand at the foot of the cross.' Er rief leidenschaftlich dazu auf, einander mit gegenseitigem Respekt zu begegnen und „[...] unsere Unterschiedlichkeit als Ausdruck der Gnade Gottes zu akzeptieren.“ [10]

9 In deiner Gnade, Gott, verwandle die Welt. Porto Alegre 2006, hg. von Klaus Wilkens, Frankfurt 2007, 39

10 Porto Alegre, Berichtsband, 57f

5. Wohin entwickeln sich die christlichen Kirchen?

Ich glaube, die Darlegungen haben gezeigt, dass es im Augenblick auf diese Frage keine klare und abschließende Antwort gibt. Zulehner beschreibt in der Herder Korrespondenz im März 2004 in seinem Artikel „Kirche im Umbau“, dass die christlichen Kirchen durch die Entwicklung moderner Kulturen eine tief greifende Umbaukrise erleiden. Er hält fest, das Verhältnis der Menschen lasse sich zu allen normativen Institutionen, damit auch zu den Kirchen, als wählerisch kennzeichnen. Wählen allerdings kann bedeuten, sich entschieden zu engagieren, aber auch abzuwählen. Dazu komme, dass moderne Kulturen eine heimliche Vertröstung des Menschen auf das Diesseits pflegen. Die Suche nach dem Himmel spielt sich auf Erden ab. Auf solche Entwicklungen hätten – so Zulehner – die Kirchen bislang nur reagiert. Lediglich die übernommene Arbeitsweise und die Sozialgestalt der Kirchen wurden modifiziert.

Ich vermute und schließe mich damit der ersten Folgerung Friedrich Wilhelm Grafs in seiner Schrift „Der Protestantismus“ an, dass die klassischen großen Kirchen weiterhin an Mitgliedern verlieren werden. Grund dafür ist – das lässt sich in Westeuropa ablesen – die demographische Situation; Grund dafür ist auch, dass sie trotz ihrer volkskirchlichen Offenheit den vielfältigen Erwartungen kaum gerecht werden können, die ganz unterschiedliche Sozialgruppen an sie richten. Gerade die protestantischen Kirchen und Gruppen, die gerne als fundamentalistisch beschrieben werden, sind in den Vereinigten Staaten besonders erfolgreich gewesen. Graf spricht hier von harten Religionen, die viel fordern: finanzielles Engagement, starke Sozialdisziplin innerhalb der Gemeinschaft und Solidarität, insbesondere mit den eigenen Glaubensgenossen sowie eine strikte Aneignung und Kommunikation der Lehre und des mit ihr verbundenen Weltbildes. Zugleich werden, so Graf, hohe Renditen auf diese Forderungen ausgeschüttet, nämlich: ein stabiles und krisenresistentes Weltbild mit prägnanten Innen- und Außenunterscheidungen (z. B. zwischen den Sündern und den Erretteten), klare Muster gottgewollter guter Lebensführung, eine feste Unterscheidung zwischen ‚gut‘ und ‚böse‘ sowie einen heilen Ordnungsrahmen für das politische Gemeinwesen in Gestalt des göttlichen Gesetzes, die durch dichte religiöse Kommunikation fortwährend erneuerte Erwartungssicherheit jenseitiger Himmelsgüter, dichte Sozialkontakte unter Gleichgesinnten und die sozialen Halt gewährende Geborgenheit in einer solidarischen Glaubensgruppe mit Hilfen für alle Krisenfälle des Lebens. Graf vermutet, dass gerade diese äußerst effizient organisierten protestantischen Gruppen der

„Christian Right" in den USA weiter auf Kosten der eher liberalen alten „Mainline Churches" wachsen und ihre Glaubensmarktanteile weiter ausbauen werden. [11]

Die zweite Vermutung Grafs richtet sich darauf, dass vor allem in Lateinamerika viele Fromme ihren Übergang aus der römisch-katholischen Kirche in eine protestantische Pfingstgemeinde in einer moralischen Ökonomie deuten, die langfristige Gewinne durch starke innerweltliche Askese verspricht. Dieses führe dazu, dass die strenge asketische Selbstdisziplin in den pfingstlerischen Gemeinden erfolgreich gelebt wird und die Bereitschaft, immer härter zu arbeiten und weniger in den Tag hinein zu leben dazu führe, dass viele der Pfingstchristen ihren neuen Glauben durch wirtschaftliche Erfolge bestätigt sehen. Ihr sozialer Aufstieg wird als ein Zeichen wunderbarer Errettung durch Gott gedeutet und wird so zum Vehikel einer erfolgreichen Mission. Viele Indikatoren scheinen die Vermutung zu nähren, dass die Pfingstler ihre missionarische Anziehungskraft in den Entwicklungs- und Schwellenländern noch weiter steigern können.

Für die christlichen Kirchen gilt, dass sie damit leben müssen – so Zulehner in Aufnahme eines Zitats des verstorbenen Wiener Kardinals Franz König –, dass die konstantinische Kirchengestalt offenbar zu Ende geht. Zulehner hat dieser Anmerkung zugestimmt und dieses noch einmal an dem Phänomen festgemacht, dass in den nachreformatorischen Gesellschaften Religion nicht mehr Schicksal, sondern Wahl ist. Wer sich heute, so Zulehners Worte, unseren christlichen Glauben nicht persönlich aneignet, verliert ihn oder gewinnt ihn nicht. Wir haben also in der Tat eine starke Verschiebung im Zuge der Modernisierung von Gesellschaften von der Institution zur Person. Im persönlichen Leben ist Religion von großer Bedeutung, auch wenn sie für viele Menschen aus dem Teil ihres öffentlichen Lebens herausgehalten und eher nur im privaten Bereich wahrgenommen wird. Deswegen ist sie aber nicht verschwunden und unwirksam geworden.

Zulehner deutet die Situation folgendermaßen [12]: Dazu komme eben die Bereitschaft der Menschen, religiöse Elemente aus verschiedenen Religionen und religiösen Strömungen zu vermischen. Das habe nicht zuletzt auch damit zu tun, dass für die Menschen weniger die Dogmatik, sondern mehr das Erleben wichtig ist. Sie sind auf „Gratifikationen" aus, die wichtiger sind als kirchliche „Irritationen". Die Themen der Gratifikation ließen sich heute

---

11 Graf, a. a. O., 114

12 Zulehner, Paul, Kirche umbauen, nicht tot sparen, in: Kirchenreform strategisch!, Glashütten 2007, 532

gut erkennen, weil inmitten säkularer Kulturen eine starke spirituelle Dynamik zu beobachten ist. Diese erwüchse aus kirchlich oft unbespielter Sehnsucht in den Tiefen der Menschen. Es sei der Wunsch der Menschen nach einer Reise zu sich selbst, nach Verzauberung, nach Heilung, nach Gemeinschaften mit einer Ethik der Liebe, nach Festigkeit, nach einer Reise auch in kosmische und wirkliche Weite, nach einer Erneuerung der Welt. Statt in den Kirchen in solchen Bewegungen fündig zu werden, griffen immer mehr Menschen bei anderen religiösen Agenturen zu. Das alles müssten keine Irrwege sein, sondern könne sehr wohl mit den tiefen Sehnsüchten der Menschen zu tun haben, von denen es in Psalm 63, 2 heißt: „Gott, du mein Gott, dich suche ich, meine Seele dürstet nach dir." Sich selbst säkularisierende Kirchen seien für spirituelle Pilger und Wanderer keine gute Adresse – noch nicht.

Fasse ich dies alles zusammen und binde es ein in meine eigene Verantwortung als Landesbischof bzw. auch als ein aufmerksamer Beobachter der religiösen Szene, so gilt nach wie vor, dass die christlichen Kirchen zwar in einer Krise sind, diese Krise aber als eine Erneuerungskrise gedeutet werden muss. Dabei gilt, dass es nicht die Kirche ist, die in der Krise steckt, sondern vielmehr ihre Gestalt. Natürlich kann eine neue Kirchengestalt, die in zahlreichen Entwürfen beschrieben wird, nicht von heute auf morgen eingeführt werden. Es wird aber versucht werden müssen, in die bestehende Kirchenform zukunftsfähige Elemente oasenartig, so Zulehner, einzupflanzen.

6. Die Herausforderungen für die ACK

Genau an dieser Stelle sehe ich die Herausforderung für die ACK. Sie kann der Raum sein, in dem die unterschiedlichen Formen christlichen Lebens in der Feier gemeinsamer Gottesdienste und in der Planung und Durchführung gemeinsamer missionarischer Projekte schon jetzt beispielhaft leben, was in den einzelnen Denominationen noch nicht möglich oder nicht gewollt ist. Sie wird aber unbedingt darauf zu achten haben, dass der Fundamentalismus kein geöffnetes Einfalltor in die Räume der ACK findet. „Die vom amerikanischen Fundamentalismus vertretene ‚völlige Irrtumslosigkeit' der Heiligen Schrift und die damit verbundene fundamentalistische Weltanschauung des Kreationismus als neuartige Wissenschaftsdisziplin [...]"[13] verstärken vielmehr das noch immer vorhandene Unverhältnis zwischen Kirchen, Freikirchen und Bewegungen.

Dies bedenkend kann allerdings gelten: Diakonische und missionarische Aufgaben gehören zu den wesentlichen Aufgaben der Gemeinde der Zukunft. Ganz im Sinne des neunten Leuchtfeuers des EKD-Papiers ‚Kirche der Freiheit' können „[...] verschiedene ökumenische Missionsfeuer entstehen, wenn freikirchliche Erfahrungen adäquat genutzt werden würden."[14] Die Charta Oecumenica fordert uns zu größtmöglicher Gemeinsamkeit in sozialer und öffentlicher Verantwortung auf. Sie verpflichtet uns zu gemeinsamer Verantwortung für Gerechtigkeit, Frieden und Bewahrung der Schöpfung.

Entscheidend aber ist, dass wir unseren Glauben miteinander öffentlich bezeugen.

Darum: Es gibt keine Alternative zur gelebten Ökumene vor Ort. Und die Ökumene ist weiter als unsere Kirchengrenzen reichen.

13 Fleischmann-Biesten, Walter, Landeskirchen und Freikirchen in Deutschland, in: Materialdienst des Konfessionskundlichen Instituts Bensheim, Nr. 01/2009, 9

14 Fleischmann-Biesten, Landeskirchen, 8

Enthellenisierung?
Zur Kontroverse um den Regensburger Papstvortrag*

Papst Benedikt XVI. hat mit seiner Vorlesung in Regensburg[1] in mehrfacher Hinsicht Position bezogen. Position beziehen heißt, den Standort angeben, den Ort, wo man sich angesichts einer verwirrenden Landkarte von Wegen, Ortschaften, Bergen und Tälern befindet und deshalb von der eigenen Position her die Nähe und Ferne anderer Ortschaften deutlich wird. Aber auch die umgekehrte Positionsbestimmung gilt. Wo eine Position angegeben wird, können alle Anderen ihre eigene Position im Bezug zu ihr bestimmen. Wenn wir das geographische Bild verlassen, dann ist das Beziehen einer Position das Aufstellen einer These, zu der sich alle anderen Positionen in Beziehung zu setzen gerufen und auch gefordert sind. Das kann für uns – aus leidvoller geschichtlicher Erfahrung im sogenannten 3. Reich – allein auf der Ebene der Kommunikation geschehen nach dem Grundsatz: sine vi, sed verbo! Dass dieser Grundsatz nicht überall uneingeschränkt in Geltung steht, ist sofort durch Reaktionen aus der islamischen Welt auf die Vorlesung des Papstes deutlich geworden. Doch genau damit hat die Papstrede ans Licht gebracht, worum es ihr auf der aktuellen Landkarte ging: Herauszustellen, dass das Christentum, wenn man es als Religion bezeichnet, die Religion ist, der es durch die geistige Synthese von griechischer Vernunft und christlichem Glauben entschieden versagt ist, irgendwelche Form von Gewalt in der Verteidigung und Proklamation ihres Geltungsanspruchs zu gebrauchen. Die ratio fidei verbietet das, wenn Vernunft und Glaube synthetisieren. In diesem Zusammenhang ist – angesichts der gewaltsamen Ausschreitungen nach der Rede und ihrer medialen Aburteilung – besonders wichtig gewesen, dass 38 islamische Führungspersönlichkeiten dem Aufruf des Papstes in seiner Rede zum Dialog der Kulturen gefolgt sind und in ihrem offenen Brief gesagt haben: „Wir teilen Ihren Wunsch nach einem offenen und aufrichtigen Dialog und erkennen dessen Bedeutung in einer zunehmend vernetzten Welt an. Diesem aufrichtigen und offenen Dialog zufolge hoffen wir, friedliche und freundschaftliche Beziehungen weiterhin aufzubauen, die auf gegenseitigen Respekt, Gerech-

* Vortrag zur Tagung der Catholica- und Ökumene-Referenten der evangelischen Landes- und Freikirchen sowie der Alt-Katholischen Kirche am 16. Mai 2005 im Konfessionskundlichen Institut in Bensheim, s. o.

1 Siehe: http://www.sueddeutsche.de/muenchen/dokumentation-die-vorlesung-des-papstes-in-regensburg-1.747515

tigkeit und dem basieren, was uns dem Wesen nach gemeinsam ist in unserer abrahamitischen Tradition […]" [2] Der offene Brief greift die Zielperspektive der Papstrede auf und unterstützt sie von islamischer Seite. Deshalb kommt es bei der Positionsbestimmung der Papstrede auf den Begründungszusammenhang für die zentrale These an, die er dem Dialog zwischen Kaiser Manuel II Palaeologus und einem gebildeten Perser entnimmt: „Nicht vernunftgemäß zu handeln, ist dem Wesen Gottes zuwider." Im Zusammenhang der Problematik von Religion und Gewalt ist deshalb das Thema der Papstrede die Bestimmung des Verhältnisses von menschlicher Vernunft und Gottesbezug, d. h. von Glaube und Vernunft. Die zentrale These lautet: Das „[…] innere Zugehen aufeinander, das sich zwischen biblischem Glauben und griechischem philosophischen Fragen vollzogen hat, ist ein nicht nur religionsgeschichtlich, sondern weltgeschichtlich entscheidender Vorgang, der uns auch heute in Pflicht nimmt." Deshalb muss der Papst zur Sprache bringen, was dieser Notwendigkeit widerspricht und sich der Synthese widersetzt und folgerichtig als „Enthellenisierung des Christentums" und damit als Abfall von der Wahrheit als dem wahren Verhältnis von Vernunft und Glaube gekennzeichnet werden muss. Es ist deshalb angebracht, die Papstvorlesung

– auf die inhaltliche Gestaltung der Synthese zwischen Glaube und griechischer Vernunft hin zu befragen [3],
– die Voraussetzungen der Synthese sowie die Kritik an der neuzeitlichen Autonomiebewegung der Vernunft zu erfassen
– und unsere eigene Positionsbestimmung gegenüber jener Synthese in den Blick zu nehmen.

Natürlich muss berücksichtigt werden, dass eine einzelne Rede nicht die Ausführlichkeit beinhalten kann, die der Weite der Sache angemessen wäre. Es wird aber darauf ankommen, die Tendenzen wahrzunehmen und die Fragen zu stellen, die sich aufdrängen. Auch das kann jetzt nur mit Andeutungen geschehen, aber auf jeden Fall in der einzig angemessenen Weise des gemeinsamen Ringens um Wahrheit sine vi, sed verbo – in dem Bewusstsein unserer gemeinsamen Verantwortung vor dem Herrn Jesus Christus.

2 FAZ vom 24.10.2006

3 Gerne sei auf den Aufsatz „Glaube und Vernunft" von Martin Schuck verwiesen, der erst nach Fertigstellung des Vortragsmanuskriptes zur Kenntnis genommen werden konnte. Siehe Materialdienst des Konfessionskundlichen Instituts Bensheim Nr. 02/2007, 24ff

I. Die Synthese zwischen Glaube und Vernunft

Die Rede des Papstes setzt als Vorlesung an der Universität mit der klassischen Bestimmung der Universität als „universitas scientiarum" ein, zu deren Ganzheit auch die Tätigkeit der theologischen Fakultäten gehört, indem sie „nach der Vernunft des Glaubens fragen." Es geht um den „inneren Zusammenhang im Kosmos der Vernunft." Damit sind bereits die entscheidenden Weichen gestellt. Die Vernunft ist kosmischer Natur, ist als die Bestimmung nicht nur im menschlichen wissenschaftlich-philosophischen Denken, sondern ebenso im universalen Seinszusammenhang und dessen Gründung im Handeln Gottes zu sehen: „Gott handelt mit Logos" – entsprechend dem Prolog des Johannesevangeliums. Die Vernunft ist als Logos universaler Bestimmungsgrund. Deshalb gibt es einen tiefen Einklang zwischen Vernunft und biblisch begründetem Gottesglauben. Mit dem Logos hat uns das Johannesevangelium „das abschließende Wort des biblischen Gottesbegriffs geschenkt, in dem alle die oft mühsamen und verschlungenen Wege des biblischen Glaubens an ihr Ziel kommen und ihre Synthese finden." Damit ist aufgegriffen, was Papst Johannes-Paul II. in der „Enzyklika Fides et Ratio" im September 1998 ausgesprochen hat: „Es gibt [...] keinen Grund für das Bestehen irgend eines Konkurrenzkampfes zwischen Glaube und Vernunft [...]"[4] Weil – wie die Vorlesung sagt – mit dem griechischen Logos der abschließende Gottesbegriff gegeben ist, muss die Synthese zwischen griechischer Vernunft und biblischer Offenbarung der entscheidende „weltgeschichtliche Vorgang" sein, der unhintergehbar ist und insofern die Gegenwart prinzipiell in die Pflicht nimmt. Damit wird klar: Alles, was die Synthese von Griechischem und Christlichem aufsprengt und also das hellenistische Prinzip enthellenisiert, kann nur Irrweg und Verfehlung sein.

Die Synthese nötigt zu einer Verhältnisbestimmung der beiden synthetisierenden Komponenten, die „von innen her" aufeinander zugehen in der gegenseitigen Berührung von biblischem Glauben mit dem „Besten des griechischen Denkens" als dem griechischen Fragen, dem sokratischen Versuch einer Überwindung des Mythos. Das dürfte also auf die Verhältnisbestimmung von fragender Vernunft und glaubender Antwort weisen, wobei – um es verkürzt zu sagen – die Synthese der Identität bei gleichzeitiger Differenz von Vernunft und Glaube in Frage steht. Die Vorlesung

4 Enzyklika Fides et Ratio, Verlautbarungen des Apostolischen Stuhls, Nr. 135 vom 14.09.1998. Hg.: Sekretariat der Deutschen Bischofskonferenz, 23

stellt hier die These auf, dass „das kritisch gereinigte griechische Erbe wesentlich zum christlichen Glauben gehört." Damit erhebt die These den Wahrheitsanspruch auf ein *bestimmtes* Verständnis von Vernunft und ihrem Verhältnis zum Glauben. Die im wesentlichen durch die Neuzeit geprägten Enthellenisierungswellen durchbrechen die erkenntnistheoretische Synthese zwischen Gottes Schöpfergeist und menschlicher Vernunft und führen eine Wissenschaftlichkeit herauf, deren Methode als solche die Gottesfrage ausschließt, damit aber den „Radius von Wissenschaft und Vernunft" verkürzt. Verkürzung der Vernunft verlagert aber die für den Menschen wesentlichen Fragen nach seinem Sein und Handeln in die Subjektivität als maßgeblichem Horizont. Solche Subjektivierungen lassen die Gottesfrage als „unwissenschaftliche oder vorwissenschaftliche Frage erscheinen", aber um den Preis, dass der kosmische Logos seiner Verbindlichkeit beraubt wird und dadurch der menschliche Lebenszusammenhang in die Beliebigkeit getrieben wird. Die Synthesenkonstellation von griechischer Vernunft und biblischem Glauben – das sei festgehalten – ist die geistige Vorgabe in göttlicher Autorität, die als solche auch den methodischen Vernunftgebrauch bestimmt. Insofern kann die geistige Entwicklung der Neuzeit nur als Enthellenisierung in den Blick kommen. Zu fragen aber ist, warum nicht auch eine enthellenisierte Vernunft „vernünftig" sein kann und ein anderes Verhältnis von Vernunft und Glaube möglich ist

II. Die Synthese und ihr Ende

Es ist ratsam, noch ein Stück weit nach der Struktur von Vernunft und Glaube zu fragen, die in der Vorlesung nicht näher ausgeführt werden konnte, ihr aber zugrunde liegt, wie es z. B. in der Enzyklika „Fides et Ratio" entfaltet ist. Dort wird auf den Ernst des menschlichen Fragens, also auf die fragende Vernunft eingegangen, wie sie klassisch im sokratischen Fragen der platonischen Philosophie auftritt. Das suchende Fragen zielt auf eine „absolute Wahrheit", die universal ist, denn „was wahr ist, muss für alle und für immer wahr sein." Der Mensch „sucht nach einer endgültigen Erklärung, nach einem höchsten Wert, über den hinaus es weitere Fragen oder Verweise weder gibt noch geben kann." [5] Mit der Suche nach letzter Antwort „erreicht die menschliche Vernunft ihren Gipfel und öffnet sich dem Religiösen. Denn die Religiosität stellt die erhabendste Äußerung der

5 a. a. O., 31

menschlichen Person dar, weil sie der Höhepunkt ihrer Natur als Vernunftwesen ist." Im Sich-Öffnen der Vernunft eröffnet sich der Glaube: „In Jesus Christus, der die Wahrheit ist, anerkennt somit der Glaube den letzten Aufruf, der an die Menschheit gerichtet wird, damit sie das, was sie als Streben und Sehnsucht erfährt, zur Erfüllung bringen kann. Diese `Wahrheit´, die uns Gott in Jesus Christus offenbart, steht nicht im Widerspruch zu den Wahrheiten, zu denen man durch Philosophie gelangt."[6] Der Widerspruch einer doppelten Wahrheit (Vernunft versus Offenbarung) wird aufgehoben in der Einheit der Wahrheit, die bereits grundlegendes Postulat der Vernunft ist, und welche als Einheit von „natürlicher und geoffenbarter Wahrheit [...] ihre lebendige und personale Identifikation in Christus" findet.[7] Diese Einheit ist „Einklang", also Harmonie, von der gilt: „[...] die Vernunft gibt auf dem Höhepunkt ihrer Suche das, was der Glaube vorlegt, als notwendig zu."[8] Damit ist die Synthese erreicht, allerdings als asymmetrische Synthese von suchendem Fragen der Vernunft, die auf antwortende Vorgaben angewiesen ist, während der Glaube als göttliche Vorgabe von der Vernunft anerkannt werden muss. Sie zerbricht in dem Moment, wo die Vernunft ihr Denken von der Vorgabe der Glaubensinhalte abtrennt: Philosophie wird autonom, indem sie sich kritisch von der christlichen Offenbarung abwendet. Die Synthese von Glaube und Wissen, wie sie sich maßgebend bei Thomas von Aquin unter dem Einfluss aristotelischer Philosophie ausgebildet hat, wird vom wissenschaftlichen Forschungsdrang verlassen, wie es Habermas in seiner Replik auf die Vorlesung des Papstes noch einmal betont hat: „Die moderne Wissenschaft hat die selbstkritisch gewordene philosophische Vernunft zum Abschied von der metaphysischen Konstruktion des Ganzen aus Natur und Geschichte genötigt."[9] Das systematische spekulative Denken stellt sich als Werk einer konstruierenden Vernunft heraus, deren Konstruktionen die empirischen Forschungserkenntnisse nicht mehr abdecken. Nicht nur ein Weltbild bricht zusammen, sondern darin dokumentiert sich der Bruch mit dem etablierten Vernunftdenken und also die Bewegung einer fortschreitenden Trennung zwischen Glaube und philosophischer Vernunft. Um das spekulative Denken noch einmal mit der Enzyklika zu verdeutlichen: Es „setzt [...] implizit eine auf die objektive Wahrheit gegründete Philosophie vom Menschen, von der Welt und, radikaler, vom Sein voraus. [...] Es gibt Wahrheiten, „die auf natürlichem Wege

6 a. a. O., 36f
7 a. a. O.
8 a. a. O., 45f
9 Habermas, Jürgen, Ein Bewusstsein von dem, was fehlt, in: NZZ vom 10.02.2007

erkennbar sind. [...] Ihr Erkennen stellt eine notwendige Voraussetzung für die Annahme der Offenbarung Gottes dar. [...] Die Offenbarung verleiht diesen Wahrheiten dadurch Sinnfülle, dass sie sie auf den Reichtum der geoffenbarten Geheimnisse hinlenkt, in dem sie ihr letztes Ziel finden."[10] In dieser Wechselwirkung von Voraussetzung und Erfüllung, von Frage und Antwort, bewegt sich das metaphysische Denken einer Vernunft, die nach Wahrheit sucht. So „erscheint es für die Vernunft notwendig, vom Glauben Gebrauch zu machen, um die Horizonte zu entdecken, die sie allein nicht zu erreichen vermöchte."[11] Wie auch immer das Verhältnis von Glaube und Vernunft im Rahmen des Wechselverhältnisses beschrieben und bestimmt wird, konstitutiv ist die eigenständige Fähigkeit der Vernunft zur Wahrheitserkenntnis und zugleich ihr Angewiesensein auf Offenbarung.

Vor diesem Hintergrund wird deutlich, was mit der Enthellenisierungsthese der Papstvorlesung letztlich im Blick steht: Die geistige Bewegung der Neuzeit hat die Einheit oder Ganzheit der Wahrheit aufgegeben, indem sie das griechische Wesen der Vernunft verlassen und damit die entsprechende Synthese gesprengt hat. Die Tendenz dazu sieht die Vorlesung in der spätmittelalterlichen Theologie, im Voluntarismus etwa eines Duns Scotus: Gottes Andersheit wird soweit übersteigert, dass die „wirkliche Analogie" zwischen „Gott und uns" zerbricht. Das ist ein theologisches Denken, das Gottes Gottheit in einen „undurchschaubaren Voluntarismus" entrückt, statt dass man beim wahrhaft göttlichen Gott bleibt, „der sich als Logos zeigt und als Logos liebend für uns gehandelt hat und handelt". In jener Analogie sind zwar „die Unähnlichkeiten unendlich (!) größer" als die Ähnlichkeiten, aber darüber wird die „Analogie und ihre Sprache" nicht aufgehoben. Was sich im theologischen Denken als innere Not der Analogie-Konstruktion damals aufdrängte – Gott und Wirklichkeitserkenntnis lassen sich nicht widerspruchslos mit dem Vernunftbegriff des summum bonum, ens realissimum ect. identifizieren –, wird als Abfall von der Wahrheit gewertet und gibt zugleich die Perspektive auf die erste Enthellenisierungswelle in der Reformation vor.

Das reformatorische Anliegen wird – immerhin in dem Land, das auch das Land der Reformation ist – in einem einzigen Absatz abgehandelt, der gleich noch den Bogen bis zu Kant spannt. Die Reformation sucht durch ihr sola scriptura – gegen die Fremdbestimmung des Glaubens durch ein metaphysisches philosophisches Denken – die „reine Urgestalt des Glaubens"

10 Enzyklika, a. a. O., 69
11 a. a. O., 70

und landet in „nicht vorhersehbarer Radikalität" bei der kantischen Verkürzung des Glaubens auf die praktische Vernunft, die ihr (scheinbar) die Relevanz für die Ganzheit der Wirklichkeit abspricht. Diese Verkürzung setzt sich in der zweiten Welle im „Programm der Enthellenisierung" fort, der liberalen Theologie, für die Adolf von Harnack als Repräsentant steht. Es soll jetzt nicht auf die sehr verkürzte Sicht in Bezug auf Harnack eingegangen werden, sondern auf die mit der strengen historischen Wissenschaftlichkeit Harnacks verbundene historisch-kritische Hermeneutik, die als Ausdruck der neuzeitlichen Selbstbeschränkung der Vernunft gesehen wird und die mit ihrer antimetaphysischen Stoßrichtung auf einen Begriff der Wissenschaftlichkeit führt, der nur „die im Zusammenspiel von Mathematik und Empirie sich ergebende Form von Gewissheit gestattet [...]" Indem sich die Humanwissenschaften auf diese Methode einlassen, schließen sie als solche die Gottesfrage aus. Sicherlich kann man der Kritik der Vorlesung an einer solchen sich verabsolutierenden Wissenschaftlichkeit in bestimmter Hinsicht zustimmen. Aber die Frage stellt sich, warum nur diese Sicht zur Sprache gebracht wird. Man höre Harnack im Originalton: „Die Religion, nämlich die Gottes- und Nächstenliebe, ist es, die dem Leben einen Sinn gibt; die Wissenschaft vermag das nicht [...] Es ist eine herrliche Sache um die reine Wissenschaft [...] Aber auf die Fragen nach dem Woher, Wohin und Wozu gibt sie heute so wenig eine Antwort wie vor zwei- oder dreitausend Jahren." [12]

Jede ernstzunehmende Theologie nimmt die existentielle Grundsituation des suchenden Fragens auf und versucht auf sie zu antworten. Deshalb ist es eine arge Verkürzung, die Entwicklung der Theologie im 19. und 20. Jahrhundert als bloßen „Ausdruck der praktischen Vernunft" zu beurteilen. Es fällt aus evangelischer Perspektive schmerzlich auf, dass die Papstvorlesung nicht wenigstens auf das erhebliche Gewicht eines Schleiermacher und Kierkegaard, eines Barth und Bultmann hinweist. Denn in diesen theologischen Positionen und Entwürfen kommt eine Vernunft zum Zuge, die zwar nicht mehr der griechischen Metaphysik verpflichtet ist, aber ein Vernunftdenken verfolgt, das die existentielle Dimension der christlichen Wahrheit zu entfalten vermag und insofern gerade keiner Beliebigkeit verfällt, sondern den Menschen auf den Ernst seiner Existenz vor Gott hin anzusprechen vermag. Warum wird dies übergangen? Warum wird hier

12 von Harnack, Adolf, Das Wesen des Christentums, 1. Aufl. 1900, Lizenzausgabe Siebenstern-Taschenbuch 27, 1964, 177

nicht die Möglichkeit des gemeinsamen Ringens um die Wahrheit aufgegriffen?

Gegenüber der dritten gegenwärtigen Enthellenisierungswelle, die die Inkulturation des Christlichen ins Griechische als eine nur mögliche sieht, weshalb jeweils neue Inkulturationen möglich sein müssen, hält die Vorlesung an der genannten Position fest. Das Neue Testament, als griechisch geschriebenes, „trägt in sich selber die Berührung mit dem griechischen Geist“ und enthält mit dem Logos den abschließenden Gottesbegriff. Damit ist ein Werturteil gefällt, das deutlich macht: Das griechisch-metaphysische Denken hat in sich selbst die Tendenz zum Werturteil, d. h. das Abwerten alles dessen, was nicht dem abschließenden Begriff entspricht, das Aufwerten dessen, was diesen Begriff in neuer Entsprechung nachzukommen sucht. Damit ist der Ort erreicht, an dem die Vorlesung zumindest eine Öffnung zur Zukunft aufweist. Denn im Schlussteil wird gesagt: „Die eben in ganz groben Zügen versuchte oder angedeutete Selbstkritik der modernen Vernunft schließt ganz und gar nicht die Auffassung ein, man müsse nun wieder hinter die Aufklärung zurückgehen und die Einsichten der Moderne verabschieden.“ Die spannende Frage ist: Wie geht die festgeschriebene Synthese mit den Einsichten der Moderne zusammen? Die Antwort der Vorlesung: „Das Ethos der Wissenschaftlichkeit ist [...] Wille zum Gehorsam gegenüber der Wahrheit und insofern Ausdruck einer Grundhaltung, die zu den wesentlichen Entscheiden des Christlichen gehört.“ Darin liegt: mit der Wahrheitsfrage geht es „um Ausweitung unseres Vernunftbegriffs und -gebrauchs“, also um Rückholung der gleichsam verlorengegangenen griechisch-metaphysischen Dimension. Dazu nötigen die durch die Moderne heraufbeschworenen „Bedrohungen“, deren man nur Herr werden kann, wenn die „selbst verfügte Beschränkung der Vernunft“ überwunden wird und „wenn Vernunft und Glaube auf neue Weise zueinanderfinden“. Die Frage ist also, wie eine neue Synthese von Vernunft und Glaube im Horizont jenes metaphysischen Vernunftdenkens aussehen könnte und wie sich die neue Synthese unter Einbeziehung der Einsichten der Moderne zur alten Synthese im Vernunftdenken selber verhält. Diese Frage bleibt offen, allerdings mit jener metaphysischen Vorgabe für die Offenheit. Ist hier nicht der Ort gegeben, über die grundsätzliche Frage von Vernunft und Glaube in ein philosophisch-theologisches Gespräch zu kommen, das den Charakter eines Ringens um die Wahrheit hat? Dazu ist wenigstens kurz nach einer Vernunft zu fragen, die sich nicht an der griechischen Metaphysik orientiert.

III. Das andere Vernunftdenken

Das wissenschaftliche Denken der Moderne hat im Verbund exakter Naturwissenschaft und Technik unübersehbar bedrohliche Dimensionen angenommen. Darauf bezieht sich die Papstvorlesung mit der Kritik an einem verkürzten Vernunftbegriff der Wissenschaftlichkeit der Moderne. Aber auch die Philosophie hat auf diese Gefahr hingewiesen und zu jener Art wissenschaftlichen Denkens Stellung bezogen. Ein Hinweis mag genügen. Martin Heidegger hatte bereits Mitte des vorigen Jahrhunderts den Anstoß erregenden Satz ausgesprochen: „Die Wissenschaft denkt nicht."[13] Damit war die Frage nach dem Ort des Denkens der Vernunft in Bezug auf den Menschen aufgeworfen. Heidegger erläutert: „[...] die Beziehung der Wissenschaft zum Denken ist nur dann eine echte und fruchtbare, wenn die Kluft, die zwischen den Wissenschaften und dem Denken besteht, sichtbar geworden ist und zwar als eine unüberbrückbare. Es gibt von den Wissenschaften her zum Denken keine Brücke, sondern nur den Sprung. Wohin er uns bringt, dort ist nicht nur die andere Seite, sondern eine völlig andere Ortschaft. Was mit ihr offen wird, lässt sich niemals beweisen, wenn beweisen heißt: Sätze über einen Sachverhalt aus geeigneten Voraussetzungen durch Schlussketten herleiten. Wer das, was nur offenkundig wird, insofern es von sich her erscheint, indem es sich zugleich verbirgt, wer solches noch beweisen oder bewiesen haben will, urteilt keineswegs nach einem höheren und strengeren Maßstab des Wissens. Er *rechnet* lediglich mit einem Maßstab und zwar mit einem ungemäßen."[14] Die Vernunft rechnenden Denkens verschließt sich vor dem, was sich nur von sich her dem Menschen zu denken gibt. Man könnte dies den Ort der Grundstellung des menschlichen Vernunftdenkens nennen. Diese Ortschaft erscheint dem wissenschaftlichen „Denken" als unzeitgemäß, ist aber zuhöchst an der Zeit. Sie ist der Ort, an dem der Mensch in seinem Dasein in Anspruch genommen wird und nicht der Ort, an dem er sein Dasein einfach voraussetzungslos in Anspruch nimmt. Das verbindet Philosophie und Theologie. Hier tut sich aber zugleich eine Kluft auf. Zwar ist auch für Heidegger wie in der Papstvorlesung das Fragen des Menschen die entscheidende existentielle Grundhaltung, weil für den Philosophen gilt: „Denn das Fragen ist die Frömmig-

13 Heidegger, Martin, Was heißt Denken?, in: Vorträge und Aufsätze, Teil II, Pfullingen 1967, 7

14 a. a. O., 8

keit des Denkens."[15] Doch dieses Fragen hat sich von einem Denken verabschiedet, das sich auch in seiner neuzeitlichen Fassung etwa eines Descartes, Kant und Hegel bis hin zu Nietzsche immer noch in der metaphysischen Tradition bewegt. Die Moderne ist hier also kein enthellenisierender Abfall, sondern gerade ihre konsequente Entwicklung bis hin zum Wesen der Technik. Darin offenbart sich das Denken einer Vernunft, die die Möglichkeiten ihrer Eigenständigkeit bis in ein Herausfordern vorantreibt. Die Natur und damit die Lebensgrundlagen werden zu einem Bestand für berechnendes Denken gemacht, das die Natur für die eigenen Zwecke des Menschen handhabbar bestellt (das „Gestell"). In Bezug auf eine solches herausforderndes Tun der Vernunft muss das grundsätzlich fragende, dem Dasein verpflichtete Denken einen anderen Anfang als den traditionellen metaphysischen nehmen. Im Bild gesagt: Es ist für Heidegger keine Brücke zur alten Metaphysik mehr möglich, also auch kein Weg von jener Brücke in der Vorlesung des Brückenbauers, des Pontifex, von der alten zur erneuerten alten Metaphysik. Hier ist eine Kluft, die den Sprung verlangt in ein anders Denken, das aber gleichwohl sich fragend verhält in Bezug auf das, was sich von sich her dem Menschen zu denken gibt.

In der Art und Weise, wie sich das zu Denkende der menschlichen Vernunft gibt, unterscheiden sich aber die Wege nicht nur zwischen Philosophie und Theologie, sondern innerhalb der Philosophie und innerhalb der Theologie selber. Während die Papstvorlesung dem wissenschaftlichen Denken ihre Erweiterung auf den umfassenden Grund griechisch metaphysischen Denkens zumutet, ist mit der Reformation und ihrer Abkehr von der Orientierung an der aristotelischen Philosophie ein anderes Denken aufgekommen, das sich mit der Maßgabe „sola scriptura" der biblischen Glaubenswahrheit unterstellt. Damit stellte sich und stellt sich aber die Frage nach der ratio fidei und ihrer Stellung zum existierenden Menschen, die Frage nach der Vernünftigkeit der Vernunft oder wie sich Vernunft konstituiert.

Um dieses andere Vernunftdenken ein wenig zu skizzieren, ist es hilfreich, einen Blick auf Kierkegaards Schrift „Philosophische Brocken" zu werfen.[16] Schon der Titel signalisiert, dass es nicht um ein philosophisches System wie etwa bei Hegel geht, aber gleichwohl um ein systematisches Denken, ein „Bröckchen Philosophie", wie der Untertitel lautet. Die „Propositio", also der Sachgehalt, um den es geht, wird in folgendem Satz zusammengefasst: „Die Frage wird getan von dem Unwissenden, der nicht einmal

15 Heidegger, Martin, Die Frage nach der Technik, in: Vorträge und Aufsätze, Teil I, Pfullingen 1967, 36

16 Kierkegaard, Sören, Philosophische Brocken, GTB 607, Köln 1985

weiß, was dazu Veranlassung gegeben hat, dass er dergestalt fragt." [17] Es geht also sehr wohl um das fragende Denken, allerdings eines Menschen, der in sich selbst nichts vorfindet, keinen unmittelbaren Anknüpfungspunkt hat, der ihn zu einer bestimmten Frage nötigt. Gleichwohl ist die Frage da, die bereits im Titelblatt gestellt ist: „Kann es einen geschichtlichen Ausgangspunkt geben für ein ewiges Bewusstsein; inwiefern vermag ein solcher mehr als bloß geschichtlich zu interessieren; kann man eine Seligkeit gründen auf ein geschichtliches Wissen?" Es geht in der Propositio natürlich nicht darum, dass der denkende Mensch von sich aus keine Fragen hätte. Aber die Fragen, die der Mensch qua Vernunft aufwirft, können nicht schon eo ipso beanspruchen, die letztgültige Konstellation des Menschen zu seinem Dasein zu sein. Insofern die Vernunft bestimmte Fragen stellt, gibt sie den Horizont der für sie akzeptablen Antworten vor und wird so schon Urteilsinstanz über die Verbindlichkeit und also Wahrheit. Nimmt man den Gedanken Heideggers auf, dann ist es die sich vom griechischen Denken her entwickelnde metaphysische Vernunft, die über die scholastische Synthese bis hin zu der Moderne und der technischen Vernunft ihre Eigenständigkeit ausbaut und damit Bestimmungskraft entfaltet. Gegen dieses metaphysische Vernunftwesen hat Kierkegaard in protestantischer Perspektive die Unwissenheit des Menschen gesetzt. Unwissenheit meint hier keinesfalls, dass der Mensch als Denkender nicht ein Reich von Wissen der vielfältigen Wissenschaften hätte bis hin zum gigantischen Vernunftsystem eines Hegel. Die Unwissenheit bezieht sich auf das Nichtwissen dessen, was dazu geführt hat, jene Frage zu stellen nach der Möglichkeit eines geschichtlichen Ausgangspunktes für ein ewiges Bewusstsein. Der Fragende weiß nicht einmal, wie es dazu gekommen ist, überhaupt so zu fragen. Es ist also nichts in ihm selbst gewesen, das ihn genötigt hätte, so zu fragen. Deshalb ist es auch keine Frage, die aus Vernunftnotwendigkeit von selbst entspringt. Das bedeutet aber, dass die Veranlassung zur Frage von außen an den Menschen gekommen ist, ein anstoßendes Geschehen, ein geschichtliches Ereignis, dessen Aufkommen als solches in kein Wissen aufgehoben werden kann. Vielmehr umgekehrt: Sofern der geschichtliche Ausgangspunkt ein geschichtliches Wissen zur Vorgabe bringt, das Grund für ein ewiges Bewusstsein, eine ewige Seligkeit zu sein beansprucht, ist die Vorgabe das, was dem Denken erst zu denken gibt und als Wahrheit zu denken zumutet. In diesem Sinn sagt Jüngel in Bezug auf die Selbstaussage des johanneischen Christus, der Weg, die Wahrheit und das Leben zu sein: „Gegenüber

17 a. a. O., 7

dem traditionellen Verständnis von Wahrheit als Übereinstimmung von intellectus und res ist das christliche Verständnis von Wahrheit zunächst eher am Gegenteil von Übereinstimmung orientiert."[18] Die Selbstaussage Jesu, Wahrheit und Leben zu sein, setzt die Entfremdung des Menschen von beiden voraus. Um beides kennen zu lernen, „muss er in seinem Leben allererst unterbrochen werden".[19] Und den Weg gibt nicht die methodische Vernunft vor, er muss vielmehr erst gebahnt werden, was die Unterbrechung der eigenständigen und eigenwilligen Wege verlangt. Die Unterbrechung vollzieht sich im geschichtlichen Auftreten des Offenbarers, der die Wahrheit bringt, die er selber ist – also unvordenklich für das sich aus sich selbst bestimmende Vernunftdenken. Diese Unterbrechung hat in sich die Doppelseitigkeit, kritischer Abbruch und gleichzeitig neuer Anfang zu sein.

Dieses Geschehen, das geschichtlich ergangen ist und sich als solches der Vernunft zu denken gibt, hat Kierkegaard ausgeführt und es als „Denkprojekt"[20] bezeichnet. Es ist der Weg des anderen Vernunftdenkens oder wie das Denken zur Vernunft des Glaubens, zur ratio fidei kommt. Das Denkprojekt setzt mit der Frage ein, wie die Wahrheit gelernt werden kann, und zwar mit der Schwierigkeit dieser Frage, vor die sich der platonische Sokrates gestellt sieht: Lernen setzt Nichtwissen voraus, als lernbare muss die Wahrheit gesucht werden. Nun kann ein Mensch unmöglich suchen, was er weiß, denn wieso sollte er danach suchen? Und ebenso unmöglich kann er suchen, was er nicht weiß, weil er ja nicht weiß, was er suchen soll. Die Lösung ist: Alles Suchen und Lernen ist ein sich Erinnern, um sich aus sich selbst darauf zu besinnen, was er als Vergessenes doch schon weiß, denn die Wahrheit ist schon in ihm gewesen, hier „sammelt sich das griechische Pathos."[21] Damit wird auch die Stellung des Lehrers bestimmt, der die Wahrheit lehren soll. Sokrates weiß sich zum Entbinden der Wahrheit bestimmt, keineswegs jedoch dazu, sie durch den Vorgang des Gebärens im Suchenden hervorzubringen. Der Lehrer ist hier bloße Veranlassung, das Bewusstsein aus der Vergessenheit aufzuwecken. Das Nichtwissen ist hier kein Nichts, an dem es keinen Anknüpfungspunkt gibt, sondern das nicht bewusst Sein des Wissens, das der Lehrer im Schüler zum Bewusstsein bringt. Die Bedeutung des Lehrers verschwindet, wenn der Weg der Wahrheit aus seinem schlummernden Zustand in die Bewegung aus sich selbst

18 Jüngel, Eberhard, Wertlose Wahrheit, in: Wertlose Wahrheit. Zur Identität und Relevanz des christlichen Glaubens, Theologische Erörterungen III, München 1990, 100
19 a. a. O.
20 Kierkegaard, a. a. O., 7
21 a. a. O., 8

heraus gebracht ist. Etwas ganz Anderes ist es, wenn der Lehrer der Offenbarer ist. Denn dann hat der Mensch die Wahrheit nicht schon gehabt. Und es ist gleichgültig, ob er sie gesucht hat oder nicht. Denn was der Mensch nicht hat, liegt außerhalb – extra nos – jeglicher eigener Möglichkeiten. Insofern ist der Offenbarer der Wahrheit zugleich der, welcher die Bedingung ihres Verstehens „mitgibt", und „der ist nicht Lehrer." [22] Er muss vielmehr den Menschen „umschaffen" oder neu schaffen, ehe denn er verstehen kann. Ein solcher Lehrer ist Gott, und Verstehen ist Gabe, keine Leistung. Sofern nun aber der Mensch von Gott geschaffen ist, muss er ihm ja auch die Bedingung gegeben haben, die Wahrheit zu verstehen. Die Bedingung dennoch nicht selber zu haben, also in der Unwahrheit zu sein, kann nicht durch Gott geschehen sein, was ein Widerspruch wäre, sondern muss durch den Menschen selbst geschehen sein. „Die Unwahrheit ist denn also nicht bloß außerhalb der Wahrheit, sondern ist polemisch wider die Wahrheit, und das wird ausgedrückt durch den Satz, dass er selber die Bedingung verscherzt hat und verscherzt. [...] Aber diesen Zustand, die Unwahrheit sein und es sein durch eigene Schuld, wie können wir ihn wohl nennen? Lasst uns ihn *Sünde* nennen." [23] Kierkegaard holt auf einem anderen Denkweg als dem der griechisch-metaphysischen Vernunft alle biblisch-theologischen Begriffe ein und gewinnt so eine ratio fidei, die das Verstehen der Wahrheit im strengen Sinn der Offenbarung eröffnet. Es ist jene Unterbrechung, die erst die Bedingung für den Empfang der Wahrheit, den Vorgang der „Veränderung" wie „die vom Nichtsein zum Sein" schafft. „Aber dieser Übergang von Nichtsein zu Sein ist ja der der Geburt." [24]

Die wenigen Schritte mit Kierkegaard mögen genügen, um anzudeuten, wie weitgehend der Unterschied im Verhältnis von Vernunft und Glaube ist. Das gehört zu den eingangs genannten gegenseitigen Positionsbestimmungen. Gemeinsame Begriffe und Terminologien sollten nicht über die zugrundeliegende differente theologische Denkbewegung hinwegtäuschen. Überspitzt gesagt: Ein metaphysisches Denken, das den Seinszusammenhang als den Logos objektiver Wahrheit denkt, wird diesen Logos auch in personaler Identifikation mit Christus immer (theoretisierend) als höchsten Wert (summum bonum) zu denken geneigt sein. Das kommt zwar dem gegenwärtigen Bedürfnis nach Werten und Grundwerten entgegen, verfehlt aber doch das Wesen von Personalität. *„Personen aber haben keinen Wert,*

22 a. a. O., 13
23 a. a. O.
24 a. a. O., 17

sondern Würde. Und Würde lässt sich gerade nicht verwerten." [25] Sobald der Wertgedanke im Horizont auftaucht, kommt ein substanzontologisches Denken in Gang, das alles erfasst und entsprechende Wertunterschiede setzt – sei es etwa den zwischen Klerus und Laien (einschließlich Amts- und Ordinationsverständnis), oder sei es im Kirchenverständnis.

Das an Kierkegaard demonstrierte andere theologische Vernunftdenken lutherisch geprägter Tradition macht mit der Unterbrechung einen radikalen Schnitt. „Elementare Unterbrechung ist ein das Leben in die Krisis bringendes Ereignis." [26] Die Krisis als Abbruch der „natürlichen" menschlichen Daseinsbewegung ist aber zugleich die Wiedergeburt als Neuschöpfung, die ein neues Verhältnis des Menschen zu sich selbst, zum Mitmenschen, zur Welt und zu Gott in Geltung setzt. Das ist ein relationales und so streng personales Denken. Der Mensch ist ganz Sünder und zugleich ganz Gerechter, der neue Mensch bringt den alten Menschen zum Absterben. Das ist die ratio fidei einer dialektischen theologischen Denkbewegung.

Noch ein letztes Wort zum Blick nach vorn: Wir können durchaus gemeinsam an einer alten Unterscheidung anknüpfen. Wir sprechen uns als Subjekte an. „Subiectio" heißt hier „Unterstelltsein" – nämlich der Glaubenswahrheit. Die Theologie steht nicht über, sondern unter der Wahrheit. Diesen „Mehrwert" der Wahrheit kann kein Vernunftdenken je einholen. Aber der Wahrheit immer wieder in neuen Anläufen nachzudenken in gegenseitiger Auseinandersetzung sine vi, sed verbo, bleibt gemeinsamer Auftrag – bis zum Ende.

---

25 Jüngel, a. a. O., 98
26 a. a. O., 100

Zur Zukunft der Ökumene – Probleme und Perspektiven aus evangelischer Sicht*

Die religiösen Wurzeln meiner Familie sind mit der protestantischen Kirche verbunden. Da gab es hugenottische Protestanten aus Frankreich, Pietisten aus dem Wittgensteiner Land, Evangelische aus der Landgrafschaft Darmstadt und schließlich meine Eltern, die ihre Kinder aus Gewohnheit und Überzeugung in der Kirche taufen ließen, die seit Menschengedenken die Kirche der Familie war, nämlich die evangelische Kirche.

Katholische Christen haben erst in den 50er Jahren das Ortsgeschehen erkennbar mitgestaltet. Die Mehrzahl waren heimatvertriebene katholische Schlesier, die in meinem Ort eine neue Heimat gefunden hatten. Es wurde die erste katholische Kirche gebaut, ein Priester bezog das neue katholische Pfarrhaus, später bildete sich ein Kolpingverein und schon bald gehörte die Prozession zum Fronleichnamsfest zum Ortsbild. Damals wurde all das argwöhnisch beobachtet; heute ist es längst kein Thema gegenseitiger Verletzungen und Ausgrenzung mehr.

These 1: Christen jedweder Konfession sind verbunden durch ein gemeinsames Glaubensfundament – das ist bedeutsamer als alles, was sie trennt

Ein Beispiel für die auf diesem Hintergrund wachsende engere Zusammenarbeit der Kirchen sind die mit dem Leitlinienpapier der Region Westfalen/ Lippe vom November 2005 angeregten „Ökumenische(n) Gemeindepartnerschaften am Ort." [1]

Von solchen Bewegungen ließe sich umfänglich berichten. Sie stehen gegen das Gerede von der Eiszeit der Ökumene und dagegen, dass der gemeinsame Weg derzeit an einer Steilwand angekommen sei.

---

* Impuls vor der Podiumsdiskussion „Ökumene wohin?" beim 96. Katholikentag in Saarbrücken am 25. Mai 2006 in der ev. Ludwigskirche Saarbrücken

1 Ökumenische Gemeindepartnerschaften am Ort. Leitlinienpapier der Region Westfalen/Lippe vom November 2005

Natürlich kann auch ich Problemlagen aufzählen, die uns gegenwärtig belasten:

- die Ablehnung der eucharistischen Gastbereitschaft in „Ecclesia in eucharistia" von 2003
- der Ausstieg der EKD aus der Einheitsübersetzung
- die protestantische Fundamentalkritik an der Veröffentlichung der „Communio sanctorum"
- Differenzen im Blick auf: Sonntagsgottesdienste, konfessionsverschiedene Ehen, ordiniertes Amt, Autorität in der Kirche, Lebenspartnerschaften
- der Text „Dominus Iesus", bei dem die evangelische Kirche gerade nicht das „solus Christus" übersehen hat, das diesen Text auch bestimmt, sondern sich wunderte, dass den Kirchen der Reformation das „Kirche-Sein" abgesprochen wurde.

Dies alles weiß ich; ich will es auch nicht klein reden. Umso wichtiger ist es mir festzuhalten, dass die Zeit, in der unsere Kirchen unter Absehung und in Abgrenzung von anderen Kirchen über Jahrhunderte ihre je eigenen Entwicklungen gegangen sind (von einzelnen Unionsbemühungen einmal abgesehen) zu Ende ist.

These 2: Ökumene bleibt angewiesen auf den Dialog und den konfessionellen Respekt der Kirchen

Das hilfreiche und wirksame Instrument auf diesem Weg war der Dialog, der zu Begegnung und gemeinsamem Handeln auf allen Ebenen führte. Dabei haben wir einander in den Blick genommen, unseren Sinn für die Besonderheit der anderen Konfessionen geschärft und zugleich das Herz füreinander geöffnet. So war der Dialog ein geeignetes Mittel, mit den festgestellten Differenzen umzugehen und sie für das eigene Glaubensverständnis und -leben fruchtbar zu machen. Allerdings halte ich mit Ulrich Körtner fest, dass eine notwendige Voraussetzung für jeden Dialog, der diesen Namen verdient, die „[...] wechselseitige Anerkennung als gleichwertige Gesprächspartner ist." [2]

2 Körtner, Ulrich, Von der Konsens- zur Differenzökumene – Krise und Verheißung der ökumenischen Bewegung am Beginn des 21. Jahrhunderts, in: epd-Dokumentation 34, 2005, 14

Die Dokumente dieser Gesprächsprozesse füllen inzwischen Bände; das ist ein enormer Ertrag, auf den die Zukunft aufbauen kann, der aber auch die Gefahr in sich birgt, zuerst den Überblick und dann die Kenntnis im Detail zu verlieren. Wir müssen dem schon Erreichten neue Aufmerksamkeit schenken und uns klar machen, dass uns der Grund unseres Glaubens verbindet.

Mit dieser Voraussetzung ist die Zukunft der Ökumene in den Blick zu nehmen und zu gestalten. Gerade in einer Zeit, in der öffentliche Wirkung hauptsächlich durch Erklärungen in die Öffentlichkeit hinein erzielt werden soll und wird, gilt es, den Dialog wieder stärker ins Zentrum zu rücken. Nur, „[...] wer sich allein im Vollbesitz der Wahrheit wähnt, führt mit anderen keinen der gemeinsamen Wahrheitssuche dienenden Dialog, sondern will das Gegenüber diskursiv über die ihm fehlende Wahrheit belehren."[3]

Erklärungen von katholischer wie von evangelischer Seite führen von Zeit zu Zeit vor Augen, dass eine Kirche, die sich auf diese Weite (der gemeinsamen dialogischen Wahrheitssuche) einlassen will, eine sehr mutige Kirche sein muss, die auch Unkonventionelles wagt. Das aber ist – gerade in der Mitte Europas – nicht immer das hervorstechendste Merkmal unserer Kirchen. Kirche muss von Gewohntem absehen können, damit sie erkennt, wohin sie der Herr in Gemeinschaft mit allen Kirchen führen will. Von sich abzusehen, ist aber nicht einfach, denn unser Glaube, unser Vertrauen auf Gott nährt sich nicht zuletzt gerade aus dem, was Gott in unseren Kirchen in unterschiedlichen Ausprägungen gewirkt hat.

In dieser Spannung geraten Ökumeniker leicht in Verdacht. Den einen gehen sie nicht weit genug, den anderen viel zu weit. Wir brauchen darum eine Grundhaltung des konfessionellen Respekts.

These 3: Kirche wächst aus der gelebten ökumenischen Gemeinschaft aller ihrer Glieder

Um was muss es den Kirchen der Einen Heiligen Kirche Christi, die ihren Grund in Jesus Christus hat (1. Kor. 3,11), heute und in Zukunft gehen?

Es geht um ein Wachsen in der Erkenntnis dessen, was der dreieinige Gott für uns Menschen, an uns und durch uns wirkt und um das Zeugnis

3 Körtner, a.a.O., 14

von diesem Wirken, das ist die möglichst umfassende Rezeption im Lobpreis aller Menschen.

Hinter diesem Auftrag bleibt die Wirklichkeit jeder einzelnen Kirche spürbar zurück. Wir wissen nicht nur darum, dass alle ökumenische Arbeit die Verheißung und den Auftrag des Herrn für sich hat, sondern auch, dass Gott mehr gewirkt hat und wirkt, als eine Tradition oder eine Konfession beherbergen kann. Diese Einsicht lehrt uns, das eigene Glaubensgut im Zusammenhang der weltweiten Christenheit neu zu sehen und sein ökumenisches Potenzial zu entdecken, damit die Eine, heilige, katholische und apostolische Kirche aus der ökumenischen Gemeinschaft aller ihrer Glieder erwachsen kann. Bereits 1991 hat das die 7. Vollversammlung des Ökumenischen Rates der Kirchen in Canberra formuliert: „Das Ziel der Suche nach voller Gemeinschaft ist erreicht, wenn alle Kirchen in den anderen die Eine, heilige, katholische und apostolische Kirche in ihrer Fülle erkennen können [...] In einer solchen Gemeinschaft sind die Kirchen in allen Bereichen ihres Lebens, auf allen Ebenen miteinander verbunden im Bekenntnis des einen Glaubens und im Zusammenwirken in Gottesdienst und Zeugnis, Beratung und Handeln."[4] Dies aber bedeutet, dass die Profilierung des lutherischen, reformierten oder römischen Konfessionstyps nicht entscheidend ist, wenn es darum geht, Rechenschaft und Zeugnis über den christlichen Glauben als solchen zu geben.

Andererseits ist nicht zu übersehen, dass wir auf allen Seiten Traditionen haben, die Identität durch Abgrenzung bewahren sollen. Diese Traditionen sind weiter wirksam und leben immer dann auf, wenn unsere Identität unscharf zu werden droht, weil wir uns durch neue Bezüge oder einen neuen Zugang zur Wahrheit des Glaubens verunsichert fühlen. Aber Identität kann man nicht festhalten; man muss sie immer wieder neu aus der Mitte heraus, im Gegenüber und Miteinander gewinnen.

Letzteres mag ein Grund dafür sein, dass sich einseitige Erklärungen, die inhaltlich durchaus wertvoll sind, seit einiger Zeit zum wiederholten Male als ökumenisch destruktiv erweisen. Mit anderen Worten: Der Monolog eines Statements wird dem dialogisch gelebten Miteinander der Kirchen nicht gerecht.

In dieser Hinsicht scheint es mir wichtig, den Differenzbegriff, der hinsichtlich der Einheit der Kirche von der „Einheit einer unaufhebbaren Differenz"[5] spricht, theologisch schärfer zu bestimmen. Ausgangspunkt bleibt

4 Im Zeichen des Heiligen Geistes: Bericht aus Canberra 1991, hg. von Walter Müller-Römheld, Frankfurt 1991, 174

5 Körtner, a. a. O., 11

die Beobachtung, dass die im Glauben erfahrbare Kirche Jesu Christi nur in der Ausdifferenzierung in Konfessionen existiert. Ich vermute, dass Ulrich Körtner Recht hat, wenn er auf diesem Hintergrund den Gedanken einer Ökumene im Zeichen des Kreuzes neu ins Spiel bringt.[6]

Es ist viel diskutiert worden, welches Modell für die Ökumene maßgeblich werden soll. Genannt werden die organische Union oder die Kirchengemeinschaft nach dem Leuenberger oder Porvooer Modell. Damit wird der Eindruck erweckt, dass Ökumene erst gelebt werden kann, wenn der Akt eines wie auch immer gearteten Vertragsabschlusses stattgefunden habe. Oft werden auch Dialoge nach diesem Maßstab bewertet. Das aber widerspricht dem genuinen Wesen der Kirche Jesu Christi, die keineswegs durch Verträge begründet wird, sondern aus dem Glauben an Gottes Wort und Sakrament lebt.

Die Ökumenische Gemeinschaft der Kirchen wächst folglich nicht dadurch, dass wir nach und nach alle möglichen Fragen abhaken und sie damit erledigt wären, sondern indem wir unsere Gemeinschaft immer wieder mit Leben erfüllen und indem wir unsere jeweiligen zentralen Glaubenswahrheiten im Dialog zu vermitteln versuchen und so darstellen, dass alle Gesprächspartner einen Erkenntnisgewinn haben. Dies gilt auch für die Fragen, an denen wir uns noch oder jetzt wieder reiben. Wir müssen sie miteinander an der Heiligen Schrift prüfen.

These 4: Die demographischen, strukturellen und finanziellen Herausforderungen der Gegenwart brauchen die Besinnung auf den gemeinsamen Glaubensgrund – und die Kirchen vor Ort brauchen echtes stellvertretendes Handeln

Schließlich: Ökumenische Gemeinschaft ist nicht ins Belieben gestellt; sie ist nicht eine Kür, wenn wir über genügend Ressourcen verfügen, die wir aber auch wieder zurückfahren könnten, wenn die Ressourcen geringer werden. Sie ist und wird die Lebensform sein, in der sich die Kirchen vom Herrn der Kirche selbst führen lassen; und sie ist unser Auftrag! Angesichts der großen missionarischen und seelsorgerlichen Aufgaben unserer Kirchen in der Gegenwart – und absehbar schon in nächster Zukunft – können wir unseren Dienst gar nicht anders wahrnehmen als in der Gemeinschaft aller an Christus Glaubenden. Die demographische Entwicklung in Deutschland

6 Körtner, a. a. O., 13

lässt erkennen, dass wir nicht mehr nebeneinander her handeln können. Wir werden nicht nur gemeinsam, sondern auch stellvertretend füreinander eintreten müssen, wenn die Kirchen landesweit Menschen den Zugang zu Leiturgia, Martyria und Diakonia offen halten wollen. Ich greife ein Beispiel heraus: Es gibt Regionen, in denen die Bevölkerung rasant abnimmt. Die Jungen ziehen in Ballungsräume, die Alten bleiben und die bisherige Infrastruktur bricht zusammen. Da ist es ein Gebot der Stunde, dass gerade dort die Gemeinden zusammenrücken und sich im Glauben gegenseitig stärken und Handlungskonzeptionen entwickeln; denn um Christi und der Menschen Heil willen dürfen wir den Platz nicht räumen, um ihn kommerziellen Lebenshilfeanbietern zu überlassen.

Außerdem: Zurückgehende Zahlen sind nicht die Realität der Kirche; sie müssen aber die Gemeinschaft der Kirchen unruhig machen. Schuldzuweisungen bringen dabei kein Wachstum für die Kirche, sondern machen uns alle eher weniger anziehend für die Menschen.

Wir haben ja durchaus Mühe damit, das Evangelium so zu vermitteln, dass es die vielen religiös Suchenden erreicht und anspricht. In allen Kirchen stehen wir vor den gleichen Herausforderungen. Ich frage: Könnte es sein, dass Christus uns sichtlich vor Augen führen will, dass unsere Kraft allein in ihm besteht und dass er uns zusammenbringen will, weil wir nur so noch seinen Auftrag erfüllen?

Für mich ist klar: Leitender Horizont für alles, was wir in unseren Gemeinden, Kirchenkreisen etc. tun, ist das gemeinsame Zeugnis. Und vergessen wir nicht: Christliche Identität besteht nicht zuletzt darin, eine Handlungsgemeinschaft zu sein, berufen zum Zeugnis, zum missionarischen und diakonischen Dienst.

Ausblick

Ich sehe die Zukunft der Ökumene weniger in Organen und Gremien. Natürlich muss es solche Kontaktstellen geben, aber ich denke, dass wir auf ganz andere Weise miteinander kommunizieren werden. Die frühe Kirche gibt uns eine treffliche Orientierung dafür. Unsere Kirchen teilen die Überzeugung, dass die in Christus gegebene Gemeinschaft sichtbar werden muss. Benannt werden können als „[...] Ausdrucksformen der communio: Glaubensbekenntnisse, Synodalbriefe, Austausch von Briefen zwischen den Ortskirchen anlässlich von Festen und zur gegenseitigen Information, eucharistische Empfehlungsbriefe, das Gebet füreinander, kollegiale Zusammenkünfte und das kollegiale Zusammenwirken der Bischöfe, insbesondere auf den Konzilien, gegenseitige Besuche und Gastfreundschaft. Kirchenspaltungen fanden darin ihren Ausdruck, dass diese Zeichen der communio verweigert wurden. Es ist ein Zeichen wachsender Gemeinschaft, dass viele dieser Ausdrucksformen heute wieder zwischen unseren Kirchen praktiziert werden.“ [7] Und es sind noch mehr.

Lassen Sie uns wieder am Dialog anknüpfen, mit dem die Ökumene im 21. Jahrhundert vorbereitet worden ist; lassen Sie uns den Selbstzuspruch der Identität in starren Formeln dem Vergessen anheim geben. Die Zukunft der Ökumene muss Raum dafür geben, dass wir im theologischen Gespräch um die Erkenntnisse ringen, in denen wir zu unsicher oder zu festgefahren sind. Sie muss vor allem in den Gemeinden leben, die sich um Gottes Wort und seine Sakramente sammeln.

Die ökumenische Bewegung hat gegenwärtig und künftig gute Chancen, wenn wir sie nicht behindern, indem unseren Kirchen zu wenig zugetraut und zugemutet wird oder indem die Beteiligten versuchen, die jeweils anderen nach ihrem Bild zu gestalten.

Wohin geht die Ökumene? Die Antwort erhalten wir, wenn wir klassisch fragen: Quo vadis, Domine?

---

7 Communio Sanctorum – Die Kirche als die Gemeinschaft der Heiligen, Paderborn/Frankfurt 2000, 74

Ökumene – lebendig, kräftig, zukunftsfähig?*

Ist die Ökumene lebendig? Ist sie kräftig? Ist sie zukunftsfähig? Für mich ist die Antwort klar: Die Ökumene muss lebendig, sie muss kräftig und sie muss zukunftsfähig sein, denn sie ist kein Luxus. Die Antwort ist eindeutig trotz mancher schwierigen Beobachtungen:

– An vielen ökumenischen Baustellen kann derzeit nicht weitergebaut werden, weil sich die Bauleute über den Zuschnitt des Gebäudes und der Räume nicht einigen konnten;
– manche ökumenischen Wege scheinen, jedenfalls von unserem gegenwärtigen Standpunkt aus gesehen, in die Leere zu führen oder von Zäunen versperrt zu sein;
– und wenn die einen im Haus der anderen derzeit bestimmte theologische Nummern wählen, ist dort besetzt und niemand nimmt den Hörer ab – Funkstille.

Und doch sage ich: Ökumene ist lebendig! Ökumene ist kräftig! Ökumene ist zukunftsweisend!

Ich will Ihnen an den genannten drei Adjektiven erläutern, woher ich diese positive Einschätzung nehme.

1. Von der Lebendigkeit der Ökumene

Das erste, was wir uns in der Ökumene abgewöhnen müssen, ist, die eigene Sichtweise absolut zu setzen. Es ist wahr: Aus der Sicht kirchenleitender Menschen und Gremien mag es so aussehen, als hätten wir uns im Augenblick ziemlich verrannt. Die Frage nach einem gemeinsamen Verständnis des kirchlichen Amtes und der Kirche überhaupt und damit verbunden die Frage des gemeinsamen Abendmahls – hier und an anderen Stellen stockt es zurzeit. Aber ist dieser kirchenleitende Blick der einzig richtige?

Zunächst einmal müssen wir sehr dankbar sein für das, was in den vergangenen 50 Jahren erreicht worden ist. Das 20. Jahrhundert wird in die Kirchengeschichte eingehen als das Jahrhundert ungeahnter ökumenischer Aufbrüche. Wir müssen uns klarmachen: Evangelische und katholische Kinder, die in den 40er und 50er Jahren nicht miteinander spielen durften,

* Impuls auf dem ev. Kirchentag 2007 in Köln am Freitag, 7. Juni 2007

haben sich, vielleicht im verspäteten Protest gegen ihre Eltern, in den 60er und 70er Jahren gemeinsam an einen Tisch gesetzt und darüber nachgedacht, was sie denn gemeinsam sagen und tun können; und das ist nicht wenig.

Blicken wir zuerst auf die wissenschaftlichen bzw. kirchlichen Dialoge. Ich weiß nicht, ob diese in den Gemeinden bekannt sind, aber in vielen Kommissionen in Deutschland und der ganzen Welt wurde über die heiklen Themen geredet: Das Herrenmahl, die Einheit vor uns, das geistliche Amt in der Kirche, die Kirchengemeinschaft in Wort und Sakrament, die Communio Sanctorum. Das sind Texte von und für Spezialisten; sie haben den Nachteil, dass in den Kommissionen meist Leute saßen, die zielstrebig voran wollten, so dass die offiziellen Stellungnahmen der Kirchen zu den Texten oft eher zurückhaltend ausgefallen sind. Aber was man aus den Dialogen lernen und mitnehmen kann ist dies: Theologisch sind wir schon viel weiter als auf der Ebene der Kirchen; aus theologischer Sicht ist viel mehr möglich, als wir bislang verwirklicht haben.

Vor zwei Monaten erst hat uns im Catholica-Ausschuss der VELKD ein guter Kenner der Dialoge, Otto Hermann Pesch, erklärt, dass einer gemeinsamen Erklärung über das Amt und die Sakramente theologisch kaum etwas im Wege steht. Die Studie der drei ökumenischen wissenschaftlichen Institute in Straßburg, Freiburg und Bensheim „Abendmahlsgemeinschaft ist möglich“ [1] hält dies nicht minder deutlich fest.

Und bei aller berechtigten Kritik, die der „Gemeinsame(n) Erklärung zur Rechtfertigungslehre“ [2] zwischen dem Vatikanischen Einheitsrat und dem Lutherischen Weltbund entgegengebracht wurde und wird, hat sie doch dies deutlich gemacht: Selbst bei Themen, die immer als trennend angesehen wurden, sind Annäherungen möglich. Wer hätte das 1950 gedacht?

Wenn wir also ins Auge fassen, zwischen der VELKD und der Deutschen Bischofskonferenz wieder eine Gesprächsgruppe einzusetzen, dann ist dies ein Zeichen der Lebendigkeit der Ökumene und ein Ausdruck der Gewissheit, dass solche Gespräche Früchte tragen werden. Sie sind, wie der oben bereits genannte Ökumeniker dies nennt: die Wintersaat, die im Frühling aufgehen wird.

---

1 Abendmahlsgemeinschaft ist möglich. Thesen zur Eucharistischen Gastfreundschaft, Frankfurt 2003

2 Gemeinsame Erklärung zur Rechtfertigungslehre, Frankfurt/Paderborn 1999

Zu der Perspektive der wissenschaftlichen Dialoge kommt eine weitere: Wenn ich in die Kirchen und Gemeinden komme, wenn ich mir aus den Kirchen der VELKD erzählen lasse, dann höre und erlebe ich von Flensburg bis Landshut, von Zittau bis Nordhorn: Überall blüht das ökumenische Leben. An vielen Orten ist es völlig selbstverständlich, dass kirchliche Aktivitäten gemeinsam stattfinden: Bibelwochen, Gebets- und Gesprächskreise, Wort-Gottesdienste, Feierstunden anlässlich kommunaler Festivitäten, Vortragsabende, Chöre und Konzerte und vieles mehr. Das Funktionieren der Ökumene vor Ort ist der Normalfall. Natürlich gibt es Ausnahmen; und ich will auch nicht verhehlen, dass es uns schmerzt, wenn wir von Behinderungen des ökumenischen Miteinanders hören. Aber ich vertraue fest darauf, dass sich an dem grundsätzlichen Willen und der grundsätzlichen Bereitschaft nichts Wesentliches ändern wird. Diese Ökumene wird von lebendigen, interessierten und engagierten Menschen in den Gemeinden getragen. Sie ist lebendig, kräftig und scharf!

Hinzu kommt: Vieles wird auch auf höherer Ebene schon gemeinsam gemacht. Ich erinnere gerne an gemeinsame Worte von EKD und Deutscher Bischofskonferenz und an gemeinsame Auftritte von Bischof Huber und Kardinal Lehmann. Und in der so genannten „Ökumene des Lebens", der Diakonie z. B., nehmen wir an manchen Stellen gegenseitig als jeweilige Mehrheitskirche auch Aufgaben für die Schwesterkirche wahr.

Ich frage mich mehr und mehr: Was bedeutet diese ganz selbstverständliche Ökumene eigentlich theologisch für unser Verständnis der Kirche? Wenn es in der Praxis schon so gut zusammen geht, was heißt das im Umkehrschluss für die Theorie? Muss es nicht Rückwirkungen auf unser Verstehen der Kirche und ihrer Einheit haben, wenn das Leben schon so eng zusammen stattfindet?

Ich komme darauf am Ende meiner Ausführungen zurück, gehe jetzt aber erst einmal über zu Abschnitt

2. Von der Kraft der Ökumene

Ich will in diesem Teil meines Votums davon reden, wozu wir in der Ökumene Kraft brauchen und wo wir sie heute schon spüren:

a) Wozu brauchen wir in der Ökumene Kraft?

Zunächst einmal brauchen wir viel Kraft dafür, den angefangenen Weg der Ökumene weiterzugehen. Nichts wäre verhängnisvoller, als wenn wir meinten, wir wären am Ziel. Die Kraft, die wir brauchen, betrifft verschiedene Bereiche:

Wir brauchen Kraft in den Gemeinden, um die begonnenen ökumenischen Kontakte zu pflegen, zu vertiefen und auszubauen. Ich kann verstehen, wenn mir bei allem, was gut läuft, Menschen, gerade auch engagierte Menschen, sagen: „Es muss doch weitergehen. Es macht müde, wenn es beim Abendmahl von gemischtkonfessionellen Eheleuten immer noch Schwierigkeiten gibt. Es macht müde, wenn wir spüren: Ökumenische Initiativen werden blockiert und Menschen, die sich weiter vorwagen, werden zurückgepfiffen." Wir an kirchenleitender Stelle brauchen Kraft, diesen Gemeinden, diesen Menschen Mut zuzusprechen; und die Gemeinden brauchen Mut, nicht aufzugeben in ihrem Bestreben um ein ökumenisches Miteinander vor Ort.

Wir brauchen Kraft in den Dialoggruppen. Auch wenn die Mitglieder ökumenischer Gesprächsgruppen und die Leserinnen und Leser von gemeinsamen Texten spüren, dass es vorangeht, ist es doch auf beiden Seiten, in beiden Kirchen ermüdend, wenn nach solchen Dialogen immer wieder die Kritik kommt, man habe sich nicht weit genug bzw. viel zu weit vorgewagt. Gemeinsame Texte sind Konsenstexte, bei denen es oft auf die Feinheiten zwischen den Zeilen ankommt; und manchmal wünschen sich die Mitglieder solcher Gesprächsgruppen, einfach ein Lob zu bekommen für die geleistete Arbeit, die sehr oft ehrenamtlich ist.

Und wir brauchen Kraft in den verantwortlichen Etagen der Kirchenleitungen, z. B. bei den Ökumenebischöfen und in den Ökumenereferaten der Landeskirchenämter und Diözesen, um durch die Rückschläge, die wir immer wieder einstecken müssen, nicht mutlos zu werden. Immer wieder einmal zu hören, wir sind keine Kirche und wir feiern kein ordentliches Abenmahl, ist bitter. Das stimmt nicht – es ärgert mich aber trotzdem!

b) Die Kraft, die wir brauchen, spüren wir aber auch an vielen Stellen

Drei solcher Stellen will ich nennen.

Zum einen: Mir begegnen in den unterschiedlichsten Zusammenhängen Menschen, die ökumenisch etwas zu sagen haben, die Visionen haben und diese Visionen auch zu leben versuchen.

Das sind Gemeindeglieder aus beiden Konfessionen, die in ihren Gemeinden beharrlich für die Sache der Ökumene arbeiten, ehrenamtlich, mit großem Engagement und hoher Kompetenz, die ökumenische Gesprächskreise leiten, Bibelwochen vorbereiten und Vortragsreihen auf den Weg bringen. Das sind Pfarrerinnen und Pfarrer, die gemeinsam ökumenisch überlegen und handeln. Und das sind auch wissenschaftliche Theologen und Theologinnen, die ihren Kirchen neue ökumenische Ideen präsentieren und beharrlich nach Wegen suchen, die die Partner zusammenführen.

Zum anderen: Ich spüre die Kraft, die uns aus der Heiligen Schrift und dem Bekenntnis zuwächst. Das Bild der Kirche als Leib Christi mit den unterschiedlichen Gliedern führt mir Tag für Tag vor Augen, dass wir die Einheit der Kirche nicht machen müssen, sondern dass sie in Jesus Christus längst gegeben ist. Was wir tun müssen, ist, der Einheit, die Jesus Christus für uns bereitet hat, nicht im Weg zu stehen. Nicht weil wir noch getrennt sind, sondern weil die Einheit schon da ist und wir sie nicht leben, ist die Trennung am Tisch des Herrn ein Skandal und eine große Sünde. Und dann das lutherische Bekenntnis, das dieses biblische Einheitsverständnis sehr schön aufnimmt, wenn es sagt: Zur wirklichen Einheit gehört nicht mehr als dies, dass man das Evangelium von Jesus Christus richtig verkündigt und die Sakramente so feiert, wie es die Schrift sagt. Weitere Bedingungen für die Einheit, etwa gleiche Ordnungen, Bräuche usw. sind nicht nötig. Diese verbindliche Freiheit, die aus dem lutherischen Bekenntnis spricht, ist für mich eine große ökumenische Kraftquelle.

Und zum Dritten: Die Kraftquelle für die ökumenische Arbeit schlechthin ist der dreieinige Gott. Er nimmt uns in die Pflicht, die Einheit der Kirche, die in seinem Sohn gegeben ist, ganz oben auf die Tagesordnung unseres kirchlichen Handelns zu setzen; und er begeistert durch seinen Heiligen Geist auch für die Aufgabe der Ökumene. Ich bin jedes Mal wieder erstaunt, wenn ich sehe, wie viele junge Menschen sich für die Ökumene engagieren, nicht nur für die Ökumene zwischen den großen Kirchen auf den Kirchentagen, sondern auch für die weltweite Ökumene – etwa bei Praktika in den lutherischen Kirchen in Afrika oder Asien. Mich hat das zu der Überzeugung geführt, dass die Ökumene nicht eine der Aufgaben der Kirche ist, sondern dass Ökumene zum Wesen der Kirche gehört. Man kann sich als Kirche nicht entscheiden, ob man Ökumene machen will oder nicht; sondern eine Kirche, die meint, sich ihrer ökumenischen Verantwortung entziehen zu können, verfehlt ihren Auftrag.

Für unsere ökumenische Arbeit brauchen wir Kraft. Ich bin dankbar für die Kraft, die wir heute schon spüren und für die Kraft, die wir durch den dreieinigen Gott aus der Schrift und aus dem Gottesdienst gewinnen. Ich bitte Sie, für die ökumenische Arbeit in den Kirchen zu beten – wir brauchen das!

3. Ökumene weist in die Zukunft

In diesem dritten Abschnitt will ich davon sprechen, warum wir das ökumenische Miteinander der Konfessionen in Deutschland brauchen und welche Wege ich für zukunftsweisend halte.

a) Warum brauchen wir in Deutschland Ökumene?

Von der geistlichen Notwendigkeit der Ökumene in unserem Land habe ich bereits gesprochen. Ich wiederhole es gerne noch einmal, damit es sich einprägt: Ökumene ist keine Aufgabe der Kirche, sondern sie gehört zu ihrem Wesen.

Aber es ist auch deutlich zu erkennen, dass wir nur zusammen die Aufgaben lösen können, die vor uns liegen.

Vor allem die Aufgabe der Verkündigung des Evangeliums. Wenn es eine Aufgabe der Kirche gibt, in deren Erfüllung sich die Kirche nicht vertreten lassen kann, dann ist dies die Aufgabe der Verkündigung des Evangeliums in Wort und Sakrament. Wer sonst sollte der Welt die gute Nachricht von Jesus Christus als Heil der Welt bringen, wenn nicht die Kirche? Ich bin sehr dankbar (und war auch etwas überrascht), dass Kardinal Kasper in seinem Buch „Diener der Freude" über das priesterliche Amt die Verkündigung des Wortes ebenfalls als die zentrale Aufgabe des Priesteramtes beschrieben hat.

Das Johannesevangelium überliefert das so genannte hohepriesterliche Gebet Jesu kurz vor seinem Tod. Darin bezeichnet er die Einheit der Christen als wichtig für das Zeugnis vor der Welt: „Ich bitte, damit ihr eins seid, [...] dass die Welt glaube" (Joh 17,21). Die Botschaft wird glaubwürdiger, wenn wir sie gemeinsam verkündigen; und sie wird kräftiger, wenn wir sie gemeinsam verkündigen. Und ich denke, dass wir auch längst vieles gemeinsam sagen können:

– Zusammen sehen wir die missionarische Notwendigkeit. Nicht nur in den Bundesländern des Ostens, sondern auch in den großen Städten unseres Landes sind die Christen in der Minderheit; hier in Köln gehören noch 40 % der Menschen einer christlichen Kirche an. Wir haben mit der Rechtfertigung aus Glauben allein, mit der Würde, die einem jeden Menschen von Gott zukommt und mit der Liebe Gottes zu allen Menschen eine Botschaft, wie sie grandioser nicht sein könnte. Richten wir sie zusammen aus!
– Zusammen sehen wir die diakonische Notwendigkeit, die Zuwendung zu den Menschen, die am Rande der Gesellschaft stehen, die von der Gesellschaft vergessen werden, weil sie nichts mehr zum Bruttosozialprodukt beitragen können. Hier sind wir schon gemeinsam tätig. Lassen Sie uns auch öffentlich darüber reden, damit die Welt von unserem gemeinsamen Handeln erfährt – und vielleicht darüber zum Glauben findet.
– Der Papst beklagt oft, dass bei uns eine unselige Relativierung der Werte stattfindet. Er hat Recht. Umso mehr: Mit dem Christentum geht eine gute Aufwertung der Kultur einher, die jeder Gesellschaft gut tut. Lassen Sie uns gemeinsam dafür eintreten!
– Ökumene muss in den Gemeinden ankommen und für die Menschen sichtbar sein. Lassen Sie uns gemeinsam nach Wegen suchen.

b. Wann ist Ökumene zukunftsweisend?

Ich möchte diese Frage in drei kurzen Abschnitten beantworten:

1) Ziele der Ökumene
2) Methode der Ökumene
3) Themen der Ökumene.

1) Ziele der Ökumene

Ökumene ist zukunftsfähig, wenn wir uns über ihre Ziele im Klaren sind. Und ich möchte hier noch einmal unterscheiden zwischen den Zielen auf der Ebene der Kirchen und kirchlicher Zusammenschlüsse und den Zielen in unseren Gemeinden.

Auf der Ebene der Kirchen und der kirchlichen Zusammenschlüsse haben wir als Lutheraner im Jahr 1973 eine klares Ja zur Leuenberger Konkordie gesagt; und wir haben als VELKD im Jahr 2004 das Ökumenemodell der Leuenberger Konkordie in unserem grundlegenden Ökumenetext noch einmal unterstrichen, weil es die fundamentalen Einsichten unseres Augsburger Bekenntnisses über die Einheit der Kirche treffend aufnimmt. Es ist für uns nicht notwendig, dass wir erst in allen theologischen Einzelheiten übereinstimmen müssen, um dann Kirchengemeinschaft zu erklären und zu praktizieren, sondern es reicht für uns aus, wenn wir einander sagen können: Bei Euch wird das Evangelium in rechter Weise verkündigt; es tröstet und befreit die Menschen; und bei Euch werden die Sakramente in rechter Weise mit Evangeliumswort und den biblischen Elementen Wasser, Brot und Wein gefeiert. Wenn das so ist, dann spricht nichts dagegen, dass wir Kirchengemeinschaft haben, zusammen Gottesdienst feiern und gegenseitig die Ordination anerkennen.

Es gibt theologische Unterschiede, die nicht mehr kirchentrennend sind. Das ist meines Erachtens die grundlegende Einsicht aus dem gemeinsamen Prozess, der in den 1980er Jahren zu den Dokumenten „Lehrverurteilungen – kirchentrennend?“ geführt hat. In den evangelischen Kirchen haben wir dazu Stellung genommen; eine offizielle Stellungnahme der DBK liegt vor, aus Rom leider noch nicht.

Ist das nicht ein Ziel, auf das wir gemeinsam zugehen können? Zu sagen: Ja, bei euch wird das Evangelium recht verkündigt; bei euch werden die Sakramente evangeliumsgemäß gefeiert; ihr seid Kirche Jesu Christi?

2) *Methode der Ökumene*

Ökumene ist zukunftsfähig, wenn wir sie in solcher Weise, mit solchen Methoden pflegen, die erfolgversprechend sind. Da gibt es auch in meiner lutherischen Kirche unterschiedliche Ansichten – wie bei Ihnen in der römisch-katholischen auch.

Während die einen sagen: Am differenzierten Konsens führt kein Weg vorbei, sagen die anderen: Redet bitte klar und offen miteinander. Ich denke, wir brauchen beides:

– Wir brauchen diejenigen, die uns theologisch zeigen, was theologisch möglich ist: Wo Wege der Verständigung sind; wo ein Ausgleich, ein

Konsens gefunden werden kann; wo die Differenzen weit weniger dramatisch sind, als wir es bisher angenommen haben.

– Und wir brauchen die anderen, die warnend sagen: Pflegt euer Erbe; geht nicht hinter die bis heute gültigen Einsichten der Reformation zurück; ihr müsst als lutherische Kirche erkennbar bleiben.

Vermutlich wird es immer so sein, dass die Theologie der Kirchenpolitik einige Schritte voraus ist. Ich glaube, das ist auch die prophetische Funktion der Theologie für die Kirche. Entscheidend ist aber, dass wir in den Kirchen die Ökumene wollen und dass wir nicht aus Angst oder einem allzu großen Klammern am Vorhandenen Chancen verspielen. Auch in der Ökumene gilt: Wer zu spät kommt, den bestraft das Leben.

3) Themen der Ökumene? Worüber sollen wir reden?

Einen Vorschlag habe ich bereits früher in meinem Vortrag gemacht: Wir sollten theologisch darüber reden, was es bedeutet, dass wir schon so viel erreicht haben und dass wir so viel Gutes zusammen tun können. Es kann doch nicht sein, dass dies theologisch keine Bedeutung hat.

Und dann sollten wir nicht über irgendwelche Einzelthemen wie das Amt oder das Sakrament reden, sondern über die ganz und gar grundlegenden Dinge: Wie entsteht Glaube? Was ist Glaube? Was ist Kirche? Wie entsteht Kirche? Wie verstehe ich Gott, mich und die Welt? Was ist Wahrheit?

Und als Antwort werden wir als evangelische Lutheraner zur Sprache bringen, dass es sich beim Glauben um ein unverfügbares Beziehungsgeschehen handelt, dass sich im Glauben die Erkenntnis der Wahrheit Gottes ereignet und dass diese Erkenntnis der Wahrheit, dass der Gekreuzigte der auferstandene und lebendige Herr ist, die Geburtsstunde der Kirche war und immer wieder ist. Und wir werden deutlich machen, dass ein solches Verständnis von Glaube, Kirche und Wahrheit zwar höchst subjektiv klingt, dass es aber aufgrund der Rückbindung an Schrift und Bekenntnis und aufgrund der damit gegebenen Überprüfbarkeit ganz und gar nachvollziehbar ist. Diese Freiheit und diese Verbindlichkeit – wie bringen wir dies in ein gutes Miteinander und wie halten wir das zusammen? Das ist die spannende Frage.

Die Zukunft unserer Kirche ist ökumenisch, weil Gott das so will und weil die Menschen das von uns erwarten und verlangen. Wir haben gute

Gründe und gute Möglichkeiten. Ich glaube fest daran, dass wir weiter aufeinander zugehen werden, ohne dass wir dabei unsere jeweils liebenswerten Eigenheiten aufgeben müssen.

Ich bitte Sie alle hier im Saal, für den Fortschritt der Ökumene zu beten und dort, wo es Ihnen möglich ist, auch dafür zu arbeiten.

Missionsland – Deutschland

Verkündigung in konfessionsloser Umwelt*

Sowohl die Mitgliedschaftsuntersuchungen der EKD „Fremde Heimat Kirche" und „Kirche in der Vielfalt der Lebensbezüge" als auch das Impulspapier der „Kirche der Freiheit" und der am vergangenen Wochenende stattgefundene Zukunftskongress haben die Herausforderungen durch den alten Missionsauftrag neu in den Blick genommen. Und genau vor zehn Jahren widmete sich die EKD-Synode hier in Leipzig den Fragen von Mission und Evangelisation. Professor Jüngel befreite uns seinerzeit mit seinem Grundsatzreferat zu einer neuen Offenheit für dieses urchristliche Arbeitsfeld. Ich möchte daher meine Überlegungen wie folgt gliedern:

1. Erinnerung und Anknüpfung – Mission und Evangelisation in den Überlegungen Eberhard Jüngels
2. Konfessionslosigkeit
2.1. Erworbene und ererbte Konfessionslosigkeit
2.2. Ostdeutsche Konfessionslosigkeit
2.3. Erwartungen Konfessionsloser an die Kirche
3. Verkündigung in konfessionsloser Umwelt
3.1. Der Gottesdienst als Mitte der Gemeinde?
3.2. Lebensgeschichtliche Anknüpfung
3.3. Praxisbeispiel: Kirche am Markt in Blankenburg
4. Schluss

1. Erinnerung und Anknüpfung – Mission und Evangelisation in den Überlegungen Eberhard Jüngels

Die EKD-Synode hatte 1999 als vordringlichen Auftrag festgeschrieben, Menschen die Augen für die Wahrheit und Schönheit der christlichen Botschaft zu öffnen. Möglicherweise spiegelt sich in der Entscheidung für dieses Synodenthema die Einsicht, dass nach dem Ende der DDR-Diktatur eine Rückkehr der Menschen in die Kirchen nicht erfolgt ist, sondern die „[...] ostdeutsche Konfessionslosigkeit ihre besondere Prägung hat, weil sie

* Hauptvortrag auf der Generalversammlung des Evangelischen Bundes am 2.10.2009 in Leipzig

Menschen in besonderem Maße von der Kirche entfremdete.“ [1] So der Theologe und Soziologe Ehrhart Neubert, der sehr dezidiert auf die Unterschiedlichkeit der missionarischen Herausforderungen in Ost- und Westdeutschland hinwies und dabei klarstellte, dass es verschiedener missionarischer Wege brauchen würde, weil es sich seiner Einschätzung nach in Ostdeutschland eben nicht um einen Entkirchlichungsprozess handelt, der nur weiter fortgeschritten ist als im Westen. Ich werde darauf später zurückkommen. An dieser Stelle ist mir zunächst nur die Schlussfolgerung wichtig, dass eine „[…] geistliche Einstellung zum Phänomen der Konfessionslosigkeit und ein missionarischer Wille gebraucht wird, der auf dem Bewusstsein beruht, dass die Kirche gebraucht wird und der Gesellschaft Mission schuldig ist.“ [2]

Dieser Ansatz setzt aber eine Auseinandersetzung mit den rehabilitationsbedürftigen Begriffen Mission und Evangelisation voraus. 1999 wurde diese Auseinandersetzung hier in Leipzig durch Eberhard Jüngel geleistet, der in seinem Einführungsreferat in das Thema der Synode mit einem sehr eindrücklichen körperhaften Bild die Notwendigkeit von Mission und Evangelisation für den gleichmäßigen Herzschlag der Kirche beschrieb. Unter der Voraussetzung, dass nicht nur Christen aller Konfessionen, sondern auch der Rest der Welt, also auch die Konfessionslosen bereits im Licht der Gnade existieren, führte er aus: „Wenn die Christenheit atmen könnte, wenn sie Luft holen und tief durchatmen könnte, dann würde auch sie erfahren, dass im Atemholen zweierlei Gnaden sind […] Einatmend geht die Kirche in sich, ausatmend geht sie aus sich heraus […]“ [3]

Sie werden sich vermutlich an diese sehr unmittelbare Beschreibung, die ja eine große Selbstverständlichkeit missionarischen Wirkens nahelegt, erinnern. Wichtig für unseren Zusammenhang war dabei, dass Jüngel den Prozess des Einatmens mit dem Gottesdienst nach CA VII als Ort, an dem das Evangelium rein verkündigt und die Sakramente gereicht werden, identifiziert hat. Ausatmend geht Kirche anschließend und immer neu auf andere Menschen und Konfessionen zu, lädt sie, die an den Straßen und den Zäunen stehen, zum Hochzeitsmahl ein (Mt 22). Will Kirche nicht ersticken, dann müsste Mission lebensnotwendig sein.

1 Neubert, Ehrhart, Konfessionslose in Ostdeutschland, Folgen verinnerlichter Unterdrückung, PTh 1998/9, 378

2 a. a. O., 377

3 Jüngel, Eberhard, Referat zur Einführung in das Schwerpunktthema, Internetaufruf www.ekd.de/synode99/referate_juengel.html, vom 25.09.2009, 2

Wir werden im Fortgang unserer Überlegungen allerdings mit Manfred Seitz danach zu fragen haben, wo sich „[...] das Ganze des Heilsangebotes verdichtet.“ [4] Denn die Begegnung von Kirche und Konfessionslosen findet „[...] nicht selten an Nullpunktsituationen statt. Der Traditionsvorrat ist aufgebraucht, das Wissen nicht einmal rudimentär.“ [5] Mit anderen Worten: Gottesdienstliche Anknüpfungspunkte sind oft nicht mehr vorhanden; wir werden sie also in den Lebensgeschichten der Menschen zu suchen haben.

Ehe wir uns in diese Frage vertiefen, möchte ich aber eine kritische Überlegung vorschalten: Eberhard Jüngel erinnerte bereits auf der EKD-Synode 1999 daran (und ich schließe mich dem nachdrücklich an), dass gemäß der Barmer Theologischen Erklärung, deren 75. Jubiläum wir in diesem Jahr begangen und deren bleibende Aktualität wir dabei neu buchstabiert haben, die Botschaft von der freien Gnade Gottes allem Volk zu überbringen sei.

> These 6: „Jesus Christus spricht: Siehe, ich bin bei euch alle Tage bis an der Welt Ende.“ (Mt 28,20) „Gottes Wort ist nicht gebunden.“ (2. Tim 2,9)
>
> Der Auftrag der Kirche, in dem ihre Freiheit gründet, besteht darin, an Christi statt und im Dienst seines eigenen Wortes und Werkes durch Predigt und Sakrament die Botschaft von der freien Gnade Gottes auszurichten an alles Volk.
>
> Wir verwerfen die falsche Lehre, als könne die Kirche in menschlicher Selbstherrlichkeit das Wort und Werk des Herrn in den Dienst irgendwelcher eigenmächtig gewählter Wünsche, Zwecke und Pläne stellen.

Konsequenterweise müsste dann für unser Thema heute danach gefragt werden, warum es um die Verkündigung in konfessionsloser Umwelt gehen soll. Geben wir mit dieser Formulierung nicht einem unguten Widerspruch zwischen drinnen und draußen Raum, der übersieht, dass Gott seine ganze Welt so sehr geliebt hat, dass er seinen eingeborenen Sohn schickte? Sollten wir also im Blick auf die Verkündigung des Evangeliums ein Draußen definieren, liefen wir Gefahr entgegen der Barmer Erklärung anzunehmen, dass es Bereiche gäbe, die nicht unserem Herrn Jesus Christus zu Eigen wären.

---

4 Herbst, Michael, Sagen, was wir glauben und glauben, was wir sagen. Sprach- und auskunftsfähige Kirche in Gemeinde, Schule und Gesellschaft. PTh 2006, 95 (3), PTh 2006/3, 133

5 Herbst, Michael, Plurale Mission und missionarischer Plural im postsozialistischen Kontext, in: Wachsen, Leiten und Gestalten, Greifswald 2008, LWB Dokumentation, 119

Ich erinnere also im Vorfeld unserer Überlegungen und in Anknüpfung an die hier gehaltenen Ausführungen daran, dass nach dem Zeugnis des Johannesevangeliums Jesus Christus nicht nur den Glaubenden, sondern das allen Menschen leuchtende Licht ist: „Er war das wahrhaftige Licht, das jedem Menschen leuchtet." (Joh 1,9) Entsprechend heißt es beim Propheten Jesaja: „Ich ließ mich suchen von denen, die nicht nach mir fragten. Ich ließ mich finden von denen, die nicht nach mir suchten. Zu einem Volk, das meinen Namen nicht anrief, sagte ich: Hier bin ich, hier bin ich!" (Jes 65,1) „Missionsland Deutschland" ist in diesem Sinne also nur eine Konkretisierung der Situation, die bereits von den Propheten des Alten Testamentes vorgefunden wurde und den Wanderungen Jesu im Grenzland unter den Heiden genauso wie den paulinischen Missionsreisen entspricht.

Was genau ist also unsere Herausforderung heute? Warum und wie sollen wir denen verkündigen, die nicht nach Gott fragen und denen sein Licht dennoch leuchtet?

Jüngel antwortete darauf, dass es Not tut, der Welt die Augen zu öffnen, weil Bejahung erfahren und gelebt werden muss, um zu einem Teil meines Lebens zu werden.

2. Konfessionslosigkeit

2.1. Erworbene und ererbte Konfessionslosigkeit

Mit dem Begriff ‚konfessionslos' werden Menschen erfasst, die entweder nicht getauft sind und daher auch niemals einer christlichen Kirche angehörten oder aus der christlichen Kirche ausgetreten sind. Man geht davon aus, dass mit diesem Begriff in Deutschland ca. 27 Millionen Menschen beschrieben werden können. Das entspricht ungefähr einem Drittel der Gesamtbevölkerung, wobei ein massives Gefälle von West nach Ost mitgedacht festzustellen ist.

Dabei ist zunächst festzuhalten, dass wir es hier mit einem Phänomen des 20. Jahrhunderts zu tun haben. „Denn erst seitdem gibt es für Einzelne den Spielraum, sich gegen die Mitgliedschaft in einer Kirche zu entscheiden, ohne damit in irgendeiner Weise unter Druck zu geraten." [6] Kirchenaustrittswellen gab es in der alten Bundesrepublik Ende der 60er, Anfang

6 Kirche empirisch: Ein Werkbuch zu vierten EKD-Erhebung über Kirchenmitgliedschaft und zu anderen empirischen Studien, hg. von Jan Hermelink und Thorsten Latzel, Gütersloh 2006, 133

der 70er Jahre; in der ehemaligen DDR war zu diesem Zeitpunkt infolge der antikirchlichen Politik der SED bereits mehr als die Hälfte der Menschen konfessionslos.

Grundsätzlich gilt:

1. Konfessionslosigkeit ist in Gesamtdeutschland keine Randerscheinung mehr.
2. Wir haben zu unterscheiden zwischen Konfessionslosen in Ost und West und damit zwischen erworbener und ererbter Konfessionslosigkeit.

Ererbte Konfessionslosigkeit bedeutet, dass die Bindung der Menschen an die Kirche schon in der vorhergehenden Generation verloren gegangen ist und Eltern ihre Kinder weder getauft noch irgendeine Beziehung zur Kirche entwickelt haben. Diese Art der Konfessionslosigkeit ist in Ostdeutschland dominant und wird von den Menschen selbst sicherlich nicht als Defizit, sondern als Normalität verstanden. Dabei wird man davon ausgehen müssen, dass in den weitaus überwiegenden Fällen kaum noch Anknüpfungspunkte (biblische Geschichten, Gebete, Lieder …) an Kirche vorhanden sind. Zu Recht weisen daher Praktiker darauf hin, dass es gerade bei Angeboten, die konfessionslose Menschen im Blick haben, der Elementarisierung des Glaubens bedarf.

Dem gegenüber steht eine vor allem in Westdeutschland wachsende Zahl von Menschen, die aus eigener Entscheidung aus der Kirche ausgetreten sind. Wir sprechen in diesem Fall von erworbener Konfessionslosigkeit. 2002 haben 75,7 % aller westdeutschen Konfessionslosen angegeben, evangelisch gewesen zu sein und die Taufe empfangen zu haben (zum Vergleich: in Ostdeutschland geben dies nur 33,7 % an). In der Regel haben diese Menschen eigene Erfahrungen mit Kirche gemacht. In vielen Fällen sind sie auf religiöse Fragen ansprechbar geblieben.

Im Zuge der Auswertung der Mitgliedschaftsstudie „Fremde Heimat Kirche" hat man übrigens festgestellt, „[…] dass Konfessionslose, besonders schon immer Konfessionslose, oft einen hohen Bildungsgrad aufweisen. Während im Westen sich darin ein Bruch mit der gesellschaftlichen Norm als individuelle Emanzipation vom kirchlichen Traditionsgefüge niederschlug, drückt sich in diesem Umstand im Osten der erschwerte Zugang der Evangelischen zu Bildungseinrichtungen aus." [7]

Die zweite Mitgliedschaftsstudie nimmt für Westdeutschland an, dass mehr als die Hälfte aller evangelischen Konfessionslosen unsere Kirchen

7 Neubert, a. a. O., 371

nach 1990 verlassen haben. Dabei zeigen die Skalen für die Begründungen des Kirchenaustrittes deutlich die Tendenz zu finanziellen Motiven. Auch der Aspekt der Organisation spielt eine zentrale Rolle. Man verlässt also die Institution Kirche, ohne automatisch Abschied vom Christentum zu nehmen. [8]

Die EKD hat auf dieses Phänomen der erworbenen Konfessionslosigkeit mit einer Handreichung der Theologischen Kammer zum Thema „Taufe und Kirchenaustritt" [9] reagiert. Ihre Schlussfolgerungen sind für unseren Zusammenhang auch deswegen interessant, weil sich im Zuge der Auseinandersetzung mit der wachsenden Konfessionslosigkeit der Menschen möglicherweise auch die Frage nach unterschiedlichen Mitgliedschaftsformen stellt. So gab die Kammer zu bedenken: „Da die Taufe eine bleibende Zugehörigkeit der Getauften zu Jesus Christus im Sinne eines unverbrüchlich geltenden Indikativs des Heilszuspruchs begründet, kann der kirchliche Dienst an den Ausgetretenen nur mit einem Positivum, einem ‚geistlichen Plus' beginnen. Diese positive Anknüpfung darf jedoch nicht als Vereinnahmung erscheinen, sondern muss als ein von der Seite Gottes unzerstörbares Band verständlich werden [...] Dabei muss das mit dem Kirchenaustritt betonte und ausgesprochene ‚Nein' des Getauften ernst genommen und theologisch reflektiert werden."

Die Kammer beschreibt also die Notwendigkeit, sich mit den Gründen für einen Kirchenaustritt auseinanderzusetzen, hält aber daran fest, dass die Taufe selbst nicht annulliert werden kann. Insofern „[...] hat die Gemeinde das bleibende ‚Ja' der Zugehörigkeit des Getauften zu Jesus Christus zu bezeugen." Verkündigung an Konfessionslose wird also sowohl „[...] die bleibende Ansprechbarkeit des Ausgetretenen auf den Glauben hin als auch sein bleibendes Kindesrecht im Zugang zu Gott" [10] bedenken müssen. Dies auch und gerade angesichts der Tatsache, dass „[...] wir das Recht, über das Innerste des Glaubens zu sprechen, von unseren Mitmenschen nicht mehr automatisch verliehen bekommen [...]" [11], sondern im Gegenteil Gefahr laufen, auf Ablehnung zu stoßen.

8 Kirche in der Vielfalt der Lebensbezüge. Die vierte EKD-Erhebung über Kirchenmitgliedschaft, hg. von Wolfgang Huber, Johannes Friedrich, Peter Steinacker, Gütersloh 2006, 93

9 EKD-Texte Nr. 66

10 ebd.

11 Herbst, Michael, Plurale Mission und missionarischer Plural, in: http://www.evangnet.cz/files/540-plurale_mission.pdf

2.2 Ostdeutsche Konfessionslosigkeit

Nachdem die religiös-kirchliche Wende 1989 und in den Folgejahren ausblieb, wobei sicherlich genauer nachzufragen wäre, ob eine solche ernsthaft erwartet werden konnte (niemand wird die vollen Kirchen im Herbst 1989 für einen geistlichen Aufbruch gehalten haben, sondern die Kirchen boten Zuflucht, Plattform und Demokratieerfahrung und waren deshalb Raumgeber und oft auch Initiatoren der friedlichen Revolution), konstatieren wir, dass ca. drei Viertel der ostdeutschen Bevölkerung keiner Kirche angehören. Konfessionslosigkeit ist hier der Normalfall. Ihre Besonderheit ist es dabei, dass der damit einhergehende Atheismus überindividuelle Züge trägt. „Nicht nur Einzelne sind konfessionslos, sondern weite Teile der öffentlichen Kultur, des Bildungswesens, der zivilgesellschaftlichen Orte.“ [12]

Allen Hoffnungen zum Trotz hat sich die Konfessionslosigkeit stabil in ostdeutschen Biographien verankert. Atheismus geht nun nicht nur mit dem Verlust jedweder religiöser Grammatik einher, sondern bedeutet auch, dass Lebensdeutungen ohne Kirche auskommen und Passageriten eine eigene Gestalt, ja sogar Tradition gefunden haben. Längst, so beschreibt es Erhart Neubert, „[…] gibt es ein atheistisches Selbstbewusstsein, das die Konfessionslosigkeit im Osten als Ausdruck größerer Freiheit betrachtet […] und eine erworbene strukturelle und geistige Immunität gegen alles Christliche besitzt.“ [13] Man kann vermutlich schon sagen, dass viele Ostdeutsche eine generelle Entfernung und Entfremdung von der Kirche erleben, weil – so erklärte es ein junger Mann aus Sachsen-Anhalt im Zuge der vierten EKD-Erhebung über Kirchenmitgliedschaft – „[…] man einfach in der ganzen Erziehung gar nicht damit konfrontiert worden ist und man sich damit nicht beschäftigt und man die einzelnen Religionen nicht kennt.“ [14]

Und schließlich: Wollte man in Ostdeutschland tatsächlich neue Kirchenmitglieder aus den ererbt Konfessionslosen gewinnen, hieße das auch, sich zu öffnen für die Träger und Mitläufer des DDR-Systems. Ernst gemeinte Mission setzt dann die Bereitschaft voraus, schlimme Erfahrungen, Verletzungen, Benachteiligungen und Bespitzelung zu vergeben oder zumindest hintenanzustellen und Vertrautes für Fremde zu verändern. Diesen Aspekt zu vertiefen, hieße jedoch, ein anderes Thema zu referieren, denn Sie ahnen, dass die Auseinandersetzung mit der je eigenen Lebensgeschichte in solchem Kontext (dies gilt auch für die unaufgearbeiteten

---

12 ebd.,123

13 Neubert, a.a.O., 372

14 Kirche empirisch, 139

Familiengeschichten im Zusammenhang mit dem Nationalsozialismus) Fragen von Schuld und Vergebung, Zerknirschung des Herzens (contritio cordis) und Bekenntnis des Mundes (confessio oris) schmerzliche Bedeutung erlangen.

2.3. Erwartungen Konfessionsloser an die Kirche

Hinsichtlich der Herausforderungen, welche die hohe Zahl konfessionsloser Menschen an uns stellt, werden wir uns zu entscheiden haben, ob wir in diesem Fakt grundsätzlich ein Problem oder eine Chance wahrnehmen. Ersteres wird uns dazu nötigen, genauer zu analysieren, weshalb Menschen zur Kirche gehören möchten, obwohl sie nach wie vor bestimmte Erwartungen an sie haben bzw. weshalb sie uns gar nicht zutrauen, dass wir sie durch ihr Leben sinnstiftend, tröstend und orientierungsgebend begleiten. Zugespitzt formuliert: Drückt Konfessionslosigkeit eher eine Absage an die Inhalte des christlichen Glaubens oder an die Notwendigkeit der Institution Kirche aus?

Betrachten wir die weit verbreitete Konfessionslosigkeit unserer Mitmenschen dagegen als Chance, so werden wir nicht nur einen kritischen Selbstwahrnehmungsprozess ansteuern müssen, sondern vor allem auch in der Suchbewegung Konfessionsloser potenzielle Mitglieder ahnen und zu gewinnen suchen. In diesem Kontext steht dann fraglos auch unser kirchliches Handeln.

Die Auswertung der jüngsten EKD-Mitgliedschaftsstudie hat gezeigt, dass auch Menschen, die der Kirche in ihrem Alltag keinerlei Raum einräumen, dennoch sehr klare Vorstellung davon haben, wofür sie sich einsetzen soll. So steht die Erwartung, dass Kirche sich für sozial Schwache einsetzen und ihrem diakonischen Engagement hohe Priorität einräumen möge, an erster Stelle. Dagegen wird von ihr nicht verlangt, sich in Bildungsfragen oder politische Angelegenheit einzumischen.

Für die Frage nach der Verkündigung ist es interessant, festzustellen, dass Konfessionslose durchaus erwarten, dass Christen Gottesdienste feiern und selbstverständlich lebensgeschichtliche Begleitung anbieten.[15] Auch wenn sie selbst diese Möglichkeiten nicht in Anspruch nehmen, gibt es doch für den öffentlichen Raum die Erwartung, dass das religiöse Angebot stellvertretend für und von anderen Menschen angenommen wird. In diesem

15 Kirche empirisch, 143

Zusammenhang spiegelt sich eine Erfahrung wieder, die wir vor allem auf den Dörfern machen: Dass der sonntägliche Gottesdienstbesuch oft gering ist, ficht die wenigsten Menschen an. Sie wären aber durchaus damit unzufrieden, wenn die Glocken nicht mehr geläutet und die Kirche nicht mehr gottesdienstlich genutzt würde. Dabei scheint es sich tatsächlich um eine tendenzielle Vergewisserung zu handeln, die aber mit dem eigenen Leben nichts zu tun hat; denn dieselben Menschen konnten – zumindest im Zusammenhang der Mitgliedschaftsstudie – weder mit der Verkündigung der christlichen Botschaft noch mit der Bereitstellung eines Raumes für Stille und Gebet als Kennzeichen von Kirche etwas anfangen.

Zusammenfassend bleibt an diesem Punkt zu konstatieren, dass wir hinsichtlich der Verkündigung in konfessionsloser Umwelt vor einer schwierigen Aufgabe stehen, denn es gilt, wenn wir unserem Missionsauftrag gerecht werden und das Ausatmen nicht verlernen wollen „[…] das Gespräch über Gott, Glaube und Religion mit solchen Menschen zu suchen, die entweder gar nicht bzw. nur unzureichend wissen, worüber da mit ihnen geredet werden soll, oder die tendenziell nicht mit der Kirche reden wollen." [16]

Unsere Anknüpfung im Eingang dieses Vortrages an die Beschlüsse der EKD-Synode hier vor zehn Jahren enthebt mich der Frage, inwieweit wir uns der soeben beschriebenen Aufgabe stellen wollen. Dennoch möchte ich Sie einen Moment an den Erinnerungen zweier Kirchenmenschen teilhaben lassen, die ihre eigene Begegnung mit Menschen, die sie für den Glauben gewinnen wollten, noch einmal hervorgeholt haben.

So schreibt der inzwischen pensionierte Bischof Axel Noack:

„Dass Gott auch mir Menschen an den Lebensweg gestellt hat, nehme ich – bei aufmerksamer Rückschau – heute doch wahr. Sie sind mir begegnet als Wegweiser und Brückenbauer, aber auch als Stoppschild und Umleitungspfeile. Wenn ich heute an solchen Menschen und an Gottes begleitendem Handeln erkenne, welche Gedanken Gott über mich hat, dann sind solche Menschen, die an meinem bisherigen Wege standen oder sich mir in den Weg stellten, auch Liebesbriefe Gottes an mich. Gott hat mir diese Briefe geschrieben, dann und wann, manchmal als schöne bunte Postkarte, offen und für jeden als lieben Gruß erkennbar, aber auch im Ton behördlicher Post, dann per Einschreiben und im verschlossenen Umschlag […]" [17]

---

16 ebd., 145

17 Noack, Axel, in: Eigentlich ein Liebensbrief, hrsg. von Möllering, K., Leipzig 2004, 201

Für Dietrich Mendt, auch er ein ostdeutscher Theologe, war seine Annaberger Großmutter ein solcher Liebesbrief. Sie stattete ihn nicht nur für die Ferien mit einem Zufluchtsort und Lebensweisheit („Einmal gut gelebt, kann man immer dran denken") aus, sondern lebte ihren Glauben, ging zu Bibelstunden und machte sich nichts aus dem leisen Spott ihrer Familie.

Über sie schreibt Dietrich Mendt:

„Sie hat weder erlebt, dass ich Christ, noch gar, dass ich Pfarrer wurde. Es wäre wohl für sie eine ganz besondere Lebenserfüllung gewesen, in der Bibelstunde ihres geliebten Enkels sitzen zu können. Sie hat die Frucht nicht gesehen und nicht einmal geahnt, die aus dem Boden wuchs, den sie bereitet hatte, eigens für mich. Denn davon bin ich überzeugt. Aber ich will darüber nicht trauern, im Gegenteil! Wenn ich hin und wieder sage: ‚Schade, dass sie das nicht miterleben kann' meint meine Frau: ‚Was willst du denn, sie erlebt's doch'!" [18]

3. Verkündigung in konfessionsloser Umwelt

3.1. Der Gottesdienst als Mitte der Gemeinde?

Wenn wir also Gottes Liebesbrief sein wollten, wie fangen wir es dann an?

Mit dieser Frage bewegen wir uns zweifellos im Kontext der Überlegungen vieler Christenmenschen mit und ohne kirchliche Leitungsverantwortung. Im Rahmen des Projektes „Kirche wächst" meinten die Initiatoren mit Blick auf Martin Luther, dass die Erfahrung, Gottesdienste würden nicht gut angenommen und Predigten seien wirkungslos, eine uralte Anfechtung beschreibt:

„So sehr Martin Luther auf die Macht des Wortes, seine Person und Welt verändernde Kraft vertraute, so deutlich hat er betont, dass der Verkündiger nicht das Ergebnis seiner Verkündigung herstellen kann, selbst dann nicht, wenn er rhetorisch brillant und theologisch substanziell zu predigen in der Lage ist. Macht und Ohnmacht des Wortes liegen sehr nahe beieinander." [19]

Dabei liegt das Problem auch beim Hörer, denn 30 % der während der letzten Mitgliedschaftsstudie befragten Kirchenmitglieder bekundeten, „[...] dass sie durch die Art der Predigt und den Stil, in dem Gottesdienste

18 Mendt, Dietrich, in: Eigentlich ein Liebensbrief, hrsg. von Möllering, K., Leipzig 2004, 51

19 Herbst, M., Karle, I., Panzer, L., Kirche wächst, Holzgerlingen 2008, 70

gefeiert werden, vom Gottesdienst abgehalten werden. [...] Das Zentralproblem der Kirche ist also nicht eine Organisations- oder Finanzkrise, sondern ein [...] Problem der Artikulationsfähigkeit des christlichen Glaubens." [20]

Letzteres beobachte ich auch im Zuge des Visitationsverfahrens in unserer Landeskirche, das ihrer Überschaubarkeit wegen die große Chance eröffnet, Visitationsergebnisse, -prozesse und -impulse auf allen Ebenen der Kirchenleitung wahrzunehmen. Bei meinen Besuchen in den Kirchenvorständen der visitierten Gemeinden begegnet mir zunehmend die Einschätzung, dass der Gottesdienst längst nicht mehr die eigentliche Mitte der Gemeinde ist. Kirchengemeinden beschreiben in ihrem Leitbild vielmehr, dass dem Gottesdienst keine exklusive Stellung zukomme, sondern „... gottesdienstliches Leben in allen Lebensäußerungen der christlichen Gemeinde, eben den Gruppen und Kreisen [...]" stattfindet. [21]

Ich vermute, dass es sich hierbei nicht um eine braunschweigische Eigenart handelt. Zudem gilt es wahrzunehmen, dass es in diesem Fall nicht Konfessionslose sind, die Mühe haben, den Gottesdienst als den eigentlichen Ort ihres Christenlebens zu verstehen.

Wie viel schwieriger wird es dann erst im Blick auf Menschen sein, die jedwedes gottesdienstlichen Anknüpfungspunktes entbehren?

3.2. Lebensgeschichtliche Anknüpfung

Im ersten Buch der Könige (1. Könige 17) wird erzählt, wie Elia im Auftrage Gottes zur Witwe von Zarpat nach Sidon gesandt wird, die ihn versorgen wird; bei ihr und ihrem Kind soll er leben. Seine Gegenwart wird zunächst für alle heilsam sein. Hunger und Durst haben ein Ende, Mehl und Öl gehen nicht mehr aus, der nahe Tod muss nicht gestorben werden. Doch das Kind der Witwe wird krank. Gott scheint sie verlassen zu haben. Alle Rettung macht keinen Sinn. Gott scheint sich abgewendet zu haben. So trägt Elia das sterbende Kind ins Obergemach; er ringt und hadert mit seinem Gott, trotzt ihm den Lebensatem für den kleinen Jungen ab.

Eine eindrückliche Geschichte. Sollte sich nicht in ihr auch für Menschen, die nie von Elia gehört haben, ein Anknüpfungspunkt ergeben? Denn das Leid, die Einsamkeit, die Verzweiflung, die Elia und die Mutter

20 ebd., 75

21 Gemeindebericht der Kirchengemeinden Denstorf mit Klein Gleidingen und Groß Gleidingen, 29 (Archiv Landeskirchenamt Wolfenbüttel)

des Kindes durchleben, kennt, wer immer ein empfindsames Herz im Leibe hat. Es wird also darauf ankommen, biblische Bilder, Antworten und Geschichten zu finden, die korrespondieren mit der Lebenserfahrung der Menschen, denen wir von Gott erzählen wollen. Dass Milieus, Bildungshorizonte und Biographien dabei ganz verschieden sind und immer neu wahrgenommen werden müssen, entspricht der inzwischen fast schon sprichwörtlichen Einsicht, dass die vielen Menschen, die unsere Kirche verloren hat, nur einzeln zurückgewonnen werden können.

Verkündigung wird darum immer neue Orte und Sprachformen zu suchen haben, sei es im Gottesdienst, im Religionsunterricht oder im Zuge von Tauf- und Glaubenskursen. Dabei ist vor allem unser kontinuierliches Engagement in den diversen Bildungseinrichtungen von großer Bedeutung. Denn auch wenn der „[…] Religionsunterricht kein Instrument direkter kirchlicher Mission ist, so bietet er durchaus in ansprechender Indirektheit die Möglichkeit erneuter Kommunikation und Selbstvorstellung gegenüber der heranwachsenden Generation.“ [22] Dies setzt aber eine authentische Sprachfähigkeit unserer Mitarbeiterinnen und Mitarbeiter voraus, denn gerade Kinder und Jugendliche haben ein sehr feines Gespür dafür, ob jemand glaubt, was er sagt und sagt, was er denkt. Und nicht nur das. Wir neigen ja dazu, über Fragen unseres eigenen Glaubens zu schweigen. Es ist schon beinahe ein Tabu, eigene religiöse Praxis, gelebte Frömmigkeit zu beschreiben und sich zu Glaubensinhalten zu bekennen. Konfessionslose Mitmenschen werden wir aber nicht erreichen, wenn wir diese besondere Herausforderung, die ja in der Tat jedem einzelnen Getauften gilt, nicht annehmen.

Dabei gilt es, der Wahrheit ins Auge zu sehen, dass die Begegnung mit dem Glauben oft ganz unspektakulär daherkommt. Gott will nicht Großes von uns, sondern die kleine alltägliche Begegnung von Angesicht zu Angesicht. Es ist, so möchte ich mit Michael Herbst unterstreichen, „[…] nicht eine Frage der besseren Gemeindeaufbaukonzeption oder Missionsstrategie. Es ist Gottes Weg zu Menschen durch Menschen zu kommen.“ [23] Dies zeigt sich in der Tatsache, dass fast alle Erwachsenentaufen ein Ergebnis persönlicher Begegnung sind.

So wird missionarische Verkündigung sich damit auseinanderzusetzen haben, dass Menschen, die wenig wissen und lange brauchen, um sich mit den Inhalten des Christentums vertraut zu machen, Begleitung brauchen,

22 Herbst, Michael, Sagen, was wir glauben, und glauben, was wir sagen, 128
23 Herbst, a. a. O.

Gespräche und konkrete Ansprechpartner. Die evangelisch lutherische Landeskirche in Braunschweig hat diesbezüglich ein Projekt gewagt, das ich Ihnen zum Abschluss kurz vorstellen möchte.

3.3. Praxisbeispiel Kirche am Markt in Blankenburg

Vor acht Jahren haben wir in Blankenburg eine Missionspfarrstelle für die Stadt eingerichtet und ein Pfarrerehepaar (die Frau ist Pfarrerin im Ehrenamt, der Mann ist Pfarrer) mit dem Auftrag dorthin entsandt, Kirche im Bewusstsein der Menschen neu zu verorten, Angebote zu machen und Möglichkeiten zu bieten, mit Konfessionslosen zu entdecken, was der christliche Glaube sein kann. Dies war und ist von Anfang an ein Auftrag neben und unabhängig von der Betreuung der Ortsgemeinde. Zugleich haben wir gemeinsam mit dem Diakonischen Werk und der Kirchengemeinde ein Jugendzentrum, eine Beratungsstelle und ein Frauenzentrum, sowie eine Schuldnerberatungsstelle in den Gebäuden der Stiftung Georgenhof eingerichtet.

Konfessionslosigkeit bedeutet in Blankenburg konkret, dass nur 11 % der Bevölkerung der evangelischen Kirche angehören; 3 % sind katholisch, alle anderen Einwohner gehören keiner Kirche an. Dabei handelt es sich – wie oben bereits beschrieben – um eine Entwicklung, die in vielen ostdeutschen Gemeinden zu finden ist. Menschen sind infolge kirchenfeindlicher Propaganda und Repressalien aus der Kirche ausgetreten oder ihr einfach nur fern geblieben und haben für ihre Kinder keine Beziehung mehr zur Kirche aufgebaut.

Zudem wird konstatiert, dass im Zuge der deutschen Wiedervereinigung und dem damit einhergehenden Zusammenbruch des Arbeitsmarktes und der Entwertung bereits erbrachter Lebensleistungen die Region in eine so tiefe Depression gefallen ist, dass es einen dringenden Bedarf nach Hoffnungszeichen und Perspektiven gibt. In diesem Zusammenhang bekommen nach Einschätzung des Pfarrerehepaares auch die biblischen Heilungsgeschichten und Erzählungen, die von Samen und Saat sprechen, eine neue Bedeutung. Sie bieten – ebenso wie die Geschichte vom verlorenen Sohn, welche die Existenz einer Heimat, zu der man zurückkehren und bei der man neu anfangen kann, beschreibt – einen lebensgeschichtlichen Anknüpfungspunkt.

Auch hier ist das Pfarrerehepaar der Überzeugung, dass der Gottesdienst selbst eigentlich nicht die primäre Form der Verkündigung ist, sondern dass es statt um Verkündigung im konfessionslosen Umfeld um Verkündigung durch Arbeit mit Konfessionslosen gehen muss. Die Öffentlichkeit und damit „die Wartenden an den Zäunen“ bekommen eine neue Bedeutung.

Dabei entsteht Offenheit durch Gemeinschaft und Beziehungsarbeit. Die Erfahrung zeigt, dass kirchenpädagogische und seminaristische Formen es eher als die klassische gottesdienstliche Struktur ermöglichen, Menschen der Kirche wieder nahe zu bringen oder sogar eine Taufbereitschaft hervorzurufen. Menschen, die auf diesem Wege gewonnen werden, finden oft nur mühsam in die traditionelle Gottesdienstform hinein, ohne sich im Vergleich zu allen anderen sehr fremd zu fühlen. So ist es gerade für diese Arbeit besonders wichtig, genau abzufragen und zu erspüren, mit welchen Fragen Menschen gekommen sind. Auch diese Einsicht schließt nach Einschätzung unserer Mitarbeiter dort den klassischen Predigtstil nach Perikopenordnung aus.

Damit aber kein Missverständnis aufkommt: Natürlich bleibt der Gemeindegottesdienst nach der vertrauten Agende das zentrale gottesdienstliche Geschehen.

Weiter berichtet das Pfarrerehepaar, dass der Umgang mit Tod oder Sterben in weitaus größerem Maße tabuisiert ist als in Westdeutschland. Es fehlen nicht nur deutende Horizonte; verloren sind auch Rituale, mit Verstorbenen umzugehen. Auch hier wird es darum gehen müssen, Vertrauen neu aufzubauen und tröstende Begleitung so anzubieten, dass sie geglaubt und gewagt werden kann.

4. Schluss

Die gute Nachricht, das Evangelium Jesu Christi zu verkündigen inmitten und für Konfessionslose wird uns immer wieder an die Grenze bringen. Wir werden uns in Frage stellen lassen müssen; wir werden verzweifelt nach dem richtigen Weg suchen; wir würden wohl auch manchmal den Ruf in die Nachfolge ganz gern überhören.

Darum lassen sie mich schließen mit Christoph Markschies:

„Wir wollen bei der Sache bleiben, wollen uns auf die Sache Jesu konzentrieren und ihn bitten, dass er uns bei dieser Sache hält, uns immer wieder neu auf sie konzentriert und uns in den vielfältigen Zerstreuungen bewahrt. Schauen wir also nicht ängstlich zurück auf das, was uns vom Weg der Nachfolge abgebracht hat, was uns zerstreut und unfrei gemacht hat. Schauen wir also nicht ängstlich zurück, so wie auch der, der pflügt nicht zurücksieht, um nicht aus der Furche zu geraten. Schauen wir lieber nach vorn, schauen wir auf den Jesus von Nazareth, der uns mit bezwingender Stimme in seine Nachfolge und in seine herrliche Freiheit ruft." [24]

24 Markschies, Christoph, Das Leben lieben und gute Tage sehen, Frankfurt a. M. 2009, 109

Auf dem Weg zur Einheit*

Eines darf in allen Auseinandersetzungen, die uns in der römisch-katholischen/evangelischen Ökumene im Augenblick bewegen, nicht vergessen werden: Die Menschen in Europa erwarten von ihren Kirchen, dass sie gemeinsam davon Zeugnis ablegen, dass Gott in Jesus Christus in dieser Welt Raum gewonnen hat, dass seitdem anders über den Menschen gedacht wird, dass seitdem nicht Macht und Ohnmacht, nicht Oben und Unten, nicht Mann noch Frau, Freier oder Unfreier die Leitkategorien sind, sondern die Liebe, die Versöhnung, die Gnade und die Barmherzigkeit. Die Menschen in Europa erwarten ein glaubwürdiges und gemeinsames Zeugnis.

1. Das gemeinsame Zeugnis

Gott wirkt mehr, als eine Tradition oder eine Konfession beherbergen kann. Diese Einsicht lehrt uns, das eigene Glaubensgut im Zusammenhang der weltweiten Christenheit neu zu sehen und sein ökumenisches Potenzial zu entdecken. Dies aber bedeutet, dass die Profilierung der lutherischen, reformierten oder römischen Konfession nicht entscheidend ist, wenn es darum geht, Rechenschaft und Zeugnis über den christlichen Glaubens als solchen zu geben. [1]

2. Aktuelle Irritationen

Natürlich werden Sie jetzt auch etwas aus evangelischer Sicht zu dem im Juli veröffentlichten Text der Glaubenskongregation hören wollen.

Ich beginne mit den „Antworten auf Fragen zu einigen Aspekten bezüglich der Lehre über die Kirche“ vom 10. Juli 2007. Inhaltlich sagt das Papier nichts Neues; es ist auch nicht an die reformatorischen Kirchen gerichtet. Wer aber ist dann der Adressat?

Ich habe in meiner Stellungnahme folgendes ausgeführt: „Die ‚Antworten‘ richten sich vor allem gegen Personen in der eigenen Kirche, die sich auf dem Feld der Ökumene zu weit vorwagen. In neueren katholischen Entwür-

* Ansprache auf dem Forum „Auf dem Weg zur Einheit“ am 18. August 2007 im Caritas-Pirckheimer-Haus zu Nürnberg

1 Ebeling, Gerhard, Dogmatik des christlichen Glaubens, Band 1, § 1, Tübingen 1979

fen einer Lehre von der Kirche im Bereich der wissenschaftlichen Theologie werden auch nichtkatholische Kirchen als Kirchen angesprochen Selbst Kardinal Walter Kasper hatte im Blick auf die nichtkatholischen Kirchen von verschiedenen ‚Kirchentypen' gesprochen. Solche ‚irrigen Interpretationen' (Einleitung) will das Dokument zurückweisen." [2] Deutlicher wird dies noch, wenn man sich klarmacht, dass vom Vatikan am 7. Juli 2007 das lange erwartete Motu Proprio Papst Benedikts XVI. „Summorum Pontificum" über den Gebrauch der römischen Liturgie aus der Zeit vor der Reform von 1970 vorgelegt wurde.

Beide Schreiben passen so gut zusammen, dass sie als Teil einer in sich stimmigen Strategie erscheinen.

Mit dem Motu Proprio ist die lateinische Messe in der Form von 1962 wieder freigegeben. Bereits in den 80er Jahren hatte Johannes Paul II. die Bischöfe aufgefordert, den Gläubigen, die das lateinische Formular vermissten, die Möglichkeit eines Gottesdienstes nach dem 1962er Formular einzuräumen. So wollte er die zu Erzbischof Lefebvre abgewanderten Gläubigen zurückgewinnen. Motiv für diesen Schritt dürfte der Wille zur Einheit der römisch-katholischen Kirche sein. Hinzu kommen prominente Intellektuelle, denen die „Häresie der Formlosigkeit" [3] zusetzt und die darum eine Rückkehr zur alten Form wünschen. Die konservativen Kritiker befürchteten damals mit der neuen Liturgie die lehramtliche Normierung und Durchsetzung einer anderen Ekklesiologie.

Den Traditionalisten scheint es allerdings vor allem um die Bewahrung der vorkonziliaren Ekklesiologie zu gehen; die vorkonziliare Messe konnte jedoch ihre Funktion als Symbol für die Bewahrung dieser Ekklesiologie nur solange erfüllen, wie sie gleichzeitig als Initiationsritus einer exklusiven Gruppe erkennbar war. Diese Gruppe der Traditionalisten, die mit der Feier der alten Messe einen Überschuss an Gehorsam gegenüber der Tradition dokumentierten, haben in dem Moment ihr verbindendes Symbol verloren, in dem jedem Katholiken die Tür zu dieser Praxis offen steht.

Es mag sinnvoll erscheinen, beide Riten freizugeben. Gezielte Liberalität erhöht die Akzeptanz der Institution und wehrt Abbröckelungstendenzen an den Rändern. Dennoch ist aus evangelisch-lutherischer Sicht zu sagen, dass für die Verkündigung des Evangeliums als dem eigentlichen Auftrag der Kirche die Verständlichkeit ein wesentliches Kriterium ist. Anders gesagt: Die Ausübung des Allgemeinen Priestertums im Gottesdienst durch

2 VELKD-Pressemitteilung vom 10.7.2007, a. a. O., 15f
3 Mosebach, Martin, FAZ vom 8. Juli 2007, 4

den kompetenten Mitvollzug der Feier wird durch eine nicht mehr verständliche Sprache erheblich erschwert oder gar unmöglich gemacht. Allerdings wird niemand gezwungen, an einem Gottesdienst in lateinischer Sprache teilzunehmen, da der Gottesdienst in der Landessprache die Regel bleibt.

Als am 10. Juli dann der Text der Glaubenskongregation veröffentlicht wurde, waren die Reaktionen aus den evangelischen Kirchen heftig.[4] Inhaltlich geht es in den „Antworten" um eine komprimierte Zusammenstellung der wichtigsten Lehraussagen des Zweiten Vatikanischen Konzils über die Ekklesiologie. Einer kurzen Einleitung, die auf die Lehrentscheidungen des Konzils verweist, wie sie in der dogmatischen Konstitution „Lumen gentium" sowie in den beiden Dekreten über den Ökumenismus und über die Ostkirchen dargelegt wurden, folgen fünf Fragen zur Ekklesiologie, die jeweils unter Berufung auf während des Konzils entstandener Dokumente beantwortet werden. Damit gibt sich das Dokument schon der äußeren Form nach gezielt als Auslegung des Konzils.

In den „Antworten" der Glaubenskongregation geht es um die Versicherung, dass die derzeitige Lehre des Konzils keine Handbreit von der vorkonziliaren Lehre abweicht, sondern diese präzisiert. So ist das „subsistit in" gegenüber dem „est" nicht zu verstehen als Relativierung des Anspruchs der römisch-katholischen Kirche, Träger der vollständigen Wahrheit zu sein, sondern lediglich als Zugeständnis an die Tatsache, dass es neben der römisch-katholischen Kirche auch noch andere Gruppierungen gibt, die mit dem Anspruch auftreten, Christen zu sein. Weil sie sich allesamt Kirchen nennten, sei Klarstellung erforderlich, in welchem Maß der Anspruch des Christseins die Anerkennung als Kirche rechtfertige. Festgehalten wird: „Echte kirchliche Wirklichkeiten" außerhalb der jurisdiktionellen Grenzen der katholischen Kirche gibt es, orthodoxe Kirchen sind „echte Teilkirchen", die reformatorischen Kirchen haben „[...] zweifellos einen kirchlichen Charakter und einen daraus folgenden Heilswert."

Damit liegt der innere Zusammenhang der beiden Dokumente klar vor Augen: Der Vatikan ist bemüht, die Traditionalisten in die römisch-katholische Kirche zurückzuholen bzw. zum Bleiben zu bewegen. Allerdings ist

4 Siehe zu den unmittelbaren Reaktionen sowohl aus den evangelischen Kirchen als auch von deutschen Vertretern der römisch-katholischen Kirche: epd Nr. 10 vom 17. Juli 2007. Dort ist auch der Text der Glaubenskongregation (4f.) samt offizieller Kommentierung (6–10) veröffentlicht

die rückhaltlose Anerkennung des Zweiten Vatikanischen Konzils die Voraussetzung für das Bleiben in der Kirche. [5]

Jeder, der die Situation etwas genauer kennt, spürt dem Papier ab: Es ist Zeichen eines Rückzugsgefechts gegen eine täglich größer werdende Zahl von Theologen und Laien, die unaufhaltsam auf dem Weg der Annäherung voranschreiten. Schon der dem Papier beigegebene Kommentar scheint aus einer anderen theologischen Welt zu stammen. Und in den Erläuterungen, die Kardinal Lehmann gibt, werden die evangelischen Christen schon wieder Kirche genannt.

Es ist allerdings bedrückend, dass hier eine Theologie Ausdruck findet, die offenkundig den Anschluss an die üblichen Standards der theologisch-philosophischen Wissenschaft verloren hat. Denn zur Wissenschaftlichkeit gehört das Eingehen auf die hermeneutischen und theologischen Grundsätze der Partner. Ist im Vatikan die Angst vor der modernen Welt wirklich so groß, dass man dazu unfähig ist? Der Papst hat es doch mit seinem Jesus-Buch vorgegeben. Können wir nicht über Wesen und Auftrag der Kirche ebenso frei diskutieren wie er es über den Herrn der Kirche anregt? Ich halte diesen Text für den Ausdruck einer theologischen Selbstisolierung. Wenn aber die Ökumene aufgrund eines solchen Papiers am Ende wäre, dann hätte sie es wahrlich verdient.

Allerdings muss man sehen, dass in der Frage der vollen wechselseitigen Anerkennung der Kirchen als Kirche Christi das ökumenische Problem liegt, das – der „Gemeinsamen Erklärung zur Rechtfertigungslehre“ und vielen anderen Schritten wachsenden Verständnisses zum Trotz – nicht überwunden ist. Harding Meyer hat Recht, wenn er ausführt: „Denn Trennung der Kirchen heißt ja nichts anderes, als dass man in der anderen Kirche eben nicht in vollem Maße die Kirche Christi zu erkennen vermag und folglich auch keine volle Gemeinschaft mit ihr haben kann. Und umgekehrt wäre mit der vollen gegenseitigen Anerkennung der Kirchen als Kirche Jesu Christi die Trennung der Kirchen und damit das ökumenische Problem zumindest im Kern überwunden. … Man kann darum der Glaubenskongregation auch keinen Vorwurf daraus machen, dass sie mit ihren Aussagen den Finger darauf legt, dass das ökumenische Problem noch seiner vollen Lösung harrt.“ [6] Problematisch aber ist, dass die Kongregation das Problem

5 Schuck, Martin, Zwei vatikanische Schreiben – eine römische Strategie? Unveröffentlichtes Manuskript, Bensheim 2007

6 Meyer, Harding, Stillstand oder neuer Kairos? Zur Zukunft des evangelisch/katholischen Dialogs. Unveröffentlichtes Manuskript, 5; erschienen in „Stimmen der Zeit“, 10/2007

benennt, ohne darauf zu verweisen, dass in den zurückliegenden Jahren die Gemeinschaft in Glauben und Leben gewachsen ist. Diese Ignoranz ist es, die die Irritationen und Enttäuschungen ausgelöst hat.

3. Was aber kann weiterbringen?

Ich bin sicher, dass es neben der „blühenden Ökumene des Lebens", dass neben der selbstverständlichen Zusammenarbeit und der gemeinsamen Feier von Gottesdiensten und der gemeinsamen Positionierung in sozialethischen Fragen nur ein verbindliches Ernstnehmen und Festhalten des im theologischen Dialog schon Erreichten, weiterführen kann. Wir brauchen endlich eine verbindliche Vergewisserung des Erreichten. Johannes Paul II. hat sie schon gefordert.[7] Die Rezeption ist Aufgabe der Kirchenleitungen. Bislang ist diese Interaktion von Dialog und Rezeption nur bei der „Gemeinsamen Erklärung zur Rechtfertigungslehre" gelungen. Entsprechende verbindliche Erklärungen sind im Blick auf den Dialog über das Abendmahl, das kirchliche Amt und das Verständnis von Kirche nötig. Gewiss, in diesen Dialogen sind auch Fragen offen geblieben. Aber man könnte Schritte der Vergewisserung gehen und festhalten, was im Dialog erreicht ist, was noch nicht erreicht wurde und könnte so die anstehenden Aufgaben beschreiben. Harding Meyer nennt solche Erklärungen „‚In via'-Erklärungen".

Folgende Aufgaben kämen ihnen zu:

a. die durchschrittene Wegstrecke und die schon erreichte Stufe bei der Klärung der jeweiligen Kontroversfragen zu beschreiben,
b. dem schon Erreichten einen „dialogdefinitiven" Status zuzusprechen und es so vor immer neuen Infragestellungen oder gar kollektivem Vergessen zu schützen, und
c. die noch nicht zurückgelegte und darum noch vor uns liegende Wegstrecke mit ihren Aufgaben möglichst klar zu markieren."[8]

4. Welche Prinzipien gelten für diesen Dialog?

a. Ökumene bleibt angewiesen auf den ernsthaften Dialog und den konfessionellen Respekt der Kirchen. Im Dialog haben die Kirchen einander in

7 Ut unum sint, § 80
8 Meyer, a. a. O., 6

den Blick genommen, ihren Sinn für die Besonderheit der jeweils anderen Kirchen geschärft und zugleich das Herz füreinander geöffnet. So war der Dialog ein geeignetes Mittel, mit den festgestellten Differenzen umzugehen und sie sogar für das eigene Glaubensverständnis und -leben fruchtbar zu machen. Allerdings gilt, dass eine notwendige Voraussetzung für jeden Dialog, der diesen Namen verdient, die „[…] wechselseitige Anerkennung als gleichwertige Gesprächspartner ist.“ [9]

b. Des Weiteren muss das Wissen darum leitend sein, dass „[…] das Gemeinsame größer ist als das, was trennt, dass keine Kirche ohne die andere Kirche wirklich Kirche Jesu Christi sein kann, dass es eine Familienähnlichkeit, einen genetischen Fingerabdruck unter den Kirchengeschwistern gibt; dann werden die profilierten Unterschiede zugleich als Bereicherung und Vertiefung der eigenen Identität geachtet und angenommen auf dem gemeinsamen ökumenischen Weg der Bezeugung des einen Evangeliums vor der Welt.“ [10]

c. Nicht vergessen werden darf: „Wer sich allein im Vollbesitz der Wahrheit wähnt, führt mit anderen keinen der Wahrheitssuche dienenden Dialog, sondern will das Gegenüber diskursiv über die ihm fehlende Wahrheit belehren.“ [11] Wir brauchen darum eine Grundhaltung des konfessionellen Respekts.

5. Anregung

Wie bereits zum Jubiläum des Johann-Adam-Möhler-Instituts in Paderborn im Frühjahr dieses Jahres 2007 möchte ich anregen, in künftigen Dialogen Fragen des Verstehens sehr konkret und sehr fundamental anzusprechen. Das Schreiben des Papstes über die Eucharistie bietet eine reiche Fülle von Anknüpfungsmöglichkeiten für einen Dialog, in dem solche Fragen des Verstehens im Vordergrund stehen. Ich meine nicht nur die schöne Dreiteilung des Aufbaus: Glauben – Feiern – Leben; ich meine nicht nur die inzwischen trinitarisch fundierte Christus-Zentriertheit des Abendmahlsverständnisses des Papstes. Was mich beim Lesen bewegt hat, ist vor allem die

9 Körtner, Ulrich, Von der Konsens- zur Differenzökumene – Krise und Verheißung der ökumenischen Bewegung am Beginn des 21. Jahrhunderts, in: epd-Dokumentation 34, 2005, 14

10 Plathow, Michael, Ökumenischer Jahresbericht 2005: Evangelisch in einer globalisierten Welt, in: epd-Dokumentation 42/2005, 15

11 Körtner, Ulrich, a. a. O., 14

Frage, was die vielen tiefen Übereinstimmungen in den Konsequenzen der Eucharistie denn eigentlich für unsere Wahrnehmung der je anderen Kirche und dann auch für unser Verständnis von Kirchengemeinschaft bzw. von Einheit der Kirche bedeuten.

Konkret: Was sagt es über uns als Gemeinschaft, wenn wir gemeinsam das Phänomen der Marginalisierung der Kirche beklagen und den missionarischen Auftrag betonen? Was sagt es über uns als Gemeinschaft, wenn wir gemeinsam für die Feiertagsheiligung eintreten? Was sagt es über uns als Gemeinschaft, wenn wir gemeinsam für die Förderung des Gemeinwohls in unserem Land und auf der ganzen Erde nicht nur mit Worten, sondern mit Taten eintreten?

Inwiefern sind also diese beliebig zu vermehrenden fundamentalethischen Konvergenzen nicht nur Folgen der Eucharistie, sondern inwiefern lassen sie sich wiederum rückbinden an die Ekklesiologie? Das ist meine hermeneutische Frage beim Lesen von „sacramentum caritatis."

6. Ausblick

Ich bin fest davon überzeugt, wenn wir Christen der getrennten Kirchen uns stärker als bisher im Lob Gottes verbinden würden, dann kämen wir uns auch in den noch trennenden Lehrfragen näher.

Wir sollten Gott danken für das Erreichte und mutige Schritte weitergehen auf dem gemeinsamen Weg – und die gehen wir am besten, wenn wir miteinander Gott loben.

Im Glauben eins – in Kirchen getrennt

Die Charta Oecumenica als Chance*

In der letzten Ausgabe des evangelischen Magazins „Zeitzeichen" vertrat die Generalsekretärin des Deutschen Evangelischen Kirchentages Ellen Ueberschär die Meinung, dass die Ökumene „[…] eine lichte Vergangenheit hinter sich und eine trübe Zukunft vor sich habe." [1]

Sie meint, der Verlautbarungsmechanismus: „Es ist schon viel erreicht, das berechtigt zur Hoffnung, dass noch mehr erreicht wird […]", gelinge nicht „[…] und das könnte daran liegen, dass das 21. Jahrhundert andere Themen vorgibt als das vorangegangene." [2] Ueberschär vermutet, dass das 21. Jahrhundert von der interreligiösen Frage bestimmt sein werde und es aus diesem Grund kaum noch Zeit bleibe, die interkonfessionelle Frage zu lösen.

Inwieweit diese These tatsächlich begründet ist, will ich an dieser Stelle nicht diskutieren, aber diskussionswürdig ist sie auch deswegen, weil die weltweit rasch wachsenden Pfingstgemeinden und charismatische Gemeinschaften wenig Verständnis für ökumenische Zusammenarbeit haben.

Auf die Wirkung der ökumenischen Bewegung im 20. Jahrhundert angewandt heißt dies: Das Christentum wurde also keineswegs uniformer und in sich einheitlicher, sondern es unterlag trotz aller ökumenischer Arbeit „[…] vielmehr im 20. Jahrhundert einer sich weltweit stark beschleunigenden Differenzierungs- und Pluralisierungsdynamik, die im frühen 21. Jahrhundert ungebrochen ist." [3]

Diese weltweit sich beschleunigende Ausdifferenzierung folgt nicht mehr vorrangig den bekannten Konfessionsgrenzen. Vielmehr lassen sich über die Konfessionsgrenzen hinweg verbindende Haltungen beschreiben, die keine neue Konfession erkennen lassen, wohl aber Haltungen und spirituelle Ausprägungen, die Lutheraner, Reformierte und mittlerweile auch Katholiken und Pfingstler wieder verbinden können.

Diese wiederum werden z. T. überlagert von Bewegungen, die sich sowohl in freikirchlichen Gemeinden als auch in landeskirchlichen, diözesanen oder gar staatskirchlichen Zusammenhängen identifizieren lassen.

* Vortrag beim Neujahrsempfang des Diözesanrats der Katholiken im Bistum Hildesheim am 16. Januar 2010

1 Ueberschär, Ellen, Ökumene der Langsamkeit, in: Zeitzeichen 1/2010, 8

2 Ueberschär, a. a. O., 8

3 Graf, Friedrich Wilhelm, Der Protestantismus, München 2006, 23

Dass es daneben auch noch ganz andere verbindende Glaubens- und Lebensformen gibt, ist selbstverständlich. Gerade auf der Ebene der ACK (Weltgebetstag, Interreligiöse Projekte, Charta Oecumenica etc.) sind diese sehr positiv besetzt und werden gemeinsam gelebt. Es handelt sich hierbei um durch gute Praxis gewonnene Übereinstimmung, die allemal ein gewachsenes Maß an Vertrauen und zugleich die Bereitschaft erkennen lassen, den anderen in seinem Anderssein zu respektieren.

Die hier gelebte soziale und geistliche Ökumene sei nicht mehr an der theologischen Ökumene interessiert, ist gelegentlich zu hören. Und gewiss nicht unbegründet ist die ernüchterte Haltung der Christen, die meinen, Themen und Ergebnisse ökumenischer Dialoge auf der theologischen Ebene seien letztendlich bedeutungslos für das Leben in den Kirchen.

Es wächst zudem die Gruppe von Christen, denen nicht mehr einsichtig ist, welchen Wert die Themen und Ergebnisse ökumenischer Dialoge auf der theologischen Ebene haben.

Die Einwände sind ernst genommen, wenn sie die kirchenleitenden Personen und Institutionen, gerade die in der evangelischen und der römisch-katholischen Kirche und auch die in der ACK zusammengeschlossenen Kirchen und Gemeinschaften daran erinnern, dass das Christentum nur noch dann von öffentlicher Bedeutung sein wird, wenn die großen und die kleinen Kirchen mit einer Stimme sprechen und wenn sie daran erinnern, dass der Inhalt des Zeugnisses der Christen ein gemeinsamer ist.

Nun ist dies leichter gesagt als umgesetzt. Gerade die kleineren Kirchen in der ACK machen nicht selten die Erfahrung, dass sie in einer durch die Inszenierung einzelner Personen bestimmten medialen Welt schon jetzt kaum mehr in der Öffentlichkeit wahrgenommen werden. Gesendet und vorgestellt werden die Vertreterinnen und Vertreter der beiden großen Kirchen; die kleineren Kirchen stehen nicht selten unter Verdacht der Sektiererei. Im Ganzen stoßen wir auf eine ungeheure Unkenntnis über gewachsene kirchliche und religiöse Strukturen und Haltungen – und die Vereinfacher geben den Ton an.

Dennoch hilft es wenig, die Situation nur zu beklagen. Es ist in der Tat so, dass die Ergebnisse der theologischen Dialoge nur in Bruchstücken oder gar nicht rezipiert worden sind. Selbst die „Gemeinsame Erklärung zur Rechtfertigung“, die immerhin im Oktober 2009 schon zehn Jahre alt ist, hat – abgesehen von akademischen Ebenen – kaum die kirchliche Wirklichkeit berührt.

1999 wurde betont, dass die beiden Dialogpartner jetzt eine Basis für die Weiterarbeit an anderen, noch ungelösten Fragen und Nöten hätten. Was ist daraus geworden?

Warum ist es uns als evangelische und römisch-katholische Kirche in den zurückliegenden Jahren nicht gemeinsam gelungen, die sogenannte „Rechtfertigungsvergessenheit" zu thematisieren? Warum hieß die Antwort auf die Gemeinsame Erklärung „Dominus Iesus" oder „Ökumene der Profile?" Die Unterzeichnung der Gemeinsamen Erklärung hätte unbedingt weitere praktische Schritte im Zusammenleben der Kirchen nach sich ziehen müssen, beispielsweise für die Situation von Menschen in konfessionsverbindenden Ehen. Gerade aus diesem Kreis ist manche Resignation zu hören, die sehr ernst zu nehmen ist; denn hier sind Christenmenschen, die im Band der Ehe verbunden sind, in eine Situation gebracht, in der sie dort, wo auch ihre eheliche Gemeinschaft sich geistlich nährt, nämlich in der Eucharistie, auseinander gerissen werden. Ich kann verstehen, dass gerade in dieser Gruppe nach anderen Formen des Zusammenlebens im Glauben gesucht wird, dass die geistliche und soziale Ökumene nicht mehr darauf warten will und kann, was irgendwann und irgendwo entschieden wird, sondern die offiziellen kirchlichen Wege der ökumenischen Annäherung ungeduldig hinter sich lässt. Ich gestehe, dass auch ich diese Ungeduld in mir trage und zugleich sehe ich, mit welch innerer Gelassenheit bereits jetzt evangelische Christen am katholischen Gemeinde- und Kirchenleben teilnehmen und umgekehrt.

Ich will es ganz konkret machen. Jungen Eltern ist es wichtig, dass ihre Kinder in einer Kindertagesstätte oder einer Kinderkrippe sind, die christlichen Geist atmet. Ob das katholisch-christlicher oder evangelisch-christlicher Geist ist, interessiert die wenigsten Eltern. Sie möchten ihr Kind in einer Einrichtung wissen, deren Mitarbeiter und deren Arbeitsinhalte vom christlichen Geist geprägt sind. Und hier unterscheiden sie nicht zwischen katholisch und evangelisch, wohl aber zwischen freiheitlich und fundamentalistisch.

Ja, die Ungeduld ist berechtigt; und mehr noch ist die Suche danach, wie wir Christen gemeinsam Zeugnis unseres Glaubens ablegen können, geboten.

Natürlich spielen die großen Kirchentage, vor allem die ökumenischen Kirchentage, dabei eine wichtige Rolle. Hoffentlich gelingt es in München, mehr gemeinsam zu sein, als nur Gemeinschaft zu inszenieren. Und hoffentlich gelingt es den unterschiedlichen Konfessionen, zunehmend aus ihrer Selbstgenügsamkeit herauszufinden.

Aber die Grundfrage bleibt: Wie macht man das: gemeinsam Zeugnis ablegen? Gibt es hierfür gelungene Beispiele auch auf örtlicher Ebene? Welche Rolle kommt in diesem Zusammenhang der ACK zu?

Ich frage: Müsste diese Absicht und Aufgabe nicht zwingend eine Stärkung der ACK bedeuten, sind in ihr doch bereits jetzt 17 Christliche Kirchen und Gemeinschaften zusammengeschlossen? Die großen und kleinen christlichen Kirchen müssen immer mehr mit einer Stimme sprechen.

Dass wir nicht weiterkommen, mag auch daran liegen, dass uns in den Kirchen zurzeit keine gemeinsame Vision einer Kircheneinheit verbindet.

Dennoch ist es nötig, möglichst viel gemeinsam zu tun. Gerhard Feige hält fest, dass eine „heilige Ungeduld" nötig sei [4], damit wir nicht in konfessionalistische Verhaltensweisen zurückfallen oder krampfhaft auf dem status quo beharren. Er schließt seine Thesen zur Ökumene – nicht ohne zuvor auf die starke Verunsicherung zu verweisen, die Veränderungsprozesse mit sich bringen – mit der Frage: „Sind wir tatsächlich zugunsten einer größeren Einheit bereit, von manchem, was uns vertraut war, Abschied zu nehmen, vertrauten Ballast abzuwerfen und uns vom Geist Gottes neue Wege führen zu lassen? Wollen wir das wirklich?" [5]

Noch einmal: Ich teile diese Ungeduld; sie wächst! Ich teile aber nicht die in manchem Statement anklingende Theologievergessenheit. Auch die Ungeduldigsten dürfen nicht populistisch werden und die geistliche und soziale Ökumene gegen die sich in den theologischen Dialogen artikulierende setzen. Gerade haben die VELKD und die Deutsche Bischofskonferenz mit einer neuen Dialogrunde begonnen. Diese führt Menschen zusammen; sie lässt in einer unglaublichen Tiefe Anteil nehmen am je anderen theologischen Denken, sie lässt Gemeinsames aussprechen und sie beschreibt Trennendes. Dass darüber miteinander gebetet, gesungen, das Wort Gottes gehört wird, dass die Menschen der Dialoggruppe miteinander auf dem Weg sind, ist ein Wert an sich. Ähnliches gilt für viele der offiziellen Gesprächsebenen.

Eine dieser Ebenen ist der heutige Anlass, wobei ich mir gar nicht einmal sicher bin, ob Sie als Diözesanrat ein Gesprächspendant z. B. in der evangelischen Kirche haben und wenn ja, wie diese Ebene gelebt wird.

Welche Rolle kann bei allem Trennenden der Charta Oecumenica zukommen?

---

4 Feige, Gerhard, Einige neue katholische Thesen zur Ökumene, Manuskript vom 31.10.2009

5 Feige, a. a. O.

Die Charta Oecumenica wurde 2001 vom Rat der katholischen Bischofskonferenzen in Europa und der Konferenz Europäischer Kirchen als gemeinsame Verpflichtung verabschiedet und beim Ökumenischen Kirchentag in Berlin 2003 von fast allen Kirchen in Deutschland feierlich angenommen und am 13. Mai 2007 in der Marktkirche zu Hannover von den in der ACK zusammengeschlossenen Kirchen in Niedersachsen unterzeichnet; die wechselseitige Anerkennung der Taufe durch elf Mitgliedskirchen der ACK erfolgte 2007 im Magdeburger Dom. Die Charta ist die Selbstverpflichtung der Kirchen zur Vertiefung der ökumenischen Zusammenarbeit; sie will den Konziliaren Prozess für Gerechtigkeit, Frieden und Bewahrung der Schöpfung lebendig erhalten.

Ich greife diese Erfahrung auf und formuliere als erste These [6]:

1. These: Der gemeinsame christliche Glaube an Gott den Vater, den Sohn und den Heiligen Geist ist ein Fundamentalkonsens.

Die Charta Oecumenica formuliert das in Nr. 6 so:

„Unsere in Christus begründete Zusammengehörigkeit ist von fundamentaler Bedeutung gegenüber unseren unterschiedlichen theologischen und ethischen Positionen."

Das heißt: An erster Stelle steht der gewonnene Fundamentalkonsens. Er wird nicht durch Differenzen in einzelnen Lehrstücken beeinträchtigt.

Eine Vielfalt theologischer und ethischer Positionen gibt es heute in jeder Konfessionskirche.

Was unterscheidet nun die Konfessionen als selbständige reformierte, lutherische, katholische und orthodoxe Institutionen?

2. These: Die Konfessionen sind eins im Glauben an die Erlösung durch Jesus Christus, aber theologisch uneins über das, was sie von sich selber glauben: von der Kirche und ihrer Autorität und von den Autoritäten in der Kirche. [7]

Das heißt: „Die konfessionellen Sonderheiten lehr- oder lebensmässiger Natur können als legitim und sogar bereichernd anerkannt werden, sofern sie der Katholizität und Apostolizität der Kirchen nicht widersprechen. Was kirchentrennend ist, muss durch einen Erneuerungsprozess und durch Realisation überwunden werden. Was zu konfessionellen Unterscheidungen, Identität einer Kirche oder Gemeinschaft zählt, muss auf seine Konsens-

6 Wichtige Anregungen zur Entfaltung der Thesen verdanke ich Reinhard Frielings Vortrag vom 10.10.2009 in Bad Grönenbach: 1559–2009. Die Reformierten im Allgäu, Vortragsmanuskript

7 Frieling, Reinhard, a. a. O.

bzw. Akzeptanzfähigkeit durch die anderen Kirchen geprüft werden. Daher müssen sich die getrennten Kirchen und Gemeinschaften bereit finden, einander gegenseitige Rechenschaft über ihr Sosein zu geben." [8]

Für mich sind hier eine ganze Reihe von praktischen Schritten angesprochen, die einer theologisch reflektierten „Ökumene des Lebens" entgegenkommen und ihr dienen. Es geht um einen auf Dauer angelegten Prozess des Miteinander-Lebens und -Teilens, des Miteinander-Leidens und -Kämpfens allerdings auch.

Hierzu sind nötig das Wissen umeinander, Begegnungen, gemeinsame Erfahrungen, gegenseitige Fürbitte. Entscheidend für das Gelingen des ökumenischen Gesprächs und seiner Praxis zwischen den christlichen Kirchen ist die stete Erinnerung an das Verbindende. Nur wenige Momente seien genannt: die Taufe, die Bibel als gemeinsame Quelle der Erkenntnis, der Glaube an denselben Geist Gottes, der sein Volk begleitet, die gemeinsame Frage, was wir auf der Erde tun können, das gemeinsame Bild vom Volk Gottes als wanderndem Gottesvolk, der Glaube an Jesus Christus. Das Verbindende wächst, wenn es wichtiger wird als das Trennende. [9] Wir glauben an denselben dreieinen Gott, aber wir denken oft anders und gestalten unsere Kirchen anders.

Meine dritte These lautet im Zusammenhang mit dieser zweiten These:

3. These: Nicht die Konfessionen müssen aufgelöst werden, wohl aber müssen die Trennung, das Nicht-voneinander-Wissen, das Desinteresse aneinander ein Ende haben. Es darf keine gegenseitigen Verurteilungen mehr geben.

Dies bedeutet, dass wir unsere ekklesiologische Selbstgenügsamkeit überwinden. Wo wir uns als Einheit in der Vielfalt verstehen, da muss es auch dazu gehören, dass wir uns an den Stärken der anderen freuen können.

Wir werden auch in Zukunft immer wieder Spannungsfelder zwischen uns und in Bezug auf die Herausforderungen unserer Umwelt gestalten müssen. Gott aber möchte, dass wir in dieser Welt voller Spannungen im Zeugnis des Evangeliums vereint stehen. Wir brauchen einander, weil wir uns gegenseitig ergänzen und bereichern.

Es gibt eine ökumenische Revolution von unten, wenn wir persönlich als konfessionell geprägte Christen und als Gemeinden und Kirchen das in die

---

8 Kleine Konfessionskunde, hg. vom Johann-Adam-Möhler-Institut, Paderborn 4. Aufl. 2005, 10

9 Walzer, Michael, Über Toleranz. Von der Zivilisierung der Differenz, Frankfurt 1998

Tat umsetzen, wozu wir uns in der Charta Oecumenica Nr. 3 verpflichtet haben:

„Wir verpflichten uns, Selbstgenügsamkeit zu überwinden und Vorurteile zu beseitigen, die Begegnung miteinander zu suchen und füreinander da zu sein.

Mit Reinhard Frieling [10] formuliere ich so als

4. These: Ziel ist eine Konziliare Gemeinschaft der Konfessionen

Dies setzt voraus, dass der biblische und altkirchliche Gedanke der „Koinonia", der Gemeinschaft also, die Grabenmentalität überwindet, die sich hinter den Stichworten „Rückkehrökumene" oder „Ende der Konsens-Ökumene" und hinter allen Versuchen, sich auf Kosten der jeweils anderen Konfessionen zu profilieren, verbirgt.

5. These: Das gemeinsame Handeln ist normal. Das konfessionelle Eigenleben muss begründet werden.

Die Charta Oecumenica als Selbstverpflichtung der reformierten, lutherischen, freikirchlichen, katholischen und orthodoxen Kirchen und Gemeinden merkt hierzu in Nr. 4 an:

„Wir verpflichten uns, auf allen Ebenen des kirchlichen Lebens gemeinsam zu handeln, wo die Voraussetzungen dafür gegeben sind und nicht Gründe des Glaubens oder größere Zweckmäßigkeit dem entgegenstehen."

Auch das gehört offenbar dazu: Ehe Gott aus dem Getrennten Eines werden lässt, braucht es unser Mühen, unsere Bereitschaft – nicht vorrangig aus ökonomischen Zwängen –, das gemeinsam zu tun, was zu tun nötig ist. Hierzu gehören meiner Meinung nach z. B. die neue Anstrengungen im Blick auf die Trägerschaft von Sozialstationen, die Nutzung kirchlicher Gebäude, der Religionsunterricht an öffentlichen Schulen und auch die Arbeit der Kindertagestätten, die gemeinsame Arbeit mit der Bibel sowie ökumenische Andachten und Gottesdienste.

Frieling hat darauf aufmerksam gemacht und wir wissen aus unserem beruflichen und privaten Lebensumfeld schon lange, „[...] dass heute die Fronten ernster Meinungs- und Glaubenskämpfe nicht zwischen den Konfessionen verlaufen, sondern quer durch die Konfessionen gehen. Es gibt längst unorganisiert neue ethische Konfessionen quer durch die Kirchen, indem die sogenannten Konservativen und Progressiven jeweils einander näher stehen als zu der anderen Gruppe in der eigenen Kirche." [11]

10 Frieling, a. a. O.
11 Frieling, a. a. O.

Ich könnte jetzt noch die wichtigen Selbstverpflichtungen zur Fortsetzung der Dialoge zwischen den Kirchen entfalten: zum Gebet füreinander und für die Einheit; dem Ziel, der eucharistischen Gemeinschaft entgegenzugehen; der Versöhnung zwischen Völkern und Kulturen zu dienen; die Schöpfung zu bewahren; die Gemeinschaft mit dem Judentum zu vertiefen; die Beziehung zum Islam zu pflegen; die Pluralität der religiösen und weltanschaulichen Überzeugungen und Lebensformen zu tolerieren. Aber ich beende meine Ausführungen hier und schließe mit meiner

6. These: Wenn die Kirche und die Ökumene davon leben, dass Christen gemeinsam das Wort Gottes hören und den Heiligen Geist in sich wirken lassen (Charta Oecumenica Nr. 5), dann müssen auf allen Ebenen Formen der Gemeinschaft entwickelt werden, die genau dieses auch fördern.

Wie sieht es in unserer Region mit der Zusammenarbeit zwischen den Laienorganisationen aus? Gibt es feste Begegnungstermine des Diözesanrats mit den Synodalvorständen? Auf der Ebene der Bischöfe gibt es sie seit geraumer Zeit; sie sind geistlich und geistig bereichernd und menschlich schön. Wann begegnen sich örtliche Kirchenvorstände und Pfarrgemeinderäte? Wie arbeitet die Vielzahl der ökumenischen Gremien zusammen? Vieles ließe sich noch machen: Ökumenische Neujahrsempfänge, ökumenische Bibelseminare, ökumenische Reisen … Vieles ist realisiert und schenkt die Erfahrung, dass dort, wo ökumenisch gearbeitet wird, der Leib Christi in seiner Einheit sichtbar wird.

Ich freue mich auf den ökumenischen Kirchentag in München; ich habe erlebt, wie fruchtbar die Anwesenheit von Katholiken auf dem Kirchentag in Bremen und von Evangelischen auf dem Katholikentag in Osnabrück war. Gute Erfahrungen werden auf der Grundlage der Charta Oecumenica mit Partnerschaftsverträgen zwischen konfessionellen Ortgemeinden und Arbeitswerken wie Diakonie und Caritas gemacht. In vielen Regionen spielt in diesem Zusammenhang die ACK eine herausragende Rolle als Ebene der Gemeinschaft, des Gedankenaustauschs, der Praxis des gemeinsamen Glaubens.

Frieling formuliert zugespitzt:

„Gemeinschaft ist Gnade. Konfessionelle, ortskirchliche und landeskirchliche. Selbstgenügsamkeit ist Sünde.“ [12] Ich teile seine Haltung!

12 Frieling, a. a. O.

Und nun wünsche ich uns den Mut, die Ungeduld, die Kraft, die jetzt möglichen Schritte zu tun und nicht nachzulassen, die großen Perspektiven zu beschreiben.

Ziellose Ökumene: Welche Einheit suchen wir – welche Ökumene wollen wir?*

Vor zwei Jahren war ich auf dem Saarbrücker Katholikentag gemeinsam mit Kardinal Lehmann zu einer Podiumsdiskussion geladen: „Ökumene – wohin?"

Heute wollen mein Amtsbruder Gerhard Ludwig Müller, Frau Rudolph von der Arbeitsgemeinschaft Christlicher Kirchen, Herr Brummer von Chrismon und ich die Frage „Ziellose Ökumene: Welche Einheit suchen wir – welche Ökumene wollen wir?" diskutieren. Ganz offensichtlich ist die Suche nach dem ökumenisch richtigen und angemessenen Weg ein Dauerbrenner. Wir werden auch heute nicht zu einer Lösung kommen, mit der die Frage als erledigt betrachtet werden kann. Vielmehr wird dieses Thema auch in zwei Jahren auf dem ökumenischen Kirchentag in München nichts an Aktualität und Brisanz verloren haben; und sicherlich wird es auch dann wieder Podien dazu geben.

Dass wir uns hier solch einem schwierigen und gerade deshalb so wichtigem Thema zuwenden, mahnt also zur Bescheidenheit. Deshalb möchte ich einige Gedanken in aller Vorläufigkeit vortragen:

„Ziellose Ökumene?" – das klingt resignierend. Und in der Tat wird vielerorts gesprochen von einer Krise oder gar Eiszeit der Ökumene. Das mag auch damit zusammenzuhängen, dass die ökumenisch gängige Methode des differenzierten Konsenses bislang nicht die erhofften offiziellen Erfolge eingefahren hat. Das ist natürlich schmerzlich und frustriert gerade auf der Gemeindeebene, auf der viele Menschen gerne mehr und Weiterreichendes wagen würden.

Zur Erinnerung: „Differenzierter Konsens" heißt: Zunächst werden die unterschiedlichen Positionen je für sich dargestellt, danach das, was man aufgrund des Dialoges nun gemeinsam verantwortet sagen kann. Zugleich wird aufgezeigt, an welchen Punkten überhaupt Übereinstimmung angestrebt werden muss, wo Unterschiede die Gemeinschaft im Glauben nicht betreffen und wo immer noch Grenzen liegen.

Die klassische Ausprägung dieses Verfahrens liegt uns bislang in der „Gemeinsamen Erklärung zur Rechtfertigung" vor. Seitdem hat diese Methode von beiden Konfessionen manche Kritik erfahren. Es gibt Befürchtungen, die jeweils eigene Position nicht umfassend und kräftig genug zu

* Katholikentag Osnabrück am 23. Mai 2008

vertreten, um zu einem Konsens zu kommen. Und wenn versucht wurde, ein Lehrstück in einer Kommission neu zu formulieren, kam der Protest mitunter von beiden Seiten zugleich, weil Substanzminderung befürchtet wurde.

Aus der Kritik ist dann das Schlagwort von der „Ökumene der Profile" als neues Programm für den Dialog entwickelt worden. Auf den ersten Blick erscheint es einleuchtend und der Ökumene dienlich. In der Tat wollen wir ja nicht, dass wichtige Anliegen der Konfessionen auf dem Weg in einen Konsens verloren gehen. Dass auch der katholischen Kirche daran liegt, durch den Konsens nicht ärmer zu werden, hat der damalige Kardinal Ratzinger mehrfach und mit Macht vertreten.

Allerdings: Wenn das Schlagwort „Ökumene der Profile" eine Berechtigung haben soll, dann nur als Profilierung in unseren eigenen Kirchen. Es ruft unsere eigenen Kirchen in ihren vielfältigen Aufgaben auf, das Evangelium von Jesus Christus nach der Schrift zu vermitteln und Glauben zu stärken. Es fordert, die verschiedenen theologischen Lehrmeinungen unter uns in Beziehung zu bringen und nach Möglichkeit so zusammenzuführen, dass wir in den Dialog mit einer Position hineingehen, die in unseren Kirchen konsensfähig ist, die von der großen Mehrheit getragen wird und an der die Dialogpartner erkennen, was das Verbindende der theologischen Sachverhalte in unseren eigenen Reihen ist.

Ansonsten birgt das Stichwort Gefahren. Es signalisiert, dass die Kirchen sich einander gegenüber aufstellen und bei sich bleiben. Es kann leicht im Sinne einer bleibenden Abgrenzung verstanden werden. Ein solches Miteinander bzw. Nebeneinander führt aber ökumenisch nicht zum Ziel.

Welche Einheit, welches Ziel suchen wir?

Im Lutherischen Weltbund und auch in der Vereinigten Evangelisch-Lutherischen Kirche Deutschlands haben wir uns immer für das Modell einer Gemeinschaft in versöhnter Verschiedenheit stark gemacht und werden es auch weiterhin tun. So kommt es z. B. in einem Positionspapier der VELKD aus dem Jahre 2004 [1] zum Ausdruck:

Ziel der Ökumene ist „[…] die Erklärung und Praktizierung von Kirchengemeinschaft auf der Basis und unter der Voraussetzung der von Gott gewirkten ‚wahren Einigkeit' der Kirche, die im gemeinsamen schriftgemäßen Verständnis des Evangeliums gegeben ist." (3.2.a.)

1 Ökumene nach evangelisch-lutherischem Verständnis. Texte aus der VELKD, Nr. 123–2004

Wichtig ist mir dabei: Wir und unsere Kirchen können nicht selbst die Einheit herstellen, sie wird uns vielmehr von Gott geschenkt. Auch wenn wir vielleicht nicht immer den genauen ökumenischen Weg kennen sind wir keinesfalls ohne Ziel, denn Gott selbst gibt es uns vor. Wenn Kirchen also erkennen, dass zwischen ihnen ein gemeinsames Verständnis des Evangeliums herrscht, dann „[…] müssen die Kirchen dem dadurch Rechnung tragen, dass sie untereinander Kirchengemeinschaft an Wort und Sakrament erklären und praktizieren […]" (3.2.b) – so das evangelische Verständnis. Im Sinne des differenzierten Konsenses heißt dies: Konfessionelle Ausprägungen besitzen einen durchaus bleibenden Wert; die Verschiedenheiten aber verlieren ihren trennenden Charakter und sind versöhnt, da sie die gemeinsame Mitte des Glaubens nicht in Frage stellen.

Dafür die Voraussetzungen zu schaffen, ist uns aufgetragen. Bei allen Dialogunternehmungen soll dieses Ziel im Blick bleiben. Damit ist auch der Umfang dessen benannt, was auf jeden Fall theologisch zu bearbeiten und zu klären ist. So wichtig praktische Schritte unterhalb dieser Schwelle auch sind, sie dürfen vom Ziel nicht ablenken. So sehr wir im Augenblick jeweils innerhalb unserer eigenen Kirchen mit großen Fragen und auch Belastungen zu tun haben, so wichtig bleibt es, diesen Gesamtzusammenhang einzubeziehen. Das gilt nicht zuletzt auch in Strukturfragen. Es muss zugleich auch benannt werden, wenn wir entdecken, dass ein Partner auf diesem Weg stehen bleiben will oder sogar zurückgeht. Es ist auch ökumenische Diakonie, einander Wegbegleiter zu sein.

Wenn es gelingen soll, dass wir einander nicht nur am Stehenbleiben hindern, gehört zum ‚Miteinander-Vorwärts-Gehen' des ökumenischen Weges auch, dass wir das Tempo unserer Partner wahrnehmen und uns darauf einlassen. Manche mögen gute Sprinter sein, andere sind etwas langsamer, aber dafür zäh und ausdauernd. In allem gilt: Wir müssen das tun, was bereits jetzt möglich ist. Deshalb wäre ein ökumenisches ‚Alles oder Nichts' falsch. Ich schlage ein gestuftes Einigungsmodell vor. Das, was bereits erreicht wurde und wozu alle zustimmen können, muss sich auch in einem entsprechenden Schritt zur Einheit spiegeln.

Dabei sollten die Kirchen sich dessen bewusst sein, dass ihre Beziehungen in unterschiedlichen Schritten und Stufen zu unerwarteten „Dreiecksbeziehungen" führen können. Denn jedes Mal, wenn eine Kirche gleichzeitig mehr als einer anderen Kirche Kirchengemeinschaft oder eine andere Form offizieller Beziehungen gewährt, hat dies auch Konsequenzen für die nur indirekt miteinander verbundenen Konfessionen. Deshalb ist es wichtig, die weltweite Christenheit immer im Auge zu behalten; was bilateral mit einer Kirche verhandelt wird, muss im Idealzustand auch zu unserer Gemeinschaft mit anderen Kirchen kompatibel sein, muss offen und ehrlich den anderen mitgeteilt werden. Denn manchmal werden sich Spannungen nicht vermeiden lassen. Diese Widrigkeiten eines unvollkommenen Netzes an Beziehungen sind zu dulden, wenn wir die Einsicht ernst nehmen, dass alle bilateralen Beziehungen kontextuell sind und wenn die Kirchen ökumenischen Stillstand vermeiden wollen. Sie sollten aber nur akzeptiert werden, wenn der Einigungsprozess in der tiefen Überzeugung verankert ist, dass am Ende des Prozesses die Kirchen ihre gottgewollte Einheit entdecken und einander Kirchengemeinschaft gewähren können.

Einheit ist allein Gottes Werk und kann nicht durch Menschen geschaffen werden, habe ich gesagt. Das heißt dann auch: Die von Gott gegebene Einheit aller Gläubigen wird sich erst am Ende der Zeit vollständig offenbaren. Dies ist der bleibende Unterschied zwischen der Kirche und dem Reich Gottes. Dennoch dürfen wir uns niemals damit abfinden, dass Kirchen nur nebeneinanderher leben.

Die beschriebene Gewährung und der Vollzug von Altar- und Kanzelgemeinschaft sind wichtig, denn die Kirchen sind unablässig von Gott dazu aufgerufen, ihre Gemeinschaft immer sichtbarer zu machen. „Zur Gemeinschaft und zum gemeinsamen Zeugnis berufen" [2], das jüngste Dokument zwischen Lutherischem und Reformiertem Weltbund, erinnert uns an diese Einsicht:

„Oft ist man der Auffassung, dass das Ausrufen einer Gemeinschaft keiner weiteren Schritte bedürfe. Wir glauben jedoch, dass gegenseitige Anerkennung die Verpflichtung beinhaltet, auf dem Weg zu größerer Sichtbarkeit der Gemeinschaft zusammenzuarbeiten. Lutheraner und Reformierte müssen sich daher für ein gemeinsames Nachdenken über angemessene Formen der sichtbaren Einheit der Kirche engagieren."

Einheit ist das uns von Gott gegebene Ziel, das wir nie aus den Augen verlieren dürfen. Darum ist die Ökumene ein enorm kostbares Gut. Ökumene ist gegenseitige Achtung, statt Misstrauen und Feindschaft; sie ist praktische Zusammenarbeit und Rücknahme von Verurteilungen. Ökumene ist aber auch erfahrene Gemeinschaft unter Christinnen und Christen jenseits aller erreichten oder noch nicht erreichten Konsense; und sie ist vor allem die intuitive Erfahrung, dass in den Gottesdiensten und Versammlungen der anderen Konfessionen Christus präsent ist.

---

2 Zur Gemeinschaft und zum gemeinsamen Zeugnis berufen: Bericht der Gemeinsamen Arbeitsgruppe zwischen dem Lutherischen Weltbund und dem Reformierten Weltbund (1999–2002), Genf 2002, 28

Es wäre gut, den Vorschlag von Harding Meyer umzusetzen, das bis heute Erreichte zu sichten und zu sichern. Es darf nicht in Vergessenheit geraten. Er schlägt vor, so genannte „,In via'-Erklärungen" abzugeben, also Erklärungen auf dem Weg zur Einheit der Kirchen, die einen hohen Grad an Verbindlichkeit haben. Auf dieser Basis sollten wir dann erneut Schritte wagen im Vertrauen darauf, dass der Geist Gottes auch neue Möglichkeiten schaffen kann.

Für eine gemeinsame Erklärung zum Abendmahl*

1. Es hat sich viel getan

Verglichen mit der langen und schmerzvollen Geschichte der kirchlichen Trennungen und Spaltungen ist die Ökumene ein sehr junges Gewächs. Seit gut 50 Jahren erst bemühen sich die lutherische und die römisch-katholische Kirche, die Einheit der Kirche Jesu Christi wiederzugewinnen und die Trennung zu überwinden. Viel Gutes und Segensreiches ist seitdem erreicht worden und wir haben einen guten Weg miteinander zurückgelegt.

Mit welchen Schwierigkeiten sahen sich noch vor wenigen Jahrzehnten konfessionsverschiedene Paare konfrontiert, wenn sie heiraten wollten. Viel Leid wurde ihnen zugefügt. Heute haben wir ein gutes, vertrauensvolles Miteinander entwickelt, wenn es um gemeinsame Trauungen geht und wir sprechen sogar von konfessionsverbindenden Ehen.

Ökumenische Bibelwochen, Einweihungen von Einrichtungen eines Dorfes oder Stadtteils unter ökumenischer Beteiligung, ökumenische Kinderbibeltage, die ökumenischen Weltgebetstage ein herzliches Grußwort des katholischen Geistlichen zur Amtseinführung seines neuen evangelischen Kollegen; das war für knapp 500 Jahre undenkbar und wurde nun innerhalb von ein paar Jahrzehnten eine große Selbstverständlichkeit. Ich denke auch an die ökumenische Trägerschaft eines Stadtteiltreffs in Salzgitter (NOW), die gemeinsam von den evangelischen und katholischen Kirchen im Verbund mit einer Freikirche verantwortet wurde – das war vor wenigen Jahren noch eher die Ausnahme. Das dürfen wir nicht vergessen.

Auch auf dem Gebiet der theologischen Aufarbeitung unserer Unterschiede in Glaubensfragen ist viel passiert. Seit 1976 führt die VELKD mit der römisch-katholischen Deutschen Bischofskonferenz Lehrgespräche, um zur Klärung kontroverstheologischer Fragen beizutragen. Die erste bilaterale Arbeitsgruppe veröffentlichte 1984 das Studiendokument „Kirchengemeinschaft in Wort und Sakrament." Im Jahre 2000 folgte „Communio Sanctorum – Die Gemeinschaft der Heiligen". Darin wurden auch sehr heikle Fragen angesprochen, die bis dato weitgehend aus dem Dialog ausgeklammert worden waren. So wurde der inhaltliche Bogen von Überlegungen zur kirchlichen Gemeinschaft über die Frage nach dem Amt, besonders

* Impulsreferat für das „Frankfurter Konfessionsgespräch" am 29. April 2010 im Haus am Dom zu Frankfurt

dem Papstamt, bis hin zur Marien- und Heiligenverehrung gespannt. Da ist es nicht verwunderlich, dass das Papier eine lebhafte und kontroverse Diskussion entfachte und neben der positiven Würdigung auch deutliche Kritik geübt wurde. Ich bin dankbar, dass die Kommission den Mut hatte, sich bezüglich hoch kontroverser Fragen mit konkreten und weitreichenden Lösungsvorschlägen zu exponieren. Auch wenn die Einigung nicht immer gelang, sind solche weitreichenden Versuche von Zeit zu Zeit notwendig und bereichernd.

Im Mai 2009 haben unsere Kirchen eine neue Runde des Dialogs begonnen. Die neue bilaterale Arbeitsgruppe wurde von den kirchenleitenden Gremien beauftragt, das Thema „Gott und die Würde des Menschen" zu behandeln. Die Themenwahl leistet einen Beitrag, die Grundzüge des Menschenbildes bei Lutheranern und Katholiken aufzuzeigen und Differenzen zu bearbeiten. Des Weiteren ergeben sich aus der Themenstellung auch Bezüge zur Schöpfungslehre und zur Rechtfertigungslehre, die Lutheranern natürlich besonders am Herzen liegt.

An dieser Stelle möchte ich einen kurzen Blick auf unsere ökumenischen Beziehungen mit den anderen christlichen Kirchen in Deutschland einschieben. Denn angesichts der konfessionellen Zahlenverhältnisse in Deutschland gerät schnell außer Blick, dass hier die geführten Lehrgespräche bereits zu offiziellen Vereinbarungen zwischen den Kirchen oder zumindest zur Überwindung von Lehrverwerfungen kommen konnten:

- Seit 1987 besteht mit der evangelisch-methodistischen Kirche Kanzel- und Sakramentsgemeinschaft.
- Dank der Gespräche zwischen der EKD und der Kirche von England ermöglicht uns die „Meißener Erklärung" eine begrenzte Kirchengemeinschaft mit der anglikanischen Kirche.
- In diesem Jahr feiern wir bereits das 25-jährige Bestehen der „Vereinbarung über eine gegenseitige Einladung zur Teilnahme an der Feier der Eucharistie" mit den Alt-Katholiken in Deutschland.
- Mit den Mennoniten und Baptisten ist Kirchengemeinschaft derzeit noch nicht möglich. Wir haben jedoch eucharistische Gastfreundschaft mit den Mennoniten vereinbart. Und was vielleicht noch wichtiger ist: Wir haben öffentlich festgestellt, dass die Lehrverurteilungen der Reformationszeit gegen die Täufer die heutigen mennonitischen Gemeinden nicht mehr treffen; wir haben unsere Schuld an der Verfolgung der Täufer öffentlich bekannt und um Vergebung gebeten.

– Mit den Baptisten suchen wir weiterhin Wege, wie es zu Annäherungen im unterschiedlichen Verständnis des Sakramentes der Taufe kommen kann.

Soweit der Blick über den lutherisch-katholischen Tellerrand in Deutschland.

Lutheraner und Katholiken in Deutschland sind immer auch Teil weltweiter Gemeinschaften: der römisch-katholischen Weltkirche und dem Lutherischen Weltbund. Dies macht es sofort einleuchtend, dass wir hier in Deutschland unsere theologischen Gespräche nicht isoliert für uns führen können, sondern immer nur rückgekoppelt an den ökumenischen Diskurs unserer Weltgemeinschaften. Ein ökumenisches Weiterkommen ist nur möglich, wenn auch Rom sich ökumenische Ergebnisse zu Eigen machen kann. Der Dialog zwischen Vatikan und dem LWB war der erste Dialog, den die römisch-katholische Kirche nach dem Zweiten Vatikanum mit einer anderen Kirche begonnen hat.

Dieser Dialogstrang hat auch zu dem bislang einzigen offiziell rezipierten Dokument zwischen Lutheranern und Katholiken geführt. Vor gut zehn Jahren, am 31. Oktober 1999, wurde in Augsburg die „Gemeinsame Erklärung zur Rechtfertigungslehre" vom Lutherischen Weltbund und dem Päpstlichen Einheitsrat feierlich unterzeichnet. Offiziell und öffentlich konnten wir festhalten, dass die jahrhundertelang wiederholten gegenseitigen Verurteilungen in der entscheidenden Frage nach der Rechtfertigung des Menschen nicht länger Gegenstand unserer gegenwärtigen Lehre sind.

In Deutschland ist die „Gemeinsame Erklärung" nicht unumstritten geblieben, weltweit hat sie jedoch große Zustimmung erfahren. Bis Juni 1998 hatte mehr als die Hälfte der Kirchen des LWB ihr Votum zum endgültigen Text der „Gemeinsamen Erklärung" abgegeben. Diese repräsentierten etwa 90 % der Lutheraner im LWB. Der Rat des LWB stimmte daraufhin einstimmig der „Gemeinsamen Erklärung" zu. Und Erzbischof Zollitsch hat im April letzten Jahres für die römisch-katholische Deutsche Bischofskonferenz nochmals in aller Deutlichkeit festgehalten: „Wer nach Augsburg behauptet, die Unterschiede in der Rechtfertigungslehre hätten kirchentrennenden Charakter, vertritt damit seine Privatmeinung und kann sich dafür nicht auf kirchliche Lehre berufen." [1] Ökumenisch bedeutsam ist auch, dass sich im Jahre 2006 auch der Weltrat Methodistischer Kirchen der Erklärung anschloss.

---

1 Siehe: http://www.dbk.de/fileadmin/redaktion/diverse_downloads/redenundstatements/502_2009-03-26_Erzbischof-Zollitsch_Zukunft-Oekumene

Die heftigen und leidenschaftlichen Debatten um die „Gemeinsame Erklärung“ sind verständlich, da es bei der Rechtfertigungslehre nicht um irgendein Lehrstück geht, sondern um den zentralen Punkt, an dem sich die Wege in der Reformation getrennt haben. In diesem Zusammenhang möchte ich nochmals daran erinnern, worauf ich bereits in meinem Bericht vor der Generalsynode der VELKD im Jahre 2009 aufmerksam gemacht habe: Auch in den 60er Jahren des vergangenen Jahrhundert wurde zwischen Lutheranern und Reformierten heftig diskutiert um ein Zentralstück der Theologie, die Abendmahlslehre. Der Prozess hin zur Unterzeichnung der Leuenberger Erklärung drohte zu scheitern, weil die beteiligten Parteien den Einzelheiten des Vergleichs von Formulierungen der jeweiligen konfessionellen Traditionen verhaftet blieben. So kam man nicht voran zur Abendmahlsgemeinschaft. Erst ein neuer methodischer Ansatz machte die innerevangelische Einigung möglich. Wurde damals also zunächst auch sehr gewissenhaft um Detailfragen gerungen, ja gestritten, wird Leuenberg heute als großer Fortschritt gewürdigt. Wenn wir also Leuenberg loben, müssen wir dann nicht auch bei der Interpretation der „Gemeinsamen Erklärung“ die grundlegenden, übergeordneten Gesichtspunkte stark machen und die Kritik an Einzelheiten zurücktreten lassen? Für solch ein Vorgehen möchten wir uns als VELKD stark machen.

Wie die Leuenberger Konkordie wollte, will auch die „Gemeinsame Erklärung“ helfen, dass sich zwei ökumenische Partner die Wahrheit des Evangeliums für- und miteinander erschließen. Das Verständnis konfessionell tradierter Formulierungen wird auf neue Weise so ausgesprochen, dass der Gesprächspartner eben diese Wahrheit des Evangeliums darin wiedererkennt.

Wie sich die in der „Gemeinsamen Erklärung“ geschenkten theologischen Erkenntnisse auch im Leben und in der Lehre der Kirchen auswirken und bewähren – in dieser Frage sind wir in den letzten zehn Jahren sicherlich nicht so weit gekommen, wie wir es uns alle erhofft hatten. Zwar findet die Weiterarbeit statt – auch unsere neue Dialogrunde hier in Deutschland will dazu ein Beitrag sein –, doch wir müssen uns noch mehr darum bemühen, die Rechtfertigungsbotschaft für die Gegenwart neu zu erschließen. Angesichts der Vorbehalte und Rechtfertigungsvergessenheit weiter Teile unserer Kirchenmitglieder stehen wir vor der Herausforderung, Verstehenshindernisse abzubauen, die reformatorische Zentralbotschaft ins Gedächtnis zu rufen und die befreiende Kraft dieser biblischen Wahrheit zu verkündigen. Ich bin froh, dass sich auf dem Ökumenischen Kirchentag durchaus einige Veranstaltungen zu diesem Thema finden.

„Apostolizität der Kirche" heißt das jüngste Dokument der Gespräche zwischen LWB und Vatikan.[2] Und auch auf die theologischen Überlegungen dieses Dokumentes setze ich durchaus einige Hoffnungen. „Apostolizität" ist eines der vier Kennzeichen der Kirche gemäß unseres gemeinsamen Glaubenbekenntnisses. Kurz gesagt geht es um die zentrale Frage, wie wir die Kirche und ihre bleibenden Grundlagen verstehen und wie wir als Kirche trotz des geschichtlichen Wandels in Treue zu unseren Ursprüngen leben können. Indem „Apostolizität" als Dreh- und Angelpunkt der Überlegungen gewählt wurde, eröffnet das Dokument nochmals neue Perspektiven für die so schwierige Debatte um das kirchliche Amt. Es möchte helfen, die karikierende Vorstellung zu überwinden, dass bei den Lutheranern die Kirche allein durch die Predigt und Lehre des Evangeliums in der apostolischen Nachfolge stehe, während dem Amt keine wesentliche Rolle zufalle, während umgekehrt die katholische Position vermeintlich durch die Überzeugung gekennzeichnet ist, dass bereits die lückenlose Reihe rechtmäßiger bischöflicher Nachfolge als solche eine Garantie für die Apostolizität der Kirche ist. Dass auch jenseits der Karikatur hier einer der zentralen Kontroverspunkte zwischen unseren Kirchen liegt, ist jedem Menschen klar, der sich auch nur ein wenig mit Ökumene beschäftigt.

2. Es gibt noch viel zu klären

Es hat sich also viel getan in den letzten 50 Jahren. Die ökumenische Uhr ist nicht mehr zurückzudrehen, auch wenn sie in den letzten Jahren langsamer voranzuschreiten scheint. Die ökumenische Ungeduld, die wir heute vielerorts erleben, ist Kennzeichen und Frucht des Erfolgs der Ökumene. Vieles ist erreicht – manches bereitet noch Schwierigkeiten. Gehen wir der Frage nach, wo wir stehen, müssen wir also auch das Trennende offen und in geschwisterlicher Verbundenheit ansprechen.

Schauen wir zunächst auf das Kirchenverständnis, dann erscheint es mir, dass die katholische Seite den Umgang mit Vielfalt in der Kirche mit den Kategorien Fülle und Defiziten deutet. Das Katholische ist die „Fülle" (Unitatis redintegraio 3). Von dieser Fülle seien allerdings „Elemente der Heiligung und der Wahrheit" abgespalten (Lumen gentium 8), die nun außerhalb der sichtbaren katholischen Kirche existieren. Gedacht ist dabei z. B.

2 Die Apostolizität der Kirche. Studiendokument der Lutherisch/Römisch-katholischen Kommission für die Einheit, Paderborn/Frankfurt 2009

an die Taufe, durch welche alle Christen bereits in einer gewissen Gemeinschaft mit der römisch-katholischen Kirche stehen. Es fehle jedoch bei den Protestanten die Gemeinschaft im Bischofsamt unter dem Nachfolger Petri als das einigende Band. Da ihnen damit auch das Weihesakrament fehle, haben sie „[...] die ursprüngliche und vollständige Wirklichkeit des eucharistischen Mysteriums nicht bewahrt [...]" (UR 22). Aufgrund dieses Defekts sind sie nur kirchliche Gemeinschaften. Es mangelt ihnen also an der Einheit in der Lehre, in den Sakramenten und im hierarchischen Amt.

Das evangelische Modell ist hingegen in zwei lateinischen Wörtern des Augsburger Bekenntnisses ausgesprochen: „satis est", es ist genug, es reicht aus. Es genügt zum „Kirche-Sein" und zur Einheit der Kirche, über die Verkündigung des Evangeliums und die rechte Feier der Sakramente übereinzustimmen. Die lutherische Kirche vertritt so aus bekenntnistheologischen Gründen ein ökumenisch weites Verständnis von Kirche. Für das Heil ist es nicht notwendig, dass die menschlichen Traditionen und Strukturen in allen Kirchen gleich sind. So kann das Amt der Verkündigung, das mit dem Evangelium eingesetzt wurde und notwendig ist, in den Kirchen unterschiedlich verwirklicht sein. Diese ekklesiologische Sparsamkeit befreit von der Last, über den Status einer anderen Kirche zu befinden.

Die beiden Modelle führen auch zu unterschiedlichen ökumenischen Zielvorstellungen, über die wir weiter ringen müssen

– Die katholische Seite spricht von Wiederherstellung der Einheit, die zwischen Katholiken und Protestanten im 16. Jahrhundert zerbrochen ist. Und der Bruch lässt sich heilen, weil in der katholischen Kirche alle Elemente der Einheit noch vorhanden sind. Nach der Erklärung „Dominus Iesus" steht es den Katholiken „[...] keineswegs frei, anzunehmen, die Kirche Christi bestehe heute in Wahrheit nirgendwo mehr, sondern sei nur als ein Ziel zu betrachten, das alle Kirchen und Gemeinschaften suchen müssen. In Wirklichkeit existieren die Elemente dieser bereits gegebenen Kirche in ihrer ganzen Fülle in der katholischen Kirche und noch nicht in dieser Fülle in den anderen Gemeinschaften" (Dominus Iesus 17). Natürlich ist die Einheit, die der katholischen Seite vorschwebt, nicht abstrakte Uniformität, sondern lebendige „Einheit in Vielfalt". Bei manchen offiziellen Verlautbarungen, wie z. B. „Dominus Iesus" stellt sich bei mir jedoch folgendes Bild ein: Die katholische Kirche ist bereit, ihre Tür zu vergrößern, damit auch der evangelische Schrank in ihr Haus passt. Aber die Struktur des Hauses ist nach ihrer Überzeugung von Gott vorgegeben in der Gemeinschaft der Bischöfe als Nachfolger des Apostelkollegiums mit dem Papst als seinem Haupt. Und erst, wenn über die Struktur des Hauses, also über das Verständnis von Kirche, Einheit herrscht, dann ist auch die gemeinsame Feier des Abendmahles als Ausdruck dieser Gemeinschaft möglich. Die Abendmahlsgemeinschaft ist also Endpunkt einer ökumenischen Entwicklung.

– Die evangelischen Kirchen umschreiben das Ziel meistens als „Kirchengemeinschaft". Darunter verstehen sie Kanzel- und Abendmahlsgemeinschaft mit voller Austauschbarkeit der Pfarrer. Im Zusammenhang mit den Methodisten habe ich diesen Begriff bereits erwähnt. Die Einheit der Kirche ist für uns letztlich Gottes Werk und kann niemals durch die Kirchen selbst geschaffen werden. Nach evangelischer Auffassung gibt es eine verborgene Einheit, die uns in Christus und seinem Heilswirken vorgegeben ist. Sie muss also nicht erst hergestellt werden. Wenn Kirchen erkennen, dass zwischen ihnen ein gemeinsames Verständnis des Evangeliums besteht, dann müssen sie dem dadurch Rechnung tragen, dass sie untereinander Kirchengemeinschaft an Wort und Sakrament erklären und praktizieren.

Der bereits erreichte Konsens muss sich in entsprechenden Schritten auf dem Weg zur Einheit spiegeln. Daher ist die VELKD der Überzeugung, dass auch die noch vorhandenen Differenzen zwischen den Kirchen nicht ausschließen müssen, dass die Mitglieder verschiedener Kirchen einander zur Teilnahme an Wort und Sakrament der eigenen Kirche einladen. Für uns evangelische Christen gehört die Selbstunterscheidung zwischen Christus als Grund des Glaubens und Kirche als Werkzeug seiner Verkündigung zum Merkmal der Kirche. Dies gilt auch beim Abendmahl: Christus lädt ein, nicht eine einzelne Kirche. Und seine Einladung wiegt mehr als unsere theologischen Differenzen und kirchenrechtlichen Bestimmungen.

Natürlich will auch die römisch-katholische Kirche die Einladung Christi weitergeben und ihm allein gehorsam sein. Aber sie glaubt, dass Christus der Kirche auch eine bestimmte Verfassung mitgegeben hat, indem er die Apostel berief, deren Nachfolger die Bischöfe sind als Hüter der Wahrheit und Stellvertreter Christi in ihren Kirchen. Katholiken fragen uns: Wie könnt ihr Christus und die Kirche so auseinanderreißen und ihn als unsichtbaren, eigentlichen Gastgeber abstrakt der Kirche gegenüberstellen? Besteht da nicht die Gefahr, dass sich jeder „nach eigenem gusto" sein Christusbild entwirft?

Ein drittes Beispiel möchte ich ansprechen: Auch bei der Frage nach der Unfehlbarkeit der Kirche zeigen sich Differenzen, die Folgen haben.

Gemeinsam sind Katholiken und Lutheraner überzeugt, dass der Kirche von Gott verheißen ist, dass sie nie definitiv von der Wahrheit abfallen kann. Sie kann wohl vom Evangelium abirren – und hat es oft genug getan – aber sie muss dank der Treue Gottes nicht für immer im Irrtum verharren. Die katholische Seite bindet das verheißene Bleiben in der Wahrheit an das Amt der Kirche, an das unfehlbare päpstliche Lehr- und Leitungsamt. Sie sieht in ihm ein sichtbares Zeichen und einen Garanten der Einheit und der Wahrheit, dessen Äußerungen somit menschlicher Sündhaftigkeit und der Möglichkeit kritischer Befragung entzogen sind.

Das lässt sich aus evangelischer Sicht nicht mit der Rechtfertigungslehre vereinbaren. Sobald eine Instanz unfehlbar über die rechte Auslegung der Schrift entscheiden kann und in ihren Entscheidungen nicht von der Schrift her kritisierbar ist, ist der Selbstauslegungskraft des Wortes Gottes in der Schrift ein Riegel vorgeschoben. Wenn das Gewissen in ethischen Fragen nicht durch Einsicht in Gründe, sondern durch die kirchliche Autorität zum Gehorsam verpflichtet sein soll, fehlt eine Grundvoraussetzung jeder ethischen Verständigung.

3. Festhalten, was wir theologisch bereits erreicht haben

Über diese und ähnliche Probleme haben wir natürlich in den oben erwähnten Dialogen bereits intensiv diskutiert. Es sind uns erstaunliche Annäherungen gelungen. Die Methode des „differenzierten Konsenses“ hat sich hier als hilfreich erwiesen, d. h.: Zunächst werden die unterschiedlichen konfessionellen Positionen je für sich dargestellt; danach aber kommt ins Gespräch, was wir aufgrund des Dialoges gemeinsam verantwortet sagen können. Zugleich wird aufgezeigt, wo überhaupt Übereinstimmung angestrebt werden muss, wo Unterschiede die Gemeinschaft im Glauben nicht betreffen und wo trennende Grenzen liegen, für die wir noch keine tragfähigen Lösungen erkennen können. Angesichts dieser komplexen Situation ist es umso wichtiger, dass all die wertvollen Erkenntnisse der erwähnten Dialoge nicht in Vergessenheit geraten und wir eine vorläufige Ernte einfahren. Genau diesem Projekt hat sich Kardinal Kasper verschrieben. Im Jahre 2009 hat er das Buch „Harvesting the Fruits“ [3], die Früchte ernten,

3 Cardinal Walter Kasper. Harvesting the fruits. Basic aspects of Christian faith in ecumenical dialogue, London/New York 2009. Deutsche Ausgabe: Kasper, Walter, Die Früchte ernten. Grundlagen christlichen Glaubens im ökumenischen Dialog, Paderborn/Frankfurt a. M. 2011

veröffentlicht. Das Buch ist das Ergebnis einer mehrjährigen Studienarbeit am Päpstlichen Rat zur Förderung der Einheit der Christen in Rom. Der Kardinal gibt zusammen mit seinen Mitarbeitern einen Überblick über wichtige Ergebnisse von vier bilateralen Dialogen der römisch-katholischen Kirche mit den anglikanischen, den lutherischen, den methodistischen und den reformierten Christen. Das Erbe der Dialoge soll festgestellt werden, damit die gegenwärtig und zukünftig in der ökumenischen Arbeit Tätigen daran weiterarbeiten können. Das Buch dient also einer „ökumenischen traditio". Es geht um Inhalte (die Ergebnisse und Einsichten der Dialoge) und um das Weitergeben dieser Inhalte. Das zeigt, wie wichtig dem Kardinal diese Dialoge sind; es zeigt, wie sehr er sich dafür engagiert, dass diese Dialoge auch weitergehen. Dafür kann ich Kardinal Kasper nur dankbar sein.

Weil Dialoge eine zweiseitige Sache sind, kann das Ernten der Früchte des Dialogs nicht einseitig geschehen, sondern muss sich zweiseitig vollziehen. Deshalb hat Kardinal Kasper eine Reihe von Theologen aus den vier genannten Kirchen und Kirchenfamilien im Februar (7.–11.2.2010) nach Rom eingeladen, damit diese ihrerseits das Buch kommentieren. Das war – so berichten es Teilnehmer – ein sehr anregender Austausch.

Lutherische Theologen haben bei dem Treffen in Rom deutlich gemacht, dass sie beim „Ernten" die Akzente in der Gewichtung der Themen etwas anders setzen würden (im „Harvest"-Buch nimmt das Kapitel über die Kirche bei Weitem den größten Raum ein), dass sie gerne das, woran noch weiter gearbeitet werden muss, präziser bestimmen würden, dass sie Fragen der ökumenischen Methode und Hermeneutik, die im Dialog impliziert und für seine Rezeption wie Weiterführung von großer Bedeutung sind, eigens ansprechen möchten und dass sie die Frage nach dem Ziel des ökumenischen Weges erörtern möchten. Das Buch ist ein erster Schritt zu einem gemeinsamen, dialogischen Prozess des Erntens. Man wird sehen müssen, wie er von den beteiligten Kirchen aufgegriffen wird. Zum Ernten der Früchte gehört in der römisch-katholischen Kirche auch die Glaubenskongregation. Sie hat nicht die Aufgabe, an ökumenischen Dialogen teilzunehmen, muss aber deren Ergebnisse beurteilen. Dabei ergibt sich die Schwierigkeit, dass ökumenische Dialoge intensive wechselseitige Lernprozesse sind, ohne die man die Ergebnisse der Dialoge nicht zureichend beurteilen kann. Deshalb wäre es für Lutheraner in höchstem Maße wünschenswert, wenn sich Mitarbeiter der Glaubenskongregation immer wieder auch auf ökumenische Gespräche einlassen würden.

In Rom ist auch die Wichtigkeit betont worden, die Ergebnisse der bilateralen Dialoge in Bibelstudien und Arbeitshilfen für die Gemeinden und ihr ökumenisches Zusammenleben zu erschließen. Beide Kirchen leiden unter einem Traditionsverlust und somit unter der Schwierigkeit, ihren Mitgliedern ihre großen Glaubenseinsichten zu vermitteln. Ökumenische Dialoge beschäftigen sich mit diesen Traditionen und mit den Spannungen und Konflikten, die in der Vergangenheit so viele Schwierigkeiten bereitet haben und es teilweise auch heute noch tun. Soweit jene Traditionen als Ausdruck von Wahrheitsgewissheiten bei den so genannten „einfachen Gläubigen" in Vergessenheit geraten sind, sind die ökumenischen Dialoge für sie nicht unmittelbar von Bedeutung. Doch wenn der konstruktive Umgang mit den kirchlichen Traditionen ergänzt wird durch ein Nachdenken, was die in jenen Traditionen zur Sprache kommenden Fragen für die Menschen heute bedeuten könnten, machen die ökumenischen Dialoge und die in ihnen erreichten Klärungen eine Differenz für die Menschen in den Gemeinden aus. Sie können dann ihren Glauben besser verstehen und fröhlicher leben. Zu den wissenschaftlichen Dialogen sollte das Bemühen treten, die einander fremd gewordenen Traditionen so füreinander zu erschließen, dass das Leben bereichert wird. Wenn uns dazu ein Schritt auf dem Ökumenischen Kirchentag gelingen würde, wäre das großartig.

4. Vorschlag für einen konkreten Schritt

Wie kann es weitergehen? Ich möchte zum Schluss beispielhaft auf ein Thema eingehen, das viele Gläubige im Hinblick auf den Ökumenischen Kirchentag umtreibt: Es ist die Frage nach dem Abendmahl. Die unterschiedlichen Positionen sind bekannt; sie sind aus der jeweiligen Binnenperspektive theologisch durchaus begründbar und gegenseitig zu respektieren. Genau dies geschieht auch auf dem Kirchentag. Wir werden nicht gemeinsam mit römisch-katholischen Amtsträgern Abendmahl feiern. Dennoch werden wir auf dem Ökumenischen Kirchentag bei evangelisch verantworteten Abendmahlsfeiern alle getauften Christen zum Abendmahl einladen. Wir wollen damit nicht gegen römisch-katholische Regeln verstoßen, sondern unseren Überzeugungen treu bleiben.

Doch nochmals die Frage: Wie kann es dann weitergehen? Wie kann der „Status quo" überwunden werden? Dazu möchte ich die theologischen Knackpunkte in Erinnerung rufen: In seiner Kampfschrift aus dem Jahr 1520 „De captivitate babylonica ecclesiae praeludium" warf der Reformator Martin Luther der römischen Kirche seiner Zeit vor, sie halte das Altarsakrament in dreifacher Weise gefangen: erstens durch den Entzug des Laienkelchs, zweitens durch die, wie er sich ausdrückte, „Vernünftelei" der Transsubstantiationslehre und drittens durch die Theorie und Praxis der Messe als eines Opfers; das Messopfer wurde als der bei Weitem schlimmste Missbrauch des Abendmahls kritisiert. In allen drei traditionellen Kontroversen ist mittlerweile durch die diversen Lehrgespräche ein differenzierter Konsens erreicht, der eigentlich die Feststellung ermöglicht, dass in der Lehre vom Herrenmahl zwischen römisch-katholischer Kirche und evangelisch-lutherischen Kirchen keine aktuellen Gegensätze von kirchentrennender Bedeutung vorliegen. Inhaltlich liegen wir im Abendmahls- bzw. Eucharistieverständnis nicht mehr weit auseinander.

Aus lutherischer Sicht wäre es also an der Zeit, einen Prozess zu einer gemeinsamen Erklärung zum Abendmahl bzw. zur Eucharistie in Gang zu setzen – analog der gemeinsamen Erklärung zur Rechtfertigung. Ein erster Entwurf ist jetzt schon angedacht dank des Münchner Theologen Gunther Wenz. Eine solche Gemeinsame Erklärung zum Abendmahl könnte zeigen, dass der Streit und die gegenseitigen Verurteilungen in der Frage um die Darreichung in beiderlei Gestalt, also Brot und Kelch, durch die Bestimmungen des Zweiten Vatikanischen Konzils und durch Grundsatzüberlegungen zum stiftungsgemäßen Gebrauch des Herrenmahls im Wesentlichen behoben ist. Auch in der Frage der wirklichen Gegenwart Jesu Christi, der sich in der Kraft des göttlichen Geistes unter Brot und Wein zum Empfang darbietet, ist ebenso grundsätzliche Übereinstimmung erzielt wie in der Messopferfrage. Damit verbundene Probleme wie etwa das der Dauer der Realpräsenz oder der Reservation der Elemente lassen sich auf dieser Basis einer einvernehmlichen Lösung zuführen.

Die Lehre vom Herrenmahl steht sicherlich in enger Sachbeziehung zur Ekklesiologie und zur Amtstheorie. Die zwischen unseren Kirchen bisher unbehobenen Differenzen in der Lehre von der Kirche und vom kirchlichen Amt wirken sich entsprechend auch auf Theorie und Praxis des Herrenmahls aus. Dennoch wäre eine gemeinsame Erklärung zum Abendmahl weder in theoretischer noch in praktischer Hinsicht überflüssig und vergeblich. Für das öffentliche Bewusstsein von Kirche und Gesellschaft wäre es von erheblicher Bedeutung, verbindlich zu erfahren, dass in den dogmatischen Fragen der Abendmahlslehre im engeren Sinn ein differenzierter Konsens besteht. Viele Vorurteile und Missverständnisse, die sich auf beiden Seiten hartnäckig halten, ließen sich dadurch beheben.

Aber auch in praktischer Hinsicht wäre von einer gemeinsamen Erklärung zum Abendmahl ein wichtiger Motivationsschub zu erwarten, etwa durch die Einsicht, dass das Verhältnis von Kirchengemeinschaft und

Abendmahlsgemeinschaft beiderseits als differenzierter Zusammenhang verstanden wird, wodurch sowohl generelle Trennungen als auch unmittelbare Gleichsetzungen vermieden werden. Schließlich könnte auch in festgefahrene Fronten der überkommenen Ämterlehre Bewegung gebracht werden, z. B. durch die präzise Klärung der Stellung und Bedeutung der Träger des ordinationsgebundenen Amtes in der eucharistischen Feier.

Aus all diesen Gründen wünsche ich mir, dass der Vorschlag von Professor Wenz weiterhin verfolgt wird.

Der Ökumenische Kirchentag in München steht unter dem Motto „... damit ihr Hoffnung habt." Im Blick ist die Hoffnung, die der Glaube schenkt. Meine Arbeit in der Ökumene ist ohne diese Hoffnung nicht möglich. Für mich findet sie in der „Leidenschaft für das Mögliche" Ausdruck.

Meine Hoffnung für den Kirchentag ist, dass er das Erreichte verstetigt und dass das Miteinander selbstverständlicher Teil des jeweiligen Kirche-Seins wird.

Gottes Schöpfung feiern und bewahren*

Wenn wir heute hier den auf dem Münchner Ökumenischen Kirchentag ausgerufenen ökumenischen Schöpfungstag[1] miteinander feiern, dann ist es vor allem hohe Zeit. Hohe Zeit, weil der Weg der Kirchen bis zu diesem Tag seit der Einfügung des Schöpfungstages in den liturgischen Kalender der Kirche von Konstantinopel vor 21 Jahren weit gewesen ist, und hohe Zeit auch, weil unser Leben und Denken, die aktuellen Nachrichten genauso wie die Zukunft unserer Kinder und Kindeskinder längst von der gescheiterten Beziehung des modernen Menschen zur Natur geprägt sind.

Vielleicht sollte man also beginnen mit Anfragen an die Energiepolitik der Bundesregierung oder einer Analyse der gescheiterten Klimakonferenz in Kopenhagen, der Ölkatastrophe im Golf von Mexiko oder der diversen radikalen Wetterlagen in 2010, man könnte die pakistanischen Hochwasserflüchtlinge den Millionen Umweltopfern weltweit hinzufügen und diese Reihe stundenlang fortsetzen und dabei immer höchst aktuell die allerjüngste Vergangenheit bzw. Gegenwart referieren. Ich vermute aber, dass es nicht nötig ist, Sie von der Dringlichkeit eines ernsthaften Engagements für die Bewahrung der Schöpfung zu überzeugen. Lassen Sie mich darum diese Rede mit einem Gedicht von Rose Ausländer beginnen:

Preisen

Preisen die Erde
und ihre unaufhörlichen Wunder

Sonne Mond Gestirne
und was dahinter dichtet

Die Menschenbrüder
Aufnehmen

im Herzgefäß
unsre winzige Ewigkeit

---

* Vortrag zum ersten ökumenischen Schöpfungstag am 3. September 2010 in Brühl/Rhein

1 Ökumenischer Tag der Schöpfung, in: UNA SANCTA 2/2010, 3

Diese wenigen – für die jüdische Lyrikerin aus Czernowitz so typischen – Zeilen nehmen viele Facetten unserer ökumenischen Auseinandersetzung mit der Schöpfungsfrage auf:

- Die Ehrfurcht vor Gottes Werk, das er gut geschaffen hat und wir nicht gut gehütet haben; den Lobpreis, der diesem Werk gebührt.
- Das aufeinander Angewiesensein der Menschen auf dieser Erde
- und schließlich unsere Endlichkeit und Begrenztheit im Kontext einer langen Erdgeschichte, die gut ohne uns Menschen ausgekommen wäre.

Einige Aspekte dieses großen Themas möchte ich heute zu Bedenken geben:

1. Gott preisen – Überlegungen zum Zusammenhang von Liturgik und Ethik
2. Die Erde als Quelle und nicht als Kontext unseres Lebens – Überlegungen zum Herrschaftsanspruch des Menschen über die Natur
3. Friede mit der Erde – eine Anfrage an unsere Lebensentwürfe

1. Gott preisen – Überlegungen zum Zusammenhang von Liturgik und Ethik

Zunächst ist es aufschlussreich, sich bewusst zu machen, dass der Bezug zu Gott, dem Schöpfer bisher in unserem liturgischen Kalender keinen wirklichen Ausdruck gefunden hat. Wir feiern im Laufe des Kirchenjahres Christusfeste und zu Pfingsten die Gabe des Heiligen Geistes. In der Reihe unserer hohen kirchlichen Feiertage ist dagegen die erste Person unseres Credos kaum erkennbar.

Gott als den Schöpfer bekennen wir ausdrücklich in der Regel nur zu Erntedank. Ganz gewiss birgt dieses Fest gerade im ländlichen Raum großes Potential, aber da es eben seinem Charakter nach ein Dankfest ist, bietet es nicht wirklich den Rahmen, unsere schuldhafte Verstrickung im Umgang mit der Natur zu benennen. Dies ist nicht nur eine liturgische Leerstelle, vielmehr hat die Art, „[wie] wir unseren Gottesdienst feiern, Auswirkungen auf unseren Glauben und unsere Glaubenspraxis.“ [2]

Insofern könnte man die nun endlich anstehende Installation des Schöpfungstages in den Kalender des Kirchenjahres auch im Sinne einer notwen-

2 Kappes, Michael, Gottes Schöpfung feiern und bewahren, Eine Arbeitshilfe der ACK, Münster 2010, 6

digen Korrektur der klassischen Kasualpraxis verstehen: Immer dann nämlich, wenn wir Menschen Übergänge bewerkstelligen mussten oder beim Eintritt in eine neue Lebensphase auf Gottes Begleitung und seinen Segen angewiesen waren, wurden Passageriten wichtig. Manches Mal wuchsen sie unmittelbar aus dem Kontext des Lebens und halfen, Paradigmenwechsel im privaten oder gesellschaftlichen Leben zu gestalten.

Dieses Modell könnte auch auf den dringend notwendigen Umkehrprozess im Umgang mit der Schöpfung angewendet werden.

Wir brauchen einen liturgisch verankerten Schöpfungstag, weil wir am Scheideweg stehen.

Allerdings werden wir uns mit dem Lobpreis der Schöpfung an einem bestimmten Zeitpunkt des Kirchenjahres einer neuen Herausforderung gegenübersehen. Indem wir uns nämlich bewusst machen, dass wir uns anschicken, Gott für seine Schöpfung zu preisen, und sie dennoch zugleich gefährden und zerstören, stellt sich die Frage nach dem Zusammenhang von Liturgik und Ethik.

Wenn wir also Gott die Ehre erweisen wollen, ihn als Schöpfer preisen und uns unter sein Wort stellen, wird es nicht genügen, im Kyrie zu benennen, was misslingt und uns schuldig macht, sondern es wird darauf ankommen, den Schöpfungsglauben auch im eigenen Tun zu verorten. Diese Rückbindung an Gott erleben wir besonders stark in der liturgischen Vergegenwärtigung, im Gottesdienst[3] – warum sollte also nicht auch hier der Ort für unsere Inanspruchnahme als verantwortliche Mitgeschöpfe durch Gott sein?

Könnte also die Feier des Gottesdienstes am Schöpfungstag einen Beitrag zur Entwicklung einer Schöpfungsethik leisten?

Dafür sprächen meines Erachtens nach folgende Gründe, die ich mit Tonke Dennebaum teile:

- *Liturgie und Gottesdienst befördern die Erweiterung des räumlichen und zeitlichen Horizontes.* Moderne Handlungsmuster und kurzfristiges Denken werden hinterfragt. Die Aufnahme der liturgischen Tradition vergangener Jahrhunderte fördert schließlich das Bewusstsein für größere Zusammenhänge und bietet „direkte Erfahrbarkeit realer weltweiter Gemeinschaft."
- Im Gottesdienst wird der *Gesamtzusammenhang* allen Lebens bewusst, so wird in den Fürbitten seit jeher der nahen und fernen Nächsten gedacht.

3 Dennebaum, Tonke, Doxologie und Ethik der Schöpfung, in: UNA SANCTA, 2/2010, 98f

Analog kann auch die Schöpfungsethik keine Bereichsethik sein, sondern muss Querschnittszusammenhänge erfassen.

- Liturgisches Handeln und *Gestalten befördert ästhetische und spirituelle Sensibilität.* Folglich wird auch die Schönheit der Schöpfung als Eigenwert wahrgenommen werden. (vgl.: Sonnengesang des Franz von Assisi!)
- Im Gottesdienst werden wir unserer selbst als *sterbliche Mitgeschöpfe* inne und erfahren die befreiende Balance zwischen personaler Würde, geschöpflicher Mitexistenz und Hinordnung auf den Schöpfer.
- Schöpfungslob ist ein Beitrag für ein *angemessenes Zeitmaß* natürlicher Prozesse. So bringen bspw. Jahreszeiten den Rhythmus geprägter Prozesse ins Wort. Im Gottesdienst werden alle unsere Angelegenheiten liturgisch in einen größeren Rhythmus aus Lob und Dank eingebettet.
- Schöpfungslob *motiviert* zum verantwortungsbewussten Umgang mit der Natur und hilft, langen Atem zu haben und sich des eigenen Tuns immer neu zu vergewissern.
- Wir loben in unseren Gottesdiensten den *Schöpfer (nicht die Schöpfung)*, der uns beauftragt hat, die Erde zu bebauen und zu bewahren – insofern liegt hier auch ein Korrektiv für eine eventuelle Absolutsetzung des ökologischen Aspektes all unserer Handlungsoptionen [4].

Nun enthebt uns allein die Feier des Gottesdienstes der Pflicht eines bewussten ethischen Neuanfangs nicht. Aber wir können uns im Gottesdienst – mit Bonhoeffer – vergewissern, dass Jesus Christus im Diesseits gegenwärtig ist und ihn eben gerade darum in einer mündig gewordenen Welt neu zur Geltung bringen. Bonhoeffer hat deutlich gemacht, dass es die Aufgabe einer „konkreten Ethik" sei, darauf hinzuweisen, „wie Christus unter uns heute und hier Gestalt gewinne" [5], wie der christliche Glauben hier und heute, das heißt in der geschaffenen Welt, der Schöpfung also, verantwortlich gelebt werden könne.

Für Bonhoeffer ist die Welt der Raum, in dem sich der Glaube zu bewähren hat. Dabei kommt es ihm entscheidend darauf an, das Vorletzte, die Welt, auf das Letzte, das Wort Gottes zu beziehen. Der Christ soll nicht mehr abgehoben von dem weltlichen Geschehen nur noch dem Reich Gottes leben und darüber die Welt Welt sein lassen. Es ist gerade die Aufgabe ethischer Reflexion, diese vorletzten Dinge, die Probleme des menschlichen Zusammenlebens, in „ihrer Beziehung auf das Letzte" sichtbar und verständlich zu machen: „Um des Letzten willen muss vom Vorletzten die Rede

4 UNA SANCTA, 2/2010, 98ff

5 Bonhoeffer, Dietrich Ethik, München 1966, 91

sein.“ [6] Der verantwortlich Handelnde muss allerdings im Vorletzten „das Wagnis des Handelns“ [7] leben.

Es geht nicht an, Letztes und Vorletztes zu trennen. Das Vorletzte, die Welt, ist jetzt der Raum, in dem der Christ und sein Glaube sich einzusetzen und zu bewähren haben: „Es geht also darum, an der Wirklichkeit Gottes und der Welt in Jesus Christus heute teilzuhaben, und das so, daß ich die Wirklichkeit Gottes nie ohne die Wirklichkeit der Welt und die Wirklichkeit der Welt nie ohne die Wirklichkeit Gottes erfahre.“ [8] Damit dies gelingt, wird es nötig sein, sich die Beziehung des Menschen zur Natur zu vergegenwärtigen.

2. Die Erde als Quelle und nicht als Kontext unseres Lebens – Überlegungen zum Herrschaftsanspruch des Menschen über die Natur

Zunächst gilt es festzuhalten: Die Bibel beschreibt keine wissenschaftliche Evolutionsgeschichte. Es geht ihr nicht um protokollarisch festgehaltene Prozesse der Entstehung des Lebens. Die Bibel bezeugt vielmehr die Liebe Gottes zu seiner Schöpfung, deren Teil wir sind. Dabei sind wir allen anderen Lebewesen als Geschöpfe Gottes gleich und wie sie auf ihn verwiesene Bewohner seiner Erde.

Aber wir Menschen sind auch grundsätzlich von allen Pflanzen und Tieren unterschieden: mit Vernunft begabt und Verantwortung betraut schuf er uns zu seinem Bilde und gab uns die Ordnung und Bewahrung, die Gestaltung und Pflege seiner so perfekt gelungenen Schöpfung anheim.

Das haben wir missverstanden.

Wir haben einen Herrschaftsauftrag gehört, wo es um Fürsorge ging, wir haben Machtstrukturen für legitim gehalten, als Beziehung gefragt war. Der Theologe Erich Zenger hat herausgearbeitet, dass sowohl das Deutsch der Einheitsübersetzung als auch der Text Martin Luthers („bevölkert die Erde, unterwerft sie euch und herrscht“ bzw.: „seid fruchtbar und mehret euch, füllet die Erde, machet sie euch untertan und herrscht“) fälschlicherweise die Herrschaft des Menschen über die Natur nahe legen. Weil Adam zudem des Paradieses verwiesen wurde, um der Erde im Schweiße seines Angesichtes sein Brot abzuringen, scheint auch ein regelrecht feindliches Gegeneinander von Mensch und Natur vorprogrammiert.

---

6 UNA SANCTA, 2/2010, 98ff
7 Bonhoeffer, a. a. O., 365
8 Bonhoeffer, a. a. O., 208

Zenger weist nun darauf hin, dass die Bedeutungsfelder des hebräischen Wortes *„kabasch“* etwas ganz Anderes intendieren. Offenbar geht es nämlich viel mehr darum, den Fuß auf die Erde zu setzen, sie in Besitz zu nehmen und zwar als treusorgende Haushalter, hütend und nicht kämpfend, im Sinne aller, die dies Lebenshaus bewohnen. [9]

Mit anderen Worten: aus dem biblischen Befund lässt sich keine Herrschaftslogik ableiten. Da wir uns aber daran gewöhnt haben – denken Sie beispielsweise daran, dass all unsere Bildungs- und Erziehungskonzepte zutiefst anthropozentrisch sind und die Natur als unsere Quelle und Lebensgrundlage, deren Teil wir sind, eigentlich nie mitdenken –, steht ein neues und vor allem demütigeres Nachdenken über die Beziehung des Menschen zur Natur auf der Tagesordnung.

Lassen Sie uns also für einen Moment auf die großen Linien dieser Beziehungsgeschichte sehen. Der Sozialethiker Larry L. Rasmussen hält fest: 95 % der Geschichte waren die Menschen Jäger und Sammler. Diese Phase sei günstig gewesen, „wenn es um den Einfluss der Menschen auf den Planeten geht.“ [10] Wir beeinflussten das Werden und Vergehen der Natur kaum, wenn man einmal davon absieht, dass der Mensch als Jäger auch schon Tiere getötet hat und ihm umgekehrt die Natur Schwierigkeiten – Hitze, Kälte, Überschwemmungen, Dürreperioden, Krankheiten usw. – bereitete. Zu fragen ist allerdings auch, ob die alten, naturverbundenen Religionen nicht auch danach strebten, das Ausgeliefertsein des Menschen an natürliche Kräfte zu bewältigen und diese Kräfte wenn nicht zu beherrschen, so wenigstens zu beeinflussen?

Erst mit der neolithischen Revolution, die zeitgleich um 2000 v. Chr. in Südwestasien, China und Mittelamerika stattfand, kommt es zu gravierenden Veränderungsprozessen (Siedlungsbau, handwerkliche Kunstfertigkeit etc.) Rasmussen interpretiert diesen Vorgang: „… diese Revolution gestaltete durchaus selbstbewusst einen neuen Umgang mit der Natur zugunsten der Gesellschaft […]“ [11] Die Entstehung der großen Kulturen und Religionen fällt mit diesem Prozess zusammen, allerdings ist in deren heiligen Schriften und Überlieferungen, Denkweisen und Verhaltensweisen von dieser langen Zeit der Naturnähe fast nichts gegenwärtig. Die Mensch-

9 Zenger, Erich, Theologische Grundlage: Gottes Schöpfung – Lebenshaus für alle, in: Kappes, a. a. O., 12

10 Rasmussen, Larry L., Friede mit der Erde – Das große neue Werk, in: Müller-Fahrenholz, Geiko, Friede mit der Erde, Frankfurt a. M., 2010, 58

11 Rasmussen, a. a. O., 59

heit hatte folglich schon damals eine massive Naturvergessenheit zu verzeichnen.

Nach Rasmussen ist die zweite große Transformation der Erde-Mensch-Beziehung die industrielle Revolution und die mit ihr verbundene intensive Nutzung und Ausbeutung kompakter, in der Erde gespeicherter Energie – fossiler Brennstoffe. [12] Dieser Energiezugang macht uns Menschen seither für die Illusion empfänglich, Rhythmen und Erfordernisse der Natur übergehen bzw. sie beherrschen zu können. Wir begannen, die Natur zu gebrauchen. Diese moderne Illusion, wir könnten die Natur beherrschen, hängt auch mit einem veränderten Selbst- und Gottesbild des Menschen zusammen, das seine Wurzeln in der Aufklärung hat.

Theologisch gesprochen verlor die Beziehung der Menschen zur Erde den Charakter einer Ich-Du-Beziehung. Wir versachlichten die Erde (Ich-Es). Um umzukehren und Gewalttätigkeit zu heilen, werden wir uns unserer Angewiesenheit auf die Erde neu vergewissern müssen – wir kommen im Gegensatz zu ihr ohne sie nicht aus.

3. Friede mit der Erde – eine Anfrage an unsere Lebensentwürfe

Erich Zenger formulierte mit dem 2002 verstorbenen Biochemiker Erwin Chargaff gleichermaßen unmissverständlich wie verzweifelt: „Naturwissenschaftler, deren Hinwendung zur Natur die Qualität eines Jobs in einer Goldgräberstadt hat, Experten, in denen die Zweifel des Liebenden an sich selbst und an seinem Tun abgestorben sind, Spezialisten, die blind sind für den Reichtum und die Hinfälligkeit des Ganzen und Konsumenten, die die ökonomische Wertsphäre für eine ethische Werteskala halten: sie alle sind, zum Schutz des Klimas, zur Rettung der Umwelt und zur Förderung der Lebenszusammenhänge auf der Erde untauglich. Tauglich dafür werden wir, wenn wir wieder lernen, die Welt als Gottes Schöpfung zu sehen." [13]

Wir werden also noch einmal völlig neu ansetzen müssen. Allerdings zeigt sich nach Kopenhagen und den Reaktionen auf das Scheitern dieser Konferenz auf der ganzen Welt, dass die Fragen von Klimawandel und Schöpfungsbewahrung mit sehr viel mehr Sensibilität betrachtet werden als noch vor wenigen Jahren. Gewachsene Sensibilität ist indes nicht gleichbedeutend mit konkreteren politischen Vorhaben. Und diese wiederum wer-

---

12 Rasmussen, a. a. O., 60
13 Zenger, a. a. O., 19

den unsere Welt nur dann schonen und das Leben verändern, wenn auch wir nicht nur auf Programme bauen, sondern in unserem eigenen Alltag damit beginnen.

Ein konkreter Maßnahmenkatalog, wie ihn beispielsweise der mittelamerikanische Klimaexperte Ricardo Navarro im Rahmen der Dekade zur Überwindung der Gewalt aufgestellt hat, erscheint uns in diesem Zusammenhang aber in aller Regel bestenfalls als naiv und unrealistisch, wenn nicht gar als völlig überzogen oder gar fanatisch.

Denn auch wenn wir uns vielleicht vorstellen können, zukünftig vegetarisch zu leben und von Kreuzfahrten, Open-air-Konzerten und beleuchteter Werbung abzusehen, wer könnte ernsthaft und grundsätzlich auf das Auto und die Fliegerei verzichten, sofern sie mit fossilen Brennstoffen betrieben werden, und ausschließlich Fahrrad fahren inklusive aller Lastentransporte? Ich könnte fortfahren. Aber wichtig ist mir in diesem Moment vor allem: „zu erkennen, dass gerade der Vorwurf der Naivität und Praxisferne, der bei der Lektüre mancher Forderungskataloge leicht von dem vermeintlichen Realisten erhoben werden könnte, selbst wieder auf habituelle Gewalt verweist. Unser Realismus ist selber ein Gefangener der tiefenkulturellen Gewalt.“ [14] Mit ihr sind ideologische Legitimationssysteme gemeint, die direkter und struktureller Gewalt zugrunde liegen und diese erst ermöglichen. „Ist unsere moderne Weltanschauung selbst ein solches Legitimationssystem von Gewalt? Basiert es auf einer Misshandlung der Natur, die so selbstverständlich geworden ist, dass sie nicht mehr in Frage gestellt wird?“ [15]

Das Lob des Schöpfers, das Bewusstsein der eigenen Geschöpflichkeit und der Verantwortung für – statt Herrschaft über – die Schöpfung und neuer, anderer „Realismus“, der sich auch mal den Vorwurf der Naivität und Praxisferne gefallen lassen kann, ist das, wozu uns die Feier der Schöpfungszeit ermutigen will. Im Übrigen ist es ist ja eigentlich auch naiv und praxisfern zu meinen, wir könnten weitermachen wie bisher. Es ist an der Zeit, dass wir begreifen, dass die Schädigung der Erde nicht nur ein praktisches, sondern vor allem ein ethisches und spirituelles Problem ist.

Ich hatte eingangs gefragt, ob die Feier des Gottesdienstes am Schöpfungstag einen Beitrag zur Entwicklung einer Schöpfungsethik leisten kann? Ja, die Feier des Gottesdienstes kann das leisten, denn in ihr wird das Leben in seiner Gesamtheit bewusst in seinen Interdependenzen, und das

14 Müller-Fahrenholz, a. a. O., 13
15 Müller-Fahrenholz, a. a. O., 9

Lob des Schöpfers und die Freude an der Schöpfung motivieren zum verantwortungsbewussten Umgang mit der Natur und helfen, langen Atem zu haben und sich des eigenen Tuns immer neu zu vergewissern.

Wir brauchen einen liturgisch verankerten Schöpfungstag, weil wir am Scheideweg stehen, denn es ist gerade im Kontext der Dekade zur Überwindung der Gewalt ein langer Weg gewesen, zu realisieren, dass auch die Frage der Schöpfungsbewahrung hier ihren Ort hat. Der Zusammenhang von Frieden, Gerechtigkeit und Schöpfungsbewahrung ist unübersehbar, denn „in vielen Regionen unserer Erde müssen wir erleben, wie eine friedliche und gemeinwohlorientierte Entwicklung von gewaltsamen Auseinandersetzungen um natürliche Ressourcen beeinträchtigt wird. Zumeist stehen der Kampf um Bodenschätze und Trinkwasser im Vordergrund. Diese Spannungen werden weiter zunehmen, wenn sich der Klimawandel verschärft und das Lebensumfeld insbesondere der Armen bedroht, wenn durch Klimaveränderungen die Katastrophenhäufigkeit zunimmt, die Meeresspiegel steigen und die Versteppung landwirtschaftlicher Nutzflächen zu neuen Hungersnöten führen. Wo nicht die Bewahrung, sondern Ausbeutung der Umwelt das Handeln bestimmt, droht eine Vermehrung und Vertiefung von Konflikten sowohl innerhalb der Gesellschaften wie auch zwischen Staaten, Nationen und Kontinenten. Umwelt- und Klimaschutz ist eine Frage der Lebenschancen und der Gerechtigkeit.“ [16]

Lassen sie mich schließen mit einer Adaption von 1. Joh 4,20 nach Erich Zenger:

„Wenn jemand sagt, ich liebe Gott,
aber seine Schwester, die Erde misshandelt,
ist er ein Lügner.
Denn wer seine Schwester nicht liebt, die er sieht,
kann Gott nicht lieben, den er nicht sieht.
Wer Gott liebt,
soll seine Schwester, die Erde, lieben und achten.“ [17]

16 Deutsche Bischofskonferenz (Hg.), wenn du den Frieden willst, bewahre die Schöpfung. Arbeitshilfen 237, Bonn 2010, 3

17 Zenger, a. a. O., 19

II. Predigten

Predigt zum Ökumenischen Gottesdienst im Dom zu Braunschweig am 25. November 2006

„Ich bitte aber nicht allein für sie, sondern auch für die, die durch ihr Wort an mich glauben werden, damit sie alle eins seien. Wie du Vater in mir und ich in dir, so sollen auch sie in uns sein, damit die Welt glaube, dass du mich gesandt hast." (Joh 17,20–21)

Liebe Gemeinde,

es ist schön, dass wir nach den verschiedenen dienstlichen Begegnungen, nach unserem gemeinsamen noch immer anhaltenden Einsatz zum Schutz des Sonntags und der Fremden in unserem Land, nun zur Feier des Gottesdienstes zusammengekommen sind. Die Feier des Gottesdienstes und der Einsatz für Notleidende hängen eng zusammen. Wir haben vom alten Israel gelernt, dass da, wo das Erbarmen fehlt, auch der Gottesdienst und das Recht verkommen. Oder anders gesagt: Gottesdienst und Diakonie gehören zusammen. Gottesliebe, Gottesdienst und Nächstenliebe bedingen einander. Und ein ökumenischer Gottesdienst ist dafür ein weithin sichtbares Zeichen.

„Wenn dein Kind dich morgen fragt […]" (5. Mose 6, 20) hieß im vergangenen Jahr die Losung des evangelischen Kirchentages in Hannover. Es wurde damals kritisiert, dass solch ein angebrochener Halbsatz kaum als Motto einer richtungweisenden Großveranstaltung für mehrere tausend Gläubige aller Generationen taugt und sicher nur sehr bedingt beim Suchen und Orientieren hilft, doch das war ein Irrtum. Diese uralten Worte des israelitischen Bekenntnisses schenkten Vergewisserung, erinnerten an die Herkunft unseres Glaubens und sind zugleich zukunftsoffen. Weil es gemeinsame Wurzeln und einen gemeinsamen Auftrag gibt, sind auch gemeinsame Hoffnungen und Verantwortung bewusst geworden.

Dies gilt nicht nur auf einem evangelischen Kirchentag, sondern auch dann, wenn wir uns wie heute Abend in einem ökumenischen Gottesdienst unter die alten Worte stellen.

Wir finden sie ganz am Anfang der Bibel, in der Thora. Ich möchte ihnen Worte vom Ende des Johannesevangeliums gegenüberstellen, in denen es heißt:

„Ich bitte aber nicht allein für sie, sondern auch für die, die durch ihr Wort an mich glauben werden, damit sie alle eins seien. Wie du Vater in mir und ich in dir, so sollen auch sie in uns sein, damit die Welt glaube, dass du mich gesandt hast." (Joh 17,20–21)

Beide Texte binden unser aller Herkunft und Verheißung zusammen.

Sie sind sozusagen Familienbesitz, den wir gemeinsam bewahren wie Geschwister das Erbe ihrer Eltern.

Das Geschwisterbild hat Tradition. Das Alte Testament erzählt von Brüdern und Schwestern, die – gemeinsam und verschieden – von einem Vater und einer Mutter herkommend, mit ganz eigenen Rollen zurechtzukommen hatten: Kain und Abel, Jakob und Esau, Josef und seine Brüder und später Maria und Martha, Jakobus und Johannes, Andreas und Petrus und schließlich wir, evangelische und römisch-katholische Christen – Geschwister.

Dabei weiß jeder unter uns, der Geschwister oder mehrere Kinder hat (ich habe beides), dass diese Beziehung unseres Lebens keineswegs die Einfachste ist. Und doch tut sie gut, denn: Geschwister halten zusammen – nach außen auf jeden Fall –, wenn ein Außenstehender schlecht macht, was ihnen heilig ist. Sie lassen nichts aufeinander kommen, wenn einer von ihnen angegangen wird. Sie retten sich, wenn Not aufkommt ist und sie halten einander über Wasser, sei es noch so strapaziös.

Und ganz wichtig ist: Geschwister teilen, was sie mit niemanden sonst gemein haben, das Zuhause und die Herkunft. Nur mit ihnen können wir uns erinnern an Bilder, Gerüche, Geschichten. Meine Schwester weiß um unsere Familienrituale; sie weiß, wie bei uns Weihnachten gefeiert wurde und wie der Alltag begann, sie weiß, wo mein Bett stand und ihres. Sie hilft mir aus, wo meine Erinnerung fehlt.

Aber: Geschwister machen sich das Leben manchmal auch schwer. Das ist nicht nur so dahingesagt, sondern eine unumgängliche Wahrheit. So verdrängt das zweitgeborene Kind den älteren Bruder oder die ältere Schwestern aus dem unumschränkten Zentrum elterlicher Aufmerksamkeit und Zuwendung. Konkurrenz gehört dazu – vom ersten Tag an. Geschwister suchen wir uns auch nicht aus. Ihre Gegenwart und manchmal auch Übermacht müssen wir aushalten, denn wir können sie nicht auswechseln wie Banknachbarn oder Skatpartner. Geschwister hängen aber auch aneinander und voneinander ab – und manchmal verletzen sie einander. Sie glauben einander zu kennen und entdecken sich manchmal ihr ganzes Leben lang nicht.

Und zuletzt: Geschwister haben wir, weil Gott unser Leben mit dem ihren verknüpft hat, weil er uns nicht nur als Mann und Frau, sondern eben auch als Bruder und Schwester gewollt hat. Dies gilt nicht nur für unsere Genealogien, sondern in besonderem Maße auch für uns Christen. Wir sind getauft auf denselben Namen: den des Vaters und des Sohnes und des Heiligen Geistes. Dadurch sind wir Kinder des einen Vaters; wir sind Brüder und Schwestern. Und manches, was irdische Geschwisterbeziehungen prägt, ist auch uns nicht fremd. Wir grenzen uns voneinander ab, bestätigen und bewahren Eigenständigkeit und interessieren uns oft für viele andere Menschen und Dinge mehr als füreinander. Und andererseits klopfen wir an dieselbe Tür; wir beten zu demselben Vater und schöpfen Trost aus denselben Worten. Was ein Außenstehender manchmal nicht verstehen kann: Wir wissen umeinander.

Auch Jesus Christus, der mit seinen Jüngern in geschwisterlicher Gemeinschaft lebte, wusste um deren Mühsal und Freude. Kurz vor seiner Gefangennahme betete Jesus Christus zu seinem Vater für die ihm anvertrauten Menschen, damit er sie vor allem Bösen bewahren und in ihm, in Gott vereinen möge. Dieses „hohepriesterliche Gebet", wie wir es nennen, gipfelt in den Worten:

„Ich bitte aber nicht allein für sie, sondern auch für die, die durch ihr Wort an mich glauben werden, damit sie alle eins seien. Wie du Vater in mir und ich in dir, so sollen auch sie in uns sein, damit die Welt glaube, dass du mich gesandt hast." (Joh 17,20–21)

Auf die Bitte um Einheit und Gemeinschaft aller Kinder Gottes läuft Jesu letztes öffentliches Gebet hinaus. Damit sie alle eins werden, heißt es. Und Jesus Christus meint wohl damit: Eins zu sein in ihm ist kein Nebenerfolg all unserer Glaubenswege, sondern der Anbruch des Reiches Gottes unter uns.

Geschwister haben es nicht immer leicht miteinander, doch wer stünde uns näher als sie? So lasst uns in diesem Sinne in die Nachfolge der Jünger Jesu treten und darauf vertrauen, dass der Friede Gottes höher ist als all unsere Vernunft.

Amen

Sermon on occasion of the presentation of two german pastors as Local Ecumenical Partnership (LEP)-pastors in the Diocese of Blackburn February 15, 2007 in Christ-Church in Coln (GB)

May the words, that I speak, and the meditation of our hearts may always be acceptable to God, the Father, the Son and the Holy Spirit. Amen.

Dear brothers and sisters in our Lord Jesus Christ!

"Being a Christian means being glad about God's mercyful grace."

This sentence was written in the early 1930ies by the German theologian Dietrich Bonhoeffer and his friend Franz Hildebrandt in the German catechism for young people.

"Being a Christian means being glad about God's mercyful grace."

What really matters, is this: To be glad about God's mercy and grace. Anyone who is able to be glad about God's grace will find the freedom to regard him- or herself and the world we are living in as gifts of our God.

Bonhoeffer then went on to say: Anyone who is able to be glad about God's grace will not be afraid of the powers of other authorities and will be assured of the transcendent fullfillment of his own life as well as in the history of the world. We can be certain that our lives are moving closer to God and that there is a future beyond the limits of our lifetime. Therefore we need not be afraid.

And so on this special occasion in Blackburn I want to focus attention on this message: do not be afraid, but be glad about God's mercy.

Last year throughout the world Dietrich Bonhoeffer's 100th birthday was remembered. He was one of the most prominent Christian resistance fighters against the former totalitarian government in Germany. And he had been living and working as a pastor in England, as [...] will do from now on.

It was said of people around Bonhoeffer, that – whenever he was present – they laughed frequently and heartily and that they always had great fun. He is said to have radiated great confidence and to have been very humorous, although on the other hand Bonhoeffer was a sharp-thinking person with foresight, who was able to anticipate future developments. Although there might have been many reasons for him to give up or not to continue his resistance and to be overwhelmed by despair, he never communicated frustration. And I am sure that there were times of despair in his life. Yet, he taught people around him to take responsibility, to look for indications of God here on earth, to live one's life gratefully and if necessary to change life.

I would partly agree with the French philosopher Sartre, who once said: "Maybe, there have been better times and still will be – but this time is ours to take on responsibility."

Well, this attitude is reasonable and fairly optimistic: but it expects a good deal of every single person.

Therefore I would add another condition: "Being a Christian means being glad about God's mercyful grace."

With all this as a background let us look in the future.

And there are many reasons for us to be glad:

I am glad about the prospering link between our two churches and about how it has developed during recent years. It seems obvious that God's blessing is upon this link.

I am glad that a family with two pastors from the Lutheran Landeskirche of Braunschweig and with their children are risking this adventure to come and live here among you and – by so doing – to express the good neighbourliness of our churches.

Further, I am glad to be able to look forward to one of your priests to coming to minister in a village in the Landeskirche of Braunschweig,

Finally, I am glad that together we succeeded in establishing this Local Ecumenical Partnership (LEP) and proved to be pioneers exploring new ways towards our aim of a visible unity between our churches.

All these things are matters which encourage me and cause me to be grateful and confident.

I do believe that God's kingdom has already risen among us and I do hope that God is with us as he was with Moses.

You know: God had a big plan with Moses. He sent him on his path through the desert, up to the limits of his endurance and of his confidence. But he was not on a wrong track, but on a track to the land being provided for him by God here on earth. A track to a destination which proved to be worthwhile to strive for. A track into a foreign land and at the same time a track towards his own fullfillment and towards God. The Bible shows us that Moses had to travel over long and arduous paths through the desert – together with companions who were full of doubts and often grumbling.

My wish for you is that you will not need to experience what Moses had to experience. I wish you and the people of the Diocese of Blackburn and in your parishes that this time of living and working together will be a useful and blessed time and that you will return to Germany with stimulus and new ideas for our church.

I guess this exchange will also be exciting for our brothers and sisters in Christ here in Blackburn. It will also be a challenge for them to experience a spirituality different from the traditional Anglican background.

Finally, take the words from the book of Isaiah as a watchword for the year 2007. The prophet says in chapter 43, verse 19: "I am about to do a new thing; now it springs forth, do you not perceive it?"

We normally prefer going on in well-known paths and avoid the risks of new and strange paths. Recently there was a conference of all German protestant churches in Wittenberg, the town, where Martin Luther used to live. This conference dealt with the future of the churches in Germany. We share the opinion that we need dare to start off into a future which is different from the situation as it is now. Yet, we feel, how difficult it is. But it is necessary to ask: How should in the future the co-operation between the Christian churches alternatively be organized, between Anglicans and Lutherans or at home in the area of my church, where – because of historical reasons – five autonomous protestant churches exist? How should the co-operation with the Roman-Catholic Church be developed? Isn't it the time to lay emphasis upon what we are agreeing in: the baptism, the doctrines of trinity and justification, our common commitment to human rights and justice or to the welfare of the children in Europe? And how shall we tackle the problem of still existing differences?

It is not only that we have a clue about the necessity of change, we are certain: new things must be done. The word of the prophet Isaiah shows us: There is no turning back. God has made a promise to us to be true and to be with us. He is a God who – again and again – leads us into freedom, even if we do not realize it. Remember the miracle, when God divided the waters, or the path through the desert, when there was no water, how he opened the sources and the waters sprang forth so that his people survived and started again?

Nowadays it is the same: God says: "I am about to do a new thing; now it springs forth, do you not perceive it?"

Here, now and today, we can perceive it. Something new is starting.

We have good reason to be sure:

"Being a Christian means being glad about God's merciful grace."

Amen.

And the peace of God, which surpasses all understanding, will guard your hearts and your minds in Christ Jesus. Amen

Predigt im Ökumenischen Gottesdienst zur Sebalduswallfahrt am 19.8.2007 in St. Sebaldus Nürnberg

Psalm 100

„Jauchzet dem HERRN, alle Welt!

2 Dienet dem HERRN mit Freuden, kommt vor sein Angesicht mit Frohlocken!

3 Erkennet, daß der HERR Gott ist! Er hat uns gemacht und nicht wir selbst zu seinem Volk und zu Schafen seiner Weide.

4 Gehet zu seinen Toren ein mit Danken, zu seinen Vorhöfen mit Loben; danket ihm, lobet seinen Namen!

5 Denn der HERR ist freundlich, und seine Gnade währet ewig und seine Wahrheit für und für."

Liebe Gemeinde,

was ist Jauchzen, was Frohlocken?

„Jauchzet, frohlocket, auf, preiset die Tage, rühmet, was heute der Höchste getan! Lasset das Zagen, verbannet die Klage, stimmet voll Jauchzen und Fröhlichkeit an" – so tönt es im Eingangschor aus Johann Sebastian Bachs Weihnachtsoratorium jubilierend und aufmunternd.

Ganz anders in der Geschichte von Alois Hingerl, Dienstmann Nummer 192 am Münchner Hauptbahnhof, der ganz plötzlich das Zeitliche segnete. Im Himmel angekommen, wurde er zum „Engel Aloisius" und es sollte seine neue Aufgabe sein zu „frohlocken". Er setzte sich, wie es ihm befohlen ward, auf eine Wolke, schlug die Harfe und begann, „Hosianna" singend zu „frohlocken". Das war aber nun gar nicht seine Sache! Lange dauerte es nicht, bis Aloisius' „Frohlocken" ins Münchner Granteln umschlug und er seinem Ärger lauthals Luft verschaffte.

Die wunderbare weihnachtliche Musik im Herz und Weiß Ferdls Text im Ohr, dazu den Psalm 100 als Predigttext vor mir, versuche ich herauszufinden, was das denn eigentlich ist, das Jauchzen und das Frohlocken. Ob Sie es wissen? Wie macht man das: Jauchzen? Wie geht: Frohlocken? Im Sonnenschein auf der Terrasse sitzend, habe ich letzte Woche darüber gebrütet und plötzlich wusste ich es. Sonja, die kleine Tochter der Nachbarn, hat mich darauf gebracht. Sie saß im Plantschbecken und patschte mit ihren Händen in das Wasser um sie her; und jedes Mal, wenn die Spritzer hoch flogen, ihr Gesicht trafen, jubelte sie vor Freude auf. Und dass sie dabei mit ihren Füßen vor Freude im Wasser strampelte war nichts anderes als „Frohlocken", denn so beschreibt das Etymologische Wörterbuch das Gemeinte: Vor Freude mit den Füßen ausschlagen. Von den Kindern können wir es lernen, wir ernsten Erwachsenen, wir könnten lernen, uns darüber zu freuen, vorbehaltlos, unverkrampft, dass wir leben, dass wir sind. Sonja von nebenan hat nicht beim ersten Spritzer überlegt, ob das Wasser auch sauber ist oder wie sie sich wieder abtrocknen soll, ob sie überhaupt wieder aus dem Plantschbecken herauskommt. Sie freut sich ihres Lebens. Spürt sich und jubelt. Sie fühlt die Frische auf ihrer Haut und fürchtet nicht die Kühle, die auch im Wasser ist. Von den Kindern können wir lernen und erkennen: So wie wir geschaffen sind, so wie Gott uns gemacht hat, so ist es gut. So unterschiedlich, so verschieden und doch alle die Kinder des Einen Schöpfers, denn „Er hat uns gemacht und nicht wir selbst zu seinem Volk und zu Schafen seiner Weide." Er hat uns gemacht. Er hat uns nicht als Katholiken oder Protestanten, nicht als Juden oder Muslime gemacht, sondern als Menschen, die sein Ebenbild sind. Er hat uns mit Würde ausgestattet, einen jeden von uns. Er hat uns an unseren Platz in dieser Welt gestellt und uns unsere Aufgabe zugewiesen. Er hat uns schön gemacht. Geschöpfe seiner Liebe. Er hat uns unterschiedlich gemacht – keine gleichgeschalteten Menschen – unterschiedlich und darum sind wir nur als die Gemeinschaft der Vielen sein Volk.

Ein Tag wie dieser, der Christen aus den verschiedenen Konfessionen zum Lob Gottes zusammenführt, der deutlich macht, dass die Vielen erst der Leib sind, ist ein Tag zum Jauchzen und Frohlocken. Darum, liebe Gemeinde, nach all dem konfessionellen Pulverdampf, der in den letzten Wochen die Ökumene ein wenig vernebelt hat, danken wir und loben ihn, der uns zusammenführt. Und dieser Dank und dieses Lob finden ihren angemessenen Ausdruck darin, dass wir uns in der Ökumene des Lebens die Hände gereicht haben und sie nicht mehr loslassen wollen und werden. Ich bin dankbar dafür, dass der Präsident des Päpstlichen Rates für die Einheit der Kirchen – Sie, lieber Kardinal Kasper – vor wenigen Tagen in einem ökumenischen Gottesdienst in der Christuskirche in Rom auf die Irritationen, die ein Dokument der vatikanischen Glaubenskongregation ausgelöst hat, mit diesem Bild reagiert haben. „Wir lassen uns nicht mehr los!" Wenn dieser Wille ganz fest in unseren Herzen ist, wenn dieser Wille unser Denken und Handeln bestimmt, dann ist mir nicht bang um die Ökumene.

Nur es darf nicht bei wohlfeilen Erklärungen bleiben, es darf auch nicht dabei bleiben, dass wir fortgesetzt die konfessionellen Profile an- und gegeneinander schärfen. Es muss vielmehr um das „Wachsen der Gemeinschaft und des Gemeinsamen" gehen, wie Papst Johannes Paul II. sagen konnte.

Um uns herum warten Menschen auf das gemeinsame Zeugnis der Christen und der Kirchen. Und weil viele Menschen in unseren Kirchen dieses Zeugnis der Liebe Gottes nicht finden können, suchen sie es beim Dalai Lama oder in anderen religiösen Lebensformen unserer Zeit. Manchmal denke ich, dass Gott uns dermaleinst nicht danach fragen wird, in welcher konfessionellen Form wir den Glauben bekannt und gelebt haben, sondern er wird uns fragen, warum wir ihn nicht viel deutlicher, viel fröhlicher gemeinsam bekannt haben. Soll es denn ewig so weitergehen wie ich es in dieser Woche aus unserer Partnerkirche in Namibia hörte? Dort entstehen an vielen Stellen Kapellen der katholischen Christen. Die Reaktion der Lutheraner darauf heißt: Dann müssen wir mithalten oder etwas dagegensetzen. Natürlich weiß ich um die unterschiedlichen kulturellen und ethnischen Motive, die gelegentlich auch zu solchen Haltungen führen. Aber sind wir nicht längst soweit, dass sich die Abgrenzungen erübrigen und wir viel deutlicher, viel überzeugender das gemeinsame Zeugnis in Gottesdienst, Caritas und Diakonie leben könnten? Wir haben uns die Hände gereicht, als am 31. Oktober 1999 die Gemeinsame Erklärung zur Rechtfertigung in Augsburg unterzeichnet wurde, wir haben sie uns am 29. April dieses Jahres im Magdeburger Dom gereicht, als 11 Kirchen die Taufanerkennung unterzeichneten und wir reichen sie uns täglich in den Gemeinden, im ökumenischen Miteinander vor Ort, in der „Ökumene des Lebens". Das wird so bleiben, denn zur gelebten Ökumene gibt es keine Alternative. Und wir müssen uns die Hände wieder reichen auf der Ebene der Kirchenleitungen und der Lehrgespräche. Die Vereinigte Evangelisch-Lutherische Kirche in Deutschland (VELKD) hat mit der Deutschen Bischofskonferenz deren Wiederaufnahme gerade erst im Frühsommer beschlossen.

Damals, als die israelitische Gemeinde, das Gottesvolk, in einer langen Prozession in den Tempel einzog, waren sie in aller Bedrängnis, die auch ihr Leben erfüllte und es mühsam machen konnte, von dem Wissen erfüllt, dass Gott der Herr freundlich ist und seine Gnade ewig währet „und seine Wahrheit für und für." Gott wollten sie danken mit der Prozession am Ende ihrer Wallfahrt. Aber auch sie müssen sich daran erinnern lassen, dass es um die „Erkenntnis Gottes" geht: „Erkennet, dass der HERR Gott ist!" Er ist Gott und kein anderer. Er ist der Gott, der in die Freiheit führt. Der Gott, der in Jesus Christus hineinkam in unsere Welt und uns in ihm so nahe war und ist, wie uns sonst niemand nahe sein kann. Dieses Wissen ist uns Trost in aller Bedrängnis, Trost im Leben und im Sterben.

Hier sind wir am Kern, im Zentrum des Glaubens und hier liegt der Grund, warum auch wir heute jauchzend und frohlockend Gott dafür danken, dass er so freundlich und gütig ist.

Ich bin fest davon überzeugt, wenn wir Christen der getrennten Kirchen uns stärker als bisher im Lob Gottes verbinden würden, in der Doxologie, dann kämen wir uns auch in den noch trennenden Lehrfragen näher. Und es ginge keinem von uns so wie dem berühmten Dienstmann 192, dem am Ende nur das Granteln blieb, also das ungute Murren und Brummen über die schwierige ökumenische Lage.

Es ist genug gegrantelt worden. Jauchzen und Frohlocken ist dran, Gott danken für das Erreichte und mutige Schritte wagen weiter auf dem gemeinsamen Weg.

Dazu segne uns Gott, der Vater Jesu Christi, der sich uns gütig und gnädig zuwendet.

Amen

Predigt in der Vigil zur Herbstinvestitur des Ritterordens vom Hl. Grab zu Jerusalem im Dom zu Braunschweig am 5.10.2007

„Nun stehen unsere Füße in deinen Toren Jerusalem." (Psalm 122, 2)

Liebe Gemeinde,

vor einiger Zeit sind wir, eine Delegation aus der Evangelisch-Lutherischen Landeskirche Braunschweigs, in Jerusalem angekommen und wir konnten einstimmen in die Worte des Pilgers aus dem 122. Psalm. Durch die steinige Wüste, entbehrungsreich, von der gleißenden Sonne bedrängt, hat er das Ziel seiner Sehnsucht erreicht, die Stadt auf dem Berg, die Heilige Stadt, und nun sagt er: „Nun stehen unsere Füße in deinen Toren Jerusalem". Auch wer schon oft hier war, wird dieses „nun" als ein aktuelles Ereignis nachsprechen. Nun sind wir, nun bin ich dort, wo vieles seinen Ort hatte, was den Glauben werden ließ. Namen, Orte, bekommen ein Gesicht. Bilder werden verständlich, Landschaften gewinnen Gestalt. Wir begreifen, welche Bedeutung Wasser für das Leben hat: „Wie der Hirsch lechzt nach frischem Wasser." (Psalm 42) Wir verstehen die Sehnsucht nach der „grünen Aue" und dem „frischen Wasser" des 23. Psalms. Aber auch die Angst im „finsteren Tal", der Steinwüste wird verständlich. Und die Vergänglichkeit, von der der 90. Psalm spricht: „Du lässest sie dahinfahren, wie einen Strom. Sie sind wie ein Schlaf, wie ein Gras, das am Morgen blüht und sprosst und des Abends welkt und verdorrt", wird hier erlebbar. Aber auch die anderen Worte sind präsent in dieser Stadt in diesem Land, Worte, die die Sehnsucht nach Frieden aussprechen, jenseits all der Erfahrungen von Gewalt und Unterdrückung. Das Wort von den Schwertern, die in Pflugscharen verwandelt werden sollen und von der Gerechtigkeit und dem Recht, die allen in diesem Land Lebenden zuteil werden sollen. Dass diese Hoffnung mit dem Gott der Bibel zu tun hat, wird aus Jeremias Worten, die er den Bedrängten im Exil ermutigend zuruft, deutlich: „Denn ich weiß wohl, was ich für Gedanken über euch habe, spricht der Herr, Gedanken des Friedens und nicht des Leides, dass ich euch gebe, das Ende das ihr erwartet". (Jeremia 29,11) Und nicht weit von Jerusalem, in Bethlehem, beginnt die Friedenshoffnung noch einmal, ganz neu Gestalt zu gewinnen. Verängstigten Menschen wird gesagt: „Fürchtet euch nicht. Siehe, ich verkündige euch große Freude die allem Volk widerfahren wird: Euch ist heute der Heiland geboren". (Lukas 2, 10)

Das gilt noch immer. Auch jetzt. Mit der Geburt Jesu, mit seiner Art zu leben, mit seiner Liebe, werden die ewig gleichen Abläufe durchbrochen: Schuld kann vergeben werden, Menschen, ganz gleich welcher Herkunft, Hautfarbe und Religion werden als Kinder Gottes gewürdigt. Die Würde des Menschen wird nicht aufgrund eigener Verdienste zugeschrieben, sondern jedem Menschen von Beginn an zugeeignet. Weil mit seinem bitteren Tod nicht das Ende erreicht ist, darum haben wir Hoffnung für unsere Welt, Hoffnung auch da, wo uns die Lage so hoffnungslos erscheint. Wir haben Zeichen der Hoffnung entdeckt bei unseren Gesprächen und den Begegnungen mit palästinensischen Christen, mit Israelis in Yad Vashem. Wir haben sie entdeckt, in der die Zäune und Mauern überspringenden Arbeit von Friedensinitiativen, in der Bildungsarbeit der christlichen Schulen, im karitativen Engagement einer Gemeinde und der Hospitäler. Und vor allem im unverdrossenen Gebet für den Frieden, für diese Stadt und für dieses Land. Ja, auch uns beseelt der Wunsch des Pilgers im Psalm 122, Jerusalem und diesem Land Glück zu wünschen, dass es ihm wohlergehen möge und es möge Friede sein in seinen Mauern und Glück in seinen Häusern und es mögen Menschen sich in die Augen sehen und dann den Bruder und die Schwester entdecken, das Geschenk, das uns Gott gemacht hat.

Gegen die Siegermentalität

Gut verwurzelt in der Gnade und Barmherzigkeit Gottes finden wir die Orientierung und die Kraft, um den Weg des Friedens zu gehen. Aber der Frieden ist nicht aus uns selbst heraus machbar. Es wäre fatal, wenn wir hier dem Irrtum des Machbarkeitswahnes auf dem Leim gingen. Es mag sein, dass vieles im Leben machbar ist. Aber eben nicht der Frieden. Man kann sich seiner nicht bemächtigen.

Ganz schmerzhaft haben wir dies bei unseren Gesprächen erfahren. Wir haben den Zaun und die Mauer gesehen, aber auch die Angst gespürt, die zu diesen Trennwänden geführt hat. Auch sie ist nicht unbegründet.

In Christa Wolfs Erzählung [1] weissagt Kassandra den Eroberern Trojas: „Wenn ihr aufhören könnt zu siegen, wird diese eure Stadt bestehen!" Und

1 Wolf, Christa, Kassandra, Frankfurt 1983

später fügt Kassandra hinzu: „Ich weiß von keinem Sieger, der es konnte." Der Zwang zum Siegen, die Machermentalität wird unseren Wunsch nicht erfüllen, der Stadt Friede zu bringen! Eine andere Mentalität ist gefragt. Nicht die Machenschaften, sondern die Freundschaft mit Gott und den Menschen bringt einen Wärmestrom in unsere Gesellschaft, der ihre Bindekräfte stärkt. Die Freundschaft zu den Menschen ist eine Folge des Glaubens an Gott als dem Garanten des Lebens. Nicht ich muss alles machen, sondern ich darf manches tun, ich darf für manches stehen, aber muss nicht für alles einstehen. Ich bin für Menschen verantwortlich, aber ich trage die Welt nicht auf meinen Schultern. Wir sind begrenzt, aber wir sind nicht Nichts.

Es gilt die Fähigkeit zu lernen und dann so zu handeln, dass keiner verliert. Und keiner verloren geht. Das hat Gott uns vorgemacht. Er hat die Welt mit sich versöhnt und uns zu Botschaftern der Versöhnung gemacht. Nicht aus dem Sieg, sondern aus der Versöhnung wächst neues Leben.

Kirchengemeinden als Oasen des Friedens

Für mich ist es eine der wichtigen Erfahrungen in der Friedens- und Versöhnungsarbeit, im Stärken des Miteinanders der Menschen unterschiedlicher Herkunft, Kultur und Volkszugehörigkeit, dass die Kirchen hier immer eine Vorreiterrolle spielen. Viele Initiativen, für die wir heute schon dankbar sind, haben ihren Ursprung in der Arbeit von Kirchengemeinden, von Christen, die sich vor Ort um Versöhnung und Frieden bemüht haben. Unsere Kirchen tragen in sich die Möglichkeit Oasen des Friedens, des Miteinanders und der Freundschaft unter den Menschen zu werden. In Jerusalem, in Braunschweig, in Durban, in Belfast, in Boston, in Colombo. Die Begegnungen in Beit Jala, Bethlehem, in Ramallah und in der Jerusalemer Propstei haben mir deutlich gemacht, dass es die Basisarbeit ist, die Mauern und Zäune überspringt, die Menschen unterschiedlicher Religion, Volkszugehörigkeit und Sprache zusammenbringt. In diesem Zusammenhang kommt der evangelischen Erlösergemeinde, aber auch der evangelisch-lutherische Kirche in Jordanien/Jerusalem nicht anders als der römisch-katholischen Kirche mit ihren Orden eine herausragende Bedeutung zu. Und auch der Arbeit Ihres besonderen Ordens in den Schulen und Kindergärten und all den anderen sozialen Einrichtungen kommt hohe Bedeutung zu. Gut, dass Sie sich dort engagieren. Ich bin dankbar, dass aus Ihrer Mitte immer wieder Gedanken des Friedens und der Versöhnung kommen, aber auch die Frage nach Recht und Gerechtigkeit für alle, nach Menschenwürde auch angesichts des Sicherheitsbedürfnisses gestellt wird.

Kirchengemeinden, Ordensstationen als Oasen des Friedens können ein Wärmestrom für die Menschen sein.

Im 2. Buch Mose 15, 2 heißt es: „Der Herr ist meine Stärke und mein Lobgesang und ist mein Heil." Moses und der Kinder Israels Lobgesang ist das, kurz nach dem Zug durch das Schilfmeer gesungen. Die erste Station auf dem Weg in die Freiheit ist erreicht. Aus der Unterdrückung, der Nacht der Sklaverei sind sie herausgeführt in die Freiheit. Und in dieser Erfahrung danken sie Gott, loben ihn, ehe sie weiterziehen. Aus diesem Lob gewinnen sie neue Kraft, um ihren Weg weiterzugehen.

Für uns Christen heißt dies:

Aus der Versöhnung, die Gott in Christus gestiftet hat, lasst uns die Kraft ziehen, um zu Botschaftern der Versöhnung und des Friedens zu werden. So mit Gott verbunden, werden wir auch untereinander Freundschaft schließen und damit die Ökumene mit Leben füllen und der Gewalt zwischen Menschen eine Absage erteilen! Auf dass der Friede in Jerusalem, in diesem Land und in unseren Herzen regiere.

Amen

Predigt im Ökumenischen Gottesdienst am 18. Januar 2008 im Dom zu Mainz 60 Jahre Arbeitsgemeinschaft Christlicher Kirchen in Deutschland (ACK)

„Betet ohne Unterlass." (1. Thessalonicher 5,17)

Liebe Festgemeinde,

wir sind heute zusammengekommen, um miteinander Gottesdienst zu feiern und einander vor Gottes Angesicht zu versichern, dass wir weiter der Einheit der Kirche, wo immer wir können, dienen und entgegenleben wollen. Wir wollen aber auch, gerade weil wir um die Mühsal all der kleinen Schritte aufeinander zu wissen, für all das, was wir bereits an Gebetserhörung erfahren haben, danken.

Wer hätte es vor 60 Jahren für möglich gehalten oder sich gar vor 100 Jahren, als es die erste Gebetsoktav für die Einheit der Christen gab, vorzustellen gewagt, was uns heute bereits zuteil geworden ist? Die wechselseitige Anerkennung der Taufe, die Entwicklung eines gemeinsamen Trauzeremoniells und vielerorts das nahe Nebeneinander von Menschen unterschiedlicher Konfessionen. Unsere Eltern und Großeltern sind oft noch sehr distanzierte Wege gegangen. Sie waren nach dem zweiten Weltkrieg aber auch von der Erfahrung erschüttert, dass die Kirchen nicht zu gemeinsamem Zeugnis und Handeln gefunden hatten. Im August 1947 hat der Bruderrat der EKD das „Darmstädter Wort" formuliert. Sein erster Satz lautet: „Uns ist das Wort von der Versöhnung der Welt mit Gott in Christus gesagt. Dies Wort sollen wir hören, annehmen, tun und ausrichten. Dies Wort wird nicht gehört, nicht angenommen, nicht getan und nicht ausgerichtet, wenn wir uns nicht freisprechen lassen von unserer gesamten Schuld, von der Schuld der Väter wie von unserer eignen, und wenn wir uns nicht durch Jesus Christus, den guten Hirten, heim rufen lassen auch von allen falschen und bösen Wegen, auf welchen wir als Deutsche in unserem politischen Wollen und Handeln in die Irre gegangen sind." Dieser Satz war an die evangelischen Christen gerichtet, aber nicht nur sie hörten ihn.

Ich bin dankbar, dass am 10. März 1948 die „Arbeitsgemeinschaft Christlicher Kirchen" gegründet wurde. Sie ist ein Forum der Kirchen in

Deutschland, das „[...] sich im Glauben an die sichtbare Einheit der Kirche in Gebet und Gottesdienst, im theologischem Dialog, Mission und gesellschaftlichem und sozialen Handeln engagiert.“ [1] Damit ist sie ein äußerst wertvolles Zeichen gegen das Gerede von der „Eiszeit in der Ökumene“. Und es ist nicht nur ein sinnvolles, sondern wohl vor allem auch segensreiches Zusammentreffen, dass sich in diesem Jahr eben nicht nur die Gründung der ACK zum 60. Mal jährt, sondern auch die Gebetswoche für die Einheit der Christen 100 Jahre alt wird.

Die diesjährige Gebetswoche steht unter einem Imperativ aus dem Thessalonicherbrief, den Paulus der kleinen und damals noch keineswegs etablierten Gemeinde in Thessaloniki schrieb: „Betet ohne Unterlass!“

Paulus war ein Aufbauarbeiter, ständig unterwegs und dabei bemüht, für den eigenen Unterhalt zu sorgen – kein Eremit, der alles losgelassen hatte und der Welt entsagte, um sich dem Gebet zu widmen – im Gegenteil. Er war einer, der in ständigem Reden, Schreiben und Gebet den lebendigen Glauben suchte und Kirche bauen wollte.

Darum sollten wir, ehe wir Einschränkungen an diesem Vers vornehmen, ehe wir ihn relativieren und einwerfen, man könne doch nicht ohne Unterlass beten, einen Augenblick innehalten, um zu bedenken, was Paulus mit dieser Stetigkeit und Konsequenz gemeint haben mag: „Betet ohne Unterlass!“

Es liegt ja auf der Hand: Was wir ohne Unterlass, dauernd und ständig und immer tun, das prägt unser Leben, all unser Denken und Handeln. Darauf scheint es Paulus an zu kommen: Er will nicht mehr und nicht weniger, als dass Menschen sich ganz und gar auf Gott einstellen und an seinem Willen ausrichten. Er will, dass die Beziehung zu ihm ihr Leben durchdringt, dass Gott nicht wegzudenken ist, sondern in unseren Gedanken präsent, in unserem Leben spürbar – unentwegt.

Dies aber kann und soll im Dialog geschehen – meint Paulus – nämlich betend.

Er weiß: Unser ganzes Leben ist im besten Fall ein Zwiegespräch mit Gott, denn wir sind in Beziehung zu Gott geschaffen, nicht nur als sein Ebenbild, sondern auch im dialogischen Gegenüber.

Gott schuf durch sein Wort nicht nur die Dinge, die Bezüge, den Raum, sondern auch uns Menschen und schenkte uns die Sprache und mit ihr die Möglichkeit, einander teilhaben zu lassen und einzubeziehen. Ohne Gespräch, ohne Dialog bleiben wir bei uns. „Meine Wahrheit braucht die

1 ACK. Eine Kurzinformation, Frankfurt 2007, 4

Ergänzung oder auch den Einspruch durch die Wahrheit der anderen. [...] Ich suche die anderen, weil ich bei mir und in dem Meinigen allein noch nicht finde, was ich sein soll." [2]

Im Ausgesprochenen, im Miteinander liegt die Chance der Einheit und unsere Zukunft. Wenn wir uns als Gegenüber annehmen, werden wir einander auch als Kinder Gottes erkennen. Und dann gehört es auch dazu, dass wir uns an den Stärken der anderen freuen können. „Die Zeiten sind vorbei, in denen wir glaubten, es uns leisten zu können, uns gegeneinander zu profilieren. Ob Katholiken oder Protestanten, Orthodoxe oder Freikirchen – wir sitzen im selben Boot. Wir werden mit betroffen von den Schwächephasen der anderen, aber wir profitieren auch wechselseitig von unseren Stärken." [3]

Loben und Danken – vielleicht sind sie die schwerste Form unseres Gebets zu Gott und unseres Dialogs mit den anderen. Das Klagen geht uns leichter über die Lippen. Lob und Dank haben mit Liebe zu tun, mit Aufmerksamkeit. Wir haben Grund zu Lob und Dank. Wir haben aber auch immer wieder neu auf die Frage des ersten Vorsitzenden der ACK, des verstorbenen Kirchenpräsidenten der Evangelischen Kirche in Hessen und Nassau, Martin Niemöller zu hören, die sein Leben begleitete: „Was würde Jesus dazu sagen?" Ja, was würde Jesus zu unserer „Einheit in Vielfalt" sagen? Er, der doch darum gebetet hat, „dass sie alle eins sein mögen?" (Johannes 17, 21) Die Frage nach dem, was Jesus zu unserem Miteinander sagen würde, führt zur Buße. Vielleicht liegt in ihr ein Moment, dass wir in unseren ökumenischen Dialogen, in unserem Gebet noch nicht hinreichend ernst nehmen. Das alte Bußsakrament brauchte ja schließlich auch die Zerknirschung des Herzens (contritio cordis) und das Bekenntnis des Mundes (confessio oris).

Wir können uns nicht alles selber sagen, es braucht das an uns gerichtete Wort, um Trost und Segen, Verheißung und Absolution zu erfahren.

„Betet ohne Unterlass!"

Wer betet, wer im Dialog mit Gott lebt, dem ist auch der Nächste nicht gleichgültig. Die Kirche Jesu Christi ist eine Gemeinschaft derer, die Gott etwas ans Herz legt und der etwas ans Herz gelegt wird. Meine Fürbitte weitet meinen Blick auf die Welt. Sie verändert die Perspektive, aus der ich diese Welt und die in der Fürbitte bedachten Menschen sehe. Und meine Fürbitte verändert mein Verhältnis zu anderen. Wo mir jemand ans Herz

2 Steffensky, Fulbert, Das Haus, das die Träume verwaltet, 1998, 117f

3 Barth, Hermann, Einheit in der Vielfalt und Vielfalt in der Einheit, in: ZTHK Heft 3, 9.2006, 457

gelegt wurde und ich ihn Gott ans Herz gelegt habe, da werde ich auch im Alltag sorgsamer mit ihm umgehen.“ [4]

Beten wir in der Gemeinschaft der Kirchen der ACK füreinander, oder reden wir übereinander?

Und ein Letztes: Für Jesus gehören Beten und Handeln zusammen. Er bittet um das tägliche Brot und teilt es. Er bittet für die Kranken und heilt sie. Er bittet darum, dass das Reich Gottes komme und setzt sich für die Zu-Kurz-Gekommenen ein.

„Betet ohne Unterlass!“ Lasst beieinander, was nie getrennt war: Euer Gebet und Eure Arbeit, Euer Gebet und Euer Engagement gegen die Todesmächte in dieser Welt, für das gute Leben. Und findet Euch nicht mit der Trennung der Kirchen ab. „Bemüht euch, die Einheit des Geistes zu bewahren durch den Frieden, der euch zusammenhält. Ein Leib und ein Geist, wie euch durch eure Berufung auch eine gemeinsame Hoffnung gegeben ist; ein Herr, ein Glaube, eine Taufe, ein Gott und Vater aller, der über allem und durch alles und in allem ist.“ (Epheser 4,3–6)

Amen

4 Fischer, Ulrich, „Betet ohne Unterlass!“ Materialien für die Gemeindearbeit und Gottesdienst zur Gebetswoche für die Einheit der Christen 2008, Stuttgart 2007, 20

Predigt zur ACK-Mitgliederversammlung Sachsen-Anhalt am 1. März 2008 in der Kathedrale St. Sebastian in Magdeburg

Lukas 22, 24 – 34
„Es erhob sich auch ein Streit unter ihnen, wer von ihnen als der Größte gelten solle.
25 Er aber sprach zu ihnen: Die Könige herrschen über ihre Völker, und ihre Machthaber lassen sich Wohltäter nennen.
26 Ihr aber nicht so! Sondern der Größte unter euch soll sein wie der Jüngste und der Vornehmste wie ein Diener.
27 Denn wer ist größer: der zu Tisch sitzt oder der dient? Ist's nicht der, der zu Tisch sitzt? Ich aber bin unter euch wie ein Diener.
28 Ihr aber seid's, die ihr ausgeharrt habt bei mir in meinen Anfechtungen.
29 Und ich will euch das Reich zueignen, wie mir's mein Vater zugeeignet hat,
30 dass ihr essen und trinken sollt an meinem Tisch in meinem Reich und sitzen auf Thronen und richten die zwölf Stämme Israels.
31 Simon, Simon, siehe, der Satan hat begehrt, euch zu sieben wie den Weizen.
32 Ich aber habe für dich gebeten, daß dein Glaube nicht aufhöre. Und wenn du dereinst dich bekehrst, so stärke deine Brüder.
33 Er aber sprach zu ihm: Herr, ich bin bereit, mit dir ins Gefängnis und in den Tod zu gehen.
34 Er aber sprach: Petrus, ich sage dir: Der Hahn wird heute nicht krähen, ehe du dreimal geleugnet hast, dass du mich kennst."

Liebe Gemeinde,

eben noch hat Jesus im Gespräch mit den Jüngern die Frage nach dem Vorrang des einen vor dem anderen vorgelegt bekommen. Und es wird deutlich: Es sind die Versuchungen um den Vorrang, wer unter ihnen als der Größte zu gelten habe und die Missachtung, derer, die dienen, die das christliche Leben gefährden.

Und dann schon die nächste Station. Das Abendmahl ist gefeiert, der Verräter ist schon unterwegs. „Simon, Simon, siehe der Satan hat begehrt euch zu sieben wie den Weizen", sagt Jesus zu Petrus. Der Böse führt in Versuchung, in Versuchungen, das will Jesus seinen Jüngern, denen, die ihm nachfolgen wollen, deutlich sagen, in Versuchungen der Macht des

Geldes, in Versuchungen durch Menschen und durch Dinge, ja, auch in Versuchung durch andere religiöse Gruppierungen, in die Versuchung, Gott sein zu wollen. Das gibt es natürlich auch bei Menschen, die den Weg Christi gehen wollen. „Niemand ist vor dem Fall sicher", so überschreibt der Neutestamentler Eduard Schweizer unsere Geschichte, die das Gespräch zwischen Petrus und Christus zusammenfasst. Niemand, auch nicht der Wissenschaftler, der bei bestem Wollen doch der Faszination, der Manipulation am Gen und der Arbeit mit den embryonalen Stammzellen unterliegt. Versuchungen, die in einem ethischen Spannungsfeld zwischen Heilung und Forschung stehen. Versuchungen, sie sind es, die uns viel direkter schweigen lassen, wenn wir an unserem Platz im Alltag dieser Welt eigentlich reden müssten. Die uns reden lassen, wo die Solidarität im Schweigen mit einem Menschen, der gefallen ist, besser wäre. Niemand ist vor dem Fall sicher. Während ich mir dies alles klar mache, werden mir die Gestalt und der Weg des Petrus wichtig. Er steht am Anfang der Geschichte der Kirche. Er ist der erste Zeuge der Auferstehung. Er hat einen besonderen Auftrag bekommen: „Weide meine Lämmer!" Auf diesen Felsen hat Jesus seine Gemeinde gegründet, auf seinen Glauben an den Auferstandenen und sein Zeugnis von der Gottessohnschaft.

Wer ist dieser Petrus eigentlich? Der Predigttext sagt, er ist einer wie wir, ein Mensch mit vielen Schwächen, einer, den der Herr, den Gott dennoch nicht fallen ließ. Er, der ehemalige Fischer vom See Genezareth ist Jesus seit seiner Berufung besonders nah. Er war ein frommer Jude und als solcher ist er zum Passahfest nach Jerusalem gepilgert. Jetzt droht Jesus der Tod und Petrus verspricht, bei ihm zu bleiben im Gefängnis und sogar im Tod.

Dann ist alles anders gekommen, als er es vielleicht einmal gehofft hatte. Vielleicht dachte er, mit Jesus das Volk Israel aus der Not zu befreien und das neue Gottesreich mit ihm begrüßen zu können. Aber da nun dies alles nicht gekommen ist, will er wenigstens sterbend die Hoffnung auf dieses Reich bezeugen. Aber auch das wird ihm nicht gelingen. Die Frage einer Magd, ob er nicht auch zu Jesus gehöre, wirft ihn aus der Bahn; und als der Hahn dreimal kräht, hat er seinen Herrn dreimal verleugnet.

Es ist erstaunlich, dass die Geschichte der Kirche mit diesem Petrus beginnt. Und genau wie sein späteres Zeugnis, ist es das Zeugnis vieler Märtyrer, das von schwachen und auch versuchlichen Menschen.

Der Predigttext antwortet auf die Frage, wie die Kirche aber dann glaubhaft werden und bleiben kann, gegen alle Zweifel und Anfeindungen. Der Text berichtet davon, dass Jesus den Seinen beim Passahmahl seinen

Tod angekündigt hat und zugleich unter ihnen eine bleibende Gemeinschaft gründete. Von dieser Gemeinschaft aus werden sie aufbrechen. Sie werden den Tod Jesu erleben, sie werden ihn verleugnen und sie werden flüchten. Aber das ist nicht das Ende. Denn es hat etwas ganz Neues begonnen. Und dieses Neue leuchtet auf im Gebet Jesu, das er nun spricht. Er betet für Simon Petrus, dass sein Glaube nicht aufhöre. Es gehört zu den Wundern der Auferstehung, dass dieses Gebet nicht vergeblich bleibt.

Wenn wir bis heute, auch an diesem Morgen, gemeinsam verkünden, dass Jesus vom Tode auferweckt ist, dann ist dies ein Ausdruck dafür, dass das Gebet Jesu unendliche Kraft hatte und hat, gegen alle Mächte der Versuchung, die Menschen immer wieder zu Leugnenden und Flüchtenden machen wollen. Es wird damit aber auch gesagt, dass dieser Glaube nicht unser Werk ist, sondern ein Hinweis auf die Kraft der Auferstehung und auf die Treue des gekreuzigten, auferstandenen Herrn.

Zuletzt: Lukas macht deutlich, dass Jesus dem Petrus zweierlei sagt und dies in unmittelbarem Zusammenhang. Einmal sagt er: Du wirst mich verleugnen! Und zum anderen: Du sollst deine Brüder stärken! Damit hat er Petrus trotz seiner Schwäche berufen, andere zu stärken. Es ist vielleicht gerade die Erfahrung der Schwäche, die ihn dazu fähig macht, für andere stark zu werden.

Unsere Gemeinschaft als Christen in der Arbeitsgemeinschaft Christlicher Kirchen führt die ganz unterschiedlichen Erfahrungen, die wir in unseren Kirchen und Gemeinschaften machen, zusammen. Es ist gerade dies die Stärke und der Wert der Arbeitsgemeinschaft Christlicher Kirchen, dass die vermeintlich Großen und die vermeintlich Gleichen nebeneinander und miteinander wirken, beten und Gott loben. Da ist die Frage nach Oben und Unten gegenstandslos. Da lernen wir voneinander, die Großen von den Kleineren und Kleinen, die Kleinen, von denen, die vermeintlich groß sind. Es ist ein Boden, der uns davor bewahren kann, den Versuchungen, die durch Geld, Besitz und Ansehen an uns herangetragen werden, zu unterliegen. Im Gespräch und im Austausch, in der gemeinsamen Feier des Gottesdienstes bezeugen und erfahren wir, dass es die Fürbitte unseres Herrn ist, die uns unser Leben als Christen in dieser Welt möglich sein lässt. Aus eigener Kraft werden wir das nicht können. Der Herr der Kirche, der Petrus damals berufen hat, seine Brüder, seine Geschwister würden wir heute sagen, zu stärken, hat ihn nicht gefragt, wie stark er denn ist. Er hat ihn einzig danach gefragt, ob er seiner Treue, nämlich der Treue Jesu traue. Nur, wenn wir das tun, auch als Gemeinschaft der Christen in der Arbeitsgemeinschaft Christlicher Kirchen, wird unser Zeugnis, das wir gemeinsam ablegen, überzeugend und einladend wirken.

Versuchungen gibt es allenthalben. Mögen wir uns daran erinnern, dass Gott uns versuchlichen Menschen in seinem Sohn Jesus Christus der treue Gott ist und bleibt.

Amen

Predigt zur ökumenischen Vesper in St. Ägidien zu 300 Jahre Katholische Kirche in Braunschweig am 10. März 2008

1. Petrus 2 ,5
„Lasst euch als lebendige Steine zu einem geistlichen Haus aufbauen."

Liebe Festgemeinde,

haben Sie zunächst herzlichen Dank, dass Sie mich eingeladen haben, in diesem Gottesdienst zu predigen. Ich empfinde dies als ein Zeichen besonderer geschwisterlicher Verbundenheit und christlicher Gemeinsamkeit in unserer Region. Das sage ich nicht nur aus Anlass dieses ökumenischen Gottesdienstes, sondern auch, weil es mich als Protestanten erstaunt und berührt hat, in Ihrem Internetauftritt zu lesen, dass sich die katholische Kirche in Braunschweig unter der Rubrik „Wir über uns" mit einem Wort des evangelischen Theologen Dietrich Bonhoeffer vorstellt.

Bonhoeffer, für den die Ökumene überaus wichtig und prägend gewesen ist, schrieb:

„Die Auferstehung Jesu Christi macht offenbar, dass wir Zukunft haben. Leid und Tod verlieren dadurch nichts von ihrer Bitterkeit, aber sie erscheinen in einem neuen Licht."

Mit anderen Worten: Mag die Gegenwart noch so mühsam sein, mag die Vergangenheit noch so schwer gewesen sein, an Jesus Christus sehen wir, dass wir Zukunft haben. Wer mag, kann in diesen Zeilen eine trotzige Haltung wider alle bedenklichen Zeichen und Prognosen sehen – aber Bonhoeffer ging es um mehr als Mitgliederzahlen und Strukturen, um mehr als materielle und ideelle Ressourcen. Bonhoeffer ging es um die Kraft des österlichen Glaubens. Er redet von der guten Nachricht, die Leben eröffnet und Zukunft schenkt und es ist mir wichtig, an dieser Stelle festzuhalten, dass es ein und dieselbe Zukunft ist, auf die wir alle hoffen – ganz gleich, welchem Bekenntnis wir anhängen und dass es dieselbe Verheißung ist, der wir im März 2008 in Braunschweig trauen: Jesus Christus lebt und wir werden mit ihm leben, auch wenn wir manchmal mit Mühsal und Widerständen leben, durch Leid und Tod hindurchgehen müssen.

Wir sind mitten in der Passionszeit und gerade in diesen Tage gehen katholische und evangelische Christen vielerorts gemeinsame Kreuzwege, halten an ihren heiligen Orten und den Kirchen an und machen so sich selbst und einander bewusst, wie nah wir uns gerade im Herzstück unseres Glaubens sind, wie viel einfacher es ist, diesen Glauben zu leben, ihm Gesicht und Kraft zu geben, wenn wir es nicht allein, sondern gemeinsam tun.

Dass dies nicht immer so empfunden und gewollt war, wird auch durch die Geschichte der katholischen Gemeinde in Braunschweig illustriert. Denn der Grundsatz „cuius regio eius religio" bedeutete am Ende der Reformationszeit auch im Braunschweiger Land, der Konfession des Landesherrn zu folgen, hier in unserer Region also evangelisch-lutherisch zu sein oder sein Seelenheil anderswo, in katholischen Gegenden zu suchen.

Die konfessionelle Ab- und Ausgrenzungspolitik wurde in unserer Region vor allem durch Herzog Anton Ulrich korrigiert, der den Katholiken im ersten Jahr seiner Regierung 1708 per Reskript die freie Religionsausübung gestattete. Diese herzogliche Haltung in Fragen der Religionsfreiheit wurde aber leider keineswegs überall geteilt. Nach wie vor empfand man füreinander wenig freundlich-nachbarschaftliche Gefühle. Entsprechend hatten weder die Braunschweiger Geistlichkeit noch der Magistrat der Stadt sonderlich Sinn für derlei tolerante Entwicklungen. Vielmehr suchte man, die katholischen Mitgeschwister möglichst schnell wieder aus den Augen und dem Sinn zu haben und begann schon unter Herzog Anton Ulrichs Sohn August Wilhelm (1714–1731) mit dem Bau einer Husarenkaserne, die den Blick auf die eben errichtete katholische Nikolaikirche wirkungsvoll verstellte.

Es liegt ein steiniger Weg, gründlich erschwert durch die Katholikengesetze von 1867 und 1902, hinter Ihrer Gemeinde, die nichtsdestotrotz gewachsen ist, sich gefestigt und längst etabliert hat. Letzteres ist wohl auch eine Folge der Flüchtlingsströme am Ende des Zweiten Weltkrieges, die mit sich brachten, dass die katholischen Gemeinden zu sichtbarer Größe wuchsen. In Ihren Gemeinden haben viele eine neue geistliche Heimat gefunden.

Auch wenn die große und eher aus der Not geborene Nähe der ersten Nachkriegsjahre freundlicher Nachbarschaft gewichen ist, stehen katholische und evangelische Christen im Braunschweiger Land 300 Jahre nach dem ersten feierlichen Hochamt im St. Aegidienkeller vor ähnlichen Herausforderungen, die sich aus den demographischen Entwicklungen und nachlassender Bindekraft der Kirchenzugehörigkeit ergeben. Es gehört heutzutage eben nicht mehr unbedingt zu einem erfüllten Lebensentwurf, den christlichen Glauben zu leben und dies durch die aktive Zugehörigkeit zu einer Kirchengemeinde zu dokumentieren. Daraus erwachsen nicht nur Konsequenzen für unsere Haushalte und Strukturen, also die äußerliche Gestalt der Kirche, sondern wir sehen uns vor allem mit dem Problem konfrontiert, dass den Menschen die Inhalte des Glaubens fremd werden, Erzähltraditionen und Vertrautheiten mit gottesdienstlichen Formen verloren gehen und wir unsere Kräfte ganz wesentlich in die nächste Generation investieren müssen.

Weil das so ist, lohnt es einmal mehr, den Worten, die über diesem gemeinsamen Gottesdienst stehen, nachzugehen: „Lasst euch als lebendige Steine zu einem geistlichen Haus aufbauen."

Ich weiß nicht, wie es Ihnen mit diesem Bild geht und wie Ihnen zumute ist, sich als lebendigen Stein zu denken, eingefügt in die Konstruktion eines Gewölbes, verbaut als Fenstersims oder Türschwelle. Denn wir sind ja auf Freiheit und Autonomie bedacht und lassen uns ungern festlegen, schon gar nicht auf eine langfristige Angelegenheit und wir mögen uns selbst auch nicht als Steine denken, die kalt und herzlos, unbeweglich und hart sind.

Aber ist da nicht auch eine andere Seite in uns, die sich danach sehnt, unentbehrlich zu sein und gebraucht zu werden, einen Ort zu haben, an dem wir zuhause sind und einer Gemeinschaft angehören zu dürfen, die vielmehr ist als nur die Summe ihrer einzelnen Glieder? Und ahnen wir nicht, dass wir aus uns selbst heraus, allein und auf uns gestellt, weit entfernt sind von einer Zukunft, die Leid und Tod in einem neuen Licht erscheinen lässt?

So trifft uns der Ruf, ein geistlichen Haus zu bauen im richtigen Moment. Und vielleicht sind wir ja ganz richtig erkannt: Ein bisschen steinig und unbeweglich sind wir ja manchmal, aber doch auch lebendig, fröhlich, zärtlich und verliebt in alles, was glücklich und zufrieden macht. Es tut gut zu hören, dass wir gebraucht werden. Es gibt unserem Leben Sinn und Richtung, Baumaterial für unsere Kirchen zu sein, um so – Katholiken und Protestanten gleichermaßen – unserer Stadt, unserer Region ein menschenfreundlicheres Antlitz zu geben. Und es ist gut zu wissen, dass die Statik, das Gelingen des Bauvorhabens am Ende nicht von unseren Rechen- und Konstruktionskünsten abhängt, weil Jesus Christus der Eckstein ist, weil Gottes Geist, dem Haus Licht und Leben schenken wird.

Rainer Maria Rilke hat in seinem berühmt gewordenen Stundenbuch das Bild von den lebendigen Steinen in seine unverkennbare Sprache gegossen. Bei ihm heißt es:

Predigt zur ökumenischen Vesper in St. Ägidien zu 300 Jahre Katholische Kirche in Braunschweig am 10. März 2008

„Werkleute sind wir: Knappen, Jünger, Meister
Und bauen dich, du hohes Mittelschiff.
Und manchmal kommt ein ernster
Hergereister
Geht wie ein Glanz durch unsre
hundert Geister
und zeigt uns zitternd einen neuen Griff.
Wir steigen in die wiegenden Gerüste,
in unsern Händen hängt der Hammer schwer
bis eine Stunde uns die Stirnen küsste,
die strahlend und als ob sie alles wüsste
von dir kommt, wie der Wind vom Meer.
Dann ist ein Hallen von den vielen Hämmern
Und durch die Berge geht es Stoß um Stoß.
Erst, wenn es dunkelt lassen wir dich los:
Und deine kommenden Konturen dämmern.
Gott, du bist groß.“ [1]

Es ist ein Gedicht voller Kraft und Geschäftigkeit, voller Zukunftszuversicht – sonst müsste man nicht derartig arbeiten und schaffen. Und es ist ein Text voller Gegenwart, denn sind wir nicht ständig dabei, zu bauen und zu gestalten und werden uns nicht auch manchmal die Hände schwer und zittern, wenn wir etwas Neues ausprobieren müssen oder wollen und nicht wissen, ob es die richtige Methode ist, ob der Handgriff gelingt?

Zuletzt: In der Ökumene gilt, dass wir all das rechtfertigen müssen, was wir nicht gemeinsam tun. Wir reden immer noch zu oft vom Trennenden. Dabei ist das, was uns verbindet, das Größere. Geben wir ihm in unserem gemeinsamen Zeugnis und Dienst in und für diese Stadt Gestalt. Denn unser Herr will, dass wir alle eins sind. (Johannes 17,21)

Amen

1 Rilke, Rainer Maria, Das Stundenbuch, Frankfurt a.M. 1972

Predigt im ACK-Gottesdienst zur Ökumenischen Friedensfahrt Kirchentag Bremen am 21. Mai 2009

Matthäus 5, 9
„Der Gerechtigkeit Frucht wird Friede sein, und der Ertrag der Gerechtigkeit wird ewige Stille und Sicherheit sein" (Jesaja 32, 17) und „Selig sind die Friedfertigen; denn sie werden Gottes Kinder heißen."

Liebe Schwestern und Brüder,

der Anfang war gemacht, 1908 mit der ökumenischen Friedensfahrt der Deutschen nach England und Schottland und mit dem Gegenbesuch im folgenden Jahr. Der Anfang war gemacht, aber waren die Bemühungen nicht erfolglos? War die 1910 in Edinburgh geschlossene British-German-Friendship, war Friedrich Siegmund-Schultzes Einsatz für eine ökumenisch-erweckliche Frömmigkeit nicht vergebens?

Man kann das natürlich so sehen. 1914 brach der 1. Weltkrieg aus, Christen töteten Christen; auch die Kirchen diesseits und jenseits des Kanals beschuldigten sich gegenseitig der Kriegshetze. Von Friedens- und Versöhnungswillen war nichts mehr zu erkennen.

Aber es ist wie es ist: Neben den großen, unser Denken und viele Jahrzehnte auch die Einstellungen bestimmenden Geschichten gibt es auch die anderen. Sie erzählen davon, dass einzelne Menschen nicht nachgelassen haben, dem Wort Jesu zu folgen, das den Friedfertigen Seligkeit und Gotteskindschaft zuspricht.

Denn genau am 1. August 1914, dem Tag des Kriegsausbruchs, begann die erste internationale ökumenisch besetzte Konferenz zur Förderung freundschaftlicher Beziehungen zwischen den Völkern in Konstanz mit einem Gebetsgottesdienst. 80 Delegierte aus 12 Nationen und 30 Konfessionen – fast die Hälfte der Angemeldeten – erreichten den Tagungsort. Freikirchler und Menschen aus den Landeskirchen. Inmitten von Mobilmachung und kriegerischer Begeisterung wurde hier für den Frieden gebetet. Dass sich Siegmund-Schultze und der englische Quäker Henry Hodgkins dann beim Abschied in die Hand versprachen, Krieg und Gewalt nicht zu rechtfertigen und sich nicht gegeneinander aufhetzen zu lassen, wurde im Kanonendonner und später in den mörderischen Kämpfen nicht mehr gehört, aber es blieb gesagt, es blieb als Verpflichtung. Und dieses Versprechen und diese Verpflichtung erreichen auch uns, Christen im Jahre 2009, als Zeugnis von Christen in der Nachfolge ihres Herrn.

Ich bin denen, die 1908 zum ersten Mal auszogen, um ihren Glauben gemeinsam zu bezeugen, unendlich dankbar. Sie haben in einer Zeit nationalstaatlichen Denkens, das auch in Kirche und Theologie seinen Ort hatte, nach dem Frieden gefragt, der aus dem Glauben kommt und sich nicht auf eine Nation, ein Volk, eine Religion begrenzt.

Martin Luther King hat einmal gesagt: „Eine Religion, die ihre Sorge um das Seelenheil der Menschen bezeugt und sich nicht ebenso sorgt um die Slums, die die Menschen verderben, die wirtschaftlichen Bedingungen, die sie erdrücken und die sozialen Bedingungen, die sie zu Krüppeln machen, ist eine geistlich sterbende Religion.“ [1]

Eine Religion, die nicht dem Frieden, der mehr ist als die Abwesenheit von Krieg, nachjagt, ist eine geistlich sterbende Religion.

Eine Religion, die nicht nach Gerechtigkeit – schon jetzt – sucht, ist eine geistlich sterbende Religion.

Gerechtigkeit und Frieden bedingen einander. Das eine gibt es nicht ohne das andere, denn „der Gerechtigkeit Frucht wird Friede sein“.

Gerechtigkeit, wie die Bibel sie meint, wie unser Glaube sie von uns einfordert, ist mehr als ein distanziertes Urteil, das Recht spricht. Gerechtigkeit kennt den Mehrwert für die Armen, für die ohne Recht. Gerechtigkeit, wie sie die Bibel versteht, kennt den Mehrwert des Erbarmens im Recht.

Es ist das biblische Recht des Erbarmens, von dem wir in der Kirche immer wieder Geschichten hören. Es kommt denen zugute, die von der Tagesordnung der Welt, dem Recht des Stärkeren, nur selten Gutes zu erwarten haben. Denen, deren Lebenswille gebrochen, deren Perspektive genommen, denen wird neues Lebensrecht zugesprochen.

Das Besondere dieses Rechts lässt sich mit wenigen Worten beschreiben:

Es zielt darauf, dass Menschen aufhören, zuungunsten der Schwachen, der Benachteiligten, der Witwen und Waisen, der Armen, der einfluss- und machtlosen Mitmenschen ihre eigenen Lebensverhältnisse zu verbessern. (Exodus 20,22–23,19 – Bundesbuch)

---

1 Asomugha, Patrick, Religion im öffentlichen Bereich der Demokratie, in: Ökumenische Rundschau, Nr. 1/2009, Frankfurt 2009, 64

Und zwar soll dies nicht so geschehen, dass gewissermaßen Erbarmen vor Recht geschieht. Erbarmen und Recht gehören vielmehr zusammen, wie Gnade im Recht seinen Ort hat.

Das Erbarmen über die Mühseligen und Beladenen soll nicht etwas Besonderes, sondern das sicher Erwartbare sein.

Das Erbarmen soll fest in die Rechtspraxis eingespielt sein, denn sonst verdient die Gerechtigkeit, die in einem Land, einer Stadt, auch in der Kirche oder einer diakonischen Einrichtung praktiziert wird, nicht den Namen Gerechtigkeit.

Und zuletzt: Wo das Erbarmen fehlt, wo es etwas Besonderes ist und nach Lust und Laune eben geschenkt oder verweigert wird, da verkommen auch das Recht und die Gotteserkenntnis.

Recht und Erbarmen gehören zusammen, wenn es Gerechtigkeit, aus der Frieden kommt, geben soll. Das Recht des Stärkeren muss seine Zeit gehabt haben, es sind schon genug Menschen seinetwegen zerbrochen, ausgelöscht und zertreten worden.

Nun ist dies nicht nur ein Wort für solche Menschen, die soviel Kraft haben, aufzurichten und zu bewahren. Gerade die Hilflosen wissen darum. Sie spüren und ahnen, dass es Leben nur in dieser Verbindung von Recht und Erbarmen geben kann. Sie spüren und wissen, dass sie und all die Starken und Kräftigen zum gesegneten Leben nur kommen können, wenn Gnade, wenn Erbarmen im Recht geschieht.

Menschen warten darauf, dass Gnade im Recht geschieht, Barmherzigkeit erwartbar und nicht das Besondere ist.

Der Prophet Jesaja nimmt diesen Zusammenhang auf und macht unmissverständlich deutlich: „Brich dem Hungrigen dein Brot, und die im Elend ohne Obdach sind, führe ins Haus! Wenn du einen nackt siehst, so kleide ihn, und entzieh dich nicht deinem Fleisch und Blut! Dann wird dein Licht hervorbrechen wie die Morgenröte, und deine Heilung wird schnell voranschreiten, und deine Gerechtigkeit wird vor dir hergehen, und die Herrlichkeit des HERRN wird deinen Zug beschließen.“ (Jesaja 58, 7)

Die alttestamentliche Weisheit und die Propheten sprechen von einer doppelten Gestalt der Gerechtigkeit: Sie rührt an die Verpflichtung des Einzelnen, dem Armen sein Herz zu schenken; sie hat zugleich eine gesamtgesellschaftliche und strukturelle Komponente, denn „Gerechtigkeit erhöht ein Volk; aber die Sünde ist der Leute Verderben.“ (Sprüche 14,34) Wo Gerechtigkeit, die um das Erbarmen weiß, herrscht, da kann Frieden werden, da ist Frieden. Nicht nur Frieden der Herzen, so wichtig der ist, sondern auch in den Institutionen unserer Gesellschaft. Die friedensstiftende

Aufgabe der Kirchen ist es dann, neue Räume der Beheimatung, der Solidarität und der Verantwortung zu schaffen. Letztendlich geht es darum ein Gemeinwesen so zu fördern, damit es auch die sozial Schwachen tragen kann.

Vor diesem Hintergrund erinnere ich an den Berliner Pfarrer Harald Poelchau (1903–1972) und seine Schrift „Die Ordnung der Bedrängten". Dort beschreibt er die bestimmende Linie seines Lebens: „Ich nenne sie das Bemühen um die Ordnung der Bedrängten. Damit ist nicht die karitative Haltung gemeint, der es auf liebevolle Fürsorge und Hilfe ankommt, nein, es geht wirklich um ihre Ordnung, um das Rechts-, Verhaltens- und Lebensschema, das den Bedrängten eine glaubwürdige Ordnung zu bieten vermag."

Mein Wunsch ist, dass eine „Ordnung für die Bedrängten" geschaffen und erhalten wird, in der diese menschenwürdig leben können. Erbarmen sollen sie im Recht erfahren, aber nicht als zusätzliche Gabe, sondern als zur neuen Gerechtigkeit selbstverständlich gehörend.

Zuletzt: Mich hat ungemein beeindruckt, dass in diesen Tagen Studierende der Universität Hamburg eine Friedenserklärung erarbeitet haben. Sie haben damit einen wunderbaren Beitrag zur Dekade zur Überwindung von Gewalt geleistet. Für sie ist Schalom mehr als die Abwesenheit von Krieg. Er ist gemeinschaftliches Leben in gerechten Beziehungen und steht für Ganzsein und Heilsein.

Ja, es geht um den gerechten Frieden. Auf diesen Frieden Gottes hoffen wir, ihn streben wir an und lassen uns von Gott zur Mitwirkung berufen, denn „Gott sieht uns auf der Seite der Opfer."

Es bleibt dabei: „Der Gerechtigkeit Frucht wird Friede sein, und der Ertrag der Gerechtigkeit wird ewige Stille und Sicherheit sein" und „Selig sind die Friedfertigen, denn sie werden Gottes Kinder heißen."

Amen

Predigt im Ökumenischen Gottesdienst zur Eröffnung der Gebetswoche für die Einheit der Christen am 24. Mai 2009 im Dom zu Paderborn

Ezechiel 37,15–19 und 22–24a

„Das Wort des Herrn erging an mich:
16 Du, Menschensohn, nimm dir ein Holz und schreib darauf: Juda und die mit ihm verbündeten Israeliten. Dann nimm dir ein anderes Holz, und schreib darauf: Josef [Holz Efraims] und das ganze mit ihm verbündete Haus Israel.
17 Dann füge beide zu einem einzigen Holz zusammen, so dass sie eins werden in deiner Hand.
18 Und wenn die Söhne deines Volkes dich fragen: Willst du uns nicht erklären, was das bedeuten soll?
19 dann antworte ihnen: So spricht Gott, der Herr: Ich nehme das Holz Josefs [das in der Hand Efraims ist] und der mit ihm verbündeten Stämme Israels und lege es auf das Holz Judas. Ich mache sie zu einem einzigen Holz, und sie werden eins in meiner Hand.
22 Ich mache sie in meinem Land, auf den Bergen Israels, zu einem einzigen Volk. Sie sollen alle einen einzigen König haben. Sie werden nicht länger zwei Völker sein und sich nie mehr in zwei Reiche teilen.
23 Sie werden sich nicht mehr unrein machen durch ihre Götzen und Greuel und durch all ihre Untaten. Ich befreie sie von aller Sünde, die sie in ihrer Untreue begangen haben, und ich mache sie rein. Dann werden sie mein Volk sein, und ich werde ihr Gott sein.
24 Mein Knecht David wird ihr König sein, und sie werden alle einen einzigen Hirten haben."

Liebe Schwestern und Brüder!

„Am 9. Juli 1988 begab sich ein Bürger der Deutschen Demokratischen Republik zum Ostberliner Grenzübergang Bornholmer Straße. Es war dem trüben Samstagnachmittag nicht anzusehen, dass genau sechzehn Monate später sich an eben dieser Stelle die Weltgeschichte ändern sollte. Der Bürger hatte nichts Entsprechendes im Sinn. Je näher er den Grenzanlagen kam, desto verzagter wurde sein Herz [...]" Folgendes war vorgefallen: Der Bürger hatte eine Nachbarin und diese wiederum einen Geliebten in Westberlin, einen Türken. Dem Türken hatte der DDR-Bürger 60 DM mit der dringlichen Bitte gegeben, ihm dafür beim nächsten Besuch heiß begehrte und für ihn im Osten unerreichbare Jazzplatten mitzubringen. Der Türke hatte eingewilligt, wurde aber von den Grenzsoldaten mürbe gefilzt und gestand schließlich den Devisenschmuggel in den Westen und den unerlaubten Plattenimport ostwärts. Die Platten wurden beschlagnahmt; der Bürger heulte vor Kummer und Zorn, schrieb erfolglose Eingaben und notierte: „Die großen DDR-Erniedrigungen füllten das Fass, die kleinen brachten es zum Überlaufen. Deswegen änderten wir im Herbst 1989 die devisenrechtlichen Bestimmungen unseres Staates. Es gibt Leute, die nannten das eine Revolution." So nachzulesen bei dem ostdeutschen Autor und Zeit-Redakteur Christoph Dieckmann. [1]

Das ist keine tragische Geschichte, aber eben auch keine alltägliche. Es ist die Geschichte von irrsinnigen Grenzen, Mauern und Barrieren, von zwei Teilen, die unwiderruflich getrennt scheinen. Eine Geschichte von Zivilcourage und Hilfsbereitschaft, von Wut und Tränen. Und auch eine, die erzählt von dem Wunder des Danach: Auf einmal kann man wieder über diese Brücke gehen als wäre es nie anders gewesen; die Wunden der Stadt vernarben und verheilen und schon ist eine Generation herangewachsen, die all das nur vom Hören-Sagen kennt.

Wie mögen, so könnten wir uns heute – im 20. Jahr der Maueröffnung – fragen, solche Berichte in den Ohren derer klingen, die noch immer im zweigeteilten Korea leben, die noch immer von Prophetenworten zehren müssen, um die Hoffnung nicht aufzugeben, dass eines Tages auch die Grenze fällt, die ihr Land spaltet und damit nicht nur Gesellschaftsentwürfe voneinander trennt, sondern auch Familien zerreißt, Menschen entfremdet?

Die Koreaner haben in den Worten des Propheten Hesekiel ein Wort der Heilung gefunden und es uns Christen für diese Gebetswoche ans Herz gelegt, wenn es heißt: „[...] damit sie eins werden in deiner Hand."

Eine Verheißung, die von Heilung und Ganzheit spricht, kommt uns hier entgegen. Man kann sich wundern, dass dies nicht ein Lieblingstrauspruch geworden ist. Jedenfalls können vermutlich wir Deutsche, die wir eine Zweiteilung erlebt haben, die Kostbarkeit dieses Zuspruches besonders gut spüren. Und sollte dann nicht gerade uns, die wir in unserer Geschichte tatsächlich erfahren haben, dass Gott unsere Wege aufeinander zu in seine Hände nimmt, dieser Text auch im Blick auf die Einheit der Christen Hoff-

1 Dieckmann, Christoph, Das wahre Leben im Falschen? Geschichten von ostdeutscher Identität, Berlin 1998, 37f

nung machen? Wissen wir nicht längst, dass Gott heilen kann, was wir nur zusammenflicken?

Lassen sie uns also genauer hinsehen: Sie haben den Text, die Beschreibung einer prophetischen Zeichenhandlung vorhin gehört. Hesekiel, der Prophet, wird von Gott aufgefordert, zwei Hölzer zu nehmen und sie zu beschriften, für Juda und Israel das eine, für Ephraim und das Haus Josef das andere; die beiden Hölzer soll er so in die Hände nehmen, dass daraus eines wird. In Vorbereitung der zeichenhaften Vereinigung zweier Hölzer zu einem wird deutlich: Der Hoffnung auf Einigung geht ein Wahrnehmungsprozess – vielleicht sogar ein Schuldbekenntnis – voraus; denn in Gottes Hand wird nicht nur das Ganze sichtbar, sondern eben auch all das, was voneinander trennt, befremdet, auseinander treibt – und deshalb vereinzelt ist.

Betrachtet man den Kontext der alttestamentlichen Geschichte, so muss man an dieser Stelle auch hinzufügen: Jeder Prozess dieser Art hat eine Vorgeschichte, die nicht nur Hesekiel einbringt, sondern selbstverständlich auch wir.

Es gilt also, sich klarzumachen und genau hinzusehen, wer da zusammenkommt, sich vielleicht sogar zusammengehörig fühlt und wo er herkommt.

Entsprechend nennt Hesekiel die verschiedenen, getrennten Reiche exakt beim Namen: „[…] Juda und die mit ihm verbündeten Israeliten. Dann nimm dir ein anderes Holz, und schreib darauf: Josef (Holz Efraims) und das ganze mit ihm verbündete Haus Israel."

Diesen Aspekt sollten wir bei aller Verheißung des Textes auch und gerade dann nicht übersehen, wenn wir von der Einheit der Christen sprechen. Es geht mir dabei nicht um die Schärfung der Profile, sondern vielmehr darum, aussagefähig zu werden über uns selbst, klar reden zu können über das, was uns wichtig ist und prägt, wozu wir uns bekennen. Und zwar nicht, um uns abzugrenzen und auf Eigenem beharren zu können, sondern um erkennbar zu werden als verlässlicher Partner auf dem gemeinsamen Weg.

Vielleicht setzen wir ja das Wissen um unsere verschiedenen Kirchen manchmal als sehr selbstverständlich voraus und meinen, im Bekenntnis zu dem einen Herrn, der Grundlage in der einen Schrift und Anerkenntnis der einen Taufe wären wir schon deutlich genug beschrieben, klar identifiziert. Meine vielen Gespräche und nicht zuletzt die wunderbaren Gottesdienste, die wir miteinander feiern, gerade in diesen Tagen auch während des Kirchentages in Bremen, haben doch gezeigt: Je mehr wir voneinander wissen und uns teilhaben lassen an Glaube und Lehre, umso besser verstehen wir einander, umso näher können wir einander sein und umso berechtigter dürfen wir darauf hoffen, eines Tages in Gottes Hand eins zu werden.

Denn es heißt weiter bei Hesekiel: Lege diese beiden, so klar benannten Hölzer in deiner Hand so zusammen, dass sie eins werden und dann sag den Menschen, die dich danach fragen werden: „Ich mache sie zu einem einzigen Holz, und sie werden eins in meiner Hand."

Mit anderen Worten: Wir werden davon ausgehen müssen, dass unser Mühen um Einheit nicht gleich erkannt wird, dass die Menschen uns danach fragen, was wir tun. Der Weg zur Einheit der Christen macht es immer wieder neu notwendig, die Menschen um uns herum mit ins Boot zu nehmen und ihnen von der Hoffnung zu erzählen, die uns leben hilft.

Schließlich aber lässt die Zeichenhandlung des Hesekiel keinen Zweifel daran, dass Prozesse des Zusammenwachsens und Einswerdens nur dann als heilsam erfahren werden, wenn sie tatsächlich in Gottes Hand gelegt sind.

Zurück zum Anfang: Geschichte kann lang sein. An der innerdeutschen Grenze „[...] half es nur wenig, sich im Verstande klarzumachen, dass diese Grenze eine unnatürliche Trennung ist und ganz sicher keinen Bestand haben wird." [2] Denn wenn man erst mal hinter Mauern lebt, dann ist es vielleicht gleichgültig, ob es die Mauern zwischen verschiedenen Staaten oder schmerzhaft getrennten Konfessionen sind: Es ist immer mein kleines Leben, das davon geprägt wird, nicht in Freiheit leben zu können oder nicht gemeinsam mit denen, die man liebt, zum Abendmahl gehen zu dürfen.

Der junge Mann an der Bornholmer Straße, Pfarrerssohn und Theologiestudent, später Musikkritiker und Journalist hat sich aufgemacht und, wie er selber schreibt, „ermannt sich zum Gang in die Höhle der Organe", zur Auseinandersetzung mit dem System. Mit Trauer oder Klage wäre er nicht weitergekommen.

Auch das gehört offenbar dazu: Ehe Gott aus dem Getrennten Eines werden lässt, braucht es unser Mühen, zusammenzufügen, was nur immer in unseren Kräften steht.

Dazu erinnere ich an die 4. These der Charta Oecumenica:

„Wir verpflichten uns, auf allen Ebenen des kirchlichen Lebens gemeinsam zu handeln, wo die Voraussetzungen dafür gegeben sind und nicht Gründe des Glaubens oder größerer Zweckmäßigkeit dem entgegenstehen."

Und das heißt nichts anderes als:

---

2 Noack, Axel, Mit Gott den Neuanfang wagen? Materialien für die Gebetswoche der Christen 2009, 20

Das gemeinsame Handeln ist normal und das konfessionelle Eigenleben muss begründet werden!

Aber es gilt eben auch: Machen können wir die Einheit am Ende nicht. Sie bleibt Gottes Geschenk und seine Antwort auf unser Bitten. So lasst uns diese Gebetswoche nutzen, einander zu erkennen, uns der Nähe Gottes zu vergewissern und ihn darum zu bitten, dass wir eins werden in seiner Hand.

Amen

Predigt zur Eröffnung der Gebetswoche für die Einheit der Christen am 17. Januar 2010 in der Nikolaikirche zu Kiel

Lukas 24, 48
„Er ist auferstanden – und ihr sei Zeugen."

Liebe Schwestern und Brüder,

ob Ungeduld eine christliche Tugend ist? Ich bin hin- und hergerissen zwischen Shakespeare, der sagt: „Ungeduld begleitet wahre Leiden" und einem afrikanischen Sprichwort, das zur Geduld mahnt: „Das Gras wächst nicht schneller, wenn man daran zieht." Die Generalsekretärin des Evangelischen Kirchentags, Ellen Ueberschär, hat dieser Tage daran gezogen, wenn sie vor einem Scheitern der ökumenischen Annäherung auf der Ebene der Theologen warnt. „Viel Zeit bleibt nicht mehr, die Hausaufgaben des 20. Jahrhunderts zu erledigen", mahnte sie.[1] Ihre Ungeduld begleitet wahre Leiden, denn bei allem, was wir an Gemeinschaft in der Ökumene feiern, bei allem, was uns verbindet – und das ist wahrhaftig viel – ist die Macht des Trennenden, die des „Das geht nicht, jedenfalls noch nicht" unübersehbar. Haben wir so schnell vergessen, dass wir uns erst 2001 in der Charta Oecumenica dazu verpflichtet haben, dass das konfessionelle Eigenleben begründet werden muss? Die Charta Oecumenica als Selbstverpflichtung der reformierten, lutherischen, freikirchlichen, katholischen und orthodoxen Kirchen und Gemeinden hält fest:

„Wir verpflichten uns, auf allen Ebenen des kirchlichen Lebens gemeinsam zu handeln, wo die Voraussetzungen dafür gegeben sind und nicht Gründe des Glaubens oder größere Zweckmäßigkeit dem entgegenstehen." (Charta Oecumenica Nr. 4)

Auch ich bin ungeduldig, und zwar deswegen, weil wir nicht genügend gemeinsam tun. Wir, liebe Gemeinde, das sind nicht nur die evangelische und die römisch-katholische Kirche, wir, das sind die Kirchen und Gemeinschaften der Arbeitsgemeinschaft Christlicher Kirchen in Deutschland (ACK). Es ist eine „heilige Ungeduld" nötig[2], damit wir nicht in „konfes-

1 Ueberschär, Ellen, Viel Zeit bleibt nicht, in: Zeitzeichen 1/2010, Frankfurt 2010, 8ff
2 Feige, Gerhard, Einige neue katholische Thesen zur Ökumene, Manuskript vom 31.10.2009

sionalistische Verhaltensweisen" zurückfallen „oder krampfhaft auf dem status quo" beharren. Aber jeder Ungeduldige muss sich fragen lassen: „Sind wir tatsächlich zugunsten einer größeren Einheit bereit, von manchem Abschied zu nehmen, vertrauten Ballast abzuwerfen und uns vom Geist Gottes neue Wege führen zu lassen? Wollen wir das wirklich?"[3]

Wollen wir wirklich mit einer Stimme sprechen, wollen wir wirklich gemeinsam Zeugnis ablegen davon, dass Er auferweckt wurde, dass die Macht des Todes besiegt ist, wollen wir das wirklich? Oder sind wir nicht doch noch darauf aus, uns in unserer jeweils besonderen kirchlichen und konfessionellen Gestalt zu profilieren? Ja, die Ungeduld ist berechtigt und vor allem auch die Suche danach, wie wir Christen gemeinsam Zeugnis unseres Glaubens ablegen können, ist mehr als geboten. Natürlich spielen da die großen Kirchentage eine Rolle, vor allem die ökumenischen. Hoffentlich gelingt es in München, mehr gemeinsam zu „sein", als nur Gemeinschaft zu „inszenieren". Und hoffentlich gelingt es den unterschiedlichen Konfessionen, zunehmend aus ihrer Selbstgenügsamkeit herauszufinden.

„Er ist auferstanden – der Tod ist überwunden!"

Das ist die Botschaft. Von dieser Botschaft leben wir. Sie haben wir zu bezeugen. Sie hat uns frei gemacht. Wir feiern sie als die Demonstration des Lebens gegen den Tod. Wir bezeugen sie gegen das Waffengeklirr und gegen die Gewalt im Nahen Osten, in Afghanistan und manche Menschen leben sie auch gegen die Erfahrungen von Gewalt und Tod in ihren Beziehungen und Familien. Gegen die Todesmächte dieser Welt, gegen die Militarisierung der Politik, gegen die Propaganda eines krassen Materialismus, heißt die Botschaft: „Er ist auferstanden – der Tod ist überwunden". Die Auferstehung Christi gibt Grund unter die Füße, für jetzt und dann. Unglaublich ist diese Hoffnung und doch so voller Zuversicht, auch für mein Heute und mein Morgen. Der Tod gehört nicht zu den letzten Dingen, nach denen nichts mehr kommt, sondern zu den vorletzten.

Wo findet sich das alles, wo lässt sich das erleben, wo ist der lebendige Herr unter uns? Die erste Antwort auf diese Frage lautet: in Wort und Sakrament, also in der Mitte der Gottesdienst feiernden Gemeinde. Und von dort geht es weiter. Das Geheimnis des Glaubens findet Gestalt im alltäglichen Leben und verändert es: Dort, wo Jesus zur Sprache kommt in einem versöhnenden Wort, in einem Wort der Vergebung, in einem neuen Anfang, wo er zur Sprache kommt in der Bewegung auf den anderen Menschen hin, und das heißt dann auch, im Einsatz für den Frieden auf dieser

3 Feige, a. a. O.

Erde und in unserem Land. Wo wir auf den anderen Menschen zugehen, wissend um die Gemeinschaft mit Christus, aus der wir leben, da ist er bei uns, da ist er lebendig in unserer Mitte!

Die Auferweckung Jesu ändert unsere Perspektive: Wir sind frei. Die neue Welt leuchtet schon in unsere alte. Ich entdecke diesen Schein der neuen Welt, im leidenschaftlichen Protest gegen den Tod. Elias Canetti hat ihn ausgesprochen und dabei uns Christen nicht geschont: „Der Tod ist ein Endpunkt des Lebens, den ich aber nicht anerkenne. Ich will, dass man den Tod nicht überall ins Leben eindringen lässt, dass man ihn nicht für so selbstverständlich hält. Wenn die Menschen eine viel stärkere Haltung gegen den Tod hätten, würden sie sich ja nicht so leicht in Kriegen abschlachten lassen, oder würden sie erlauben, dass die unglaublichsten Dinge mit ihnen geschehen. Es sind gerade viele Christen, die den Tod auf diese Weise anerkennen, und sie vergiften damit den Kern ihres Glaubens." (Rundfunkinterview)

Hat unser Glaube die Kraft zum Protest gegen den Tod? Fragen wir nach, wenn Pflege und Fürsorge der Schwachen und Alten in unserer Gesellschaft zunehmend ökonomisiert werden? Kümmert es uns, wie Menschen sterben? Haben wir Kraft, Gegenmodelle zu entwickeln? Oder haben wir uns an alles gewöhnt? Ich habe bei meinen Besuchen vor allem in diakonischen Einrichtungen unserer Landeskirche, aber auch im sorgfältigen Hinschauen auf das, was in unseren Gemeinden der ACK geschieht, Menschen getroffen, die nicht resignieren. Es sind Menschen, die der Glaube befreit hat, befreit zu einem Leben, das schon jetzt mit dem Zukünftigen rechnet. Ich bin froh, dass es diese Lichter gibt. Ich bin dankbar für die Menschen, die trotz aller Todesangst und Not ihren Glauben leben und die Welt verändern. Viele dieser Menschen fragen nicht mehr danach, ob wir mit unseren theologischen Dialogen vorwärtskommen. Sie wollen die vorgegebene Einheit des Leibes Christi schon jetzt leben; sie wollen in der geistlichen Ökumene des Lebens gemeinsam mit Wort und Tat und Mund und Leben bekennen und feiern, dass die Kirche Jesu Christi Eine ist, dass der Leib Christi nicht geteilt werden kann. Und indem sie sich auch in dieser Woche zu gemeinsamem Gottesdienst und Gebet treffen, leben sie diese Ökumene, die „das Herzstück und der Motor der ganzen ökumenischen Bewegung ist."[4]

Wir sind aufgerufen, das Zeugnis von der Auferweckung Christi in unsere ökumenischen Beziehungen hinein zu verkündigen. Dort, wo wir

---

4 Zollitsch, Robert, in: http://www.ekd.de/presse/pm15_2010_gebetswoche.html

nicht mehr miteinander reden, wo wir uns mit Verdacht begegnen, wo wir uns auf Kosten des jeweils anderen profilieren, lacht der Tod aus dem Gemäuer unserer Kirchlichkeit.

Das alles ist nicht neu und begonnen hat die Hinwendung zu den christlichen Schwestern und Brüdern gewiss nicht erst 1910 in Edinburgh, als die erste Weltmissionskonferenz stattfand. Aber wenn diese Versammlung als die Geburtsstätte der ökumenischen Bewegung gesehen wird, dann wegen der Resolution aus der sechsten Kommission zur Zusammenarbeit und Förderung der Einheit, die zur Gründung eines internationalen Missionsausschusses aufrief und gegenseitige Beratungen und praktische Zusammenarbeit in der Mission forderte. Sie hatten sich versammelt zur Antwort auf die Herausforderung, die Eine Welt für den Einen Christus zu gewinnen. Doch dank ihrer Bereitschaft, sich zur Erreichung dieses alles fordernden und allumfassenden Zieles zu vereinigen – der Evangelisation der ganzen Welt in dieser Generation – legten sie damit auch den Grund für die moderne ökumenische Bewegung. Es war ein entscheidender Augenblick für die „oikoumene"! Allerdings war der Gedanke von Partnerschaft bei den überwiegend weißen protestantischen Männern aus dem Norden der Welt noch fremd. Folglich richtete V.S. Azariah aus Indien, einer der wenigen Delegierten aus dem Süden, eine ergreifende Bitte an die versammelten Missionsgesellschaften: „Ihr habt uns eure Gaben gegeben, um die Armen zu speisen. Ihr habt eure Leiber dahingegeben, um verbrannt zu werden. Wir bitten euch aber um eure Liebe. Schenkt uns Freunde." [5]

Die Bitte um Liebe, um das liebevolle Miteinander-Umgehen, ist auch im Blick auf die gegenwärtige Situation der Ökumene von größter Bedeutung

Es ist die missionarische Dimension unseres Glaubens, die uns aus den verschiedenen Konfessionen zusammenführt. Dazu gehört aber, dass wir uns gegenseitig ansehen und wahrnehmen, das wir zusammen Brot und Wein teilen, dass wir uns Anteil geben an unserer Sicht und Praxis des Glaubens, dass wir miteinander reden und uns nicht nur Verlautbarungen zusenden. Und es ist von fundamentaler Bedeutung, dass wir nicht aufhören damit zu rechnen, dass der auferstandene Herr mit uns auf dem Weg ist, uns die Augen öffnet für die neue Wirklichkeit des Lebens inmitten unserer Todeswelt.

---

5 http://www.europa.clio-online.de/site/lang__de/ItemID__360/mid__11428/40208214/default.aspx

Von dieser Hoffnung in Christus sollen wir Zeugnis geben. Wir sind also gefordert, die eigene Sprachlosigkeit zu überwinden und den Bezug unseres Handelns auf das Evangelium deutlich zu machen. Mit Paulus gesprochen heißt das: Wir schämen uns nicht des Evangeliums. Mission ist für mich also kein zusätzliches Programm, sondern ein Strukturelement ökumenischen Handelns in allen Bezügen. Sie ist nicht Ausdruck eines Expansionsdrangs der Kirchen, sondern sie geht von Gott, der uns Menschen gewinnen möchte, aus. Diese missio Dei nimmt uns mit und sendet uns gemeinsam zu den Menschen, um ihnen die gute Nachricht weiterzusagen. Sie darf als unser Auftrag weder „billige Gnade" verkündigen, noch „gnadenlose Nachfolge" zu verwirklichen suchen. Mission ist Beziehungsarbeit, denn nur als Einzelne werden Menschen für die Kirche und den Glauben gewonnen.

Wir haben Teil an der missio Dei wir sind zum Zeugnis berufen. Wir beten in dieser Gebetswoche für die Einheit der Christen, aber, liebe Schwestern und Brüder, beten wir nicht nur für uns, sondern beten wir und treten wir ein für die Zeugen des Evangeliums, die um des Zeugnisses willen das Martyrium erleiden.

Amen

Predigt zur ökumenischen Vesper der ACK Bonn am 24. Januar 2010 in der Stiftskirche St. Peter, Bonn

„Darum umgürtet die Lenden eures Gemüts, seid nüchtern und setzt eure Hoffnung ganz auf die Gnade, die euch angeboten wird in der Offenbarung Jesu Christi."
(1. Petrus 1, 13) und: „Er ist auferstanden – und ihr sei Zeugen." (Lukas 24, 48)

Liebe Schwestern und Brüder,

was mag den Menschen damals so schwer gewesen sein, dass sie ihre Seele und ihr Gemüt umgürten mussten, um halbwegs stabil zu bleiben? Sicher, es war mühsam. Man wusste sich in der Minderheit. In der Minderheit zu sein, setzt unter Druck.

In ähnlicher Weise sehen sich viele Menschen auch jetzt und heute; es gibt genügend Gründe, der Seele Sicherheitsgurte anlegen zu wollen.

„Umgürtet die Lenden eures Gemüts und seid nüchtern [...]", so steht es in diesem Brief an die christliche Gemeinde. Also: Seht genau hin. Wagt die Dinge anzusehen, wie sie sind.

Es ist ein Brief, der Identität stärken will, gerade dann, wenn es schwieriger wird.

Es ist fraglos schwer, einzuschätzen, welche Entscheidungen Tragfähigkeit und Belastbarkeit zeigen werden.

Seid nüchtern – behaltet einen klaren Kopf, schreibt der Verfasser und:

„Setzt eure Hoffnung ganz auf die Gnade, die euch angeboten wird in der Offenbarung Jesu Christi [...]" Vielleicht mag das vertröstend klingen, angesichts der nackten Zahlen von Kirchensteuern, Budgets und zusammenschmelzenden Rücklagen. Aber: Gold und Silber waren nie die Währung, die uns erlöst hat – frei werden wir durch sie nicht, sondern nur dann, wenn wir uns ganz und gar auf Gott ausrichten, denn:

Nachzufolgen, Zeugnis abzulegen ist nicht nur eine Zumutung, nicht nur ein Auftrag. Nachzufolgen bedeutet, Grund zur Hoffnung haben.

Ohne Hoffnung, Glaube und Vertrauen, ohne Gebet wird es nichts mit unserem Weg zur Einheit der Kirchen, wird es auch nichts mit dem großen Fest der Ökumene in München im Mai dieses Jahres.

Predigt zur ökumenischen Vesper der ACK Bonn am 24. Januar 2010 in der Stiftskirche St. Peter, Bonn

In den zurückliegenden Tagen ist in vielen Städten und Dörfern für die Einheit der Kirche Jesu Christi gebetet worden. Papst Benedikt XVI. hat in seiner Mittwochs-Katechese dazu gesagt: „Die Gebetswoche für die Einheit der Christen, die wir in diesen Tagen begehen, ruft uns dazu auf, nach dem Vorbild Christi den himmlischen Vater darum zu bitten, dass seine Kinder, die Getauften, alle eins seien, damit die Welt glaubt (vgl. Joh 17, 21). Das Gebet Jesu macht uns bewusst, dass wirkliche Einheit über unsere Kräfte hinausgeht und in erster Linie ein Geschenk Gottes ist."

Ja, richtig! Und wir würden auch dann um die Einheit weiterbeten, wenn wir alle, die Freikirchen, die Orthodoxe, die Römisch-katholischen und wir Evangelische zu einer Kirche gefunden hätten. Einheit ist ja nichts, das einmal erreicht ist und dann für alle Zeiten unversehrt bleibt. Wir kennen uns, wir wissen um die Lust an der Auseinandersetzung. Die Kirchen- und Theologiegeschichte ist ein Beispiel dafür, wie sich die zur Einheit Gerufenen immer wieder zerstreiten.

Zerstrittene sind schlechte Zeugen; sie sind unglaubwürdig, sie beschädigen das, wovon sie Zeugnis ablegen sollen. Wir brauchen verlässliche geschwisterliche Beziehungen zwischen den Kirchen, ohne Arg, ohne Verdächtigungen; wir brauchen Beziehungen, die von Wahrheit und Liebe bestimmt sind.

„Gerade gegenüber einer Welt, die Christus nicht kennt oder sich von ihm entfernt hat, braucht es eine glaubwürdige Verkündigung von geeinten, nicht zerstrittenen Zeugen." (Benedikt XVI.)

Die Arbeit der ACK, das Miteinander der in ihr verbundenen siebzehn Kirchen, lebt und praktiziert diese geschwisterliche Gemeinschaft.

Unsere diesjährige Gebetswoche ist überschattet von dem Unheil in Haiti. Wir beten nicht nur für uns, sondern wir beten für die Opfer dort, für die Überlebenden, für die Helfer und Helferinnen, und mit unserem Gebet verbinden wir die aktive Katastrophenhilfe. Sie ist an vielen Stellen ökumenisch verantwortet.

Für Christen in Haiti mag es eine Situation wie damals in Jerusalem am Ostermorgen sein. Sie stehen am Grab, sie leiden unter dem Tod und wissen um die Botschaft: „Er ist auferstanden, auferweckt ist Er – und Gott hat das getan".

Es ist ein Unterschied über das Sterben zu philosophieren oder vor einem Grab zu stehen wie die Jünger und Freundinnen Jesu damals, wie die Menschen in Haiti in eben diesem Augenblick.

Diese Spannung auszuhalten und dann doch Zeuge der Auferstehung Jesu in unserer Welt zu sein – das ist die Herausforderung; das ist es aber auch, was unserer Welt und auch uns Hoffnung gibt.

Auch für uns leuchtet das Licht des Auferstandenen, trotz des Karfreitags in und um uns. Wir müssen sehen lernen wie damals die Frauen am Grab und die Jünger auf dem Weg nach Emmaus. Dann wird die Nacht zum Tag, die Nacht in uns wandelt sich in neues Leben, wir atmen auf, weil Leben ist.

Da beginnt das Lob Gottes, da lacht die Schöpfung samt aller Kreatur, da wird über Nacht alles anders und neu.

„Der Herr ist auferstanden", darum, nur darum haben wir Grund zur Freude und zur Hoffnung an den Gräbern unseres Lebens – und zu diesen Gräbern zählt auch manche Enttäuschung auf dem Weg der Ökumene.

Aber wir bezeugen gemeinsam: Wir glauben nicht an den Tod, obwohl er unbesiegbar zu sein scheint, obwohl alle Menschen diesem Tod unterworfen sind. Wir glauben nicht an den Tod, weil wir den Tod in den Händen Gottes sehen, weil Gott mit der Auferweckung Jesu Christi die Macht des Todes besiegt hat. Wir glauben nicht an den Tod, sondern an das Leben, das Gott durch die Auferstehung Jesu Christi gibt, das nicht endet, und dann beginnt, wenn wir diesem Jesus trauen. (Rommel)

Seit Ostern sind Christen Protestleute gegen den Tod. (Blumhardt)

Seitdem dürfen und wollen wir das ständige Töten und Morden, das Foltern und Vernichten nicht hinnehmen, denn Gott will nicht, daß Menschen gewaltsam durch Hunger, Unfall oder Krieg ums Leben kommen. Die Auferstehung lässt uns aufstehen für Frieden und Gerechtigkeit. Nicht weil das politisch opportun ist, sondern weil wir nicht mehr an den Tod glauben. Christus hat ihn überwunden.

Der Tod ist tot. Und davon, liebe Schwestern und Brüder haben wir Zeugnis abzulegen, in Wort und Tat.

Und vergessen wir nicht: Die Menschen in Deutschland erwarten von ihren Kirchen, dass sie gemeinsam davon Zeugnis ablegen, dass Gott in Jesus Christus in dieser Welt Raum gewonnen hat, dass seitdem anders über den Menschen gedacht wird, dass seitdem nicht Macht und Ohnmacht, nicht Oben und Unten, nicht Mann noch Frau, Freier oder Unfreier die Leitkategorien sind, sondern die Liebe, die Versöhnung, die Gnade und die Barmherzigkeit. Die Menschen in Deutschland erwarten von uns ein glaubwürdiges gemeinsames Zeugnis. Uns verbinden doch der Eine Glaube, die Eine Taufe, der Eine Herr und das Eine Wort und darum müssen wir von der Wirklichkeit dieses Verbindenden so viel sichtbar machen, wie wir nur können.

Wann endlich kommen wir zu gemeinsamen missionarischen Projekten, die aus dem wachsen, was uns verbindet; wann wagen wir es endlich, dies unter die Leute zu bringen: Der Tod ist tot, Mensch lebe doch endlich! Um Christi willen!

Die Larmoyanz in manchen Gemeinden, das stetige Rechnen, die Heilserwartung durch Strukturveränderungen, die Sprachlosigkeit angesichts der geistlichen und mitunter auch geistigen Verödung – die Bibelvergessenheit und auch die Rechtfertigungsvergessenheit, das sind die eigentlichen Probleme.

Vor einigen Jahren haben Christen in ökumenischer Gemeinschaft zu einem spannenden missionarischen Projekt zusammengefunden: „Neu anfangen". Gewiss, es hat da und dort – wie immer – Nachfragen gegeben, aber es war ein Projekt, in dem Menschen vom Glauben Zeugnis ablegten und den Kontakt mit anderen suchten. Die bei „Neu anfangen" beteiligten evangelischen, katholischen und freikirchlichen Gemeinden haben verschiedene Grenzen hinter sich gelassen: Die Grenzen der eigenen Gemeinde fielen, haupt- und ehrenamtliche Mitarbeiter arbeiteten zusammen und endlich einmal war es nicht der Blick auf sich selbst, der die Christen beschäftigt.

Es ist an der Zeit, dass wir aufhören von Mission zu reden. Gemeinsames missionarisches Handeln ist gefragt. Dass darüber das soziale, das diakonische Handeln nicht zu kurz kommen, muss ich nicht besonders betonen, denn beides gehört untrennbar zusammen.

1999 hat Eberhard Jüngel mit einem sehr eindrücklichen körperhaften Bild die Notwendigkeit von Mission und Evangelisation für den gleichmäßigen Herzschlag der Kirche beschrieben. Unter der Voraussetzung, dass nicht nur Christen aller Konfessionen, sondern auch der Rest der Welt mithin die Konfessionslosen, bereits im Licht der Gnade existieren, führte er aus: „Wenn die Christenheit atmen könnte, wenn sie Luft holen und tief durchatmen könnte, dann würde auch sie erfahren, dass im Atemholen zweierlei Gnaden sind [...]. Einatmend geht die Kirche in sich, ausatmend geht sie aus sich heraus." [1]

Missionarisches Wirken ist selbstverständlich. Jüngel hat den Prozess des Einatmens mit dem Gottesdienst identifiziert. Ausatmend geht Kirche

1 Jüngel, Eberhard, Referat zur Einführung in das Schwerpunktthema, Internetaufruf www.ekd.de/synode99/referate_juengel.html vom 22.01.2010

anschließend und immer neu auf andere zu, lädt sie die an den Straßen und den Zäunen zum Hochzeitsmahl ein. (Mt 22, 1–8)

Will Kirche nicht ersticken, dann müsste Mission lebensnotwendig sein. Was hindert uns, die Christen in der ACK eigentlich daran, solchem „Ersticken" zu wehren?

Amen

Predigt zum ökumenischen Kreuzweg zwischen Asse II und Schacht Konrad am 7. März 2010 in der Petrikirche zu Salzgitter-Beddingen „Mit den Folgen des Klimawandels umgehen"

Lukas 23,26

„Und als sie ihn zur Richtstätte abführten, ergriffen sie einen Mann, Simon von Kyrene, der vom Feld kam, und legten das Kreuz auf ihn, dass er es Jesus nachtrüge."

Liebe Gemeinde,

zu Fuß unterwegs zu sein bedeutet, sich einem Ziel in menschlichem Tempo zu nähern und Zeit dafür zu haben, die Dinge um uns herum wahrzunehmen und darüber nachzudenken, was sie für unser Leben bedeuten.

Kreuzwege verstärken diesen Impuls, denn wir gehen sie mit einer besonderen Gestimmtheit – wissend um unsere Grenzen, unser Scheitern und unsere Verantwortung und mit dem festen Vorsatz, vor Gott zu bringen, was seines Erbarmens bedürftig ist.

Kreuzwege sind eine Form, die Passionszeit zu spüren – sich den Weg nach Golgatha selbst zu erlaufen.

Dieser ökumenische Kreuzweg ist dabei ein besonderer und ich danke deshalb den Initiatoren und Organisatoren ganz herzlich für die Umsetzung dieser guten Idee.

Dass wir diesen Weg als Christen gemeinsam gehen – unabhängig von der je eigenen Konfession – ist dabei eine gute Tradition. Dass wir ihn von der Asse zum Schacht Konrad gehen, entspricht den Herausforderungen unserer Region und den Zumutungen, mit denen wir hier umgehen müssen. Und nicht zuletzt ist solch ein Kreuzweg auch eine Gelegenheit unseren Umgang mit Gottes Schöpfung im Kontext der Passion Jesu und also unserer eigenen Schuld zu bedenken.

Thema der heutigen Station sind die Folgen des Klimawandels. Jede und jeder unter uns wird dazu eigene Analysen im Kopf und Bilder vor Augen haben. Vielleicht können Sie ja einen Moment ihres Lebens identifizieren, in dem Sie geahnt haben, was es bedeuten könnte, wenn die Temperaturen und mit ihnen die Wasserpegel steigen, wenn die Veränderungen in der

Natur uns über den Kopf wachsen, wenn wir die Geister, die wir riefen, nicht mehr los werden.

Uns allen ist bewusst, dass es in vielen Regionen unserer Erde vermutlich erheblich schlechtere Ernten und größere Dürreperioden geben wird, dass heftigere Stürme und Überschwemmungen als wir das bisher kennen, immer neue Unwuchten und Ungerechtigkeiten in das Miteinander der Menschen bringen werden. Und schließlich wissen wir auch, dass unser Lebensstil seinen Preis hat und gerade hier zwischen Asse und Schacht Konrad von Nachhaltigkeit und Verantwortung der Generationen füreinander eigentlich keine Rede sein kann.

Vor wenigen Wochen kamen in Kopenhagen so viele Staats- und Regierungschefs zusammen, wie niemals zuvor. „Zeugnisse von Schwestern und Brüdern aus Bolivien, Indien, Äthiopien, Kamerun und Norwegen machten deutlich, dass es beim Klimawandel nicht um irgendwelche komische Kapriolen geht, die das Wetter schlägt, sondern um die Lebensgrundlage von Millionen Menschen." [1]

Und dabei war Kopenhagen zunächst kein Kreuzweg – im Gegenteil: Der 78-jährige Desmond Tutu hatte am Morgen des 13. Dezember 2009 auf dem Rathausplatz der dänischen Hauptstadt gesagt: „Wenn Gott herunterschaut und Gaza sieht, dann weint er, wenn er Darfur sieht, dann weint er, wenn er Simbabwe sieht, dann weint er, wenn er Afghanistan sieht, dann weint er. Aber dann [...] sieht er euch alle, wie ihr euch einsetzt und ein Lächeln kommt auf Gottes Gesicht." [2]

Da war das Kirchenjahr noch jung und Christen in aller Welt hofften auf die Ankunft Gottes, auf seine heilsame Nähe. Sie waren unterwegs zur Krippe und bereit, sich berühren zu lassen und ihr Leben neu zu zentrieren, denn ganz nah bei Gott wissen wir besser, was gut und richtig ist.

Doch der Weg von der Krippe zurück in unseren Alltag ist auch ein Weg zurück in die alte Angst und in Zaghaftigkeit, in die Halbherzigkeit unseres Veränderungswillens und die Verstrickungen unseres Wohlstandes.

Kopenhagen ist gescheitert und wir mit all denen, die dort verhandelt haben.

Wo ist deshalb unser Ort heute und jetzt?

Die Klimadenkschrift der EKD hat infrage gestellt, ob wir uns mit dem Gedanken beruhigen dürfen, dass Gott mit uns einen Bund geschlossen hat und uns deshalb vor weiteren Sintfluten bewahren wird.

---

1 Hirsch, T., Furios gescheitert, in: Junge Kirche 1/2010, 10
2 ebd.

Wohlgemerkt: sie hat nicht Gottes Bundeswillen hinterfragt, sondern unseren Anteil am Gelingen des Bundes beschrieben. Denn „wir machen uns schuldig vor Gottes Augen und vor der Welt und leugnen seine befreiende und verändernde Macht, wenn wir als Christen trotz allen Wissens nicht den global und lokal herrschenden Ungerechtigkeiten, den Menschen verachtenden Kriegen und dem aus Maßlosigkeit geborenen Raubbau an seiner Schöpfung entgegentreten." [3]

Eben noch haben wir Worte gemacht, waren Zaungäste und haben **mit**gefühlt, wie andere unter dem Kreuz, das hier geschleppt werden muss, stöhnen und nicht mehr weiter können. Aber jetzt spüren wir, wie einer **uns** das Kreuz auf die Schultern legt, wie **wir** unter der Last der Verantwortung, des Wissens und der Erwartungen all derer, die von uns abhängen, schier zusammenbrechen.

Denn niemand nimmt es uns ab: wir selbst müssen dem Raubbau entgegentreten.

Und schon sind wir mitten in der Passionszeit, mitten in der Geschichte des Simon von Kyrene. Von dem wird in den Worten des Lukas folgendes erzählt: **„Und als sie ihn zur Richtstätte abführten, ergriffen sie einen Mann, Simon von Kyrene, der vom Feld kam, und legten das Kreuz auf ihn, dass er es Jesus nachtrüge."**

Wir können uns lebhaft vorstellen wie Simon vom Acker kommt, vielleicht war er schon auf dem Feld gewesen, hatte einen Teil der anstrengenden Arbeit noch vor der Hitze des Tages erledigen wollen. Und längst war nicht alles getan. Es war eine Mühsal, eine Familie zu ernähren und ein Joch, unter der fremden Herrschaft zurechtzukommen.

Vielleicht will er nur einen Moment verschnaufen und kommt so am Wege der zum Tode Verurteilten zu stehen.

Eine harte und unbarmherzige Strafe ist es, die da vollstreckt werden soll.

Was mag ihm durch den Kopf gegangen sein, während er zusieht, wie sich die elenden Gestalten den Berg hoch schleppen?

Aber noch ehe er weiß, wie ihm geschieht, wird er ergriffen, ein schweres Holzkreuz wird ihm aufgeladen und er gezwungen, es weiter zu tragen. Nichts wird davon erzählt, dass ihn die Verurteilten dauerten, dass er es nicht mit ansehen konnte, etwas tun wollte. Er war einfach nur dabei. Es hat ihn erwischt. Unglückselige Zeitgenossenschaft sozusagen.

---

3 Umkehr zum Leben. Eine Denkschrift des Rates der Evangelischen Kirche in Deutschland, Gütersloh 2009, 115

Wo ist unser Ort – in dieser Geschichte und hier und heute?

Kriegen auch wir auf einmal ein Kreuz aufgeholfen, mit dem wir eigentlich gar nichts zu tun haben? Schleppen wir vielleicht sogar an einer Sache, die uns fremd ist und von der wir hoffen, dass wir sie los sind, ehe das bittere Ende kommt?

Wir wissen es längst: dass wir hier mittragen ist zwingend und richtig, weil unsere Not leidenden Geschwister, die gemarterte Schöpfung uns brauchen. Und auch: das klaglose Mittragen der Bürde ist nur ein Anfang, ein Aufbruch, ein Stück Kreuzweg.

Doch wenn die Welt heil, wenn es Ostern werden soll, dann dürfen wir Nachfolge nicht damit verwechseln, schweißgebadet hinterher zu trotten!

Dann wird es nötig sein umzukehren! Dann müssen wir den Weg des Simon von Kyrene verlassen und den Jüngern Jesu nachfolgen.

Liebe Gemeinde,

zu Fuß unterwegs zu sein, bedeutet, sich Zielen in menschlichem Tempo zu nähern und Zeit dafür zu haben, die Dinge um uns herum wahrzunehmen und darüber nachzudenken, was sie für unser Leben bedeuten.

Zu Fuß unterwegs sein bedeutet, die Mühsal zu spüren, die Erschöpfung, die Grenzen.

Kreuzwege verstärken diesen Impuls, denn wir gehen sie mit einer besonderen Gestimmtheit – aber:

Wir gehen diesen Weg nicht allein.

Es ist ein gewanderter Gottesdienst.

Wir bekennen, was wir nicht vermögen, wo wir Gottes Erbarmen brauchen.

Wir hören sein Wort und vertrauen uns ihm an.

Wir empfangen seinen Segen.

Lasst uns darum in seinem Namen, das Kreuz mittragen und mit seiner Hilfe Umkehr wagen.

Amen

Sermon for the service in St. Pauls Warton (GB) on March 14, 2010

Acts 4,12
"Salvation is found in no one else, for there is no other name under heaven given to men by which we must be saved."

Dear sisters and brothers!

On their way to the temple Peter and John come across a man crippled from birth. But what means "coming across"? I assume for them it will have been just as it is for us when we are on the way to our temples, our churches and parish halls: so many others are also on the way, so many sit on the sides of the roads, so many sit on the steps, lame, crippled, blind, beaten by life, disappointed by the church and her people. And so many are among us who have no perspective for a life or a living in their own country, in their native place, back at home. People on the run. They line the streets to the church, to the parish hall, they line the ways to our prayers, our devotions, our services. They are many, maybe too many for allowing us to notice each individual within the crowd.

Who actually sees the individual in our society? Who indeed holds the life of each individual in such esteem that he would stopp, lift up his eyes and would allow himself to be addressed by an individual out of the crowd of the many?

Peter and John are on the way to prayer, to petition, praise, thanksgiving, possibly even on the way to lament. And their way – just like ours – will have been lined by the misery and suffering of their world. Particularly as they were on the way to the temple. The temple itself has been the place in which became apparent what the society even then and there liked to ignore: "Who entered the temple exposed himself to the sight of the poor and the distressed, to the laments and stories of sufferers or fighters for their rights. As festive as it often might have been, here one did not encounter a congregation wearing their Sunday masks hiding their day to day face, here no 'peace' was found that would allow one to escape the cries of unhappy and distressed fellow men." (Kurt Marti)

The story does not report anything about what might have occupied Peter and John. Nothing regarding strategic plans concerning the future of the church. Nothing regarding possible perspectives of their own work. Nothing is said about the success or failure of their endeavour for the church, nor is anything private mentioned. The only thing that is recorded quite clearly: Peter and John were open to be addressed.

That means: In the midst of the misery of the many they saw the suffering of an individual. They recognised the sufferer. They listened to his plea.

This might be an essential characteristic for Christians: hearing the individual, seeing the individual, taking serious the individual in the crowd of the many.

The cripple asks help for that moment, for a day, for a night.

We too, as Christians, are asked over and over again for our support, for our recipes even in particular social political concerns. And we try to give answers often with words that aren't ours. We try to act on levels and with aids to which we are not entitled and which do not suit us.

Peter and John can say: "No!" They can say "No" to be fully concentrated on that "Yes!" That "Yes" which is the one word that can not be drowned by all the other words. It is the word that carries the name of Jesus. In His name and not with own words, in His mission and not out of own social responsibility, Jesus' name alone enables radical help, radical change. The crippled man is healed! He can move himself. He can walk! – And hopefully he will find his way into life from then on.

In this act of transformation it becomes apparent that healing in the name of Jesus is calling people into freedom. In the figurative sense being healed is an act of liberation.

And one more thing becomes apparent on this way which soon will lead the two from the temple to the Sanhedrin.

Hans Joachim Iwand has pointed it out in a sermon to this text delivered in the year 1935 (at a time when the Nazis controlled Germany) by saying that "the miracle serves, but the word rules". With the actual situation of his time in mind he declares: "It is someone else who prevents and who may continue to prevent that the Confessing Church turns into a faith movement that can be organised, activated, pushed forward, stopped, preached high and sealed off."

This wants to say: God may prevent us from attempting to reform the church out of our own power and by our own self-given authority. God may prevent us from convincing others with our words – no matter how articulate they are – from something to which we just attach the name of Jesus. In such a way we may still stir things up but the One from whom alone salvation comes, the One in whose name people are being healed, he can not just be inserted into our concepts of church and parish, into our self-made miracles. The miracle remains imputed to the name of Jesus otherwise it turns into a self complacent activity. Or to put it differently: all church work, all engagement in parish and diakonia requires the interpretation through the name of Jesus. The old sentence, "extra ecclesiam nulla salus",

no salvation outside the church, is being passed by the witness of the Holy Scripture: "extra Christum nulla salus". Outside and besides Christ, outside and besides the One Word of God under which we live and which calls us into His discipleship there is no salvation, no freedom, no justice.

Peter and John on their way from the encounter with the cripple come to the magnificent entrance gate of the temple to give testimony to the Sanhedrin.

Again they are being addressed, called upon, asked to task.

And just as in the encounter with the cripple their answer can only be:

"Salvation is found in no one else, for there is no other name under heaven given to men by which we must be saved."

Sometimes it is easier to organise a miracle than to discern the Word from the many words. Sometimes it is easier to practise a miracle than to speak, confess and live in our daily political and churchly lives the Word which bears His name: Jesus!

As certain as we Christians are called to ministry to and in the world, as certain as we are asked for help and guidance from all directions, as certain it is that we shall not forget in all our activity, that we can give nothing else but what we ourselves constantly receive: the salvation in Christ.

With words of Calvin I like to close:

"Our complete salvation, all that belongs to it is only decided in Christ, therefore we are not permitted to deduce even the smallest piece from anywhere else. If we are searching for salvation, the name Jesus already tells us clearly: (salvation) rests in him! If we are searching for power – this (too) rests in His dominion, if it is mercy – this is presented to us in His birth through which He became our equal in all means so that He could feel sympathy with us in our weaknesses. If we ask for redemption – this rests in His sufferings, (if we ask) for absolution – this rests in his damnation, (if we ask) for abolition of the curse – this happens on His cross [...]" (Inst. II,16,19)

Therefore: We are in Germany and Great Britain jointly on a way pressured by many words but presented with the One word which is Jesus Christ. Thanks be to God!

Amen

Predigt im Gottesdienst der Gemeinschaft Sant'Egidio in der Franziskanerkirche in Würzburg am 30. März 2010

> „Wir glauben an den Heiligen Geist [...] und die Eine, heilige katholische und apostolische Kirche."

Liebe Schwestern und Brüder,

von mir selbst weiß ich, Klagen über Schmerzen oder ein Zipperlein gehen mir leicht über die Lippen. Wenn es mir gut geht – und das ist Gott sei Dank meistens der Fall – zähle ich das zu den Selbstverständlichkeiten. Klagen über den Zustand unserer Kirche, über schwindende öffentliche Bedeutung, über Kirchenaustritte und Finanzprobleme, über Ärger, den ein Kirchenmensch verursacht, über mangelndes Zeugnis des Glaubens, die lassen sich leicht formulieren. Aber dass Menschen, sich von ihr getragen wissend, ihr Leben meistern, dass Gemeinden wichtige Lebensräume für viele Menschen sind und allein die evangelischen Gottesdienste von circa 1,1 Millionen Menschen am Sonntag besucht werden, darüber hören wir wenig. Über den Schaden der Kirchentrennung klagen wir zu Recht, aber dass Menschen unterschiedlicher Konfession sich im Glauben und Handeln verbunden wissen und sind, bleibt oft unausgesprochen.

Darum ist mein erstes Wort Dank dafür, dass Sie als Gemeinschaft Sant'Egidio das Wort vom Kreuz, das Evangelium also, immer wieder neu, immer wieder der jeweiligen Situation entsprechend, als Zuspruch und Anspruch für Menschen verkündigen und leben. Sie formulieren das Kontrastprogramm zu den sonst üblichen Abläufen. Sie artikulieren, vernehmlich und verständlich. Sie leben als Gemeinschaft nicht hinter den Kirchen- und Klostermauern, sondern in Ihrer Sorge für die Armen, in Ihrer Friedensarbeit, in Ihrer Seelsorge und Sozialarbeit mit allen nötigen politischen Implikationen öffentlich.

Mein Dank gilt Ihren entwicklungspolitischen Akzenten, die uns als in der Einen Welt lebend ansprechen, auf unsere Mitverantwortung für diese Eine Welt verweisen.

Ihr Wirken macht allerdings auch klar, dass es sich spirituellen Wurzeln verdankt. Nicht Aktivismus, sondern aus der geistlichen Besinnung kommende Handlung. Das ist Ihr Weg – Dank dafür! Uns verbindet der Eine Auftrag, den Christus seiner Kirche gegeben hat: Das Heilshandeln Gottes für alle, die mühselig und beladen sind, zu bezeugen, damit sie frei werden. Zugleich hat sie die mannigfaltige Weisheit Gottes den Mächten und Gewalten (Eph. 3,10) gegenüber kund zu tun. Das ist neben dem individuellen der politische und gesellschaftliche Auftrag. Diesen einen Auftrag hat die Kirche Jesu Christi. Wenn sie sich in ihren Gliedern stärker bewusst wäre, dass es ein gemeinsamer Auftrag ist, dann käme sie kräftiger und erkennbar auch zum gemeinsamen Bekennen, zum gemeinsamen Lob Gottes und zum gemeinsamen Hören auf Gottes Wort, um gemeinsam handeln zu können, denn die Eine Kirche ist keine Kirche für sich allein und auch keine Kirche, die um ihrer selbst willen existiert. Wir glauben an die eine heilige [...] Kirche, aber wir leben religiös nicht mehr in geschlossenen Gesellschaften und sind empört, wenn Menschen versuchen, andere ihres Glaubens wegen zu diffamieren oder Glaubensinhalte und Glaubenspraxis zu kritisieren, ohne auch nur den Versuch unternommen zu haben, dieselben zu verstehen. Evangelische und katholische Christen leben zusammen mit Orthodoxen und Freikirchlern; es gibt die ACK, die Fokolar-Bewegung – und Sant'Egidio. Vieles gelingt im Miteinander, bis hin zum 2. Ökumenischen Kirchentag im Mai.

Ich denke, Sie alle kennen diese Entwicklung. Und die Kirchen stehen in Konkurrenz mit anderen Anbietern auf dem religiösen Markt. Aber das wäre nun Thema eines Vortrags mit umfänglicher Aussprache. Einmal, um die Chancen dieser Veränderung zu fassen und die Risiken nicht nur für die Kirchen, sondern auch für die Wählenden zu benennen, denn auf diesem Markt bewegen sich manche Scharlatane und Gruppen, die die Seelen knechten. Die Eine Kirche hat den Auftrag, das von den knechtenden Mächten befreiende Evangelium zu verkündigen. Ob sie das durch Wort und Tat tut oder ob sie erneut in Knechtschaft und Unfreiheit führt, wäre ein Maß.

Einheit, Heiligkeit, Katholizität und Apostolizität.

Aber ich komme auf meine Frage zurück: Was ist gemeint, wenn ich von der Einen Kirche Jesu Christi spreche?

Ich versuche eine Antwort, indem ich an das Bekenntnis von Nicäa Konstantinopel aus dem Jahre 381 erinnere. Dieses Bekenntnis verbindet orthodoxe, römisch-katholische und evangelische Christen und gehört mit der Bibel zu unserem wichtigsten gemeinsamen Erbe. Es ist übrigens das einzige Bekenntnis, das mit der Autorität eines ökumenischen Konzils, nämlich des Zweiten Ökumenischen Konzils 381 von Konstantinopel ausgestattet ist. Später, auf dem Vierten Ökumenischen Konzil in Chalkedon im Jahr 451, wurde es zum offiziellen Glaubensbekenntnis der Kirche erhoben. In diesem Bekenntnis heißt es von der Kirche:

Predigt im Gottesdienst der Gemeinschaft Sant'Egidio in Würzburg am 30. März 2010

„Wir glauben an den Heiligen Geist [...] und die Eine, heilige katholische und apostolische Kirche".

Einheit, Heiligkeit, Katholizität und Apostolizität sind bis heute die entscheidenden Merkmale jeder Kirche in der ökumenischen Gemeinschaft. Sie sind keine aufweisbaren Qualitäten der einzelnen Kirchen, sondern Ziele, aus denen sich der ökumenische Auftrag ergibt.

a) Als wichtigstes und erstes Merkmal ist die Einheit genannt. Damit ist die besondere Gemeinschaft der Kirche mit Jesus Christus gemeint; zugleich ist damit die Einheit als Gemeinschaft mit Vater und Heiligem Geist gemeint, also trinitarisch verstanden. Nicht umsonst wird von dieser Setzung her festgehalten: „Die heilige Dreieinigkeit ist der erhabenste Ausdruck von Einheit und Verschiedenheit: es besteht Verschiedenheit der Personen, aber völlige Einheit von Wesen, Wissen und Willen."[1] Einheit bedeutet also die Gemeinschaft aller ihrer unterschiedlichen Glieder in einem Geist und in der reichen Vielfalt der Gaben. Es ist also keine Uniformität oder gar ein Uniformismus. Es ist auch kein Zentralismus der Leitung oder ein Individualismus der Glaubenden im Blick. Einheit der Kirche meint vielmehr die Gemeinschaft aller ihrer unterschiedlichen Glieder in einem Geist mit der reichen Vielfalt seiner Gaben. Es ist also eine Gemeinschaft der Verschiedenen im Blick.

b) Heilig ist die Kirche deswegen, weil sie der Ort der besonderen Gegenwart Gottes in der Welt ist, Gegenwart in Wort und Sakrament. Die Kirche weiß sich als Gottes Eigentum, darf sich als Gemeinschaft der Heiligen verstehen, die zugleich als Gemeinschaft von Sündern Vergebung empfängt. Der Heilige Geist ist in den Kirchen besonders wirksam, wenn sie aus der Vergebung Gottes heraus einander vergeben und als Glieder der umfassenden Gemeinschaft der Heiligen anerkennen.

c) Katholisch wird die Kirche genannt, weil sie Anteil hat an der Fülle des dreieinigen Gottes. Mit dem Ausdruck katholisch ist also nicht die römisch-katholische, orthodoxe oder evangelische Kirche allein gemeint, sondern eine grundlegende Qualität jeder Kirche – keine Kirche kann für sich allein die Katholizität in Anspruch nehmen. Im Gegenteil: Soweit und solange die verschiedenen Kirchen noch nicht in voller Gemeinschaft miteinander leben, leiden sie alle an demselben Mangel an Katholizität.

---

1 Santiago de Compostela, Beiheft zur Ökumenischen Rundschau 67, Frankfurt/M. 1994 – Sektion II

d) Apostolisch meint den Rückbezug der Kirche auf ihren Ursprung im Zeugnis der Propheten und Apostel. Zu diesem Rückbezug gehört auch der Sendungsauftrag an die Welt, den sie jedoch nur erfüllen kann „[...] solange sie selbst als die Eine, heilige, katholische und apostolische Kirche ständig erneuert wird.“ [2]

Sie ahnen und wissen, dass die grundlegenden Merkmale der Kirche in ihrer vollen Bedeutung auf keine der heute vorhandenen verschiedenen Einzelkirchen zutreffen. Weder auf die römisch-katholische, noch auf die orthodoxen und die protestantischen Kirchen. Die grundlegenden Merkmale können vielmehr nur in ökumenischer Gemeinschaft aller Kirchen verwirklicht werden. Treffend formuliert daher die 7. Vollversammlung des Ökumenischen Rates der Kirchen in Canberra 1991: „Das Ziel der Suche nach voller Gemeinschaft ist erreicht, wenn alle Kirchen in den anderen die Eine, heilige, katholische und apostolische Kirche in ihrer Fülle erkennen können [...] In einer solchen Gemeinschaft sind die Kirchen in allen Bereichen ihres Lebens, auf allen Ebenen miteinander verbunden im Bekenntnis des einen Glaubens und im Zusammenwirken in Gottesdienst und Zeugnis, Beratung und Handeln.“ [3] So erwächst die Eine, heilige, katholische und apostolische Kirche aus der ökumenischen Gemeinschaft aller ihrer Glieder.

Wir sind auf dem Weg zu dieser Einheit.

Sie erbitten wir in der Solidarität der untereinander Verschiedenen. Ich wünsche mir, dass es versöhnte Verschiedene sind. Eigentlich spricht nichts dagegen: Uns verbinden der Eine Glaube, die Eine Taufe, der Eine Herr und das Eine Wort; darum müssen wir von der Wirklichkeit dieses Verbindenden so viel sichtbar machen, wie wir nur können.

Vieles sehe ich: die ökumenischen Gottesdienste, die gemeinsame Feier von Fronleichnam und Reformationsfest, die gegenseitigen Besuche bei Konfirmation und Firmung, die Arbeit der ACK, die Charta Oecumenica und die zahlreichen guten Kontakte zwischen Pfarrgemeinderäten und Kirchenvorständen, die Arbeit der Gemeinschaft von Sant'Egidio.

Ich bin ermutigt durch die „Gemeinsame Erklärung zur Rechtfertigungslehre“. In diesem Text wird die gegenseitige Verpflichtung ausgesprochen, „das Studium der biblischen Grundlagen, der Lehre von der

2 Gemeinsam den Glauben bekennen – Quelle der Hoffnung. Bericht über die Dritte Europäische Ökumenische Begegnung, 03.–08.1984, Riva del Garda, Genf und St. Gallen 1985, 241

3 Müller-Römheld, Walter (Hg.), Im Zeichen des Heiligen Geistes. Bericht aus Canberra 1991. Offizieller Bericht der Siebten Vollversammlung des Ökumenischen Rates der Kirchen. 7. bis 20. Februar 1991 in Canberra/ Australien, Frankfurt/M. 1991, 174

Rechtfertigung", so zu vertiefen, dass deren Wahrheit „in einer für den Menschen unserer Zeit relevanten Sprache" ausgelegt wird. Darauf kommt es an. Die gemeinsamen Wurzeln zu entdecken als gemeinsames Erbe und sie für Menschen unserer Zeit einladend zu benennen.

Gemeinsam die Bibel lesen müssen wir, das ist die große ökumenische Aufgabe. Und die evangelische Theologie fängt nicht erst mit Martin Luther an. Die Kirchenväter, die Schätze der mittelalterlichen Theologie, sie gehören doch nicht der römisch-katholischen Kirche allein. Entdecken wir sie gemeinsam. Und überhaupt: Es ist wichtig, mehr voneinander zu wissen, sich füreinander zu interessieren; wo dies nicht geschieht, da wird der Heilige Geist in seinem versöhnenden Wirken behindert. Darum lassen wir nicht nach, lassen wir uns nicht entmutigen, für die größere sichtbare Einheit der Kirche zu arbeiten. Sie ist ein Geschenk des Heiligen Geistes, ja, aber wir Christen haben dem schon oft die Tür gezeigt. Tun wir so viel miteinander als Christen unterschiedlicher Konfession, wie wir nur können. Hierauf liegt der Segen Gottes. Denn der will doch nichts anderes, als das wir alle eins seien in ihm.

Amen

Predigt im Eröffnungsgottesdienst des 2. Ökumenischen Kirchentages in München am 13. Mai 2010 auf dem Odeonsplatz

1. Petrus 1, 3–9.13
„Gepriesen sei der Gott und Vater unseres Herrn Jesus Christus: Er hat uns in seinem großen Erbarmen neu geboren, damit wir durch die Auferstehung Jesu Christi von den Toten eine lebendige Hoffnung haben
4 und das unzerstörbare, makellose und unvergängliche Erbe empfangen, das im Himmel für euch aufbewahrt ist.
5 Gottes Macht behütet euch durch den Glauben, damit ihr das Heil erlangt, das am Ende der Zeit offenbart werden soll.
6 Deshalb seid ihr voll Freude, obwohl ihr jetzt vielleicht kurze Zeit unter mancherlei Prüfungen leiden müsst.
7 Dadurch soll sich euer Glaube bewähren und es wird sich zeigen, dass er wertvoller ist als Gold, das im Feuer geprüft wurde und doch vergänglich ist. So wird (eurem Glauben) Lob, Herrlichkeit und Ehre zuteil bei der Offenbarung Jesu Christi.
8 Ihn habt ihr nicht gesehen und dennoch liebt ihr ihn; ihr seht ihn auch jetzt nicht; aber ihr glaubt an ihn und jubelt in unsagbarer, von himmlischer Herrlichkeit verklärter Freude,
9 da ihr das Ziel des Glaubens erreichen werdet: euer Heil.
13 Deshalb umgürtet euch und macht euch bereit! Seid nüchtern und setzt eure Hoffnung ganz auf die Gnade, die euch bei der Offenbarung Jesu Christi geschenkt wird."

Liebe Gemeinde,

wir haben eine lebendige Hoffnung, denn sonst wären wir nicht hier in München, um den zweiten Ökumenischen Kirchentag zu feiern und Gott zu loben und ihm zu danken für die Gemeinschaft, die er uns schon geschenkt hat.

Die Ewig-Gestrigen beschwören die „Eiszeit in der Ökumene", aber wir leben die Ökumene, weil uns der Eine Herr, der Eine Glaube, die Eine Taufe verbinden. Die ökumenische Uhr ist nicht mehr zurückzudrehen.

Christus ist auferstanden und darum ist alles neu geworden – auch wir. Denn so wie es die Christen damals in Kleinasien wussten, wissen wir: „Er hat uns in seinem großen Erbarmen neu geboren, damit wir durch die Auferstehung Jesu Christi von den Toten eine lebendige Hoffnung haben." (V. 1)

Es bleibt nichts so wie es ist. Diese Hoffnung ist zugesprochen durch die Auferstehung Jesu von den Toten. Sie ist keine Hoffnung auf eigene Rechnung. Das übersehen wir mitunter und dann fängt es an anstrengend zu werden. Weil wir meinen, wir müssten mit unserem Verstand, mit unseren Kräften die Welt verändern.

Aus dem, was ist, lässt sich die Hoffnung nicht mehr begründen, dass aus der Schändung von allem, was heilig ist, dass aus Niedertracht, Gier, Rohheit und Barbarei noch ein Segen für die Zukunft hervorgehen kann. (Picht) Dazu bedarf es einer anderen Dimension. Die Hoffnung, von der das Evangelium spricht, ist vielmehr dadurch begründet, dass in der Auferweckung des Gekreuzigten diese Grenzen durchbrochen sind. Dort, wo in der Auferweckung des Gekreuzigten die Grenzen durchbrochen sind, an denen alle menschlichen Hoffnungen sich brechen, dort weitet sich der Glaube zur Hoffnung. Sie nimmt die Dinge nicht so wie sie sind, sondern wie sie sich bewegen, verändern und erneuern können. Die Hoffnung des Glaubens rechnet damit, dass wir trotz aller Verkrümmung so werden können, wie Gott uns gewollt hat, Menschen zur Freiheit berufen.

Die Welt ist noch nicht fertig, sie hat eine Zukunft! Sie ist die Welt des Möglichen, in der man der zukünftigen verheißenen Wahrheit, Gerechtigkeit und dem Frieden dienen kann. Es ist heute wie damals, als der 1 Petrusbrief an die verstreute christliche Minderheit in Kleinasien geschrieben wurde. Die Gruppe wurde von der Mehrheit diskriminiert. Sie fragt sich: „Wer sind wir in der Welt?" Und erhält die Antwort: „Ihr seid Menschen, die aus Gottes Macht durch den Glauben bewahrt werden". (V. 5)

Gott selbst sorgt für euch – Gott selbst sorgt für uns!

Die Hoffnung hat kein Ende. Sie ist eine lebendige Hoffnung, weil sie dann trägt, wenn sich im eigenen Leben und in der Welt so vieles ändert. Und weil das so ist, darum ist von „Neugeburt" die Rede. (V. 1f)

„Deshalb umgürtet euch und macht euch bereit! Seid nüchtern und setzt eure Hoffnung ganz auf die Gnade, die euch bei der Offenbarung Jesu Christi geschenkt wird."

Also: Seht genau hin. Wagt, die Dinge anzusehen wie sie sind und gebt Rechenschaft „über die Hoffnung, die in euch ist." (3, 15)

Auf Christus gegründet ist unsere Hoffnung und darum durchbricht sie schon jetzt Grenzen, die nicht überwindbar scheinen.

Eine solche Grenze richten die auf, die meinen, dass der Kampf der Religionen und Kulturen auf uns zukommt. Gegen die Allianzen des Terrors und des Fanatismus brauchen wir eine Allianz von Menschen, die für Frieden und Gerechtigkeit eintreten. Diese Allianz darf nicht nur auf das Christentum beschränkt sein, sondern muss die Gläubigen und Frommen im Islam und im Judentum ebenfalls einladen und mit einbeziehen. Die gemeinsame Tradition von Judentum, Christentum und Islam ist so reich, dass es möglich sein muss, eine Allianz zu gründen, die die Verschiedenheit der Religionen nicht verleugnet, und dennoch Perspektiven des Miteinanders ermöglicht.

Desmond Tutu hat von einer Allianz unter dem Regenbogen bildlich gesprochen: Der Regenbogen ist ein biblisches Zeichen für eine neue Welt. Er ist am Ende der Noahgeschichte ein Zeichen dafür, dass die ganze Menschheit nie wieder zerstört werden soll. Der Regenbogen als Zeichen des Himmels, von Gott eingesetzt, ist frei von irgendeiner Spur von Nationalismus, Rassismus oder religiösem Fanatismus.

Eine Allianz unter dem Regenbogen ist eine Allianz der Vielfalt. Die vielfältigen Farben des Regenbogens sind deutlich erkennbar, stehen nebeneinander und bilden gemeinsam die Farbenpracht des Bogens. Eine Allianz unter dem Regenbogen der drei Schwesterreligionen Judentum, Christentum und Islam erkennt hinter den vielen verschiedenen Farben des Regenbogens das eine Licht der Sonne, das die Farben hervorbringt ohne sie zu vermischen. Diese Allianz wird auch keine Einheitsreligion entwickeln, sondern sie wird dazu beitragen, das Geheimnis des anderen zu achten. Und in ihr wird auch sehr deutlich gestritten werden können, ohne dass der Regenbogen sich deshalb auflöst. Denn am Ende eines Gewitters erzählt der Regenbogen neu davon, dass die Strahlen des Lichtes der Sonne sich wieder durchsetzen. Das sind der Trost und die Hoffnung.

„Deshalb umgürtet euch und macht euch bereit! Seid nüchtern und setzt eure Hoffnung ganz auf die Gnade, die euch bei der Offenbarung Jesu Christi geschenkt wird."

Amen

Proklamation des Schöpfungstages beim zentralen Gottesdienst des 2. Ökumenischen Kirchentages auf dem Odeonsplatz in München zu Himmelfahrt 2010

Nun gibt es den ökumenischen Schöpfungstag und künftig wird die Arbeitsgemeinschaft Christlicher Kirchen in Deutschland ihn am ersten Freitag im September feiern.

Auch das ist ein Zeichen dafür, dass die ökumenische Uhr nicht mehr zurückzudrehen ist. Gott sei Lob und Dank dafür, dass wir atmen können, zu essen und zu trinken haben, dass Pflanzen und Tiere gedeihen und Liebe zwischen Menschen blüht. Gott loben, das ist das Erste.

Aber ich erschrecke, wenn ich sehe, wie „die Güter der Erde ohne Rücksicht auf ihren Eigenwert, ohne Beachtung ihrer Begrenztheit und ohne Rücksicht auf das Wohl zukünftiger Generationen ausgebeutet werden", (Charta Oecumenica, Art. 9) wie Krieg das Antlitz der Erde entstellt. Was ist nur mit dem Menschen geschehen?

Jörg Zink: „Am Anfang schuf Gott Himmel und Erde. Aber nach vielen Jahrtausenden meinte der Mensch, endlich klug genug zu sein. Er sprach: Wer redet hier von Gott? Ich nehme meine Zukunft selbst in die Hand und es begannen die letzten sieben Tage der Erde. Tief unten in der Hölle erzählte man sich nun die spannende Geschichte vom Menschen, der seine Zukunft in die Hand nahm, und das Gelächter dröhnte hinauf bis zu den Chören der Engel."

Das Maß des Menschlichen wiederfinden, ablassen vom gnadenlosen Umgang mit unserer natürlichen Umwelt und mit uns selbst – Umkehr ist das Zweite.

Dass die Schöpfung Gottes einen Platz im Kirchen- und Gottesdienstkalender bekommt, ist ein erster konkreter Schritt. Nicht einfach so, sondern weil Schöpfungsverantwortung eine Grundaufgabe der Kirchen ist, weil Lob Gottes und die Klage über unsere Lage zusammengehören.

„Nach mir die Sintflut" – geht nicht mehr!

Darum lasst Euch bewegen von Gottes Energie, die in der Schöpfung und in uns lebt. Lasst nicht ab von der Hoffnung für alle Kreatur und lasst, was Euch bewegt, zur Tat werden.

Predigt im Ökumenischen Festgottesdienst am 11. November 2010 im Dom zu Münster aus Anlass der 60-jährigen Geschichte des Deutschen Ökumenischen Studienausschusses (DÖSTA) der ACK

Offenbarung 21,1-6

Liebe Schwestern und Brüder,

der erste Satz der Pastoralkonstitution „Gaudium et Spes" lautet programmatisch: „Freude und Hoffnung, Trauer und Angst der Menschen von heute, besonders der Armen und Bedrängten, sind auch Freude und Hoffnung, Trauer und Angst der Jünger Christi." Mit dieser Formulierung knüpft die Erklärung an die Art an, wie die Bibel vom Menschen und seinem Leben erzählt und bindet zugleich die Christenheit – und auch deren theologische Arbeit – an die weltliche Situation der Menschen. Wie sollte es auch anders sein, lebt die Christenheit immer auch unter den Bedingungen und in den Bedingungen der jeweiligen Zeit. Die Bibel erzählt sehr menschliche Geschichten von Vätern und Söhnen, Brüdern, Müttern Töchtern – sie erzählt von Liebe, Sehnsucht, Treue aber sie ist auch voller Gewalterfahrungen, voll von Mord und Totschlag, Missbrauch, Intrige und lässt Situationen der Verfolgung durchscheinen.

Viele dieser Geschichten beschreiben ohne zu beschönigen, wie Menschen einander wehtun und verletzen, zielstrebig und wissentlich, getrieben und haltlos. Und nicht selten erleben wir das, hören davon, so auch in den Gesprächen mit Mitgliedern von Kirchen der ACK, deren Angehörige heute in ihrer Heimat verfolgt werden.

Und hinzu kommen die Gewaltdosen der Unterhaltungsprogramme am PC oder im Kino. Über den Umgang mit den Bildern und Medien verwischen uns die Grenzen, Gefühle zerrütten, Herzen werden taub gefühllos.

Woher kommt uns Hilfe?

Vielleicht zuerst vom Innehalten – heute, hier in diesem Gottesdienst.

Innehalten, Gemeinschaft erfahren über die konfessionellen Grenzen hinweg und in Gottes Hände legen, was wir nicht selber tragen können.

Predigt im Ökumenischen Festgottesdienst am 11. November 2010 im Dom zu Münster

Innehalten, und auf Gottes Wort hören.

Innehalten und Heilung erfahren.

Innehalten und durchatmen und vielleicht dabei der Ahnung trauen, dass es Gottes Geist ist, der in uns strömt und uns erfüllt.

Die Bibel berichtet von Gewalt, aber sie verherrlicht die Härte nicht.

Sie bezeugt menschliches Elend und menschliche Schuld, aber nicht nur das:

Sie erzählt vom mühsamen Weg zum Frieden, von Vergebung, Liebe, Versöhnung und Neuanfang und davon, dass wir nicht allein gehen müssen.

Es ist Gottes gute Geschichte mit uns.

Die Bibel schenkt uns eine große Hoffnung:

Wie der Regenbogen, den Gott in die Wolken setzte zum Zeichen seines Willens zum Frieden, so überspannt die Hoffnung auf einen neuen Himmel und eine neue Erde die Geschichte der Menschheit.

Darum hört aus der Offenbarung des Johannes:

> „Und ich sah einen neuen Himmel und eine neue Erde;
> Denn der erste Himmel und die erste Erde sind vergangen,
> und das Meer ist nicht mehr.
> Und ich hörte eine große Stimme von dem Thron her, die sprach:
> Siehe da, die Hütte Gottes bei den Menschen.
> Und er wird bei ihnen wohnen, und sie werden sein Volk sein,
> und er selbst, Gott mit ihnen, wird ihr Gott sein;
> und Gott wird abwischen alle Tränen von ihren Augen und der Tod wird nicht mehr sein, noch Leid noch Geschrei noch Schmerz wird mehr sein;
> denn das Erste ist vergangen.
> Und der auf dem Thron saß, sprach:
> Siehe, ich mache alles neu!“ (Offenbarung 21,1-6)

Innehalten und hören, nachdenken, Folgerungen beschreiben:

Sie tun dies als „Deutscher Ökumenischer Studienausschuss“ der ACK nun seit 60 Jahren. In diesem Jahr mit dem Symposion: „Gemeinsame Hoffnung über den Tod hinaus“.

„Gemeinsame Hoffnung über den Tod hinaus!“

Das hat wahrlich verschiedene Facetten:

Denn es ist eine Sache, theologisch über unsere Auferstehungshoffnung zu streiten; ihre Plausibilität zu bedenken und sich mit der Tatsache auseinander zusetzen, dass die Menschen um uns herum, bei ihrer Hoffnung nicht unbedingt den Bekenntnisschriften unserer Kirchen folgen, sondern sich vielmehr aus den verschiedenen religiösen Angeboten einer pluralistischen

Welt zusammensetzen, was ihnen am hilfreichsten scheint. Eine Pfarrerin meiner Landeskirche berichtete jüngst von ihrer Erfahrung mit sich selbst bei einer Urnenbeisetzung im Friedwald: Theologisch ist unstrittig: Gott offenbart sich in Jesus Christus und nirgendwo sonst. Aber, wenn man dann schon im Friedwald steht, predigt dort die Schöpfung nicht ganz selbstverständlich mit? Wie sieht unsere Hoffnung dann aus und würde sie ein Außenstehender als eine christliche identifizieren können?

Und es ist eine andere Sache, über den Tod hinaus zu hoffen, wenn Sterben und Tod mit voller Wucht in unser Leben eingebrochen sind, wenn Leben gewaltsam vor der Zeit zu Ende ging, wenn Menschen sterben, die nicht alt und lebenssatt waren, wenn uns unendlich trostlos scheint, was wir erleben.

Der Seher Johannes hat mit Tod und Sterben leben müssen, sein Text spiegelt die Krisenerfahrung der verfolgten christlichen Gemeinde. Seine Ohren werden erfüllt gewesen sein von Leid und Geschrei.

Trotzdem hat er uns einen der großen Hoffnungstexte der Christenheit geschenkt, denn wer wollte nicht glauben, dass Leid und Geschrei eines Tages ein Ende haben werden, dass Gott unsere sämtlichen Tränen abwischt und alles neu macht – wer sehnte sich am Ende des Kirchenjahres nicht nach einer Vision, die mehr birgt als das reine Gedächtnis, dass wir unseren Toten bewahren.

Bei Tanja Blixen lese ich: „Bis zu diesem Tag hat noch niemand gesehen, dass Zugvögel ihren Weg nähmen nach wärmeren Gegenden, die es gar nicht gäbe, oder dass die Flüsse ihren Lauf durch Felsen und Ebenen bahnen und einem Meer entgegenströmen, das gar nicht vorhanden wäre. Gott hat gewiss keine Sehnsucht erschaffen, ohne auch die Wirklichkeit zur Hand zu haben, die als Erfüllung dazugehört."

Folgen wir also den Bildern des neutestamentlichen Sehers – als Theologen und Christenmenschen, als sterbliche Kinder des einen Gottes. Wir sehen den Himmel, die Erde, Land und Meer, Jerusalem und eine geschmückte Braut – all das lässt Johannes vor unseren Augen entstehen. Er weckt Assoziationen und innere Bilder, Erinnerungen und Sehnsüchte und verfremdet all das sofort, denn: es wird alles ganz anders, ganz neu sein!

Ganz sicher betrifft das auch unsere Hoffnung für ein Leben nach dem Tode. Was auch immer wir glauben, welche Bilder wir für legitim und tragfähig halten – es wird ganz anders sein. Neu.

Wer an Gott glaubt, hofft darauf, dass der Horizont der eigenen Erfahrungen geweitet wird. Wer glaubt, der darf darauf hoffen, dass alles Leid, alles Elend, alle Tränen, alle Not zu Ende kommen und vorläufig bleiben, denn Johannes sieht einen neuen Himmel und eine neue Erde – auf der kein Tod mehr sein wird.

Wer glaubt, wird das sehen.

Sagt sich das zu leicht?

Ist nicht gerade angesichts des Todes unser Glaube so angefochten und zerbrechlich wie niemals sonst? Sind uns diese Visionen nicht auch deshalb so fremd, weil es uns, die wir den Tod als übermächtig und endgültig erfahren, an Glauben mangelt?

Wie steht es also mit unserem Glauben angesichts des Todes?

Trägt er oder erfahren wir nicht gerade in diesen Momenten die tiefste Gottverlassenheit?

Der Seher scheint diesen inneren Dialog mitzugehen und reagiert darauf:

„Siehe da, die Hütte Gottes bei den Menschen!"

Gerade jetzt, gerade hier zieht er ein und ist er nah.

Gott riskiert nicht, dass seine Zusage an unserer Hoffnungslosigkeit zerbricht. Er nimmt Raum in unserem Leben und macht von innen her alles neu.

Allerdings: diese Erneuerung braucht einen Ort und ein Ritual. Insofern ist es konsequent, dass dieser Text früher seinen Ort vor allem bei der Kirchweihe hatte. Dabei hat es Berührungen zum Thema „Sterben und Ewiges Leben" per se immer gegeben, denn die Kirchhöfe lagen ja oft rund um das Gotteshaus.

Heute gehört er vor allem zum Totensonntag – Ewigkeitssonntag. Am Ende des Kirchenjahres machen wir uns bewusst, dass alles seine Zeit hat und öffnen uns zugleich für das Neue, das kommen will.

Übrigens auch durch die geschwisterliche Arbeit in der ACK.

Und schließlich: „Ich bin das A und O" – der Anfang und das Ende

Noch ist die Erlösung Fragment, noch ist sie nicht vollkommen, noch tut vieles viel zu weh. Aber schon ist Jesus Christus der Anwalt all derer, die Leid tragen.

Schon hat er die selig gepriesen, die sanftmütig sind und friedfertig und auch die, die die Sehnsucht nach Gerechtigkeit nicht zur Ruhe kommen lässt.

Es ist schwer, im Angesicht von Gewalt und Misshandlung von Hoffnung, Trost und Heilung zu reden, aber es ist unmöglich, das nicht zu tun, denn der Friede Gottes, der so viel größer ist, als wir es denken können, der bewahrt unsere Herzen und Sinne.

Amen

Der DÖSTA ist der Theologische Ausschuss der „Arbeitsgemeinschaft Christlicher Kirchen in Deutschland" (ACK). Die ACK wurde 1948 als eine multilaterale Arbeitsgemeinschaft der in Deutschland vertretenen christlichen Kirchen und kirchlichen Gemeinschaften gegründet; in der Anfangszeit war diese Arbeitsgemeinschaft vor allem evangelisch-landeskirchlich und evangelisch-freikirchlich geprägt. Im Oktober 1950 fand die konstituierende Sitzung des DÖSTA in Frankfurt statt. Später beteiligten sich weitere christliche Traditionen (heute 17).

III. Kommentare

Wechselseitige Taufanerkennung*

Im Jahr des 25-jährigen Jubiläums der Lima-Erklärung „Taufe, Eucharistie und Amt – Konvergenzerklärungen der Kommission für Glauben und Kirchenverfassung des Ökumenischen Rates der Kirchen" ist die wechselseitige Anerkennung der Taufe, die elf Kirchen am 29. April 2007 im Dom zu Magdeburg im Rahmen eines Gottesdienstes feierlich unterzeichnet haben, ein wichtiger ökumenischer Schritt. Er ist umso bedeutender, weil Kirchen aus allen Traditionen förmlich die Taufe wechselseitig anerkannt haben. Unterzeichnet haben die:

- Äthiopisch-Orthodoxe Kirche
- Arbeitsgemeinschaft Anglikanisch-Episkopaler Gemeinden in Deutschland
- Armenisch-Apostolische Orthodoxe Kirche in Deutschland
- Evangelisch-altreformierte Kirche in Niedersachsen
- Evangelische Brüder-Unität – Herrnhuter Brüdergemeine
- Evangelische Kirche in Deutschland
- Evangelisch-methodistische Kirche
- Katholisches Bistum der Alt-Katholiken in Deutschland
- Kommission der Orthodoxen Kirche in Deutschland
- Römisch-katholische Kirche (Deutsche Bischofskonferenz)
- Selbständige Evangelisch-Lutherische Kirche

Die Arbeitsgemeinschaft Christlicher Kirchen muss allerdings feststellen: nicht alle in der ACK vereinigten Kirchen haben einen Vertreter zur Unterzeichnung nach Magdeburg entsandt. Dies bedeutet: in der deutschen Ökumene sind die in der ACK verbundenen Kirchen in den beiden Sakramenten, Eucharistie/Abendmahl und Taufe nicht einig. Von den sechzehn Mitgliedskirchen und vier Gastkirchen der ACK waren Kirchen aus der täuferischen Tradition (Arbeitsgemeinschaft der mennonitischen Gemeinden in Deutschland, Bund Evangelischer Freikirchen/Baptisten, Bund freier evangelischer Gemeinden, Mühlheimer Verband, Siebententagsadventisten), Kirchen der orthodoxen altorientalischen Tradition (Koptisch Orthodoxe Kirche und Syrisch-Orthodoxe Kirche) und Kirchen, denen die Taufpraxis nicht bekannt ist (Heilsarmee und Quäker) nicht beteiligt. Das hat den Vorstand der Arbeitsgemeinschaft zögern lassen, als im Jahre 2003 die

* Kommentar für den Materialdienst des Konfessionskundlichen Instituts Nr. 3/2007

Anfrage an ihn gerichtet wurde, ob es die Möglichkeit einer wechselseitigen Taufanerkennung geben könne. Immerhin sind einige der Kirchen, die nicht unterzeichnet haben, Gründungsmitglieder der ACK (1948) und ökumenische zuverlässige Partner. Die Gemeinschaft der Kirchen lebt von der Erfahrung, dass trotz theologischer Differenzen eine lebendige Ökumene möglich ist.

Obwohl die ACK deshalb festhält, dass auch in der grundlegenden Frage der Anerkennung der Taufe keine Einigkeit besteht, begrüßt sie, dass elf ihrer Mitgliedskirchen diesen großen Schritt auf dem Weg der sichtbaren Einheit der Kirche gegangen sind. In einem beispiellosen ökumenischen Akt der Verständigung wurden von Anbeginn der Überlegungen die Kirchen, die einer wechselseitigen Taufe nicht zustimmen, in die Erarbeitung der Anerkennungsurkunde und in die Vorbereitungen des Festgottesdienstes einbezogen. So sprach im Gottesdienst der Leiter der mennonitischen Gemeinden, Pastor Werner Funck, ein Grußwort, in dem er den Kirchen zur Unterzeichnung seine Glückwünsche überbrachte. Er bezeichnete die „vollzogene gegenseitige Taufanerkennung als einen bedeutenden Schritt auf einander zu“. [1]

Dankbarkeit für die vollzogene Anerkennung verbindet darum die gesamte Ökumene in Deutschland.

Begonnen hat der theologische Dialog, der zur Unterzeichnung führte, mit der Lima-Erklärung des Jahres 1982. Dort heißt es im § 15: „Gegenseitige Anerkennung der Taufe wird als ein bedeutsames Zeichen und Mittel angesehen, die in Christus gegebene Einheit in der Taufe zum Ausdruck zu bringen. Wo immer möglich, sollten die Kirchen die gegenseitige Anerkennung ausdrücklich erklären“. [2] Für viele Gemeinden allerdings ist es schon lange selbstverständliche Praxis, dass ein in einer anderen Kirche Getaufter nicht noch einmal getauft wird, wenn er oder sie Mitglied einer anderen Kirche wird. Bischof i. R. Walter Klaiber von der Evangelisch-methodistischen Kirche in Deutschland sagte deswegen zu Recht in seiner Homilie im Festgottesdienst am 29. April: „Es ist nicht einfach, die Bedeutung des heutigen Ereignisses für alle Beteiligten richtig zu beschreiben. Für manche der beteiligten Kirchen ist die wechselseitige Taufanerkennung schon lange Teil der bestehenden Kirchengemeinschaft. Für andere ist die Unterzeichnung der Erklärung die kirchenrechtliche Ratifizierung lang geübter Praxis. Und

1 Anerkennung der Taufe – Handreichung zum Ökumenischen Gottesdienst am 29. April 2007 im Dom zu Magdeburg

2 Taufe, Eucharistie und Amt – Konvergenzerklärungen der Kommission für Glauben und Kirchenverfassung des Ökumenischen Rates der Kirchen, Frankfurt 1982, 15

für wieder andere ist der heutige Akt ein bedeutsamer Schritt zu einem intensiveren Miteinander."

Tatsächlich gibt es schon zwischen vielen Kirchen eine gegenseitige Taufanerkennung auf bilateraler und multilateraler Ebene. So praktizieren die durch die Leuenberger Konkordie (1973) verbundenen Kirchen der reformatorischen Tradition in Europa (GEKE) eine gegenseitige Anerkennung der Sakramente. Noch früher, im Jahre 1931, verständigten sich Anglikaner und Alt-Katholiken im Bonn-Agreement auf eine Kirchengemeinschaft, die die wechselseitige Anerkennung der Taufe einschließt. Auch die russisch-orthodoxe und die anglikanische Kirche üben die Praxis der gegenseitigen Taufanerkennung. Die Reihe ließe sich fortsetzen. Deshalb ist der Schritt, der in Magdeburg vollzogen worden ist, für viele nichts Außergewöhnliches.

Auch in Deutschland sind auf regionaler Ebene Vereinbarungen vollzogen worden, die vor allem katholische Diözesen und evangelische Landeskirchen betrafen: in den 1970er Jahren in Mecklenburg und Hessen, 1990 zwischen dem damaligen Bischöflichen Amt Magdeburg und der Evangelischen Landeskirche Anhalts sowie der Evangelischen Kirchenprovinz Sachsen, zuletzt 1996 zwischen der Evangelischen Kirche im Rheinland und der Erzdiözese Köln sowie den Diözesen Aachen, Essen Limburg, Münster und Trier. Außerdem gibt es eine multilaterale Vereinbarung in Baden-Württemberg (1998). Sie wurde durch die regionale ACK in Baden-Württemberg angestoßen und umfasst eine erstaunliche Vielzahl beteiligter Kirchen: die Badische und Württembergische Landeskirche, die Erzdiözese Freiburg und die Diözese Rottenburg-Stuttgart, die Evangelisch-methodistische Kirche, die Griechisch-Orthodoxe Kirche, die Serbisch-Orthodoxe Kirche, die Altkatholische Kirche und die Selbständige Evangelisch-Lutherische Kirche. Schon bei dieser Vereinbarung beteiligten sich allerdings die Baptisten und die Heilsarmee – beides Kirchen der ACK Baden-Württemberg – nicht. Gerade unter diesem Aspekt ist es wichtig zu wissen, dass sich für die Arbeitsgemeinschaft Christlicher Kirchen auf lokaler, regionaler und nationaler Ebene, ebenso wie auf internationaler Ebene (Konferenz Europäischer Kirchen und Ökumenischer Rat der Kirche) die ökumenische Gemeinschaft auf der „Basis" des ökumenischen Rates aufbaut und nicht auf der wechselseitigen Taufanerkennung. Nicht umsonst hat sich Pastor Funck in seinem Grußwort genau darauf bezogen, als er feststellte: „[...] so wissen wir uns dennoch mit Ihnen verbunden als Gemeinschaft der Glaubenden im Bekenntnis zu Jesus Christus, unserem Herrn, ‚und trachten darum, gemeinsam zu erfüllen, wozu wir berufen sind, zur Ehre Gottes, des

Vaters, des Sohnes und des Heiligen Geistes' (Basis des ÖRK und der ACK)."[3] Die jetzige Taufanerkennung greift also auf schon bestehende Praxis zurück, stellt aber diese erstmals auf nationaler Ebene förmlich fest.

Der Anstoß zur wechselseitigen Taufanerkennung kam aus Rom. Auf der Vollversammlung des Päpstlichen Rates zur Förderung der Einheit der Christen im Jahr 2001 – Präsident ist Kardinal Walter Kasper – waren die Ergebnisse einer Umfrage zur wechselseitigen Taufanerkennung ein zentrales Thema. Die Diskussion des Einheitsrates, in der auch kontroverse Fragen im Zusammenhang des Taufverständnisses nicht ausgespart wurden, führte zu einer Anregung des Einheitsrates an die Bischofskonferenzen, weitere Initiativen wechselseitiger Anerkennung der Taufe zu ergreifen. In Deutschland wurde seit dem Jahre 2003 über einen gemeinsamen Anerkennungstext beraten, der nun denkbar knapp ausgefallen ist, das zentrale theologische Verständnis und die Taufhandlung beschreibt, aber bewusst auf weitere Ausführungen verzichtet. Der endgültige Text der Urkunde, die am 29. April unterzeichnet wurde, lautet:

Die christliche Taufe

Jesus Christus ist unser Heil. Durch ihn hat Gott die Gottesferne des Sünders überwunden (Römer 5,10), um uns zu Söhnen und Töchtern Gottes zu machen. Als Teilhabe am Geheimnis von Christi Tod und Auferstehung bedeutet die Taufe Neugeburt in Jesus Christus. Wer dieses Sakrament empfängt und im Glauben Gottes Liebe bejaht, wird mit Christus und zugleich mit seinem Volk aller Zeiten und Orte vereint. Als ein Zeichen der Einheit aller Christen verbindet die Taufe mit Jesus Christus, dem Fundament dieser Einheit. Trotz Unterschieden im Verständnis von Kirche besteht zwischen uns ein Grundeinverständnis über die Taufe.

Deshalb erkennen wir jede nach dem Auftrag Jesu im Namen des Vaters und des Sohnes und des Heiligen Geistes mit der Zeichenhandlung des Untertauchens im Wasser bzw. des Übergießens mit Wasser vollzogene Taufe an und freuen uns über jeden Menschen, der getauft wird. Diese wechselseitige Anerkennung der Taufe ist Ausdruck des in Jesus Christus gründenden Bandes der Einheit (Epheser 4,4–6). Die so vollzogene Taufe ist einmalig und unwiederholbar.

Wir bekennen mit dem Dokument von Lima: Unsere eine Taufe in Christus ist ‚ein Ruf an die Kirchen, ihre Trennungen zu überwinden und ihre Gemeinschaft

3 Anerkennung der Taufe

sichtbar zu manifestieren.' (Konvergenzerklärungen der Kommission für Glauben und Kirchenverfassung des Ökumenischen Rates der Kirchen, Taufe, Nr. 6)" [4]

Ausgehend von der auf der Basis der Lima-Erklärung entstandenen Tauftheologie hebt der Text die grundsätzliche theologische Bedeutung der Taufe hervor. Sie ist ein Geschenk der Einheit und zugleich Beauftragung, diese Einheit sichtbar zu machen.

Eine ganze Reihe von Fragen bleibt auch nach der wechselseitigen Anerkennung offen. Insbesondere die Frage der Sakramentalität und damit zusammenhängend der Einschätzung der ekklesiologischen Bedeutung der Taufe. Auch das Verhältnis von Taufe, Salbung, Firmung, Konfirmation und Zulassung zur Eucharistie muss noch genauer geklärt werden. [5] Die Kommission für Glauben und Kirchenverfassung listet die damit zusammenhängenden Fragen auf: „An Christen und Kirchen, die für die wechselseitige Anerkennung der Taufe eintreten, richten wir daher die Frage: Wieweit haben wir die Konsequenzen dieser Anerkennung gezogen, dieses gemeinsamen Bewusstseins, von Christus in Anspruch genommen zu sein und zum einen Leib Christi zu gehören? Was bedeutet diese Anerkennung für unser Leben miteinander? Wieweit kann sie uns zu gemeinsamen Bekennen, Gottesdienst und Zeugnis verhelfen?" [6] Die Anerkennung der Taufe als Ergebnis theologischer Dialoge ruft deshalb nach weiteren theologischen Klärungen.

Neben der Aufgabe, die vollzogene Taufanerkennung ins Leben der Kirchen einzupflanzen, sieht die Arbeitsgemeinschaft Christlicher Kirchen die vordringliche Aufgabe, das Gespräch mit den Kirchen weiter zu führen, die der Unterzeichnung nicht zugestimmt haben. Die Gründe und darum auch die Zugangsweisen sind sehr verschieden. Heilsarmee und Quäker z. B. kennen aus ihrer Tradition die Taufe nicht. Anders ist es bei den Kirchen täuferischer Tradition. Seit der Lima-Erklärung hat es einige bemerkenswerte Dialoge gegeben, die in der deutschen ökumenischen Öffentlichkeit kaum bewusst sind. In der Gemeinsamen Erklärung der lutherisch-mennonitischen Gesprächskommission zum Abschluss der Gespräche zwischen Vertretern der Vereinigten Evangelisch-Lutherischen Kirche Deutschlands (VELKD) und der Arbeitsgemeinschaft Mennonitischer Gemeinden in Deutschland (AMG) (1989–1992) werden grundsätzliche Übereinstimmung in der Bedeutung der Taufe (Zuspruch der Gnade Gottes, Hineinnahme in

---

4 Anerkennung der Taufe

5 siehe Raiser, Konrad, Gegenseitige Anerkennung der Taufe als Weg zu kirchlicher Gemeinschaft, ÖR 2004/3, 298 ff.

6 siehe Raiser, a. a. O., 206

Tod und Auferstehung Jesu Christi, Ruf zum antwortenden Glauben und in die Nachfolge, Aufnahme in die Gemeinschaft der einen Kirche Christi) genannt. Bemerkenswert ist, „dass die Taufe eine unwiderrufliche und unwiederholbare Handlung darstellt." [7]

Der innerkonfessionelle Diskurs ist differenziert und vielgestaltig. Auch die Kirchen der täuferischen Tradition lehnen die „Wiedertaufe" entschieden ab, sprechen allerdings von einer „Nicht-Anerkennung" der Taufe. Innerhalb der täuferischen Tradition ist aber auch darin keine Verallgemeinerung möglich. So gibt es durchaus baptistische und mennonitische Gemeinden, die die Säuglingstaufe z. B. bei einem Übertritt anerkennen, wenn das neue Gemeindeglied sie als Taufe bezeugt.

In der Erklärung der Europäischen Baptisten und der GEKE ist aber noch ein weiterer für diese Fragestellung wichtiger Abschnitt zu finden: „So ist die Taufe das Zeichen und das zentrale Ereignis der Initiation oder der Anfang des Christlichen Lebens, jedoch nicht das Ganze des Anfangs. Die Initiation ist nicht vollkommen, wenn die Taufe nicht durch die Buße und eine anfängliche christliche „Nahrung" (Unterweisung) begleitet wird, bis der Punkt erreicht wird, an dem ein Mensch Gott sein eigenes dankbares „Ja" sagen kann, an dem er zum Dienst in der Welt verpflichtet wird und zum ersten Mal am Abendmahl teilnimmt. Durch den ganzen Prozess der Initiation, dessen Fokus die Taufe ist, gehört der christliche Jünger unwiderruflich zu Jesus Christus und der durch dessen Tod und Auferstehung bewirkten Freiheit der Kinder Gottes". [8] Genau in dieser Weise hat der Principal des baptistischen Colleges an der Universität Oxford, der Baptist Paul Fiddes die Taufe in einen Prozess der christlichen Initiation eingeordnet, der auf dem Grundmuster von Unterweisung im Glauben, Taufe mit Wasser und Teilnahme am Leben der Gemeinde aufbaut. [9] Ebenso ist es auch in neueren Studien des ÖRK beschrieben. [10] Hier zeigt sich eine auf breiter Ebene neue Zugangsweise zur Tauftheologie, die viel versprechend

7 Taufgedächtnis und Glaubenserneuerung, Texte aus der ÖC Nr. 8, S. 42. Eine ebensolche Aussage findet sich in „Gemeinsam berufen, Frieden zu stiften". Bericht über den Internationalen Dialog zwischen der Katholischen Kirche und der Mennonitischen Weltkonferenz (1998–2003) (s. o.,52) und in der Erklärung „Der Anfang des christlichen Lebens und das Wesen der Kirche" (s. o., 46), in dem die Ergebnisse des Dialogs zwischen der Europäischen Baptistischen Föderation (EBF) und der Gemeinschaft Evangelischer Kirchen in Europa (GEKE) zur Lehre und Praxis der Taufe (2002–2004) festgehalten werden

8 s. o., 45

9 Fiddes, Paul, Baptism and the Process of Christian Initiation, in: Ecumenical Review Vo. 54, Nr. 1, 2002, 48f

10 siehe Raiser, a. a. O., 215

ist und neue Bewegung in einen schon lang währenden Dialog bringen kann. Dazu bedarf es sowohl eines innerbaptistischen Diskurses als auch weiterer zwischenkirchlicher theologischer Dialoge.

Neben Kirchen der täuferischen Tradition haben zwei altorientalische Kirchen der Taufanerkennung nicht zugestimmt, die Koptisch-Orthodoxe Kirche und die Syrisch-Orthodoxe Kirche. Dass sie zögerten, zu unterzeichnen, geht zurück auf eine schon in der Alten Kirche geführte Diskussion, die in der orthodoxen Kirche bis heute nicht einheitlich geklärt ist. Während Cyprian von Karthago die kategorische Grundposition vertrat „extra ecclesiam nulla salus", hielt Augustinus im Donatisten-Streit daran fest, dass auch eine von Schismatikern und Häretikern vollzogene Taufe gültig sei und bei der Aufnahme in die Kirche nur die ausdrückliche Abkehr von der Irrlehre, ein gültiges Glaubensbekenntnis und die Salbung vonnöten seien. Auch die orthodoxen Kirchen byzantinischer Tradition sind der Regel Cyprian gefolgt (anders zu meist die Russisch-orthodoxe Kirche, die sich an die westliche Sicht Augustinus anlehnte) und erkennen die Taufe anderer Kirchen allenfalls in der pastoralen Haltung des „kat oikonomian" an, nicht aber in der strengen „akribischen" Anwendung einer vollen Gültigkeit. Innerhalb der orthodoxen Theologie gibt es einen interessanten Diskurs, ob für die Anerkennung der Taufe die Ökonomie ein adäquates Theologoumenon sei. [11] Die Kommission der Orthodoxen Kirche hat „kat oikonomian" entschieden und für den Fall des Übertritts eines Christen/einer Christin in ihre Kirche pastorale Handlungsanweisungen erarbeitet, die vor allem Salbung und Teilnahme an der Heiligen Liturgie betreffen. [12]

Für die Arbeitsgemeinschaft Christlicher Kirchen in Deutschland ist die am 29. April 2007 vollzogene Taufanerkennung das Ergebnis vieler theologischer Gespräche, – auch innerhalb der ACK seit den 1950er Jahren. [13] Sie nimmt wahr, dass in vielen Kirchenordnungen und Taufliturgien maßgebliche Änderungen vorgenommen worden sind, die die Bedeutung von Taufe und Katechese hervorheben. In vielen Kirchenordnungen evangelischer Landeskirchen ist die Gleichstellung von Säuglingstaufen und Erwachsenentaufen erfolgt. Gottesdienste für Kleinkinder (Krabbelgottesdienste), Begleitung von Eltern und Paten bei der christlichen Erziehung, Erwachsenenkatechumenat u.v.m. sollen dazu dienen, dass die Taufe nicht in „einer

11 so Clapsis, E., in: Raiser,a. a. O., 210ff

12 Basdekis, Athansios, Die orthodoxe Kirche, Frankfurt 2007, 82f

13 Sie haben zum Beispiel in der Handreichung „Wir glauben, wir bekennen, wir erwarten. Eine Einführung in das Gespräch über das Ökumenische Glaubensbekenntnis von 381" ihren Niederschlag gefunden

offensichtlich unterschiedlosen Weise" [14] vollzogen wird. Umgekehrt haben sich einige Gemeinden täuferischer Tradition schon seit Jahren für die Aufnahme von Gemeindegliedern, die als Säuglinge getauft worden sind, geöffnet.

In vielen lokalen Arbeitsgemeinschaften sind Taufgedächtnisgottesdienste eine Regel geworden, so in großer Öffentlichkeit im Abschlussgottesdienst des Ökumenischen Kirchentages 2003 in Berlin. Die ACK hat zu dieser Gottesdienstform eine Arbeitshilfe herausgegeben, die gezielt Gemeindeglieder unterschiedlicher Tauftraditionen im Blick hat. [15]

Dass in Zukunft die in Magdeburg erfolgte wechselseitige Taufanerkennung den Gemeindegliedern bei ihrer Taufe vor Augen ist, ist nicht nur ein im wahrsten Sinne des Wortes frommer Wunsch. Sie sollte zur Taufkatechese hinzugehören. Die Anregung, auf die Taufurkunde die Kirchen aufzuführen, die die Taufe wechselseitig anerkennen, ist eine konkrete Anregung aus der weltweiten Ökumene, der sich die ACK nur anschließen kann.

14 Taufe, Eucharistie und Amt, § 21, Kommentar b, 17

15 Taufgedächtnis und Glaubenserneuerung. Anregungen für gemeinsame Gottesdienste von Christinnen und Christen aus unterschiedlichen Traditionen, Texte aus der ÖC Nr. 8, Frankfurt am Main 2005

Ablass und kein Ende?*

Am 31. Oktober 1517 veröffentlichte der Augustinermönch Martin Luther in Wittenberg ein Plakat mit 95 Thesen gegen den Ablass und lud zugleich zur akademischen Diskussion über die Thesen an der Universität Wittenberg ein.

Seine Thesen trafen den Nerv der Zeit. Sie wurden förmlich verschlungen, so dass Luther später zu Recht sagen konnte, dass sie in 14 Tagen fast ganz Deutschland durchlaufen hätten, „als wären die Engel selbst Botenläufer und trügens vor aller Menschen Augen". [1] Noch im Dezember 1517 wurden die Thesen in Nürnberg, Leipzig und Basel gedruckt. Der unbekannte Mönch und Professor im abgelegenen Wittenberg war in aller Munde und mit ihm das Datum 1517. Seitdem ist Reformationsgedenken durch die Jahrhunderte ein höchst interessantes Phänomen, wenn man sieht, wie das Gedenken an den Thesenanschlag eingefügt wird in die jeweilige Zeitdeutung für alle möglichen theologischen und politischen Wechselfälle der Geschichte unterschiedlicher deutscher Staaten. Diesmal haben die Evangelische Kirche in Deutschland (EKD) und in und mit ihr auch die lutherischen Kirchen das Jahr 2017 als die Ziellinie für einen umfänglichen Reformprozess der Kirche an „Haupt und Gliedern" ins Auge gefasst. Und die „Kirche der Freiheit", will den 500. Jahrestag als ihr Jubiläum feiern. Ich hoffe, sie tut dies mit ihren ökumenischen Partnern und Partnerinnen.

Vor diesem Hintergrund möchte ich genauer danach fragen, was es eigentlich mit dem 31. Oktober 1517 auf sich hatte. Dies ist auch eine Frage der Selbstvergewisserung, mit der ich eine Anfrage von Heike Schmoll zum Reformationstag 2003 in der FAZ ernst nehme. Sie wirft dem Protestantismus in weiten Teilen „die Auflösung von inhaltlicher Substanz in einer kurzlebigen Eventkultur" vor. Harter Tobak ist das, aber nicht unbegründet, denn was wird nicht alles auch in unseren Kirchen und Gemeinden um einer schnell verbrauchten öffentlichen Wahrnehmung willen getan und wie verbiegen wir uns, um nur ja nicht als abständig, von gestern oder gar nicht im Trend liegend zu erscheinen. Den Begriff Protestantismus nehme ich nicht auf, wohl aber beziehe ich die Anmerkung Schmolls auf die evangelische Kirche. Es ist in der Tat notwendig, dass sie sich ihrer eigenen Wurzeln wieder stärker besinnt und damit ihren Beitrag und ihr Profil in

* in: KNA-ÖKI 41, 7. Oktober 2008, 9–12

1 WA 51; 540,26

dieser Gesellschaft neu schärft. Wenn wir wissen, warum wir evangelisch sind, können wir zu Recht mit Selbstbewusstsein zum Miteinander in dieser Gesellschaft beitragen und sicher auch an der einen oder anderen Stelle Kritisches sagen. Dabei darf nicht übersehen werden, dass der Profilebegriff problematisch wird, wenn er ausschließen will, dass wir auf Grund neuerer Erkenntnisse und um der Liebe Willen auch selbst veränderungsbereit sein müssen. Er ist auch schwierig, wenn ihm ein Rückzug aus den ökumenischen Dialogen und Reanimation alter Kampflinien entspricht. Es geht vor allem darum, gerade wenn wir uns als Einheit in der Vielfalt verstehen, dass wir uns an den Stärken der anderen freuen können. Dies schließt allerdings nicht aus, dass es immer wieder zur Bearbeitung unerledigter Anfragen gerade zwischen der evangelischen und der römisch-katholischen Kirche kommen muss.

Eine dieser Anfragen hängt unmittelbar mit den Thesen vom 31. Oktober 1517 zusammen. Ich meine die Anfrage Luthers nach der Bedeutung des Ablasses.

War der Ablass ursprünglich eine von der Kirche auferlegte Bußleistung nach begangener Sünde, so konnte man später z. B. Vergebung aller Sünden durch Teilnahme an einem Kreuzzug erlangen. Als der päpstliche Hof in Geldnot geriet, reichte es dann, eine Geldsumme für den Kreuzzug zu spenden.

Als im Jahre 1515 der Mainzer Erzbischof Uriel von Gemmingen stirbt, folgt ihm der 24-jährige Albrecht von Brandenburg, der bereits Domherr in Mainz und Trier sowie Erzbischof in Magdeburg war. In doppelter Weise war damit gegen das Kirchenrecht verstoßen, durfte doch nur ein mindestens 30-Jähriger Bischof werden und nur in einem Bistum Bischof sein. Dass nun der Ökonomie in Gestalt des Bankhauses Fugger die heilende Rolle zufiel, wissen wir. Die Ämter Albrechts werden von Rom bestätigt und in Mainz, Magdeburg und den brandenburgischen Gebieten darf für acht Jahre ein vom Papst gebilligter Vollablass verkauft werden. Albrecht verwendete die Hälfte der Einnahmen, um das Bankhaus Fugger zu bedienen, die andere Hälfte diente für den Neuaufbau des Petersdoms in Rom.

In Kursachsen ist zwar der Ablass nicht erhältlich, aber viele Wittenberger ziehen dem Ablassprediger Johannes Tetzel ins Brandenburgische entgegen. Tetzels Handel hat üble Folgen für Kursachsen, der Heimat Luthers. Einmal verdunstet gutes kursächsisches Geld im Nachbarland, vor allem aber meinten viele Menschen nun für ihre Sünden „bezahlt" zu haben, von Buße als Zeichen innerer Reue ist keine Rede mehr. Im Oktober 1517 liest

Luther die Instruktionsschrift für Ablasshändler und nun mag ihm klar geworden sein, was dies für das Sakrament der Buße bedeutet.

Luthers Kritik am Ablasshandel

Luthers Kritik am Ablasswesen beschreibt das Zentrum seiner reformatorischen Erkenntnis: In Christus, Gottes Sohn, wahrer Mensch und wahrer Gott, wird uns – umsonst – von Gott Gerechtigkeit geschenkt. Sie kann nicht käuflich durch den Ablass erworben werden.

So sagt die wohl bekannteste erste These: „Da unser Herr und Meister Jesus Christus spricht: Tut Buße etc. will er, dass das ganze Leben seiner Gläubigen auf Erden eine (stete) Buße sei." Luther grenzt sich davon ab, als könne man Buße tun, indem man einen Ablass erwirbt. In These 36 schreibt er: „Ein jeder Christ, der wahre Reue und Leid hat über seine Sünden, der hat völlige Vergebung von Strafe und Schuld, die ihm auch ohne Ablassbrief gehört." Und er fährt in These 37 fort: „Ein jeder wahrhaftige Christ [...] ist teilhaftig aller Güter Christi und der Kirche, aus Gottes Geschenk, auch ohne Ablassbriefe."

Dies ist der Inhalt des Evangeliums und dies glaubt der Glaube und damit wird er gerechtfertigt: – aus Gottes Geschenk, sola gratia!

Die Gerechtigkeit entsteht also nicht aus unserem Handeln, sondern durch den Glauben an Christus. Sie wird geschenkt.

Wenn man sich dieses Zusammenhangs erinnert, bleibt einem rätselhaft, wieso zu Beginn des Paulusjahres der Vatikan wieder auf die Möglichkeit verweist, einen „vollkommenen Ablass" zu gewinnen. Bereits 1967 hatte Papst Paul VI. eine Ablass-Instruktion erlassen und wir erinnern uns der Irritationen, die die Ablässe in den Heiligen Jahren 1975, 1983 und 2000 in der Ökumene auslösten. Ehrlicherweise muss man allerdings darauf verweisen, dass die „modernen" Ablässe sich nur auf Sündenstrafen beziehen und „Vergebung der Sünde durch Reue und den Empfang des Bußsakraments" (O. H. Pesch) voraussetzen. Auch muss kein Katholik Ablässe gewinnen. Heilsnotwendig sind sie auch nicht und ein Element im Rechtfertigungsgeschehen ebenfalls nicht. Seit den grundlegenden Studien von Karl Rahner zu diesem Thema ist klar, dass es beim Ablass um eine Form der Frömmigkeit geht, die dem von seiner Sünde losgesprochenen Menschen helfen möchte, die Folgen seines sündigen Handelns aufzuarbeiten. Dazu begibt er sich mit dem Ablass in die Gemeinschaft der Kirche, die – falls es eine Liturgie zum Ablass gäbe – dann sinngemäß für ihn beten könnte: „Wir bitten für Menschen, die mit ihrem Leben und der Schuld, die sie auf sich geladen haben, nicht fertig werden können." Der Ablass, das haben wir zwischenzeitlich gelernt, ist ein Element katholischer Frömmigkeit. Dennoch erweckt der Begriff und die mit ihm verbundenen kirchenrechtlichen Aspekte, die nach wie vor in den Lehrbüchern der Dogmatik auftauchen, Assoziationen gerade bei Lutheranern, die einer um Empathie bemühten Ökumene nicht dienlich sind. Warum findet man katholischerseits nicht zu einer nachvollziehbaren und damit aktuellen Darstellung dessen, was theologisch gemeint ist? Oder ist das Thema absolut überholt? Zudem sind die Fragen, die Otto-Hermann Pesch, katholischer Theologieprofessor und Lutherforscher stellt, nicht obsolet:

„Eines wird dann allerdings gänzlich unklar: was denn bei all diesen Dingen, die zu den Selbstverständlichkeiten eines Christenlebens gehören sollten, noch ‚erlassen' werden soll! Das Wort ‚Ablass' und einige rudimentäre Sätze, die an alte Vorstellungen erinnern, hängen sachlich in der Luft. Und diese ‚Ablässe', von denen kaum noch zu sagen ist, was sie genau bedeuten, sind nun doch noch an bestimmte Bedingungen gebunden, die niemand anders als der Papst festlegt: Gebet nach ‚seiner Meinung', und das nur innerhalb ganz bestimmter Zeiten und an festgelegten Orten. Das ist der Punkt, wo man auch gegenüber der ‚gereinigten' und wieder ganz ‚personalistischen' Ablass-Lehre an die Fragen Luthers erinnern muss. Kann die Kirche mehr nachlassen als ihre eigenen Disziplinarstrafen? Kann sie – wie immer verstandene – göttliche Sündenstrafen erlassen? Kann sie dies sogar jenseits der Todesgrenze? Muss sie also um der Ablass-Theologie willen an irgendeiner Art von ‚Fegefeuer'-Vorstellung festhalten? Kann sie – tiefstes Problem in der theologischen Sackgasse – sich zutrauen, mit kirchlichen ‚Leistungen' Gott zu bestimmten ‚Gegenleistungen' der Barmherzigkeit zu verpflichten, der dann seinerseits als unerbittlich gerecht und allererst zur Milde zu bewegen vorgestellt wird? Kann somit der Papst letztlich bestimmen, wer und in welchem Ausmaß der Gnade Gottes teilhaftig wird und wer nicht? Zumindest eine letzte Rest-Verfügungsgewalt des Papstes über die Früchte der Buße ist auch in dem damaligen Text immer noch beansprucht – und das erregt Befremden nicht nur auf evangelischer Seite!"

Und nun also wieder Ablass!?

Ist das wirklich noch ein Thema, das Menschen in ihrer Suche nach dem Heil hilft?

Damals lief die Reformation wie ein Flächenbrand durch unser Land. Sie hat Emotionen geweckt, Gewaltakte provoziert, Kriege verursacht, aber auch die Herzen und Gewissen berührt – und das ganz und gar ohne Ablass. Ein einzelner Mensch stand auf, getrieben von der Suche nach dem gnädigen Gott, bewegt von seinen Gewissensqualen, aus seelischer Not, die ihn nicht mit sich, mit Gott und seiner Welt ins Reine kommen ließen. Ein einzelner Mensch erhob Einspruch um Gottes und der Menschen willen und um seiner Kirche auf den richtigen Weg zu helfen. Nicht aus Übermut geschah das, nicht aus Hochmut und Arroganz, sondern gerade aus einer Haltung heraus, nichts weiter als ein Knecht, als ein Zeuge Jesu Christi zu sein. Nur deshalb konnte er am Ende seines Lebens sagen: „Wir sind Bettler", Bettler vor Gott, aber keine Bettler, denen dieser Gott die Tür vor der Nase zuschlägt.

Die Reform der Kirche an Haupt und Gliedern, die Luther ausgelöst hat, war in keiner Weise kirchenpolitisch motiviert, sondern entsprang aus seiner Gewissensnot, hatte also seelsorgerliche Gründe. Die ihn quälende innere Not hatte für Luther Ausmaße, die ihn immer wieder an die Grenze von Leben und Tod brachten. Die Bilder seiner Zeit, uns noch auf manchem Gemälde, mancher Buchillustration und manchem Tafelbild zugänglich, setzen ihm zu: Teufel und andere Fratzen des Bösen sah er vor sich, es war ihm in solchen Situation so, als stünde der Untergang der Welt bevor. Aus dieser tiefen seelischen Not, aus dieser angsterfüllten Atmosphäre wurde er durch die reformatorische Erkenntnis des Heils in Christus – gewonnen aus dem Studium der Heiligen Schrift –, das umsonst, gratis, im Glauben geschenkt wird, befreit. Die Gesichter der Teufel waren danach nicht weg, die Bedrängnisse wurden nicht weniger, sondern verschärften sich sogar noch durch die politischen Umstände, aber er war ein anderer.

Ich denke, es ist an der Zeit dem Ablass in theologischer Auseinandersetzung nachzugehen. Im Paulusjahr und in der Lutherdekade ist dies eine reizvolle Aufgabe. Die Konferenz der Catholica-Beauftragten der VELKD hat übrigens im Vormonat mit dieser theologischen Auseinandersetzung begonnen.

Was hat die Gemeinsame Erklärung zur Rechtfertigungslehre gebracht?*

Im Jahr 1997, vor 10 Jahren also, konnte nach langen Beratungen die „Gemeinsame Erklärung zur Rechtfertigung" (GE) fertig gestellt werden. Es hat dann noch zwei Jahre mit unterschiedlichen ökumenischen Initiativen und manchen Irritationen gebraucht, bis am Reformationstag 1999 in Augsburg die „Gemeinsame offizielle Feststellung" (GOF) zur GE unterzeichnet und damit die GE bestätigt wurde. Ein Anhang (Annex) bemüht sich zusätzlich um weitere theologische Klärungen.

Die Erarbeitung und insbesondere die Bestätigung der GE 1999 waren mit großen Hoffnungen verbunden. In der Erklärung selbst drückt sich die Erwartung aus, dass der Konsens in Grundwahrheiten der Rechtfertigungslehre eine tragfähige Grundlage für die Klärung weiterer fundamentaler Differenzpunkte biete (Nr. 43). Ziel der ökumenischen Bemühungen ist nach der GOF, „zu einer Einheit in Verschiedenheit zu gelangen, in der verbleibende Unterschiede miteinander ‚versöhnt' würden und keine trennende Kraft mehr hätten"; und der Anhang hält fest, „dass keine kirchliche Lehre der Rechtfertigungslehre als ‚Maßstab oder Prüfstein des Glaubens' widersprechen darf." Der Generalsekretär des Lutherischen Weltbundes, Ishmael Noko, erklärte auf der Pressekonferenz zur Vorstellung der Dokumente am 11. Juni 1999, er hoffe auf positive Konsequenzen für die ganze christliche Familie und auf eine Stärkung des Geistes der Versöhnung vor Ort. Die theologische Arbeit habe bereits zum Abbau von Feindbildern geführt. Und Walter Kasper, damals noch Sekretär des päpstliches Einheitsrates, sagte in einer Ökumenischen Vesper am Vorabend der Unterzeichnung der GOF: „Ein neuer Anfang; Hoffnung ist möglich [...] Wir dürfen aus der Hoffnung leben, weil wir aus der Gnade leben dürfen."

Ich möchte die Frage nach dem Ertrag der GE in drei Richtungen beantworten: die ökumenische Situation in der Welt, die ökumenische Situation in Deutschland und das Verhältnis von wissenschaftlicher Theologie und Kirche.

---

* z. T. in: Zeitzeichen 10/2007

I. Die ökumenische Situation in der Welt

Die Hoffnungen, die Ishmael Noko für die ökumenische Situation auf Weltebene ausgesprochen hat, haben sich erfüllt. Hier fällt das Fazit durch und durch positiv aus. Im Sommer 2006 haben sich die Kirchen des Methodistischen Weltbunds der GE angeschlossen, und damit sind Konsequenzen für die christliche Weltfamilie, von denen Ishmael Noko sprach, sichtbar geworden. Aus lutherischer Sicht ist hier aber vor allem von der Bedeutung für die lutherischen Kirchen in der Diaspora zu sprechen. Anlässlich des ersten Jahrestages der GE haben viele Diasporakirchen, vor allem in Europa und Lateinamerika, von positiven Auswirkungen der GE berichtet. In Brasilien sei z. B. der bilaterale Dialog zwischen den Kirchen wieder aufgenommen worden und an der Basis sei eine große Offenheit für Kooperation zwischen Lutheranern und Katholiken erkennbar. Auch in Polen hat sich im Anschluss an die Unterzeichnung der GOF eine lutherisch/katholische Dialogkommission gebildet. In Italien wird nach der Unterzeichnung die kleine lutherische Kirche ökumenisch erheblich aufgewertet. Die Bestätigung der GE war Topmeldung in der säkularen Presse.

Zu der neuen ökumenischen Situation in vielen Ländern kommt die veränderte Wahrnehmung des Lutherischen Weltbunds durch die römisch-katholische Kirche. Erstmals ist es gelungen, zwischen Rom und Genf einen Dialog über ein zentrales theologisches Thema soweit voranzubringen, dass dieses in einer gemeinsamen Erklärung mündete, die von beiden Seiten rezipiert, also offiziell verabschiedet wurde. Das gab es vorher nicht. Dabei haben Vatikan und LWB auf Augenhöhe miteinander verhandelt, und es zeigt sich in den vergangenen Jahren, dass dieser Dialog auf Augenhöhe fortgesetzt wird.

Hinzu kommt, dass der Prozess, der zur GE geführt hat, auch innerlutherisch den Einigungsprozess vorangebracht hat. Das Selbstverständnis des LWB als communio, als Gemeinschaft, ist durch die gesteigerte ökumenisch-politische Position des LWB befördert worden.

Man kann also mit Fug und Recht sagen, dass die GE die Beziehungen zwischen den lutherischen Kirchen und der römisch-katholischen Kirche sowie auch weitere ökumenische Verhältnisse positiv beeinflusst hat. Vermutlich wäre der Schaden, den das im Jahr 2000 veröffentlichte Dokument „Dominus Iesus" ausgelöst hat, wesentlich höher ausgefallen, wenn es die GE nicht gegeben hätte.

II. Die ökumenische Situation in Deutschland

Blickt man jetzt auf die Situation in Deutschland, bekommt die Einschätzung eine etwas andere Nuance, was an zwei Dingen liegt: Auf der einen Seite ist die evangelische Kirche in Deutschland in etwa gleich stark wie die römisch-katholische, und wir sind bereits seit langem ökumenische Partner auf Augenhöhe. Was für viele Diasporakirchen in anderen Teilen der Welt als Quantensprung gefeiert wurde, nämlich von der römischen Weltkirche als Gesprächspartner überhaupt wahrgenommen zu werden, ist für uns hier nichts Neues mehr. Auf der anderen Seite repräsentieren die lutherischen Kirchen, die über den LWB an der GE beteiligt sind, nur etwa die Hälfte der Evangelischen in Deutschland, was dazu geführt hat, dass die reformierten und unierten Kirchen sowie die Freikirchen sich irgendwie zur GE verhalten mussten.

Zu beobachten war, dass auf Gemeindeebene das Interesse an Fragen der Rechtfertigungslehre zugenommen hat. Aus vielen Institutionen war zu hören, dass Referenten von Gemeinden und Kirchenkreisen angefordert wurden, damit sie erläutern, was dort in Augsburg unterzeichnet worden war. Durch den Akt von Augsburg und wohl auch durch die hitzige Diskussion darüber in den Medien ist Interesse für ein theologisches Thema geweckt worden, wie es nur selten zuvor der Fall gewesen ist.

Der Fortgang der ökumenischen Beziehungen in Deutschland ist seit 1997 bzw. 1999 von zwei scheinbar gegenläufigen Tendenzen geprägt:

Zum einen sind wir uns in Dankbarkeit bewusst, dass es hinter die GE kein Zurück gibt. Mit der GE ist ein fester Pflock in die Beziehung zwischen unseren Kirchen eingeschlagen, auf den wir uns immer wieder berufen können – also auch in solchen Zeiten und zu solchen Gelegenheiten, wo es manchmal schwierig ist und die Unterschiede deutlicher hervortreten als die Gemeinsamkeiten. Die GE macht uns dabei klar, dass uns wesentlich mehr miteinander verbindet als uns voneinander trennt.

Zum anderen steuern die ökumenische Praxis und teilweise auch die ökumenische Theologie seit „Dominus Iesus" auf beiden Seiten in Richtung einer Ökumene der Profile, in der wieder stärker die eigenen Traditionen betont werden. Man könnte beinahe den Eindruck gewinnen, als sei dies ein gewisses Zurückschrecken gegenüber dem mutigen Sich-Vorwagen hin zur GE. Auf beiden Seiten ist zu beobachten, dass es ein Bemühen gibt, die Kritiker einer „weichen" Ökumene wieder stärker einzubinden.

Vermutlich handelt es sich dabei um Anzeichen eines ganz normalen Vor und Zurück. Solange – wie bei der Echternacher Springprozession – der

Weg insgesamt eher nach vorne geht, ist es gut und muss nicht zu allzu großer Sorge Anlass geben.

III. Das Verhältnis von wissenschaftlicher Theologie und Kirche

Eher Anlass zur Sorge geben die Spannungen, die durch den Prozess der GE zwischen den Kirchenleitungen und der wissenschaftlichen Theologie entstanden sind. Wenn über 200 Hochschullehrer und -lehrerinnen gegen die GE optieren, die Kirchenleitungen aber in ihrer Mehrheit dafür, so zeigt dies, dass ein tiefer Riss in einer Beziehung entstanden ist, die für beide Seiten lebenswichtig ist. Dass dieser Riss immer noch vorhanden ist, kann man an der jüngsten Debatte über die Ordination erkennen, wo es eine ähnliche Scheidelinie gibt: Während die meisten Landeskirchen gut mit dem VELKD-Papier leben können, waren viele akademische Theologen und Theologinnen eher ablehnend.

Wie ist dieser Riss zu kitten? Meines Erachtens müssen breiter, als dies bisher geschehen ist, die Vertreter und Vertreterinnen der akademischen Theologie in die ökumenische Debatte eingebunden werden. Es kann sein, dass die Ökumene zu lange von einer sich wenig verändernden Gruppe von Spezialisten auf beiden Seiten gepflegt worden ist, die mittlerweile eine gewisse Hermetik entwickelt hat, also für Nicht-Eingeweihte eher verschlossen ist. So kommen Konsens-Dokumente zustande, die vielleicht den Konsens in einer bestimmten Dialogkommission widerspiegeln, nicht aber einen wirklichen Konsens in Theologie und Kirchen. Dass dies immer klarer hervortritt und dass damit auch die Ökumene ein ganzes Stück realistischer wird, ist der Gewinn der Ökumene der Profile.

Hinzu kommt, dass möglicherweise in der GE die Methode des differenzierten Konsenses an einen Höhe- aber auch an einen Endpunkt gelangt ist. Dass es mit dieser Methode in zentralen Fragen wie dem Kirchenverständnis und der Frage nach dem Sündersein des Gerechtfertigten nicht weitergegangen ist, zeigt mir, dass wir vielleicht anders fragen bzw. an anderer Stelle ansetzen müssen. Seit einiger Zeit schlage ich deshalb vor, über ökumenische Hermeneutik zu sprechen, das heißt, über die Frage, mit welchem Instrumentarium wir künftig Dialoge führen. Außerdem sollten wir thematisieren, was es theologisch bedeutet, dass wir praktisch auf vielen Feldern ausgezeichnet zusammenarbeiten. Für solche künftigen Dialoge brauchen wir die wissenschaftliche Theologie. Sie sei hiermit herzlich eingeladen, sich am ökumenischen Dialog zu beteiligen.

Zu fragen ist auch: Welche Konsequenzen hat es, wenn wir von versöhnter Verschiedenheit sprechen? Verbergen sich hinter den Verschiedenheiten doch immer noch Gegensätze? Welchen Ort hat die Lehre des Glaubens und wie lässt sich das Verhältnis der Lehre zum Leben bestimmen?

IV. Fazit

Als vor 10 Jahren die GE fertig war und auch veröffentlicht wurde, und als die Debatte über die Tragfähigkeit der GE eingesetzt hat, war ich zunächst skeptisch. Was bringt eine Erklärung zur Rechtfertigungslehre, in der keine Einigkeit im Menschen- und Sündenverständnis besteht? Heute sehe ich dies aus kirchenleitender Position und in meiner Funktion als Catholica-Bischof der VELKD anders. Ich sehe, was die GE für die vielen Kirchen in der Diaspora bedeutet; und ich bin froh, dass wir uns in unserem ökumenischen Miteinander mit der römisch-katholischen Kirche vor Ort stets auf die GE beziehen können. Mit der GE ist ein von beiden Seiten offiziell bestätigter gemeinsamer Punkt erreicht, hinter den es kein Zurück gibt, von dem aus – im Gegenteil – der Weg weiter nach vorne gehen wird.

Theologie der Selbstisolierung*

Ist die Ökumene am Ende? Wer das jüngste Schreiben aus dem Vatikan liest, könnte diesen Eindruck gewinnen. Denn die „Antworten auf Fragen zu einigen Aspekten bezüglich der Lehre über die Kirche“ zeigen eine Theologie der Selbstisolierung. Wie vor sechs Jahren in dem Papier „Dominus Iesus“ bestreitet die Glaubenskongregation den evangelischen Kirchen erneut ihr Kirchesein. Ihnen fehle die historische Kontinuität im Bischofsamt und damit ein anerkennungswürdiges Pfarramt, heißt es. Deshalb könnten die evangelischen Kirchen auch kein gültiges Abendmahl feiern.

Aus evangelischer Perspektive ist dieses neue Dokument brüskierend und lässt sich nur als vertane Chance bezeichnen. Es wirkt hart und kalt und wird die ökumenische Gemeinschaft zwischen den offiziellen Kirchen erschweren. Es erregt Befremden, weil die Gleichsetzung einer verfassten Kirche mit der geglaubten Kirche Jesu Christi für die Kirchen der Reformation undenkbar ist. In allem wird außerdem deutlich, dass sich die offizielle römisch-katholische Lehre immer weiter von den ökumenischen Realitäten entfernt, die in vielen evangelischen und katholischen Gemeinden an der Tagesordnung sind.

Wenn aber die Ökumene aufgrund eines solchen Papiers am Ende wäre, dann hätte sie es wahrlich verdient. Jeder, der die Situation etwas genauer kennt, spürt dem Papier ab: Es ist eines der letzten verzweifelten Rückzugsgefechte vatikanischer Hardliner gegen eine täglich größer werdende Zahl von Theologen und „Laien“, die unaufhaltsam auf dem Weg der Annäherung voranschreiten. Schon der dem Papier beigegebene Kommentar scheint aus einer anderen theologischen Welt zu stammen. Und in den Erläuterungen, die Kardinal Lehmann ihm gibt, werden die Evangelischen schon wieder „Kirche“ genannt.

Es ist allerdings bedrückend, dass im Vatikan eine Theologie getrieben wird, die offenkundig den Anschluss an die üblichen Standards der theologisch-philosophischen Wissenschaft verloren hat. Denn zur Wissenschaftlichkeit gehört das Eingehen auf die hermeneutischen und theologischen Grundsätze der Partner. Ist die Angst im Vatikan vor der modernen Welt wirklich so groß, dass man dazu unfähig ist? Der Papst hat es doch mit seinem Jesus-Buch vorgemacht. Kann man nicht über Wesen und Auftrag

* In: „Die Welt“ 13. Juli 2007

der Kirche ebenso frei diskutieren, wie er es über den Herrn der Kirche anregt?

Es hat nichts mit Relativismus zu tun, wenn Evangelische die römisch-katholische Kirche anerkennen. In rechter Weise predigt sie das Evangelium und spendet die Sakramente. Das ist die Grundlage evangelischer Lehre. Der neue Text aus dem Vatikan macht deutlich, dass wir über solche Grundlagen miteinander reden müssen. Und wir werden darüber reden, weil die Ökumene keinesfalls am Ende ist. Nicht zuletzt deswegen, weil viele Katholiken die evangelischen Gemeinden als echte Kirchen-Gemeinden wahrnehmen. Diese Ökumene des Lebens an der Basis ist von ihrer Dynamik her nicht zu unterschätzen.

Das Bischofsamt – evangelisch-lutherische Überlegungen*

Die Reformation Martin Luthers hat das althergebrachte Verständnis des Bischofsamtes charakteristisch verändert. Das lässt sich auch ablesen aus den Bestimmungen meiner Braunschweiger Heimatkirche. Laut Kirchenverfassung ist der Landesbischof ordinierter Inhaber eines kirchenleitenden Amtes. Er „wacht darüber, dass in der Landeskirche der Auftrag Jesu Christi erfüllt wird" und ist „zum seelsorgerlichen Dienst an den Mitarbeitern bereit" (KVerf, Art. 70). Damit gehören zu den Aufgaben seines Leitungsamtes, zu ordinieren, für Visitationen zu sorgen, auf notwendige Reformen der Kirche zu achten, die Verbindung mit anderen Kirchen zu pflegen und das ökumenische Bewusstsein in der Landeskirche zu stärken (ebd.).

Das Bischofsamt wird vom Amt überhaupt her verstanden. Im Augsburger Bekenntnis, einem der Grundtexte der Reformation, bekennen evangelische Christen, dass Gott, um den Glauben zu wecken und zu erhalten, das Amt eingesetzt hat, durch das das Wort Gottes verkündet wird und die Sakramente gefeiert werden (CA 5). Trotz der daraus folgenden besonderen Bedeutung des Amtes steht es für Lutheraner nicht auf derselben Ebene wie Wort und Sakrament, sondern es ist jenen dienend zugeordnet. Dies kann folgendermaßen präzisiert werden: Da es die Aufgabe – also Amt im weitesten Sinne des Wortes – der ganzen Kirche ist, die frohe Botschaft weiterzugeben und da die „communio sanctorum" nicht die Vollmacht hat, darüber zu entscheiden, ob das Evangelium in Wort und Sakrament überhaupt verkündet werden solle, deshalb ist das institutionalisierte, öffentliche Amt eingesetzt, um die Ausübung dieser beiden Heilsmittel, die die Kirche konstituieren, sicherzustellen. In diesem Sinne und nur in diesem Sinne braucht die Kirche das ordinierte Amt.

Wie nun das Bischofsamt zu verstehen sei, wird in der lutherischen Bekenntnistradition an keiner Stelle systematisch umfassend geklärt. Zugleich wird deutlich, dass man die bischöfliche Verfassung nicht aufzuheben gedachte. Die Reformatoren haben ein übergeordnetes geistliches Amt von Anfang an für weiterhin nötig gehalten: „Nach göttlichem Recht besteht deshalb das bischöfliche Amt darin, das Evangelium zu predigen, Sünden zu vergeben, Lehre zu beurteilen und die Lehre, die gegen das Evangelium ist, zu verwerfen [...] Und hierin sind die Pfarrleute und die Kirchen den Bischöfen gehorsam zu sein schuldig gemäß dieses Spruches Christi

* Beitrag für: Kirche + Leben. Bistumszeitung Münster vom 11.5.2008

Lukas 10: ‚Wer euch hört, der hört mich.' Wenn die Bischöfe aber etwas gegen das Evangelium lehren, festsetzen oder einrichten, haben wir Gottes Befehl, in einem solchem Fall nicht gehorsam zu sein" (CA 28). [1] Wie bereits in der Alten Kirche wurden die Bischöfe verstanden als „Verkörperung a) der Bande der Einheit zwischen den Ortskirchen durch die Aufrechterhaltung der eucharistischen Gemeinschaft, b) der Kontinuität der apostolischen Lehre und c) einer kooperativen Aufsicht über die Kirchen" – zu diesem Ergebnis kommt die so genannte Erklärung von Lund des Lutherischen Weltbundes, mit der seit März letzten Jahres erstmals ein offizieller Text vorliegt, der das moderne lutherische Verständnis zum Aufsichtsamt formuliert (Lund § 15).

Doch unterscheidet sich diese bis heute gegebene Wertschätzung des Bischofsamtes in großen Teilen des Luthertums von einem Verständnis derjenigen römisch-katholischen Theologen, die das Bischofsamt „in einem sakramentalen, d. h. in einem das Wesen des Heilshandelns Gottes sowie in analoger Weise in einem das Wesen der Kirche widerspiegelnden Sinne" [2] verstehen wollen. Die ökumenisch entscheidende Frage lautet: Ist eine bestimmte Amts"form" für die Kirche konstitutiv? Während nach traditionellem römisch-katholischen Verständnis die geschichtlich gewordene Aufgliederung in ein dreigestuftes Amt mit einem Bischof in historischer Sukzession an der Spitze als „göttliche Einsetzung" verstanden wird, gehört nach Überzeugung der Lutheraner eine konkrete Gestalt des Amtes – im Gegensatz zum Amt selbst – nicht zu den Konstitutiva der Kirche Jesu Christi. Sie sprechen daher von dem „Einen" Amt, welches gleichwohl funktional ausdifferenziert werden kann und muss. Auch die Bischöfe waren und sind Inhaber dieses Einen Amtes. Das Bischofsamt ist wie das lokale Pfarramt im „ministerium verbi divini" gegründet, wenn gleich ihm besondere überregionale Aufgaben zukommen, wie wir an der Braunschweiger Kirchenordnung gesehen haben (Dienst an der Einheit, Ordinationen etc.). Beide, überregionales Bischofsamt aber auch lokales Pfarramt, haben auf verschiedene Weise an der Leitung der Kirche teil, sind somit Teil der „episkopé". Ebenso ist man sich binnenlutherisch einig, dass darüber hinaus auch berufene Laien und v. a. Synoden kirchenleitende Funktionen wahrnehmen können und sollen. Auch in diesen presbyterialen und synodalen Strukturen sehen Lutheraner also die Möglichkeit, die apostolische Konti-

1 Die Bekenntnisschriften der evangelisch-lutherischen Kirche. Ausgabe für die Gemeinden, hrsg. vom Lutherischen Kirchenamt, 1987, 110

2 Lüning, Peter, Das ekklesiologische Problem des ‚subsistit in' (LG 8) im heutigen ökumenischen Gespräch, in: Cath (M) 52 (1998), 20, Anm. 76

nuität der Kirche zu wahren, und es wird auch in Zukunft ihr Streben sein, den römisch-katholischen Partner von deren Legitimität zu überzeugen.[3]

Weil für die lutherischen Kirchen die konkrete Gestalt des regionalen geistlichen Amtes und der „episkopé" nicht göttlichen Rechtes ist, können sie an ökumenischen Dialogen mit großer Offenheit teilnehmen. Zugleich werden sie aber unmöglich strukturelle oder dogmatische Veränderungen akzeptieren, die den Eindruck erwecken, dass sie nicht in der Kontinuität und Apostolizität der einen Kirche stehen und dass ihre Ämter null und nichtig waren oder sind. Diese Überzeugung erklärt die Reaktionen auf die Erklärung „Dominus Iesus" und die Nachfolgeveröffentlichung der Glaubenskongregation aus dem letzten Jahr. Die Aussage, dass kirchliche Gemeinschaften, die den aus römisch-katholischer Sicht gültigen Episkopat nicht bewahrt haben, „nicht Kirchen im eigentliche Sinn"[4] sind, impliziert, dass es für Kirchen ohne apostolische Sukzession im römisch-katholischen Sinne unmöglich ist, die volle Apostolizität der Kirche bewahrt zu haben. Dies ist ein Verständnis, das Lutheraner nicht teilen. Apostolizität wird nach lutherischem Verständnis auf andere Weise gewahrt: Weil das „Amt der „episkopé" mit seiner besonderen Verantwortung für Einheit und Wachstum der Kirche … in den Kontext der Sendung der Kirche als des ganzen Gottesvolkes gestellt" ist (Lund § 27), wird die Weitergabe dieser Sendung von den lutherischen Kirchen einhellig als apostolische Sukzession im Sinn der Wahrung der Kontinuität der Verkündigung der Kirche verstanden. Mag man sich also zunächst vor allem aus einer organisatorischen Notsituation heraus über die fehlende Sukzession in der Bischofsweihe hinweggesetzt haben, so bleibt doch maßgeblich, dass durch die Taufe jeder Einzelne in die Tradition gerufen wird und in Wort und Leben an der apostolischen

3 Vielleicht bietet die Lehre der römisch-katholischen Kirche selbst einen entscheidenden, offenbar in Vergessenheit geratenen Anhaltspunkt, der es ihr erlauben könnte zu akzeptieren, das dreigliedrige Amt nicht als die einzig zwingende Form des Amtes und damit als notwendige Voraussetzung zur Einheit zu betrachten. Denn Lumen Entium § 28 besagt gerade nicht, dass die Aufgliederung des Amtes auf göttliche Einsetzung zurückgeht. Vielmehr heißt es in der Kirchenkonstitution, dass das aus göttlicher Einsetzung (divinitus institutum) kommende kirchliche Dienstamt seit alters her (ab antiquo) in verschiedenen Ordnungen ausgeübt wird. Für das Zweite Vatikanische Konzil ist also genau genommen die Dreiteilung Kirche eine geschichtliche Kategorie – wenngleich eine, die sich auf die Anfänge der Kirche zurückführen lässt. Von der göttlichen Setzung des Amtes selbst wird sie hingegen unterschieden. Bringt man diese Einsicht stärker in die Gespräche ein, könnte die Diskrepanz vielleicht zwischen beiden Konzeptionen an Bedeutung verlieren

4 Kongregation für die Glaubenslehre, Erklärung Dominus Iesus. Über die Heilsuniversalität Jesu Christi und der Kirche, 2000, § 17

Sukzession der Kirche teilnimmt. Weil die Reformatoren diese Form der Sukzession für gefährdet hielten, stritten sie für die Erneuerung der Kirche in Kontinuität zum Evangelium der Apostel. So scheint der Weg hin zu einem Verständnis der apostolischen Sukzession der Einheit der Kirche dann zu dienen, wenn man sie von einer Engführung auf das ordinierte Amt befreit. In diesem Sinne definiert Reinhard Frieling: „Dass die Apostel Nachfolger in ihr spezielles und übergemeindliches Amt eingesetzt haben, ist nirgends bezeugt. Wohl aber haben Paulus und vermutlich andere Apostel durch Handauflegung für Gemeindeämter wie das der Episkopen und Presbyter gesorgt. ‚Apostolizität' und ‚apostolische Sukzession' sind in diesem Sinne der Kirche insgesamt zu Eigen." [5] Im Dienste der so verstandenen apostolischen Sukzession steht nicht zuletzt das Bischofsamt, denn es trägt maßgeblich Verantwortung dafür, die Tradition zu bezeugen und jeder Generation neu mit Vollmacht zu verkündigen. Allerdings öffnen sich Lutheraner in der neueren ökumenischen Diskussion der Idee, dass die „personale episkopé" in Gestalt eines durch Handauflegung eingeführten Bischofs „als ein Zeichen, jedoch nicht als eine Garantie der Kontinuität und Einheit der Kirche" oder als „Mittel, Einheit und Kontinuität der Kirchen [...] sichtbarer zu machen" verstanden werden kann. [6]

Doch ist zu betonen, dass die Handauflegung bei der Einsetzung eines Bischofs kein besonderes Charisma bewirkt, sondern nur die Gnadenwahl in der Taufe bestätigt und zu einer bestimmten Aufgabe bevollmächtigt. Entsprechend sieht die Agende der VELKD zur Einführung eines Bischofs in sein neues Amt Handauflegung und Gebet vor und beschreibt damit nicht die sakramentale Übereignung neuer Gaben, sondern die nachdrückliche Vergewisserung des Ordinationsversprechens verbunden mit Sendung und Segnung für diesen besonderen Dienst. Ausdrücklich befiehlt die Agende den neuen Bischof der Gemeinschaft der Heiligen an: „Steht ihm bei. Betet für ihn. Bedenkt, dass wir alle zum Zeugnis und Dienst in der Welt berufen sind." [7]

Das evangelisch-lutherische Bischofsamt wird sich also vornehmlich daran messen lassen, ob es gelingt, Menschen an Wort und Leben der apostolischen Tradition teilhaben zu lassen und ob es gelingt in dieser Welt in

5 Frieling, Reinhard, Amt, Bensheimer Hefte 99, Göttingen 2002, 23

6 Taufe. Eucharistie und Amt. Konvergenzerklärung der Kommission für Glaube und Kirchenverfassung des ÖRK, 1982, § A 38 und Die Porvooer Gemeinsame Feststellung 1992, § 53

7 Agende für evangelisch-lutherische Kirchen und Gemeinden, hrsg. von der Kirchenleitung der VELKD, Bd. 4, Ordination und Einsegnung, Einführungshandlungen Einweihungshandlungen, Hannover 1987, 83

aller Eindeutigkeit erkennbar zu sein und Rechenschaft abzulegen. Denn nur dann werden wir die apostolische Tradition so bezeugen können, dass sie in Kontinuität mit der Sendung der Jünger Jesu zu stehen vermag und der Einheit der Kirche dient.

Das mehrfach erwähnte Lund-Papier schließt damit, die Kirche an ihre uralte Verpflichtung zu erinnern, sich für die Schwachen und Hilfebedürftigen zu engagieren. Dass dieser Auftrag unmittelbar an das Bischofsamt gebunden wird, gibt dem diakonisches Bemühen nicht nur zentrale Bedeutung für die Erkennbarkeit christlichen Lebens an sich, sondern beschreibt auch, worauf bischöfliches Leitungshandeln im 21. Jahrhundert gerichtet bleiben muss, wenn es sich nicht in der Beschäftigung mit sich selbst und den kirchlichen Institutionen und Organen verlieren will. Wenn auch sicherlich die römisch-katholische Kirche bischöflichen Amtsträger*innen* nicht zustimmen kann, so sollte doch diese Passage in allen Kirchen zustimmungsfähig sein, jenseits aller noch verbleibenden amtstheologischen Kontroversen:

„Bischöfliche Amtsträger und Amtsträgerinnen sind berufen, Demut und Schlichtheit vorzuleben. Ihr Amt zeichnet sich nicht durch Herrschaft über andere, sondern durch den Dienst aus, der sich derer, die am Rand der Gesellschaft stehen, klar bewusst ist. Von bischöflichen Amtsträgerinnen und Amtsträgern wird erwartet, dass sie im liturgischen Leben der Kirche fest verwurzelt sind, indem sie regelmäßig selbst Wort- und Sakramentgottesdienste leiten sowie Prozesse der liturgischen Erneuerung unterstützen. Sie müssen die nötige Zeit und den nötigen Raum für persönliches Gebet, Lernen und Erholung schaffen und damit auch ein so notwendiges Beispiel für alle Ordinierten wie auch Laien geben." (Lund § 63)

Ökumenische Anfragen an die alte Messe und die Karfreitagsfürbitte*

1. Mögliche Gründe für den Erlass des Motu Proprio „Summorum Pontificium"

Am 7. Juli 2007 wurde das Motu Proprio Benedikts XVI. „Summorum Pontificium" – über den Gebrauch der römischen Liturgie aus der Zeit vor der Reform von 1970 [1] veröffentlicht, welches die Feier der Messe im tridentischen Ritus in der von Johannes XXIII. 1962 revidierten Fassung wieder zuließ. Diese ist also bereits selbst ein Reformprojekt, das von den Anliegen bestimmt ist, die auch nach dem Konzil weiter verfolgt wurden. Nur sie war eine Reform im Rahmen der hergebrachten Liturgie, wohingegen die Messform von 1970 eher die Umsetzung von liturgietheologischen Einsichten, die in manchen Punkten im Gegensatz zum Hergebrachten verwirklicht wurden, darstellt. Eine Abkehr vom Zweiten Vatikanischen Konzil allerdings bedeutet das Bekenntnis zur Messe von 1962 nicht.

Da es Aufgabe des Papstes ist, die liturgischen Regeln und Formen der katholischen Kirche zu bestimmen, wurde dieses päpstliche Dokument vornehmlich als eine innerkatholische Angelegenheit betrachtet. Aber natürlich fragten auch wir uns: Was hat den Papst zu diesem Schritt bewogen? Und welche Auswirkungen wird es auch im Hinblick auf die ökumenische Praxis haben?

Als Catholica-Beauftragter der VELKD habe ich vor deren Synode in Goslar am 22.10.2007 hierzu eine Stellungnahme abgegeben. [2] An dieser Ersteinschätzung aus dem Jahr 2007 hat sich nichts geändert. Hat man die wahrscheinlichen Beweggründe des Papstes im Blick, dann mag es zunächst verständlich erscheinen, beide Riten freizugeben und auf diese Weise traditionsbewusste wie traditionalistische Kreise an die römisch-katholische Kirche zu binden. Weiter kann man diese Entscheidung des Papstes auch als einen Beitrag zu einer größeren Pluralität innerhalb der katholischen

* In: KNA-ÖKI 27/2008

1 Verlautbarungen des Apostolischen Stuhls 178 (2007)

2 Eine erste öffentliche Kommentierung erfolgte am 18.8.2007 während des Forums „Auf dem Weg zur Einheit" in Nürnberg. Siehe: Weber, Friedrich, Wir brauchen endlich eine verbindliche Vergewisserung des Erreichten, in: epd-Dokumentation 37/2007 vom 4.9.2007, 12

Kirche sehen, in der ja konservative und eher progressive Gemeinden nebeneinander existieren.

Das Motu Proprio kann auch als eine kleine ökumenische Geste an die Ostkirchen verstanden werden. Aus ihnen kam von Anfang an Kritik an der Liturgiereform. Die Zulassung des Ritus von 1962 kommt den Anliegen der Ostkirchen entgegen und berücksichtigt gleichzeitig auch die liturgischen Ansätze des Theologen Joseph Ratzinger, der bereits als Theologieprofessor und später auch als Kardinal Kritik an der 1970 erfolgten Umakzentuierung der Liturgie geübt hat.

Es fiel auf, dass die deutschen katholischen Bischöfe verhalten reagierten. Auf ihrer Herbstvollversammlung 2007 in Fulda waren sie sich weitgehend einig darüber, dass von einem nennenswerten Bedürfnis nach der tridentinischen Messe nicht die Rede sein könne, dass in der Praxis angesichts des Priestermangels es kaum möglich sei, zweierlei Gottesdienste anzubieten und dass sich kaum Priester finden, die in der Lage seien, im alten Ritus zu zelebrieren. Mittlerweile haben viele Diözesen Ausführungsbestimmungen erlassen und Orte bestimmt, wo der alte Ritus zelebriert werden kann. [3]

2. Anfragen

Das Motu Proprio regelt in Artikel 1, dass „das von Paul VI. promulgierte Römische Messbuch“ die „ordentliche Ausdrucksform der „Lex orandi“ der katholischen Kirche des lateinischen Ritus“ sei. „Das vom heiligen Pius V. promulgierte und von Johannes XXIII. neu herausgegebene Römische Messbuch hat hingegen als außerordentliche Ausdrucksform derselben ‚lex orandi‘ zu gelten [...] Diese zwei Ausdrucksformen der ‚lex orandi‘ der Kirche werden aber keineswegs zu einer Spaltung der ‚lex credendi‘ der Kirche führen; denn sie sind zwei Anwendungsformen des einen Römischen Ritus“.

Beide Formen, so wird betont, bezeugen authentisch den Glauben der Kirche. Aber bei genauerem Hinsehen stellt man fest, dass beide Messbücher in ökumenisch relevanten Fragen unterschiedliche, teils gegensätzliche Akzente setzen. So stellt sich nicht nur für evangelische Christen die Frage, welche dieser Akzente die Maßgeblichen sind. Auf diesem Hintergrund seien drei Anfragen formuliert.

3 Den Versuch einer Sondierung der Positionen hinsichtlich „alter“ und „neuer“ Messe macht Albert Gerhards in: Gottesdienst 2007, Heft 8

2.1. *„Oremus pro haereticis et schismaticis" oder: „Oremus pro universis fratribus in Christum credentibus"? Anfragen an die Karfreitagsbitte für die Einheit der Kirche*

Sehr deutlich hat sich die angesprochene Problematik in der Diskussion um die Karfreitagsbitte für die Juden gezeigt. Die Karfreitagsbitte „Für die Juden" im römisch-katholischen Messbuch wurde in ihrer mittelalterlichen Form aber auch in der Fassung von 1962 als Ausdruck christlichen Antijudaismus verstanden. 1970 kam es zu einer Neufassung ohne Formulierungen, die auf eine Bekehrung der Juden zielen. Im Sommer 2007 wurde mit dem Motu Proprio der Ritus von 1962 wieder als außerordentliche Form zugelassen. Viele Juden äußerten die Sorge, dass die alte Bitte wieder verwendet werden könnte. Daraufhin hat Papst Benedikt XVI. am 4. Februar 2008 eine Neufassung für den außerordentlichen Ritus von 1962 vorgelegt. Jüdischerseits wird auch diese als gewaltiger Rückschritt im Blick auf das bisher im Dialog Erreichte bewertet. Der Gesprächskreis „Juden und Christen" beim Zentralkomitee der deutschen Katholiken hat in seiner Stellungnahme vom 29. Februar 2008 folgende Bewertung der neuformulierten Fürbitte abgegeben: „Sie trifft jenen Nerv, der für Juden, gleich welcher religiösen Richtung, an ein historisches Trauma rührt: Bekehrung zum Glauben an Jesus Christus! Denn das Gebet für die Juden hatte seit dem Mittelalter am Karfreitag zu harten Demütigungen und gefährlichen Ausschreitungen gegen die [...] Juden geführt." [4] Der Gesprächskreis hält zudem fest, „[...] dass die Fürbitte Benedikts XVI. ein Rückschritt hinter die Fürbitte von Papst Paul VI. ist und hinter die wegweisenden Worte und Gesten von Papst Johannes Paul II. zurückgeht."

Entsprechend dem Motu Proprio von 2007 bleibt der nachkonziliare Ritus von 1970 zwar die Regel, aber es wird betont, dass beide Formen authentisch den Glauben der Kirche bezeugen. Kritisch zu fragen ist, ob – trotz aller exegetischen Arbeit gerade an Römer 9 – nun wieder gilt, dass das „Ja" der Juden zu Jesus Christus – wann auch immer – die Bedingung für ihr Heil ist? [5] Oder gibt es zwei Heilswege: Für die Völker mit dem

4 http:/www.zdk.de/pressemHe4ft 8

5 Zum Ganzen: Weber, Friedrich, An Wunder glauben – 60 Jahre Gesellschaft für Christlich-Jüdische Zusammenarbeit in Wiesbaden. Vortrag zur Eröffnung der Woche der Brüderlichkeit im Rathaus der Landeshauptstadt Wiesbaden am 9. März 2008, unveröffentlichtes Manuskript. Siehe auch: www.radiovaticana.org/tedesco/tedarchi/2008/Maerz08/ted10.03.08.htm – 58k

Eintritt in die Kirche, während es für Israel ein Weg zum Heil ohne Kirche ist?

Der Text aus dem Jahr 1970 ließ diese Frage offen. Wird Judenmission wieder ein Thema? Kardinal Kasper – im Vatikan für die Kontakte zum Judentum zuständig – sieht keinen Aufruf zur Judenmission und hält fest, dass der Papst ja nicht das hätte streichen können, was das Spezifische des Christlichen Glaubens sei, nämlich der Glaube an Jesus Christus, den Messias, den Sohn Gottes, den Erlöser aller Menschen, was eben auch einschließe, dass er nach christlicher Überzeugung der Erlöser der Juden sei. Das Gebet – so Kasper – greife den Gedanken auf, dass das Heil erst am Ende der Zeiten erwartet werde, die Bekehrung der Juden sei also endzeitliche Hoffnung und nicht Ziel einer Judenmission. [6]

2.2. Meine Bewertung des Vorgangs:

1. Dialogpartner müssen die Möglichkeit haben, das zu sagen, was sie glauben, sie müssen es aber so sagen, dass es möglich bleibt, sich in der Unterschiedlichkeit anzuerkennen, zu respektieren. Dies setzt Kommunikation voraus. Im Fall der Promulgation der Fürbitte ist dies nicht erfolgt.
2. Das gewachsene Vertrauen zwischen Katholiken und Juden wird durch die sich in zwei gleichwertig nebeneinander stehenden unterschiedlichen Formen des Betens beschädigt.
3. Die Enttäuschung über den Vorgang bei Juden zeigt, wie hoch die Erwartungen an günstige Entwicklungen auf Grund der Gespräche zwischen dem Vatikan und dem Judentum sind.
4. Im Dialog zwischen Christen und Juden muss noch mehr als bisher darauf geachtet werden, dass respektvoll miteinander umgegangen wird, sich die Partner in ihrer Unterschiedlichkeit anerkennen und zugleich aus dieser Grundhaltung heraus möglichst viel gemeinsam tun.

Mittlerweile hat sich die Situation weltweit wie in Deutschland wieder etwas beruhigt, nicht zuletzt dank der klaren Worte des Vorsitzenden der Deutschen Bischofskonferenz, Erzbischof Robert Zollitsch, auf dem Katholikentag in Osnabrück. Die Diskussion hat aber gezeigt, welchen Zündstoff die Karfreitagsbitte für das jüdisch-katholische Verhältnis in sich birgt und

6 http://www.domradio.com/includes/content_PrintVersion.asp?ID=38225

dass dieses durch die zwei gleichwertig nebeneinander stehenden unterschiedlichen Formen des Betens Schaden nehmen kann.

Eine ähnliche Diskussion hat die wieder zugelassene Karfreitagsbitte „Pro Unitate Ecclesiae" nicht hervorgerufen. Dazu gibt es zu viele gewachsene Gesprächsstränge und Kontakte. Dennoch sind deutliche theologische Unterschiede in der Formulierung in den beiden nebeneinander stehenden Formen festzustellen. Beten Katholiken mit dem Missale von 1970 für die „Brüder und Schwestern, die an Christus glauben, dass unser Herr und Gott sie leite auf dem Weg zur Wahrheit und sie zusammenführe in der Einheit der heiligen Kirche" [7], so ist das eine deutliche Akzentverschiebung gegenüber dem alten Missale, wo „für die Irrgläubigen und Abtrünnigen (haereticis et schismaticis)" gebetet wird: „Unser Gott und Herr möge sie allen Irrtümern entreißen und sie zur heiligen Mutter, der katholischen und apostolischen Kirche, zurückrufen". [8] Die Bitte fährt fort damit, der Heiland möge niemanden verloren gehen lassen und auf die durch teuflischen Trug verführten Seelen schauen, er möge die Herzen der Irrenden zur Einsicht kommen lassen und sie zur Ablegung ihres Irrglaubens bewegen. Demgegenüber wird im nachkonziliaren Messbuch eine unverkennbar andere Theologie sichtbar: „Allmächtiger Gott, du allein kannst die Spaltung überwinden und die Einheit bewahren. Erbarme dich deiner Christenheit, die geheiligt ist durch die eine Taufe. Einige sie im wahren Glauben und schließe sie zusammen durch das Band der Liebe". Hier ist zumindest zu konstatieren, dass es um eine deutlich andere Einschätzung der anderen Christen geht. Von unserer Seite ist nun die Anfrage zu stellen: Wer ist mit den „Haereticis et Schismaticis" gemeint? Und wie ist diese Fürbitte mit Konzilsdokumenten wie „Unitatis redintegratio" oder mit der Enzyklika Johannes Pauls II. „Ut unum sint" vereinbar?

---

7 Vgl.: Die Feier der heiligen Messe. Messbuch für die Bistümer des deutschen Sprachgebietes. Authentische Ausgabe für den liturgischen Gebrauch

8 Übersetzung zitiert nach: Schott, A., Das Messbuch der heiligen Kirche mit liturgischen Einführungen. Neu bearbeitet von den Benediktinern der Erzabtei Beuron, Freiburg u.a.. 1962, 263

2.3. Gemeindeliturgie versus Klerikerliturgie? Zur Frage des Liturgieverständnisses

Das Missale von 1962 basiert in seinem Grundverständnis auf der mittelalterlichen Klerikerliturgie. Es ist offensichtlich, dass es schon die Handschrift der pastoralliturgischen Bewegung des 20. Jahrhunderts trägt und das Messbuch, welches seit 1570 gewachsen war, recht drastisch vereinfachte. In dessen Grundverständnis von einer reinen Klerikerliturgie wurde jedoch nicht eingegriffen.

Es ist allgemein bekannt, dass die Reformatoren die mittelalterliche Klerikerliturgie kritisierten. Sie sahen die Notwendigkeit einer Reform des Gottesdienstes, der sich in den lutherischen Kirchen aus der mittelalterlichen Klerikerliturgie entwickelte. Man übertrug diesen Gottesdienst in die Volkssprache und entfernte Elemente, die man als nicht evangeliumsgemäß betrachtete, so z. B. die Opfergebete. In ihnen sah man das Missverständnis nahegelegt, dass Gott durch den Gottesdienst erst versöhnt werden müsse. Luther betonte dagegen, dass im Gottesdienst zuerst Gottes Handeln am Menschen geschieht, auf das der Mensch dann seine Antwort gibt. In seiner Predigt zur Einweihung der Schlosskapelle von Torgau (1544) sagte Luther, dass im Gottesdienst „nichts anderes geschehe, als dass Gott mit uns redet durch sein heiliges Wort und wir wiederum mit ihm reden durch Gebet und Lobgesang". Seither gehört die Predigt zur Mitte des reformatorischen Gottesdienstes.

Ökumenisch von großer Bedeutung ist es nach wie vor, dass bei der Liturgiereform, die mit der Liturgiekonstitution des Zweiten Vatikanischen Konzils 1963 begann, auch – natürlich im Rahmen des römisch-katholischen Liturgieverständnisses – reformatorische Anliegen aufgenommen wurden. Ziel der Liturgiereform war die „volle und tätige Teilnahme des ganzen Volkes" (Sacrosantum Concilium (SC) 14). Es ging dabei nicht um eine aktive Beteiligung der Gläubigen rein äußerlicher Art, sondern um Intensivierung des geistlichen Lebens der Gläubigen und damit der ganzen Kirche. Die Beschreibung der Liturgie unter ihrem „belehrenden und seelsorglichen" Aspekt hebt in fast wörtlichem Anklang an Luthers Predigt zur Einweihung der Torgauer Schlosskirche die Wort-Antwort-Struktur des Gottesdienstes hervor: „In der Liturgie spricht Gott zu seinem Volk; in ihr verkündet Christus noch immer die frohe Botschaft. Das Volk aber antwortet mit Gesang und Gebet" (SC 33).

Zur vollen, bewussten und tätigen Teilnahme an den liturgischen Feiern besitzen alle Gläubigen „kraft der Taufe Recht und Amt" (SC 14). Auch die in evangelischen Gottesdiensten übliche Kelchkommunion wurde vom Konzil in bestimmten Fällen freigegeben (SC 55). Liturgie wird also als Weiterführung des Priesteramtes Christi verstanden, wobei dieses Amt allen durch die Taufe in den Leib Christi Eingegliederten zukommt. Alle sind aufgrund dieses gemeinsamen Priesteramtes Träger der Liturgie. Weiter etablierte sich mit dem Konzil eine Theologie des Wortes neu. Das Konzil will den „Tisch des Gotteswortes" reichlicher gedeckt sehen (SC 51). Darum wird auch der Verkündigungsauftrag betont. Alle diese Aussagen sind von großem ökumenischem Gewicht.

Das Missale von 1962 knüpft an das alte Liturgieverständnis an. Eberhard Amon, der Leiter des liturgischen Institutes in Trier, äußerte sich dazu in einem Interview mit Radio Vatikan am 10. Januar 2007. In diesem Interview sah er die tridentinische Messe als Antwort auf die Reformation. Martin Luther habe das allgemeine Priestertum betont und die katholische Kirche habe in die Gegenrichtung geantwortet, indem sie den Gottesdienst dem Priester überantwortet habe. Zur Rolle der Laien im tridentinischen Ritus führte er aus: „Das kommt theologisch daher, dass das Konzil von Trient die Liturgie verstanden hat als einen Gott geschuldeten Kultus, als eine Veranstaltung, die man Gott zuliebe und zu seiner Ehre macht. Fähig, eine solche Liturgie zu leiten, waren ausschließlich Kleriker, nicht aber Laien. In Lehrbüchern bis in die fünfziger Jahre wurde da etwa festgehalten, dass der Gläubige nicht liturgiefähig sei – das sei allein der Kleriker".[9] Für mich drängt sich die Anfrage auf: Wie sind diese beiden Liturgieverständnisse kompatibel?

2.4. Landessprache versus Latein? Zur Frage der liturgischen Sprache

Die Messe nach dem Missale Pauls VI. kann sowohl in lateinischer als auch in der jeweiligen Landessprache gefeiert werden, wobei die Lesungen meist in der Landessprache vorgetragen werden. Die Messe nach dem Missale von 1962 wird einschließlich der Lesungen in lateinischer Sprache gefeiert.

Abgesehen davon, dass kein Katholik verpflichtet ist, den Gottesdienst in der lateinischen Sprache zu besuchen und der landessprachliche Gottesdienst fest etabliert ist, dürfte der Gebrauch der lateinischen Sprache der Sehnsucht nach einer Rückkehr des Heiligen entgegenkommen, welche z. B. von prominenten Intellektuellen wie Martin Mosebach geäußert wurde.

9 vgl. UNA VOCE Korrespondenz 37 (2007), 51ff

Vielleicht besitzt dieses Anliegen im medialen Zeitalter zweifellos besondere Attraktivität.

Aus lutherischer Sicht ist anzumerken, dass der Gottesdienst und das Gebet in der Muttersprache ein wesentliches Anliegen der Reformation war.

Aus unserer Sicht sei die pastorale Bemerkung gestattet, ob nicht evangelische Christen – das betrifft z. B. konfessionsverschiedene Familien – beim Besuch der ganz in lateinischer Sprache gehaltenen Messe größere Hindernisse beim Verständnis zu überwinden haben als vorher.

3. Schlussbemerkungen

Nicht das Motu Proprio, wohl aber das am 10. Juli 2007 veröffentlichte Dokument der Glaubenskongregation „Antworten auf Fragen zu einigen Aspekten bezüglich der Lehre über die Kirche“ führte zu teilweise heftigen Reaktionen in den evangelischen Kirchen. Damals sahen wir beide Texte in einem inneren Zusammenhang. Daran hat sich auch heute nichts geändert. Denn beide Texte scheinen in erster Linie Katholiken im Blick zu haben, „die den Verdacht haben, das II. Vatikanische Konzil, seine Aussagen zum Ökumenismus und vollends die Konzilsrezeption hätten mit der Wahrheit gebrochen, die katholische Kirche als wahre Kirche Jesu Christi zu bezeugen“.[10] In den vergangenen Jahrzehnten wurde die 1970 unter Paul VI. abgeschlossene Liturgiereform zum wohl wichtigsten Kristallisationspunkt, an dem sich sämtliche Kirchenkritik des konservativen, gemäßigt-traditionalistischen Flügels der römisch-katholischen Kirche festmachte. Die konservativen Kritiker befürchteten mit der neuen Liturgie die lehramtliche Normierung und Durchsetzung einer anderen Ekklesiologie; schon durch die bloße Tatsache, dass die Liturgie verändert wurde, sahen sie sich in ihrer Furcht vor einer Erosion der bisherigen Anschauung der römischen Kirche als einer ewigen und unveränderlichen Institution bestätigt. Diesen Traditionalisten ging es bei der Einforderung des tridentinischen Messritus insofern weniger um ein genuin liturgisches Anliegen als um ein demonstratives Festhalten an einem neuscholastischen Kirchen- und Weltbild, innerhalb dessen die Tridentinische Messe als einmalige und ewig gültige, alle Zeiten überdauernde katholische Gottesdienstform angesehen wird. Der Vatikan ist diesen Gruppierungen sehr weit entgegengekommen; allerdings wird

10 Hallensleben, Barbara in: KNA ÖKI Nr. 33, 2007

von ihnen die rückhaltlose Anerkennung des Zweiten Vatikanischen Konzils verlangt. Dies ist die conditio sine qua non für das Bleiben in der Kirche.

Wir werden nun evangelischerseits erst einmal abwarten müssen, wie sehr das Motu Proprio die Praxis der katholischen Gemeinden in Deutschland auch wirklich berührt.

Statement zu der ökumenischen Dimension der Lutherdekade*

Mit großem Interesse habe ich die Predigt von Karl Kardinal Lehmann anlässlich des Reformationsgottesdienstes 2008 in der Bonner Kreuzkirche nachgelesen. Einen Aspekt der Predigt möchte ich gerne besonders hervorheben und weiter bedenken.

Kardinal Lehmann geht auch auf die letzten Monat von der Evangelischen Kirche in Deutschland (EKD) ausgerufene Lutherdekade ein, also jene 10-jährige Vorbereitung zur Erinnerung an die 95 Ablassthesen, deren 500. Jubiläum wir im Jahre 2017 feiern. Der Mainzer Kardinal bot an, dass wir gemeinsam in den nächsten Jahren bis 2017 das Vorhaben realisieren, zu beschreiben, wie wir die Reformation beurteilen und bewerten. Er sei überzeugt, dass wir dann beim Reformationsjubiläum 2017 neue Türen auftun können und bis dorthin wohl auch einige Aufgaben miteinander klären könnten.

Zuvor hat Kardinal Lehmann auf den renommierten Historiker Prof. Lehmann verwiesen, der in einem größeren Zeitungsartikel dargestellt hatte, wie stark vergangene Lutherjubiläen politisch und kirchenpolitisch instrumentalisiert worden sind. Auch der Leitende Bischof der Vereinigten Evangelisch-Lutherischen Kirche Deutschlands (VELKD), Landesbischof Dr. Johannes Friedrich, hat letzten Monat in seinem Bericht vor der Generalsynode der VELKD die kritischen Anfragen Prof. Lehmanns aufgegriffen und gefordert, präzise zu benennen, welche Einsichten und Überzeugungen es sind, die wir von Luther empfangen haben. Ein Lutherjubiläum brauche sich zwar nicht vornehm aus allen gesellschaftlichen Bezügen herauszuhalten, sondern müsse sich im Kontext der jeweiligen Zeit artikulieren. Jedoch reicht es für Landesbischof Friedrich nicht aus, nur die Stärken des deutschen Protestantismus zu demonstrieren.

In der Tat wird es im Hinblick auf die gerade begonnene Lutherdekade wichtig sein zu zeigen, dass ökumenisches Engagement zu unserem evangelischen Selbstverständnis gehört. Natürlich ist solch eine Dekade ein guter und hilfreicher Anlass für uns evangelische Christinnen und Christen, uns unserer Wurzeln zu vergewissern, Kraft zu schöpfen aus den Ideen der Reformation und mit dankbarer Freude daran zu erinnern, welche Gaben die reformatorischen Kirchen in die eine Kirche Christi einbringen können.

* In: KNA-ÖKI 47–2008

Selbstgenügsamkeit und Desinteresse an anderen Christen dürfen keinesfalls Kennzeichen der Dekade werden. Ich glaube, dies kann auf doppelte Weise vermieden werden:

- Zum einen indem wir unser Gespräch mit der römisch-katholischen Kirche weiter vertiefen und klären, welche Rolle ihr in der Dekade zukommt. Insofern bin ich sehr dankbar, dass Kardinal Lehmann und viele andere Vertreter der römisch-katholischen Kirche ihre Bereitschaft signalisiert haben, hier mitzuarbeiten und mitzudenken.
- Zum anderen sollten wir m. E. nicht vergessen, dass Luther uns Deutschen nicht allein gehört; vielmehr bezieht sich ein weltweites Luthertum auf den Wittenberger Reformator. Deshalb ist die konsequente Einbindung unserer Schwesterkirchen im Lutherischen Weltbund (LWB) für die kommenden 10 Jahre nötig.

Diese Doppelbewegung kann der spezifische und besondere Beitrag der VELKD innerhalb der Vorbereitungen der EKD auf das Jahr 2017 sein.

Anhand von vier Beispielen lässt sich aufzeigen, wo an dieser Doppelaufgabe bereits gearbeitet wird:

1) Mit der Beteiligung der VELKD am LWB-Zentrum-Wittenberg haben wir deutlich gemacht, dass es uns um ein internationales Miteinander in Wittenberg geht. Das Zentrum schafft als Ort der Begegnung und des Lernens die institutionellen Voraussetzungen, dass wir mit unseren nicht-deutschen Schwestern und Brüdern aus den LWB-Mitgliedskirchen gemeinsam nach einer Vertiefung des Verständnisses der lutherischen Identität auch in Bezug auf die anderen Konfessionen im je eigenen ökumenischen Kontext suchen. Die Kenntnis der eigenen Tradition ist Vorbedingung für einen fruchtbaren, förderlichen Dialog mit anderen Konfessionen, Glaubensrichtungen und Weltanschauungen.
2) Kardinal Lehmann wünscht sich, dass sich bis 2017 neue Türen auftun und beide Kirchen bis dorthin in der Klärung noch offener Probleme weiterkommen. Ein wichtiger Ort hierfür ist für mich das offizielle Lehrgespräch zwischen unseren Kirchen. Seit über 30 Jahren führen wir als VELKD theologische Gespräche mit der römisch-katholischen Deutschen Bischofskonferenz, um so hoffentlich weitere Annäherungen in kontroversen Fragen zu finden und der Überwindung der Kirchenspaltung näherzukommen. Letzten Monat haben nun beide Kirchen eine neue Runde der Bilateralen Arbeitsgruppe beschlossen. Die neue Kommission wird sich dem Thema „Gott und die Würde des Menschen“

zuwenden. Die Themenwahl soll einen Beitrag dazu leisten, die Grundzüge des Menschenbildes bei Lutheranern und Katholiken aufzuzeigen und gegebenenfalls bestehende Differenzen aufzuarbeiten.

3) Auch auf internationaler Ebene verantworten der Lutherische Weltbund und der päpstliche Einheitsrat einen gemeinsamen Dialog. An ihm sind katholische und lutherische Dialoge aus allen Kontinenten beteiligt. Gerade hat der Rat des LWB auf seiner Tagung in Arusha, Tansania, die 5. Runde dieser lutherisch/römisch-katholische Kommission für die Einheit beschlossen. Sie wurde beauftragt, nicht nur ein Dokument zum Thema „Taufe und das Wachsen in Gemeinschaft" zu erarbeiten, sondern speziell auch einen Text zum Reformationsjubiläum im Jahr 2017. Ich bin mir sicher, hier wird auch das Anliegen Kardinal Lehmanns aufgegriffen werden, gemeinsam zu beschreiben, wie wir die Reformation beurteilen.

4) Auf ein weiteres interessantes Projekt möchte ich hinweisen: Im September 2008 haben das katholische Johann-Adam-Möhler-Institut in Paderborn und das Institut für Ökumenische Forschung in Strasbourg das Projekt einer „Ökumenischen Kommentierung der 95 Ablassthesen Martin Luthers" begonnen. Ein Team von evangelischen und katholischen Theologen untersucht im Gespräch miteinander die Ablassthesen in ihrem historischen Kontext. Hier geht es nicht um einen Konsenstext über ein heutiges Ablassverständnis. Vielmehr soll Lesern, die die Thesen historisch und theologisch tiefer verstehen wollen, die nötigen Informationen gegeben und eine umfassende, gemeinsam verantwortete Interpretation vorgestellt werden.

Die 95 Thesen lassen mich nochmals auf Kardinal Lehmanns Bonner Predigt zum Reformationstag zurückkommen: „In jeder Kirchenspaltung versagen wir. Sie ist und bleibt ein Skandal, ein Ärgernis" – gerne stimme ich dieser Überzeugung Kardinal Lehmanns zu, ebenso wie seinem Hinweis, dass gerade am Reformationstag an die erste Ablassthese zu erinnern ist: Immer wieder gilt es zu entdecken, wie wichtig die Umkehr der Kirchen ist und dass wir wirklich nur einen Herrn und Meister, nämlich Jesus Christus, haben.

IV. Interviews

Ungebrochener Wille, ökumenisch voranzugehen

Ein Gespräch mit Landesbischof Friedrich Weber*

Im Mai findet der zweite Ökumenische Kirchentag statt. Wie nimmt sich die katholische Kirche derzeit in den Augen eines evangelischen Bischofs aus? Welche Chancen und Schwierigkeiten kennzeichnen die heutige ökumenische Situation, gerade in Deutschland? Darüber sprachen wir mit dem Landesbischof der Evangelisch-Lutherischen Landeskirche in Braunschweig, Friedrich Weber. Die Fragen stellte Ulrich Ruh.

HK: *Herr Bischof Weber, Sie sind im Nebenamt Catholica-Beauftragter der Vereinigten Evangelisch-Lutherischen Kirche Deutschlands, müssen also speziell die Entwicklungen in der katholischen Kirche im Blick haben. Welchen Eindruck macht die katholische Kirche hierzulande derzeit auf Sie?*

Weber: Die katholische Kirche in der Bundesrepublik hat die vielen Bischofswechsel der letzten Jahre gut hinbekommen; die Gläubigen waren praktisch überall mit ihren neuen Bischöfen zufrieden. Im Blick auf die öffentliche Ausstrahlung von Kirche gibt es von einigen Irritationen abgesehen nach wie vor eine gute Kooperation sowohl auf der Ebene der Bischofskonferenz und der EKD wie auf der einzelner Bistümer und Landeskirchen. So ist die Zusammenarbeit hier in Niedersachsen ausgesprochen konstruktiv. Es gibt regelmäßige Treffen zwischen den Spitzen der drei Bistümer und der fünf evangelischen Landeskirchen; wir veröffentlichen gemeinsame Stellungnahmen zu Fragen des politischen und gesellschaftlichen Lebens.

HK: *Die katholische Kirche ist demnach aus Ihrer Sicht nach wie vor ein verlässlicher ökumenischer Partner …*

Weber: Ich habe keinerlei Grund zur Klage. Es gibt auf katholischer Seite durchweg Gesprächsbereitschaft, den ungebrochenen Willen, ökumenisch voranzugehen. Nicht zuletzt erlebe ich das auch bei meinen Kontakten im Rahmen der Arbeitsgemeinschaft Christlicher Kirchen. Das bedeutet natürlich noch nicht, dass wir auch wirklich schnell weiterkommen würden.

HK: *Nicht recht weitergekommen ist man im Blick auf die lutherisch-katholische „Gemeinsame Erklärung" zur Rechtfertigungslehre, deren zehnjähriges Jubiläum im letzten Herbst gefeiert wurde. Dieser unter vielen Mühen zustande gekommene Text konnte offenbar keine wirkliche Dynamik entfalten. Woran hat es vor allem gelegen?*

---

* In: Herder Korrespondenz 3/2010

Weber: Schon bald nach der Unterzeichnung der Erklärung 1999 kamen aus Rom der Ablass zum Heiligen Jahr und die Erklärung „Dominus Iesus". Es entstand dadurch der Eindruck, die katholische Kirche wolle hinter das Zweite Vatikanische Konzil zurückgehen. Auf katholischer Seite wiederum sorgte der evangelische Rückzieher bei der Einheitsübersetzung für eine Verstimmung, die wir durchaus ernst nehmen sollten. Es folgte der Reformprozess der EKD unter dem Label „Kirche der Freiheit", was von anderen Kirchen so gelesen werden konnte, als würde man ihnen die Freiheit absprechen. All das hat dazu beigetragen, dass erkennbare Fortschritte nicht stattgefunden haben, die eigentlich möglich gewesen wären. Wir sind gerade bei den ekklesiologischen Fragen nicht vorangekommen. Aber das heißt nicht, dass sich in Sachen „Gemeinsame Erklärung" nichts getan hätte.

HK: *Woran lässt sich diese Einschätzung konkret festmachen?*

Weber: Etwa daran, dass eine Arbeitsgruppe von Lutherischem Weltbund und katholischer Kirche damit beschäftigt ist, die Ablassthesen Luthers gemeinsam zu kommentieren. Auch das lutherisch-katholische Papier „Die Apostolizität der Kirche" wäre ohne die „Gemeinsame Erklärung" sicher nicht auf den Weg gebracht worden. Man sollte es sich auf protestantischer Seite übrigens mit dem Vorwurf nicht zu einfach machen, die katholische Kirche habe die „Gemeinsame Erklärung" nicht genügend ernst genommen: Benedikt XVI. hat jetzt am Ende der Gebetswoche für die Einheit der Christen die Rechtfertigungserklärung dezidiert angesprochen und sie ausgesprochen positiv gewürdigt. Allerdings darf es bei einer solchen Würdigung nicht bleiben.

HK: *Benedikt XVI. hat auf der einen Seite klare Bekenntnisse zum weiteren ökumenischen Engagement der katholischen Kirche abgelegt. Auf der anderen Seite gibt es merkwürdige Signale wie Ende letzten Jahres das Angebot der Glaubenskongregation an übertrittswillige Anglikaner, die zumindest einen Schatten auf den weiteren ökumenischen Kurs werfen. Ist das ein abschreckendes Beispiel, gerade auch in Bezug auf die katholisch-reformatorische Ökumene?*

Weber: Kardinal Kasper hat bestritten, dass mit dem Angebot an anglikanische Gruppen durch „Anglicanorum coetibus" eine generelle Wende zur Rückkehrökumene eingeläutet würde. Allerdings wird in diesem Verfahren bei genauerem Hinsehen doch das Grundproblem deutlich, dass ein unterschiedliches Verständnis des Weges zur Einheit vorliegt. Im Protestantismus können wir gut damit leben, dass wir eine Einheit in versöhnter Verschiedenheit gestalten. Auf dieser Grundlage beruht nicht zuletzt die Leuenberger Konkordie von 1973. Genau dieses Verständnis von Einheit ist aber für die katholische Seite nicht akzeptabel. Solange sich in diesem

Bereich die Dinge nicht verflüssigen, also die Vorstellungen über die Einheit von Kirche sich nicht einander annähern, werden wir nicht weiterkommen. In der „Charta Oecumenica", die auch die katholische Kirche unterschrieben hat, heißt es im ersten Absatz immerhin, es müsse alles, was möglich ist, getan werden, um die noch bestehenden kirchentrennenden Hindernisse zu überwinden!

HK: *Dem jetzigen Papst ist eine Aussöhnung mit der Piusbruderschaft offensichtlich ein wichtiges Anliegen. Inzwischen haben zwei Runden der offiziellen Gespräche über Lehrfragen stattgefunden. Damit spricht jetzt die römische Kurie mit einer Gruppierung, die nicht zuletzt den vom Zweiten Vatikanum eingeschlagenen Kurs des katholischen Ökumenismus vehement ablehnt. Man kann bislang über Ergebnisse der Gespräche nur spekulieren. Aber besteht nicht die Gefahr, dass das ökumenische Engagement der katholischen Kirche in ein gewisses Zwielicht gerät?*

Weber: Ich finde das offizielle Verhalten der katholischen Kirche gegenüber den Piusbrüdern schwierig, um es vorsichtig zu formulieren. Es stellt sich in diesem Zusammenhang jedenfalls unweigerlich die Frage: Wenn die Einheit der katholischen Kirche ein so hohes Gut darstellt, dass man dafür Grundaussagen des letzten Konzils zur Disposition stellt, warum ist man dann gegenüber den nichtkatholischen Kirchen nicht ähnlich großzügig? Ich wünsche mir im ökumenischen Gespräch keine Gesten dieser Art; aber die grundsätzliche Anfrage nach dem Umgang mit Lehrdifferenzen drängt sich in der derzeitigen Situation unweigerlich auf.

HK: *Könnte die Auseinandersetzung mit den Piusbrüdern nicht den positiven Effekt haben, dass man sich in der katholischen Kirche wieder neu auf die Aussagen des Zweiten Vatikanischen Konzils besinnt, gerade auch in ökumenischer Hinsicht?*

Weber: Das wäre zu hoffen! Allerdings sehe ich mit Sorge, dass die Generation, die die ökumenischen Weichenstellungen des Konzils erarbeitet und dann mit Begeisterung rezipiert hat, inzwischen abtritt. Wo sind die jüngeren katholischen Theologinnen und Theologen, denen ökumenische Fragen wichtig sind? Die Personalsituation der katholischen Kirche hierzulande führt dazu, dass Pfarrer durch die Betreuung von immer mehr Gemeinden derart absorbiert werden, dass sie ökumenische Kontakte gar nicht mehr pflegen können. Wir merken gerade hier in Niedersachsen, dass die katholischen Gesprächspartner weniger werden

HK: *In der Bundesrepublik gibt es eine Tradition des offiziellen theologischen Gesprächs zwischen der Deutschen Bischofskonferenz und der Vereinigten Evangelisch-Lutherischen Kirche. Diese Gespräche sind in ihre dritte Runde gestartet. Ist es die Mühe wert, auf nationaler Ebene theologische Dialoge zwischen den Kirchen zu führen?*

Weber: Die bisherigen Ergebnisse stoßen durchaus bei beiden Kirchen auf Interesse, haben allerdings kein einheitliches Echo gefunden. Das gilt gerade auch für das Dokument „Communio Sanctorum", das in der zweiten Gesprächsrunde erarbeitet wurde. Für die dritte Gesprächsrunde haben wir jetzt das Thema „Gott und die Würde des Menschen" gewählt. Wir wollen dabei nach dem Horizont fragen, in dem sozialethische Urteile auf beiden Seiten erarbeitet werden und die unterschiedlichen theologisch-philosophischen Zugangswege klären. Es soll auch erprobt werden, inwieweit die bisher geübten Methoden des ökumenischen Dialogs noch tragfähig sind. Das ist eine schwierige, aber notwendige Grundlagenarbeit Es ist ja schon wertvoll, wenn sich in Deutschland eine solche ökumenische Arbeitsgruppe in regelmäßigem Abstand zusammensetzt und sich um gegenseitiges Verstehen bemüht.

HK: *Die Evangelische Kirche in Deutschland hat 2008 eine „Reformationsdekade" eingeläutet, die auf das Reformationsjubiläum von 2017 hinführen soll. Das ist auf jeden Fall eine ökumenisch sensible Angelegenheit. Was kann die evangelische Seite tun, dass die Vorbereitung und dann das Jubiläum selber anderen Christen und Kirchen nicht in den falschen Hals geraten?*

Weber: Die evangelische Kirche hat zu Beginn der Reformationsdekade den Fehler begangen, nicht ausreichend zu kommunizieren, was sie mit der ganzen Sache bezweckt. Das führte auf katholischer Seite zu etlichen Irritationen, die dann auf einer Sitzung des Kontaktgesprächskreises von Deutscher Bischofskonferenz und Rat der EKD besprochen wurden und erfreulicher Weise ausgeräumt werden konnten. Es geht im Übrigen nicht darum, zehn Jahre lang Reformation zu feiern: Sondern die evangelische Kirche möchte in Themenjahren bestimmte Personen und Ideen neu ins Bewusstsein rücken, die mit der Reformation in Verbindung stehen und die Ausstrahlung des protestantischen Erbes verdeutlichen. Das ist zunächst eine evangelische Angelegenheit: Schließlich gehört die Reformation zu den Ursprungsdaten unserer Kirche.

HK: *Aber auch für Katholiken ist sie keine quantité négligeable, sondern eine große theologische und ekklesiologische Herausforderung …*

Weber: Deshalb bin ich sehr dankbar, dass die evangelische Seite inzwischen begriffen hat, dass sie die Reformation nicht allein und schon gar nicht mit dem Rücken zu anderen Konfessionen feiern kann. Man kann beispielsweise Themen wie „Reformation und Toleranz", „Reformation und Politik" oder „Reformation und die eine Welt" nicht nur evangelisch behandeln. Dazu braucht es das Gespräch mit den anderen, kein evangelisches Selbstgespräch. Angebracht ist allerdings eine kritische evangelische Selbstvergewisserung; eine solche Selbstvergewisserung haben Katholiken genauso von Zeit zu Zeit nötig. Man muss sich immer wieder einmal daran erinnern, worum etwas so geworden ist, wie es sich heute darstellt, um es dann gegebenenfalls auch verändern zu können. Aber selbst dabei ist das Urteil des ökumenischen Partners hilfreich, der mir zurückmeldet, was er als meine Stärken und Schwächen wahrnimmt. Ich finde es zum Beispiel ein wichtiges Zeichen, dass mein Magdeburger katholischer Amtsbruder, Bischof Feige, jeweils zum Reformationstag Thesen zur Ökumene veröffentlicht.

HK: *Die Reformationsdekade war von der EKD als integrierender Bestandteil des Reformprozesses konzipiert. Im einschlägigen Impulspapier von 2006 wurde dagegen die katholische Kirche nur ganz en passant erwähnt. Steckt dahinter nicht doch der Wille zur evangelischen Selbstvergewisserung und Identitätssicherung ohne Rücksicht auf den ökumenischen Partner?*

Weber: In dem EKD-Papier „Kirche der Freiheit" fehlt nicht nur der Aspekt der evangelisch-katholischen Ökumene, sondern die ökumenische Dimension insgesamt. Es geht ja um Fragestellungen, die sich auf die evangelische Kirche beziehen und Konsequenzen aus einer entsprechenden Situationsanalyse ziehen: Wie wird diese evangelische Volkskirche die nächsten 20, 30 Jahre gestalten können? Worauf muss sie sich konzentrieren, wo besser werden? Was bedeutet das für die Ausbildung ihres Personals? Welche Begleitinstrumente brauchen die Gemeinden, etwa in Form von Zentren, die sich speziellen Aufgaben widmen? Ein solches Zentrum für Ökumene gibt es bereits: Das Konfessionskundliche Institut in Bensheim, das allerdings in „Kirche der Freiheit" nicht auftaucht. Es leistet seit Jahr und Tag hervorragende Arbeit, gerade auch in Kooperation mit dem katholischen Möhler-Institut in Paderborn. Insofern ist die kritische Frage berechtigt, warum man nicht gerade dem Feuer der Ökumene konkrete Reformkraft für die Arbeit in den Gemeinden zutraut.

HK: *Dieses Feuer der Ökumene wäre nicht zuletzt beim Thema Mission gefragt. Beide großen Kirchen in Deutschland sind seit Jahr und Tag darum bemüht, als Antwort auf abbröckelnde Traditionsbindung und kirchliche Beheimatung ihre missionarische Kompetenz zu stärken, haben auch entsprechende Zentren ins Leben gerufen. Warum fehlt es auf diesem Feld weitgehend noch am gemeinsamen Vorgehen?*

Weber: Ich würde mir hier mehr Gemeinsamkeit wünschen. Bei Caritas und Diakonie hat sich die Zusammenarbeit deutlich intensiviert, was sich jetzt gerade bei der Katastrophenhilfe für Haiti gezeigt hat. Aber in Bezug auf missionarische Pastoral könnten wir noch viel voneinander lernen, nicht nur, aber gerade auch in den neuen Bundesländern. Ich kann mir nicht recht erklären, warum in diesem Bereich so wenig Austausch stattfindet und habe allerdings auch selber noch wenig unternommen. Wir sollten das Thema Mission auf die Tagesordnung eines unserer evangelisch-katholischen Bischofstreffen in Niedersachsen setzen.

HK: *In seiner Amtszeit als EKD-Ratsvorsitzender hat Wolfgang Huber das Stichwort von der „Ökumene der Profile“ akzentuiert. Es kann leicht missverstanden werden. Inwieweit könnte es denn überhaupt hilfreich sein?*

Weber: Wer kein Profil hat, mit dem kann man wenig anfangen, weil er nicht zu greifen ist. Es kommt auf die Qualität des Profils an: Wird das evangelische Profil vor allem in Abgrenzung vom katholischen verstanden, ist das desaströs. Umgekehrt gilt das gleiche! Recht verstanden, geht es beim Thema Profil darum, wie wir die Kirchenmitglieder, ob evangelisch oder katholisch, auskunftsfähig machen können in Fragen ihres Glaubens. Wir brauchen eine Art Realphabetisierung des Glaubens, jeweils in der Gestalt, wie er durch meine Konfession geprägt ist. Es gibt ja zumindest bisher keinen christlichen Glauben jenseits der verschiedenen Konfessionen; wohl aber weit reichende Gemeinsamkeiten, nicht zuletzt in der Botschaft von der Rechtfertigung.

HK: *Welche ökumenische Kurzformel würden Sie dann stark machen?*

Weber: In den VELKD-Kirchen haben wir, um Missverständnisse zu vermeiden, offiziell nie von der „Ökumene der Profile“ gesprochen. Es kommt in der Ökumene vielmehr darauf an, das gemeinsam Gewonnene deutlich zu machen und auf dieser Grundlage die Differenzen zu beschreiben. Entscheidend ist, dass wir uns über Erfolge der jeweils anderen Kirche freuen können und uns auch von dem betreffen lassen, was anderswo nicht so gut funktioniert Kardinal Kasper wie auch andere haben deshalb von der „Ökumene des Lebens“ gesprochen. Das ist sicher das Wichtigste.

HK: *Zur gelebten Wirklichkeit der Kirchen gehört ihr unterschiedliches Eingebundensein in größere Zusammenhänge. Die katholische Kirche in Deutschland ist Teil der Universalkirche und kann davon nie abstrahieren; demgegenüber sind die evangelischen Kirchen hierzulande nur locker in Strukturen wie die konfessionellen Weltbünde eingebunden. Was bedeutet diese Asymmetrie für das ökumenische Geschäft?*

Weber: Diese Asymmetrie gibt es zweifellos. Aber sie wird überlagert von einer anderen Konstellation: Wir deutschen Protestanten bewegen uns sehr stark in unseren eigenen Kreisen; aber auch die katholische Kirche hierzulande ist gesamtkirchlich gesehen in einer ungewöhnlichen Situation. Beide Kirchen sind gelegentlich der Meinung, die Art und Weise, wie sie agieren, wäre für das Ganze maßgeblich. Aber ich habe in den letzten Jahren die Erfahrung gemacht, dass die Diskussionslage in Deutschland anderswo zwar durchaus wahrgenommen, aber nicht mehr als Maßstab betrachtet wird. Nicht nur in der evangelischen, sondern auch in der katholischen Kirche spielt die Musik derzeit woanders. Das müssen wir zur Kenntnis nehmen und dürfen nicht meinen, aufgrund unserer weltweit einzigartigen finanziellen Möglichkeiten auch schon die Richtung angeben zu können.

HK: *Was folgt daraus für den Umgang der deutschen Kirchen mit Partnerkirchen in anderen Weltgegenden?*

Weber: Wir müssen die Partner ernst nehmen. In unserer braunschweigischen Landeskirche gab es vor einiger Zeit eine ökumenische Visitation, bei der Delegationen von Partnerkirchen bei uns Gemeinden besucht haben. Ihre Auswertung dieser Besuche hat einiges ergeben, was uns gar nicht gefallen hat. Es ist jedenfalls eine gute Erfahrung, immer wieder einmal unser kirchliches Selbstbild mit einem solchen Fremdbild zu vergleichen. Das muss sich nicht zuletzt im Verhältnis zu den Pfingstkirchen bewähren, die sich gerade bei der letzten ÖRK-Vollversammlung in Porto Alegre als Teil der weltweiten Ökumene bemerkbar gemacht haben. Sie möchten nicht das fünfte Rad am Wagen sein, sondern als Kirchen respektiert werden.

HK: *In Deutschland steht ein zweiter Ökumenischer Kirchentag bevor. Im Vorfeld herrscht offensichtlich in der kirchlich-ökumenischen Landschaft keine überschäumende Begeisterung; gleichzeitig haben die Verantwortlichen den festen Willen, aus dem Ökumenischen Kirchentag in München etwas zu machen, die Chancen eines solchen Großtreffens zu nutzen. Was kann eine solche Veranstaltung angesichts der realen ökumenischen Situation hierzulande denn bewirken?*

Weber: Er kann die Menschen, die in Gemeinden und in vielen Bewegungen miteinander ihr Christenleben gestalten, zusammenbringen, gerade auch in Gottesdiensten. Der Aspekt der geistlichen Ökumene wird in München sicher eine große Rolle spielen. Außerdem hoffe ich, dass auf den vielen Podien und bei den Diskussionsrunden, die angesetzt sind, noch einmal deutlich wird, dass wir Christen unendlich viel gemeinsam haben, deutlicher, als es gemeinhin geschieht. Daraus erwächst so etwas wie eine heilige Ungeduld, die auf erkennbare Fortschritte im Verhältnis der Kirchen zueinander zielt. In dieser Beziehung habe ich hohe Erwartungen an die katholische Kirche

HK: *Beim Ökumenischen Kirchentag soll es diesmal vor allem um das gemeinsame Zeugnis der Christen und Kirchen gehen. Wo sind sie derzeit angesichts der politischen Großwetterlage in besonderer Weise herausgefordert?*

Weber: Hier ist vor allem das Thema Schöpfung zu nennen, dem in München viel Raum gegeben wird. Außerdem hat schon vor geraumer Zeit die

VELKD vorgeschlagen, das Sozialwort der Kirchen von 1997 fortzuschreiben und die EKD hat sich diese Anregung inzwischen zu Eigen gemacht. Die Frage nach der sozialen Gerechtigkeit, mit allem, was damit zusammenhängt, wird in München genauso auf den Tisch kommen wie die des gerechten Friedens. Wir stehen ja auch vor dem Abschluss der Ökumenischen Dekade zur Überwindung der Gewalt. Aber besonders faszinierend wäre, wenn beim Ökumenischen Kirchentag, der so viele unterschiedliche Gruppen und Bewegungen zusammenführt, ein Impuls entstände, der darauf drängt, dass sich Christen neu auf den Weg machen, um Menschen für den gemeinsamen Glauben zu gewinnen.

HK: *Der ÖKT wird Katholiken Gelegenheit geben, evangelisches Christentum in seinen verschiedenen Facetten kennen zu lernen. Umgekehrt wird er – nicht zuletzt durch den Veranstaltungsort München – Protestanten mit katholischer Kirchlichkeit und auch Frömmigkeit konfrontieren. Was beeindruckt Sie als evangelischer Bischof am meisten an der katholischen Variante des Christentums, was haben Sie in der Begegnung mit Katholiken entdeckt?*

Weber: Ich habe beispielsweise entdeckt, dass katholische Gesprächspartner nicht nur eine fundierte theologische, sondern auch eine beeindruckende philosophische Bildung haben. Mich fasziniert auch immer wieder, welche Bedeutung Spiritualität im Alltag gerade für katholische Geistliche hat, bis hin zur Gliederung des Tages. Es gibt eine Vertrautheit mit Texten der Bibel und der geistlichen Tradition, die auch in einer aktuellen Situation mit ihren Herausforderungen tragen kann. Ähnliches habe ich auch im Kontakt mit Anglikanern erfahren. Ich bin auch überrascht angesichts der Qualität der Arbeit gerade von Ehrenamtlichen in der katholischen Kirche, beispielsweise im Firmunterricht. Hier ist die katholische Kirche der evangelischen meilenweit voraus, insofern sie Eltern dazu befähigt, mit den Jugendlichen Fragen des Glaubens zu besprechen.

HK: *Und was irritiert Sie eher, wenn Sie die real existierende katholische Kirche erleben?*

Weber: Auch im doch sehr geordneten Gefüge der katholischen Kirche ist nicht alles so aufeinander abgestimmt, wie man das eigentlich erwarten würde. Manchmal weiß selbst in der Kurie die linke Hand nicht, was die rechte tut! Meine Tätigkeit als Catholica-Beauftragter der VELKD hat bei mir generell nicht zu kritikloser Ehrfurcht gegenüber der katholischen Kirche geführt: Auch sie kocht nur mit Wasser! Dennoch hat mich diese Arbeit ungemein bereichert, schon weil sie mir viele neue Zugänge zur katholischen Kirche und ihrer Theologie ermöglicht hat.

Einheit ist das Ziel, nicht Gleichheit*

Rheinischer Merkur: *Stillstand, Eiszeit – wie beschreiben Sie den Zustand der Ökumene?*

Landesbischof Friedrich Weber: Kardinal Lehmann hat ihn treffend als Baustelle bezeichnet. Da wird geplant, und mitunter fällt etwas zusammen, aber uns eint der Wille, ein Haus zu bauen. Der Wille speist sich auch aus der 2001 unterzeichneten Charta Oecumenica. In ihr haben sich die Kirchen verpflichtet, aufeinander zuzugehen, zur Einheit im Glauben zu finden, gemeinsam zu beten und zu handeln und gemeinsam das Evangelium zu verkündigen. Die VELKD erfüllt das mit Leben. Eine bilaterale Gesprächsgruppe beschäftigt sich gerade mit der Frage, wie wir Kirchen zu Stellungnahmen in ethischen Fragen kommen. In der Frage der Schwangerschaftskonfliktberatung und im letzten Jahr bei der Stichtagsregelung in der Stammzellforschung gingen wir unterschiedliche Wege.

RM: *Im Jahr 2000 hat die Gesprächsgruppe in ihrem Studiendokument „Communio Sanctorum" für eine Anerkennung des Papstes als eine Art Ehrenprimas der Christenheit plädiert. Der Vorschlag geht auf Philipp Melanchthon zurück. Hat der Vorschlag noch Chancen?*

Weber: In der weltweiten Christenheit wird der Papst zwar als Sprecher der Christenheit empfunden. Wir Protestanten in Deutschland haben aber das Papstamt vor fast 500 Jahren als nicht sinnvoll aufgegeben und sind gut damit gefahren. Daher sehe ich keinen Grund, es wieder aufzunehmen.

RM: *Kann man ökumenische Dialoge führen, wenn der Partner einem das Kirchesein abspricht?*

Weber: Manche meinen, dass Ökumene erst beginnt, wenn Kirchen einander als Kirchen anerkannt haben. Diese Meinung teile ich nicht. Die Partner eines ökumenischen Dialogs müssen allerdings verständigungsbereit sein im Blick auf das, was der andere vorträgt, und das verstehen wollen, was er sagt. Ökumene lebt zwischen Menschen, die sich im Sinne der Charta Oecumenica auf demselben Grund und im Zeugnis der einen Wahrheit verbunden und verpflichtet wissen zum gemeinsamen Handeln. Das geschieht an vielen Orten. Wir leben mitten in der Ökumene und stehen nicht erst am Anfang.

RM: *Bisher wurde die Charta Oecumenica von der katholischen Kirche nicht offiziell anerkannt. In ihren ökumenischen Verlautbarungen kommt sie nicht vor.*

---

* Interview Rheinischer Merkur Nr. 18/ 6. Mai 2010

Weber: Das finde ich im höchsten Maß betrüblich. Die Charta Oecumenica ist Ausdruck einer Bewegung und spiegelt ökumenische Realität, die erreicht wurde und mit dem Dokument einen verpflichtenden Status erhielt. Sie ist bei der Verabschiedung in Straßburg und noch einmal auf dem Ökumenischen Kirchentag feierlich unterzeichnet worden. Wer das Papier unterschreibt, aber dann ignoriert oder wieder aussteigt und es damit zur Makulatur macht, muss sich fragen lassen, wie ernst sein Wille zur Einheit ist. Für die deutsche Ökumene zwischen Diözesen, Landeskirchen, Freikirchen und Orthodoxen ist die Charta ein Grunddokument. Allerdings muss diese verbindliche Zustimmung gelebt werden. Die Nichtwahrnehmung im Alltag der Gemeinden ist ein großes Problem.

RM: *Was erwarten Sie vom Zweiten Ökumenische Kirchentag im kommenden Mai in München?*

Weber: Der Kirchentag muss umsetzen helfen, wozu wir uns in der Charta Oecumenica verpflichtet haben. Die Konfessionen müssen deutlich zeigen, was sie verbindet. Den Streit um das Trennende haben wir ohnehin. Auf einem Ökumenischen Kirchentag sollen die Konfessionen einander kennenlernen, sich über den Reichtum der anderen freuen und förmlich demonstrativ alles tun, was sie gemeinsam tun können, zum Beispiel in Gottesdiensten.

RM: *Was können sie denn gemeinsam tun?*

Weber: 2007 haben wir zu einem gemeinsamen Verständnis der Taufe gefunden. Nun geht es darum zu beschreiben, was dies für unser gemeinsames Kirche-Sein bedeutet. Es gibt, auch nach kanonischem Recht, Möglichkeiten für konfessionsverschiedene Ehepaare, gemeinsam zur Eucharistie zu gehen. In München werden vermutlich die theologischen Verständigungen darüber zum Thema werden. Da werden wir entdecken, dass wir zu einer gemeinsamen Erklärung zum Abendmahl kommen könnten. Die evangelische Kirche kann andere zum Abendmahl willkommen heißen. Insofern wird es dort Abendmahlsfeiern mit Christen verschiedener Konfessionen geben, sofern sich Christen dazu einladen lassen wollen. Die Kirchen sollten zudem ihre Verantwortung für die Schwachen in der Gesellschaft stärken und das gemeinsame Sozialwort von 1997 fortschreiben. Wir könnten viel stärker im sozialen und diakonischen Bereich zusammenarbeiten.

RM: *Derzeit profiliert sich die evangelische Kirche im Blick auf das 500. Reformationsjubiläum 2017 als „Kirche der Freiheit". Wo ist da Platz für eine katholische Beteiligung?*

Weber: Es gibt das Projekt einer gemeinsamen Kommentierung der 95 Thesen Luthers. Zudem kann etwa der Vatikan sagen, welche der 41 Themen, die der damalige Papst Leo X. in der Bannandrohungsbulle als Luthers Irrlehren benannte, die Partner von heute nicht mehr trifft. Darunter befinden sich die Rechtfertigung, die Hierarchie der Kirche, das Fegefeuer, der Ablass und die Erbsünde. Wenn sie uns nicht mehr trennen, würde mich interessieren, welche Konsequenzen das hat im Blick auf die evangelische Kirche.

RM: *Zur Rechtfertigungslehre wurde vor zehn Jahren in Augsburg eine gemeinsame Erklärung unterzeichnet. Warum blieb sie so folgenlos?*

Weber: Es wäre vielleicht mehr erreicht worden, wäre der Protest vor allem evangelischer Theologen dagegen nicht so stark gewesen. Es gibt ein Folgedokument mit dem Thema „Die Apostolizität der Kirche", das sowohl Methoden als auch Inhalte der „Gemeinsamen Erklärung" aufgreift. Außerdem soll eine gemeinsame lutherisch-katholische Kommission eine Studie zur Taufe entwickeln, die auf der Erklärung fußt. Bibelwissenschaftler aller inzwischen Beteiligten, also auch Methodisten und Reformierte, sollen gemeinsam die biblische Basis der Erklärung verbreitern. Der praktische Ertrag ist allerdings übersichtlich.

RM: *Können Sie in einem Satz sagen, was Rechtfertigung ist?*

Weber: Rechtfertigung bedeutet für mich, dass ich bar alles dessen, was ich leiste und tue, ein von Gott angenommener und geliebter Mensch bin.

RM: *Muss Protestanten die Rehabilitierung der Mitglieder der Piusbruderschaft durch den Papst kümmern?*

Weber: Ja, weil mit ihrem Mitglied Bischof Williamson ein Christ mit zutiefst inhumanen, geschichtsvergessenen und auch strafrechtlich relevanten Sätzen die Shoah bezweifelt hat. Da teile ich nicht die vatikanische Unterscheidung, dass seine politische Meinung verurteilt wird, aber seine Theologie Anlass zu Gesprächen ist. Mit solchen Sätzen ist ein Christ theologisch nicht gesprächsfähig, denn er ist mit allen seinen Äußerungen der Wahrheit des Evangeliums verpflichtet. Wenn er rehabilitiert wird, sehe ich ein Problem.

RM: *Sie haben geltend gemacht, dass Rom mit den Argumenten zugunsten der Piusbruderschaft auch Möglichkeiten hätte, eine gleiche Offenheit gegenüber den evangelischen Kirchen zu zeigen.*

Weber: Bei der Piusbruderschaft ging es um die Überwindung eines drohenden Schismas. Aber darf man dafür Glaubensfragen vorübergehend zur Disposition stellen? Wenn dies katholischerseits bejaht wird, müsste auch eine größere Offenheit der katholischen Kirche gegenüber der evangelischen Kirche möglich sein. Die Piusbruderschaft hat argumentiert, dass sie ja nur aus Not und zum Wohl der Kirche eigene Priester geweiht habe. Das galt aber für die Reformationszeit ebenso.

RM: *Hat das Ökumenepapier aus dem EKD-Kirchenamt Differenzen neu aufgerissen?*

Weber: Wir reden in gemeinsamen Kommissionen offen, auch hart über die bestehenden Differenzen. Aber es ist ein Unterschied, ob Freunde über Differenzen reden oder ob Beobachter mit innerem Abstand feststellen, was beim anderen schief läuft. Das Papier ließ den zweiten Eindruck aufkommen. Ich möchte dagegen, dass in allen Äußerungen die Verbundenheit mit dem Partner als tragender Grund sichtbar wird.

Innere Erneuerung der Ökumene angemahnt*

Frage: Herr Landesbischof, Papst Benedikt XVI. hat unlängst zu Fortschritten auf dem Weg zur vollen Einheit der Kirchen aufgerufen. Zugleich hat er darauf verwiesen, dass die Einheit ein Gottesgeschenk sei, um das beharrlich gebetet werden müsse. Warum kommt die Ökumene nicht so richtig voran? Wird zu wenig gebetet – oder zu wenig gehandelt? Oder beides?

Friedrich Weber: „Die Kirchen sind getrennt!" Mit diesem Kürzel wird derzeit auf allen möglichen Ebenen – nicht zuletzt auch auf der Vorbereitungstagung der „Europäischen Ökumenischen Versammlung" in Wittenberg vor wenigen Tagen – der Ist-Zustand beschworen. Der Ist-Zustand ist jedoch das, was wir schon immer wussten. Natürlich sind die Kirchen getrennt, aber doch nur in ihrer äußeren Gestalt. Der Vorsitzende der Arbeitsgemeinschaft Christlicher Kirchen, Bischof Dr. Walter Klaiber, hat das vor kurzem sehr klar beschrieben. Er weist darauf hin, dass es nach wie vor unterschiedliche Auffassungen von dem gibt, was die Einheit der Kirche sei. Er sprach vom „katholischen Modell", dem sich alt-katholische, römisch-katholische, anglikanische und die orthodoxen Kirchen zuordnen. Nach ihm wird die Einheit durch die konziliare Gemeinschaft der Bischöfe in apostolischer Sukzession repräsentiert, wobei in der römisch-katholischen Kirche dazu noch die besondere Gemeinschaft mit dem Bischof von Rom, dem Papst, hinzukommt.

Das „reformatorische Modell" bestimmt die Vorstellungen der „Gemeinschaft Evangelischer Kirchen in Europa". Nach ihm reicht das in Artikel VII im Augsburger Bekenntnis Festgehaltene aus: „Denn es genügt (satis est) zur Einheit der Kirche, dass das Evangelium einmütig im rechten Verständnis verkündigt wird und die Sakramente dem Worte Gottes gemäß gereicht werden." Kirchen lutherischer, reformierter, unierter und methodistischer Tradition haben sich so zusammengefunden. Mit der Europäischen Baptistenunion gibt es Gespräche mit dem Ziel einer mindestens eingeschränkten Kirchengemeinschaft.

Zuletzt das „kongregationalistische Modell", nach dem die Einheit der Kirche Jesu Christi sich in der inneren Übereinstimmung der Gläubigen in den Grundfragen des Glaubens und der Zusammenarbeit darstellt. Neben der Evangelischen Allianz, den Baptisten, Freien evangelischen Gemeinden und Mennoniten finden sich hier kongregationalistisch verfasste Kirchen.

* VELKD-Informationen Nr. 120 vom 26.4.2007

Ja, die Kirchen sind getrennt, aber sie haben sich verpflichtet, „auf allen Ebenen des kirchlichen Lebens gemeinsam zu handeln, wo die Voraussetzungen dafür gegeben sind und nicht Gründe des Glaubens oder größere Zweckmäßigkeiten dem entgegenstehen" – wie das die Leitlinie 4 der Charta Oecumenica formuliert.

Frage: Lassen sich diese Modelle überwinden?

Friedrich Weber: Ich glaube nicht, dass in absehbarer Zukunft diese verschiedenen Modelle überwunden werden können. Da geht es auch um gewachsene Strukturen, um Institutionen oder schlicht um Macht und Machterhalt. Und gelegentlich – so in diesen Tagen – wird ja auch durch unbedachte Wortwahl, oder war sie gar beabsichtigt, deutlich, dass es nicht nur in Fragen der Lehre noch immer bestimmte Hürden gibt, die nur schwer zu überwinden sein werden, sondern dass auch in sozialethischen Fragen nicht nur gemeinsam geredet werden kann. Die Rede von der „Frau als Gebärmaschine" macht den Dialog über solche Fragen fast unmöglich.

Ich glaube, wir brauchen eine innere Erneuerung der Ökumene, wir müssen zurück zu den biblischen Wurzeln, zur gemeinsamen Feier des Gottes, der sich in seinem Sohn uns Menschen schenkt. Und das gilt nicht nur im Verhältnis der beiden großen Kirchen zueinander. Wann feiern wir schon mit den kleineren Kirchen Gottesdienste?

Vor Ort, im Raum der „Ökumene des Lebens" geschieht viel. Von gemeinsamen diakonischen Projekten bis hin zu ökumenischen Partnerschaften, Begegnungen auf der Ebene der Kirchenvorstände und Pfarrgemeinderäte, gemeinsame Trägerschaften von Stadtteilprojekten für benachteiligte Jugendliche, gemeinsame Nutzung von Gebäuden – fast nichts ist unmöglich. Ich wünsche mir aber noch mehr Mut zum gemeinsamen Zeugnis, das sich in der gemeinsamen Verantwortung und der gemeinsamen Tat Ausdruck verschafft. Und solches Zeugnis wird nie ohne das gemeinsame Gebet sein.

Frage: Der Präsident des Päpstlichen Einheitsrates, Walter Kardinal Kasper, hat ein „gewisses Erkalten des ökumenischen Interesses im Augenblick" beklagt. Teilen Sie seine Einschätzung?

Friedrich Weber: Die Einschätzung von Kardinal Kasper mag im Blick auf die offiziellen Ebenen ihr Recht haben. Für die örtlichen Ebenen sehe ich das so nicht. Fanden vor einigen Jahren noch in den Gemeinden theologische Foren zu den Gemeinsamkeiten und Differenzen der jeweiligen Konfessionen statt, so ist hier eine gewisse Ermüdung eingetreten. Es scheint alles gesagt zu sein, man weiß, was man von einander zu halten hat und ahnt, dass sich an den Grundbestimmungen wohl kaum etwas ändern wird.

Das hält aber nicht davon ab, gemeinsam zu handeln, für das Gemeinwesen gemeinsam „das Beste zu suchen" und auch gemeinsame Ausdrucksformen des Glaubens in liturgischer Praxis, also in Gottesdienst und Andacht zu erproben. Ich wünschte mir, hier wären unsere Gemeinden noch ein wenig mutiger.

Erstaunt hat mich beim letztjährigen Katholikentag in Saarbrücken allerdings das große Interesse an der theologischen Auseinandersetzung zur „Zur Zukunft der Ökumene". Hier habe ich einmal mehr mein mich leitendes Grundverständnis formuliert: „Christen jedweder Konfession sind verbunden durch EIN gemeinsames Glaubensfundament – das ist bedeutsamer, als alles, was uns trennt." Dass dies durchaus praktische Folgen hat, belegen die „Ökumenischen Gemeindepartnerschaften am Ort" (Leitlinien aus der evangelisch-katholischen Kommission der (Erz-)Bistümer Paderborn und Münster, der Evangelischen Kirche von Westfalen und der Lippischen Landeskirche). Ökumene mit klaren rechtlichen Vereinbarungen wird hier kirchenpolitisch ernst genommen, weil Kirchen mehr verbindet als trennt.

Gewiss gibt es immer wieder Differenzen, Auseinandersetzungen, Missverständnisse, aber um sie zu bearbeiten haben wir Gesprächsebenen entwickelt, die sehr gut funktionieren. In ihnen wird das an Bibel und Bekenntnis ausgerichtete Gespräch geführt – mit all seinen ethischen Konsequenzen. Und es wird gemeinsam gebetet und Gottesdienst gefeiert. Zu Kriseninterventionen dürfen diese Gespräche nicht verkommen. Und wir dürfen uns nicht einer „Hermeneutik des Verdachts" hingeben, die das Anderssein der Anderen als Rückzug und Abgrenzung versteht. Deswegen bleibt Ökumene angewiesen auf den ernsthaften Dialog und konfessionellen Respekt der Kirchen. Der muss nach meinem Verständnis jedoch getragen sein von der wechselseitigen Anerkennung als gleichwertige Gesprächspartner. Mit anderen Worten: Der Monolog eines Statements wird dem dialogisch gelebten Miteinander der Kirchen nicht gerecht. Wir müssen wieder am Dialog anknüpfen, mit dem die Ökumene im 21. Jahrhundert vorbereitet worden ist, und den Selbstzuspruch der Identität in starren Formeln dem Vergessen anheim geben. Die Zukunft der Ökumene muss Raum dafür geben, dass wir im theologischen Gespräch um die Erkenntnisse ringen, in denen wir zu unsicher oder zu festgefahren sind. Sie muss vor allem in den Gemeinden leben, die sich um Gottes Wort und seine Sakramente sammeln.

Frage: Welche Vorschläge zu ökumenischen Fortschritten liegen denn gegenwärtig zwischen evangelischer und katholischer Kirche auf dem Tisch und für wie aussichtsreich halten Sie diese?

Friedrich Weber: Ich nenne zwei konkrete Ereignisse, von denen ich mir für die Zukunft der Ökumene sehr viel erhoffe:

1. Den Ökumenischen Kirchentag 2010 in München. Ich wünsche mir, dass wir in der Vorbereitung des Kirchentages in den nächsten drei Jahren zu einer echten Weggemeinschaft zusammenwachsen. Unser Ziel muss es sein, dass wir als Kirchen auf dem Kirchentag gemeinsam unseren Glauben bekennen. Dabei sollen neben der evangelischen und römisch-katholischen Kirche auch alle anderen christlichen Kirchen in der Arbeitgemeinschaft Christlicher Kirchen einbezogen werden.

2. Die VELKD plant, ein Symposium für jüngere Vertreterinnen und Vertreter der theologischen Wissenschaft zu schaffen, das dazu dienen soll, den Stand der ökumenischen Beziehungen zu vermitteln und miteinander im Diskurs zu behandeln. Denn wir haben auf beiden Seiten gemerkt, dass wir gerade die jungen Wissenschaftlerinnen und Wissenschaftler für die Ökumene begeistern müssen. Wir haben außerdem festgestellt, dass mancher Ertrag aus dem Dialog in unseren Kirchen nicht mehr selbstverständlich präsent ist.

Frage: Zwischen der VELKD und der Ökumene-Kommission der römisch-katholischen Deutschen Bischofskonferenz gibt es einen intensiven Dialog. Wie ist aktuell der Stand der Gespräche?

Friedrich Weber: Ich freue mich, dass ich von der Generalsynode sowie von der Kirchenleitung der VELKD den Auftrag erhalten habe, mit der Ökumene-Kommission der römisch-katholischen Deutschen Bischofskonferenz offiziell das Gespräch zu suchen mit dem Ziel, die theologischen Lehrgespräche wieder aufzunehmen. Das unmittelbare Lehrgespräch war 1997 unterbrochen worden, weil wir die Themen des gemeinsamen Textes „Communio Sanctorum – Die Kirche als Gemeinschaft der Heiligen" in einer größeren Breite der Kirchen diskutieren lassen wollten. Nun ist es an der Zeit, den Ertrag dieser Diskussion gemeinsam zu sichten, auszuwerten und daraus folgend eine Reihe von Themen neu zu behandeln. Hierzu wollen wir mit einer neuen offiziellen Bilateralen Arbeitsgruppe an die vorherigen Dialogrunden anschließen, die schon seit 1976 bestehen. Diese theologischen Gespräche sollen auch dazu dienen, die gegenseitige Wahrnehmung zu verbessern, in Problemen aufeinander zuzugehen und gemeinsame Lösungen zu finden. Es ist außerdem festzuhalten, dass der bisher erreichte Stand in der Gemeinschaft der Kirchen eine wesentliche Folge des Dialogs ist. Das ist mir wichtig gerade angesichts mancher Fragezeichen, mit denen gegenwärtig der Dialog in Lehrfragen versehen wird.

Ein wesentliches Element in der Ökumene ist die Gesprächsfähigkeit aufeinander zu. Gesprächsfähigkeit aber ist wie jede Fähigkeit das Ergebnis des Lernens und der Ausübung. Die mancherorts geäußerte Kritik an den Dialogkommissionen kann ich nur schwer nachvollziehen. Diese Kommissionen sind auftragsgemäß damit befasst, das Gespräch miteinander zu praktizieren, also zu üben. Und aus dieser Praxis entsteht die Dialogfähigkeit, die weiterführt.

Wir werden uns im anstehenden Dialog neben der Methode zunächst auch einmal darüber verständigen müssen, in welchen Themen eine Verständigung zurzeit möglich erscheint. Es gibt einige Fragen wie die des Kirchen- oder des Amtsverständnisses, in denen die unterschiedlichen Auffassungen ausgetauscht sind und bei denen man nicht erwarten darf, dass sie durch Dialog kompatibel zu machen wären. Deshalb sollten wir das Gespräch nicht daran festfahren und damit das Potenzial des Gesprächs als Methode in Frage stellen lassen. Vielmehr soll die Gemeinschaft in Dialogen zu anderen Fragen des Glaubens so gefestigt werden, dass wir die Unterschiede im Respekt gegenüber der Wahrheit und im Vertrauen zueinander aushalten lernen.

Für die inhaltliche Arbeit hat die Generalsynode der VELKD das Ziel herausgegeben, dass am 500-jährigen Reformationsjubiläum im Jahr 2017 zwischen den Kirchen keine gegenseitigen Verurteilungen beziehungsweise trennende Gegensätze in Lehre und Leben mehr wirksam sein sollen. Das ist ein konkretes Ziel, das wir anpacken wollen.

Frage: 1999 wurde die Gemeinsame Erklärung zur Rechtfertigungslehre zwischen Lutherischem Weltbund und römisch-katholischer Kirche bestätigt. Im vergangenen Jahr hat der Methodistische Weltbund dieser Erklärung zugestimmt. Dessen ungeachtet haben viele Menschen den Eindruck, dass sich konkret im Verhältnis der Dialogpartner nichts verändert hat.

Friedrich Weber: Es muss meines Erachtens zunächst deutlich gemacht werden, dass die Gemeinsame Erklärung zur Rechtfertigungslehre kein Vertrag ist, der schon volle Kirchengemeinschaft möglich macht. Vielmehr hält die Gemeinsame Erklärung fest, was in vorangegangenen Gesprächen zwischen den Kirchen an Annäherungen gefunden wurde. Und diese Annäherung betrifft nach unserem Verständnis das Zentrum des Glaubens. Das war und ist ein großer Schritt in der Ökumene. Die Erklärung des Methodistischen Weltbundes, über die wir uns sehr freuen, hat dies noch einmal unterstrichen.

Sie sprechen aber ein wichtiges Problem an. Zwar haben wir nun gemeinsam ausgesprochen, was wir unter der Rechtfertigungsbotschaft verstehen.

Es genügt aber nicht, sich im Dialog über ein Thema auseinanderzusetzen. Als Kirchen, die sich auf dem Weg zur Einheit bewegen, sind wir immer wieder zur gemeinsamen Verkündigung und Bezeugung des Evangeliums für die Menschen heute verantwortlich. Diesem Ziel hat der offizielle ökumenische Dialog zu dienen und daran hat er sich messen zu lassen. Es geht also konkret darum, den Menschen die Rechtfertigungsbotschaft gemeinsam als frohe Botschaft weiterzugeben.

Ich möchte sagen, dass sich alle Kirchen in dieser Verkündigungsarbeit in einem grundlegenden Orientierungsprozess befinden, den sie gemeinsam erfüllen müssen. Das bleibt nicht auf die Frage der Rechtfertigung begrenzt. Alle Kirchen müssen gemeinsame Antworten auf die Fragen der Menschen finden: Was heißt eigentlich Christsein und Kirchesein in der Spätmoderne? Was suchen Menschen heute, was sind ihre religiösen Fragen und Probleme? Wie können die Kirchen ihre Aufgaben an den Menschen der Gegenwart erfüllen? Was haben wir als Kirchen zu geben?

All diese Fragen und Herausforderungen sind ökumenische Fragen und Herausforderungen, weil sie alle Kirchen betreffen. In diesen Fragen stehen die Kirchen sich nicht einander gegenüber, sondern sie sind gemeinsam von ihnen herausgefordert. Sie sind herausgefordert, ökumenisch verantwortliche Antworten auf die Fragen zu finden und sie den Menschen zu vermitteln. Das heißt also, die Themen der Ökumene dürfen nicht der gegenseitigen Institutionsvermittlung dienen, sondern sind solche der Sendung der Kirche in die Welt. Darin sind wir uns im Wissen um die Botschaft zum größten Teil ebenso einig wie in der eigenen Hilflosigkeit, die Botschaft begeisternd zu vermitteln. Dabei hilft uns aber gerade, wenn wir auch als Kirchen miteinander aus der Rechtfertigung leben, die wir lehren.

Frage: In Gemeinden ist vielfach zu hören, dass in der jungen Generation am Thema Ökumene kaum Interesse bestehe. Ist das auch Ihr Eindruck?

Friedrich Weber: Die junge Generation ist nicht nur unsere Zukunft, sie ist unsere Gegenwart. Studierende der Religionspädagogik, mit denen ich als Lehrbeauftragter der TU-Braunschweig arbeite, fragen dezidiert nach dem, was Christen verbindet. Sie fragen aber danach nicht aufgrund eines spezifischen konfessionell geprägten Bewusstseins, sondern als junge Menschen, die ahnen, dass zu einem gelingenden Leben mehr gehört als eine gute Ausbildung in den Grundfertigkeiten des technischen Zeitalters. Sie wollen wissen, was trägt und dem Leben Bestand verleiht. Und offenbar ist es den Kirchen und Religionsgemeinschaften nicht hinreichend gelungen, durch überzeugendes authentisches Zeugnis die Wahrheit des Glaubens zu vermitteln. Ganz abgesehen davon, dass oft elementare Grundkenntnisse der Bibel fehlen. Und genau die interessieren sie. Konfession als Ausdrucksform eines spezifischen Glaubensverständnisses interessiert sie nicht allzu sehr. Ihre Fragen sind elementar, gehen auf den Grund des Glaubens und sind damit weniger an der Gestalt der Kirchen interessiert. Da geht es um das Gebet, um die Frage nach dem guten, dem gerechtfertigten Leben, nach dem Tod. Und erst wenn diese, die eigenen Fragen aufgenommen sind, wird die Antwort der Konfessionen, der Kirchen auch noch interessant.

Die Erfahrung mit dem Projekt „Miteinander für Europa", das seit 1999 und nun im Mai wieder gut 12.000 Menschen zusammenführen wird, zeigt eher, dass die Erfahrung der Verschiedenheit in einem versöhnten Miteinander Reichtum bedeutet und Engagement für diese Welt hervorbringt. Die Begegnungen junger Menschen unterschiedlicher Konfession auf den Kirchen- und Katholikentagen ist bar jeder Abgrenzung, sie sucht Gemeinschaft. Und sie sucht Verständnis für nichtchristliche Religionen. Dass es daneben eine sehr ernst zu nehmende Zahl junger Menschen gibt, denen auf Grund ihrer familiären Situation, geistlichen und geistigen Desinteresses solche Fragen gleichgültig sind, bleibt eine gewaltige Herausforderung. Sie wird nach meiner Einschätzung auch zu einer latenten Gefährdung des sozialen Miteinanders in unserem Land. Hier geht es um die Fundierung von Werten, die das gemeinsame Leben begründen, und hier geht es auch um die begründete Abwehr von fundamentalistischen und politisch extremistischen Haltungen, die unsere Demokratie gefährden.

Dialog mit Katholiken hat zur gegenseitigen Verständigung beigetragen*

Frage: Herr Landesbischof, welche Schwerpunkte wollen Sie in Ihrer Arbeit als Catholica-Beauftragter der VELKD setzen?

Friedrich Weber: Von ihrem Catholica-Beauftragten erwartet die VELKD zuallererst, dass er das Amt eines Vermittlers wahrnimmt. Dafür sehe ich eine Reihe von Erfordernissen und Chancen. Wir sind es dem Herrn, der sein Volk aus allen Völkern sammelt, schuldig, uns für diese von ihm gestiftete Gemeinschaft einzusetzen und auch anzustrengen. Alle Kirchen haben den Auftrag dafür einzustehen, dass seine Kirche durch ihn und mit ihm als eine versöhnte Gemeinschaft leben kann und soll. Ich bin überzeugt, dass Christus uns das gegenwärtig noch besonders einschärft. Ökumenisches Miteinander aller Kirchen ist ja keineswegs nur ein Ausdruck freundlichen Umgangs miteinander, obgleich auch das schon einen hohen Wert hat. Es geht um mehr: Wir sind vielmehr gesandt, den Menschen heute das Evangelium als eine sie befreiende und froh machende Botschaft zu bringen.

In unseren Gemeinden leben und wirken viele Menschen, die von dieser Botschaft erfüllt ihren Glauben praktizieren. Gleichzeitig leiden wir darunter, dass einer großen Zahl von Menschen – auch Getauften – diese Botschaft fremd bleibt. Wir befinden uns in einer geistigen Umbruchsituation. Doch eines zeichnet sich ab: Religion kehrt in das öffentliche Bewusstsein zurück, denn Lebensorientierung braucht andere Kriterien als bloßen Fortschrittsglauben. Zukunftsforscher reden im Blick auf die religiöse Situation in unserem Land von einer Respiritualisierung und bezeichnen dies als Megatrend. So hat das Institut für Meinungsforschung in Allensbach nachgewiesen, dass es zwischen 1995 und 2005 keinen Rückgang des „religiösen Selbstverständnisses der Deutschen" gegeben hat. Von den Kirchen wird erwartet, dass sie dem einzelnen Menschen Hilfen zur Orientierung geben. In den zurückliegenden Jahren sind die Kirchen langsam, aber stetig wieder wichtiger geworden, weil Menschen von ihrer Kirche Auskunft zu Fragen des Glaubens erwarten. Deswegen müssen Christen auskunftsfähig sein über die Hoffnung, die in ihnen ist. Für mich beginnt dies immer wieder mit dem Osterzeugnis: Christen leben mit einer Hoffnung, die in der Auferstehung Jesu Christi am Ostersonntag ihren Ausgang nimmt. Sie ver-

* In: VELKD-Informationen Nr. 117–2006

trauen auf Gott, der seine Menschen auch über den Tod hinaus nicht alleine lässt. Vor diesem Hintergrund ist eine profilierte Präsenz der Kirche unverzichtbar. Profiliert ist sie aber nur, wenn Christinnen und Christen auskunftsfähig über ihren Glauben sind. Dafür ist es wichtig, dass die Menschen in der Kirche in der Lage sind, von der Hoffnung in Christus, von der sie erfüllt sind, Rechenschaft zu geben.

Wir sind also gefordert, die eigene Sprachlosigkeit zu überwinden und den Bezug unseres Handelns auf das Evangelium deutlich zu machen. Mit Paulus gesprochen heißt das: Wir schämen uns nicht des Evangeliums. Es geht in allem, was die Kirche zu tun hat, um Mission. Mission ist für mich also kein zusätzliches Programm, sondern ein Strukturelement kirchlichen Handelns in allen Bezügen. Mission ist Beziehungsarbeit, denn nur als Einzelne werden Menschen für die Kirche und den Glauben gewonnen. In dieser schwierigen Situation wird keine der Kirchen mit ihrer jeweiligen Lehre und Spiritualität alle ansprechen können. Die hoch differenzierte Gesellschaft erfordert eine Vielfalt der Glaubenszeugnisse und des Gemeindelebens. Diese Vielfalt kann jedoch nur etwas ausrichten, wenn sie von den Kirchen nicht so gegeneinander gerichtet ist, dass jede für sich ausschließlich beansprucht, in der Wahrheit zu sein, und sich deshalb von den anderen abgrenzt.

Damit ist die Herausforderung benannt, auf die ich eingehen muss und will: Einerseits werde ich immer wieder auf die römisch-katholische Kirche zugehen, um so viel wie möglich gemeinsam abgestimmt zu handeln in Verkündigung, Diakonie und Gottesdienst; andererseits werde ich in unseren eigenen Kirchen das Verständnis für die Partner immer neu zu wecken versuchen. Dabei will ich in auftretenden Konfliktsituationen Lösungen suchen und auch persönlich vermitteln. Schließlich geht es mir darum, gemeinsam mit der Schwesterkirche in den großen gesellschaftlichen Umbrüchen der Gegenwart, eine Orientierung aus dem Glauben zu geben. Mit mir muss das alles nicht erst beginnen. Wir haben seit der Annäherung unserer Kirchen in der Mitte des 20. Jahrhunderts eine gute Wegstrecke in Deutschland miteinander zurückgelegt. Die Erfahrungen sind durchaus ermutigend, und es ist vieles erreicht worden.

Die Nähe führt andererseits dazu, dass wir auch unsere Unterschiede deutlicher spüren als zu Beginn. Die Unterschiede sind, weil sie sich auf die Lehre beziehen, zum Teil fundamental, aber wir gehen mit ihnen nicht fundamentalistisch um. Um diese Differenz zu beschreiben, beziehe ich mich gerne auf Martin Luther. In seiner Auslegung des Galaterbrief schreibt er: „Die Lehre gleicht dem mathematischen Punkte und kann also nicht geteilt werden, d.h. sie verträgt keine Wegnahme und keine Hinzufügung. Dagegen ist das Leben gleich dem physikalischen Punkte, hier gibt es immer noch Teilung und Zugeständnis."[1] Die Gemeinschaft mit diesen Unterschieden zu leben, ist nun auf der Tagesordnung. Dafür brauchen wir vielleicht eine flexiblere Kommunikationsstruktur.

Frage: Wie bewerten Sie – ganz allgemein gesprochen – das gegenwärtige ökumenische Klima in Deutschland?

Friedrich Weber: Das ökumenische Klima in Deutschland wird heute sehr unterschiedlich beschrieben und bewertet. Es ist wie mit den klimatischen Verhältnissen im Land: Da gibt es regionale, sogar lokale Besonderheiten, und in größeren Bereichen den Wechsel zwischen Hochs und Tiefs mit allen Schattierungen dazwischen. So gibt es eine große Zahl von Gemeinden, die partnerschaftlich, sogar geschwisterlich miteinander umgehen und einander nicht missen wollen. Es gibt einen vertrauensvollen Austausch zwischen leitenden Persönlichkeiten auf der Ebene der Landeskirchen und der Diözesen. Einrichtungen arbeiten kollegial zusammen, helfen auch einander. Wir haben einen postgradualen Studiengang für Liturgiewissenschaft in ökumenischer Trägerschaft der Fakultäten von Leipzig, Halle, Jena und Erfurt. Seit vielen Jahren führt die VELKD zusammen mit der katholischen Deutschen Bischofskonferenz alle zwei Jahre einen gemeinsam verantworteten ökumenischen Studienkurs für Ordinierte durch, in dem Lehre und geistliches Leben miteinander verbunden sind. Das hat wiederum Auswirkungen für das kirchliche Leben vor Ort.

Neben diesen wohltuenden und begrüßenswerten Kooperationen gibt es auch Irritationen und manchmal gegenseitige Vorhaltungen, die den Eindruck vermitteln, sie entstammten einem neuerlichen Fundamentalismus. Manchmal treten auch gewisse Ängste auf. Nach einer langen Phase des Dialogs, in der sich die Kirchen erstaunlich weit füreinander geöffnet haben, kommen Befürchtungen auf, man habe sich zu weit geöffnet. Gegenwärtige Erfahrungen von Schwäche der eigenen Sendung seien eine Folge dieser Öffnung, und man sehnt sich nach den vermeintlichen Zeiten der Stärke zurück und meint damit die vor den gegenseitigen ökumenischen Beeinflussungen.

In den Medien wird gegenwärtig stärker der eher problematische Aspekt im Miteinander herausgestellt. Natürlich dürfen wir das nicht übersehen. Aber das Klima ist etwas sehr Komplexes. Und jemand, der mit ökume-

---

1 Luthers Galaterbrief-Auslegung von 1531, hg. von Hermann Kleinknecht, Göttingen 1980, 297

nischen Aufgaben betraut ist, tut gut daran, nicht ohne die Hoffnung ans Werk zu gehen, die sich aus dem Glauben speist. Charles Peguy hat deren Bedeutung einmal so beschrieben: „Die Hoffnung liebt und sieht schon das, was noch nicht ist und was doch alles einmal sein wird. Sie bewegt die Welt und – Dich."

Frage: Der Dialog mit der römisch-katholischen Kirche kommt nach Meinung vieler Menschen nicht recht voran. Die Unterschiede bei den Themen Abendmahl, Amtsverständnis und Lehre von der Kirche scheinen unüberwindbar. Wo sehen Sie Möglichkeiten für Fortschritte?

Friedrich Weber: Die gegenwärtig geführten Dialoge – auf internationaler Ebene die zwischen der Gemeinsamen Kommission des LWB und des römischen Einheitsrats, auf nationaler Ebene, das heißt zwischen VELKD und katholischer Deutscher Bischofskonferenz, – sind selbst eine Form praktizierter Gemeinschaft beziehungsweise der Suche nach ihrer Vertiefung. Vor kurzem hat die internationale Kommission eine Dialogphase abgeschlossen, deren Ergebnisse zurzeit für die Veröffentlichung vorbereitet werden. Der Dialog hat Ergebnisse gebracht, die erheblich zur gegenseitigen Verständigung beigetragen haben. In den von Ihnen angesprochenen Fragen der Lehre von Kirche und Amt – und damit im Zusammenhang stehend vom Abendmahl – ist ein Konsens nicht erreicht; er ist m. E. mittelfristig auch nicht in Sicht. Das ist bedauerlich. Daraus kann sich aber nicht ergeben, dass wir das Gespräch abbrechen oder das Miteinander einfrieren, bis einmal ein Wunder der Klärung geschehen könnte. Konsens in Lehrfragen – und das heißt ja letztlich im Verständnis des Evangeliums – ist ein wichtiges Ziel. Aber er ist nicht allein suffizient, um Gemeinschaft zu haben. Deshalb sollten wir zuerst prüfen, wie viel Gemeinschaft die Unterschiede in der Lehre zulassen und entsprechend handeln. Das Gespräch in Deutschland über die Lehrverurteilungen hat dazu eine gute Grundlage gegeben. Vermutlich erreichen wir eine Vertiefung unserer Beziehungen vor allem dann, wenn wir in unserer Sendung in die Welt Grundlagen und Herausforderungen, die sich jeder Kirche aktuell stellen, gemeinsam aufgreifen.

Frage: Wo scheint Ihnen die Möglichkeit des Fortschritts am realistischsten?

Friedrich Weber: Der Begriff des „Fortschritts" ist m. E. kein geeigneter Begriff, um die ökumenische Gemeinschaft zu beschreiben. Er signalisiert, es müsse nur genügend Schritte geben, dann würden wir das Ziel erreicht haben. Damit werden Erwartungen erzeugt, die leicht enttäuscht werden können. Das lähmt dann und lässt die Augen vor dem verschließen, was an gemeinsamem Leben vorhanden ist.

Frage: Sie haben sich unlängst für eine Ökumene der Profile, aber nicht der Konflikte ausgesprochen. Wie lässt sich das aus Ihrer Perspektive näher beschreiben?

Friedrich Weber: Es ist in unseren beiden Kirchen eigentlich klar: Wir wollen keine Gemeinschaft, in der wir entweder so viel von unserer Identität, die sich durch Glaubenslehre und Glaubensleben bildet, abschleifen, dass sie die anderen nicht befremdet, oder andererseits so viel davon verstecken, dass die anderen unsere Identität in ihrer Differenz nicht bemerken. Ökumene hat immer eine Gemeinschaft von Partnerkirchen im Blick, die aus einer gemeinsamen Grundlage lebt, im Lauf von Jahrhunderten aber in den Partnerkirchen ganz eigene Traditionen und damit Prägungen erhalten hat. Es ist eine Gemeinschaft, in der wir einander in unserem jeweiligen Profil achten und zu verstehen suchen. Ökumene darf kein Prozess der Reduktion, sondern muss ein Prozess der gegenseitigen Bereicherung sein. Damit hängt zusammen, dass wir wohl den Diskurs führen, der Erkenntnis bringt, aber nicht den Konflikt suchen, der Gemeinschaft zerstören kann. Auf eine Formel gebracht: Ich trete dafür ein, das Gespräch miteinander den Äußerungen übereinander vorzuziehen.

Frage: In der Person des amtierenden Papstes lenkt ein profunder Kenner der kirchlichen Lage in Deutschland die Geschicke der römisch-katholischen Kirche. In keinem anderen Land der Welt stehen sich Katholiken und Protestanten in gleicher Größe gegenüber. Welche ökumenischen Impulse von Benedikt XVI. erwarten Sie?

Friedrich Weber: Papst Benedikt XVI. ist von der Art geprägt, in der wir in Deutschland Theologie treiben. Seiner ersten Enzyklika ist das deutlich anzumerken. Seine Nähe zu Augustin ist eine nicht unerhebliche Grundlage für eine Verständigung über das Handeln der Kirche in der Gesellschaft. Gewiss, nicht nur Augustin bestimmt sein Denken. Einen besonderen Impuls hat er bei seiner ökumenischen Begegnung in Köln gegeben, als er aufforderte, nicht auf einzelne – schwierige – Lehrfragen fixiert zu sein, sondern miteinander darüber zu sprechen, wie wir die Gegenwart des Evangeliums in der Welt heute verstehen und sie leben. Ich habe den Eindruck, seit seiner „Einführung in das Christentum“ ist er bemüht, die Glaubenslehre nicht nur in traditionellen Formeln auszusagen, sondern für die Menschen heute neu auszusprechen, und das auf einem hohen intellektuellen Niveau.

Frage: Lutheraner und Katholiken haben in den letzten dreißig Jahren zahlreiche Dialoge geführt. Die daraus entstandenen Dokumente sind – sieht man einmal von der Gemeinsamen Erklärung zur Rechtfertigungslehre ab – nie rezipiert worden. Was bedeutet dies für das Miteinander der beiden Kirchen?

Friedrich Weber: In der VELKD haben Generalsynode und Bischofskonferenz fast zu jedem Dialogdokument Stellung genommen. Leider ist das auf römisch-katholischer Seite nicht in gleicher Weise erfolgt. Besonders misslich war dies im Hinblick auf das deutsche Dokument „Lehrverurteilungen – kirchentrennend?" Unseren Synodalbeschlüssen stand auf der anderen Seite nur ein unveröffentlichtes Votum aus dem Einheitssekretariat gegenüber. Das war und ist eine verpasste Gelegenheit. Einen Mangel des bisherigen Dialogs sehe ich auch darin, dass unsere Stellungnahmen nicht zu einer Überarbeitung der zuvor vorgelegten Dokumente geführt haben. Es hat Unzufriedenheit mit dem Dialog ausgelöst, dass die Dokumente gleichwohl als Referenztexte in der nächsten Phase genutzt wurden, ohne die vorgetragenen Einwendungen zu bedenken. Andererseits ist es gerade nach der Rezeption der Gemeinsamen Erklärung zur Rechtfertigungslehre zu mancherlei Spannungen gekommen. Sie weisen aus, dass der Lehrkonsens allein die Gemeinschaft nicht tragen kann. Ich denke, die Diskussionen zum Dialog zeigen vor allem an, dass wir uns jeweils in unseren Kirchen selbst um einen internen Konsens in den grundlegenden Fragen mühen müssen. Dem sollten wir auch Raum geben, bevor wir eine neue Runde von Lehrgesprächen führen.

Frage: 2010 findet der nächste Ökumenische Kirchentag statt. Der letzte Ökumenische Kirchentag hatte die Erwartung geweckt, dass es ein gemeinsames Abendmahl geben könnte. Umso größer war die Enttäuschung, dass dies nicht möglich war. Sind die Unterschiede zwischen den Kirchen doch größer als manche denken? Und ist es vor diesem Hintergrund überhaupt angebracht zu sagen, die Kirchen verbindet mehr als sie trennt?

Friedrich Weber: Der Ökumenische Kirchentag in Berlin war ein eindrucksvolles ökumenisches Ereignis. Dass unsere Kirchen mehr verbindet als trennt, haben vor allem diejenigen bewirkt und erfahren, die sich dazu miteinander auf den Weg gemacht haben. Der Kirchentag hat gezeigt, wie viele Möglichkeiten eines gemeinsamen Lebens und Handelns vorhanden sind. Dem Ökumenischen Kirchentag in München wird seine Bedeutung dadurch zukommen, dass auf ihm erkennbar wird, wie stabil die Beziehungen zwischen unseren Kirchen sind, was sie tragen und was nicht. Ich wünsche mir, dass es gelingt, die Stimmung eines Gott vertrauenden neuen Aufbruchs zu erreichen und entsprechend zu handeln. Deutschland – und ich denke darüber hinaus auch Europa – braucht Kirchen, die in einem gesunden Bewusstsein ihrer Zugehörigkeit zu Christus Ausstrahlungskraft haben. Es geht darum, kleinliche Aufgeregtheiten zu vermeiden und deutlich zu machen, dass wir wissen, was wir als christliche Kirchen einander Gutes schenken. Für 2010 wünsche ich mir schließlich, dass es nicht nur um die beiden großen Kirchen geht, sondern um alle christlichen Kirchen im Land, also die gesamte Ökumene.

Frage: Ihr Vorgänger im Amt des Catholica-Beauftragten hatte mehrfach den Versuch unternommen, die römisch-katholische Kirche dafür zu gewinnen, den Pfingstmontag als Ökumene-Tag gemeinsam zu begehen, blieb dabei jedoch erfolglos. Können Sie das Nein der katholischen Kirche nachvollziehen?

Friedrich Weber: Der Pfingstmontag wird – Gott sei Dank – in einer nicht unerheblichen Zahl von Gemeinden ökumenisch begangen, wenigstens mit gemeinsamen Gottesdienstfeiern. Ich verstehe die katholische Deutsche Bischofskonferenz, dass sie unter dem Druck von Wirtschaftskreisen alles unterlassen will, was den Sonntagscharakter der zweiten Feiertage anzweifeln lassen könnte. Deshalb besteht sie auf der Sonntagspflicht und damit der verbindlichen katholischen Gottesdienstfeier. Nachvollziehen kann ich die Folgerung daraus aber nicht. Wir haben bewährte Instrumente des Gesprächs und der gemeinsamen Arbeit, um unsere Stimme in der Gesellschaft zu Fragen wie den Feiertagsschutz zur Geltung zu bringen. Der Ökumenische Feiertag könnte m. E. den Pfingstmontag noch mit einem besonderen Gewicht ausstatten, sodass den Menschen daran viel gelegen ist, ihn zu erhalten. Dazu müssen wir kommen, denn ohne die vielen, die unser Wort stützen, sind wir Bischöfe gegenüber Wirtschaft und Politik in dieser Frage relativ schwach.

Frage: Während der ökumenische Dialog in den theologischen Fragen nicht recht vorankommt, funktioniert die Verständigung in ethischen Fragen deutlich besser. Woran liegt das?

Friedrich Weber: Gemeinsam zu sprechen und zu handeln gelingt besonders da, wo wir begreifen, dass wir in allen Kirchen vor dieselben Herausforderungen in der Gesellschaft gestellt sind. Die Enzyklika Papst Benedikt XVI. hat dafür auch in guter Weise noch einmal den Rahmen beschrieben. In den Fragen, die die Würde der Menschen betreffen, darf die Kirche Jesu Christi nicht stumm außen vor bleiben. Wir haben gegenwärtig in Deutschland eine ganze Reihe solcher Fragen. Ich habe an anderem Ort schon davon gesprochen, wie notwendig eine neue gemeinsame Schrift zur Gestaltung der Wirtschaft im Land angesichts der Globalisierung wäre. Entsprechende erste Anregungen sind hierfür ja auch auf der Vollversammlung des Ökumenischen Rates der Kirchen in Porto Alegre gegeben worden. Allerdings ist auch hier nicht zu übersehen, dass es durchaus eine Reihe von ethischen Fragen gibt, in denen wir im Grundsatz zwar einander nahe sind, im konkreten Umgang mit ihnen aber durchaus unterschiedliche Wege gehen. Genannt sei hier nur die Frage nach dem Umgang mit Schwangeren in Notlagen oder auch mit Homosexuellen. In allem aber dürfen wir nicht außer Acht lassen, dass unsere römisch-katholischen Partner in Deutschland immer zugleich der Weltkirche gegenüber in der Pflicht stehen, wie sie durch Rom repräsentiert wird. Auch dies gilt es zu sehen, wenn wir ihre Haltung verstehen und für die ökumenische Gemeinschaft fruchtbar machen wollen.

Frage: Was ist – abschließend gefragt – Ihre ganz persönliche ökumenische Vision?

Friedrich Weber: Ich wiederhole hier gerne, was ich unlängst zur Einführung des neuen Hildesheimer Bischofs im dortigen Dom gesagt habe: „Der Auftrag, Zeugnis abzulegen von der Hoffnung, die in uns ist, verbindet uns. Er wird zuerst in der Verkündigung des Evangeliums in Wort und Sakrament und dann im diakonischen und karitativen Handeln konkret. Und er nötigt uns, je und dann die Stimme zu erheben für die Stummen und Schwachen. Es ist ein wunderbarer Auftrag, von dem viele Menschen in unserem Land erhoffen, dass er zuversichtlich und fröhlich ausgeführt wird. Unseren Kirchen stehen viele schwierige Umstrukturierungen bevor – wir werden uns mit den demographischen Prozessen und den damit zusammenhängenden Entwicklungen vor allem auf dem Lande auseinander zu setzen haben. Und nicht nur das, die soziale Schieflage kann sich ausprägen, Kinder- und Altersarmut zunehmen und bei allen Wachstumsprognosen müssen wir uns wohl auch darauf einstellen, dass weiter viele Menschen ohne bezahlte Erwerbsarbeit leben müssen. Das Miteinander unterschiedlicher Religionen und Kulturen stellt brennende Fragen, Fundamentalismus und Gleichgültigkeit sorgen uns. Das alles birgt hohe Erwartungen an unsere Kirchen. Wir werden ihnen nur dann standhalten, wenn wir auf die befreiende Kraft des Evangeliums vertrauen. Ich wünsche mir darum, dass es uns gelingen möge, diese Fragen gemeinsam vor Gott zu bringen, um sodann unsere praktische Zusammenarbeit zu verstärken und einander auszuhelfen, wo immer es geht, damit wir die Menschen mit dem Wort Gottes erreichen und sie seelsorglich begleiten können – auch dann, wenn das Netz priesterlicher und pastoraler Präsenz vor Ort grobmaschiger wird."

V. Catholica-Berichte 2006 bis 2010

„Es sind viele Glieder, aber der Leib ist einer"
1. Korinther 12, 20
Bericht der 10. Generalsynode auf ihrer 4. Tagung in Ahrensburg am 17. Oktober 2006 vorgelegt

Vorbemerkung

Im November 2005 hat mich die Kirchenleitung auf Vorschlag der Bischofskonferenz zum Catholica-Beauftragten der Vereinigten Kirche berufen. Ich freue mich, dass ich der Generalsynode heute erstmals den Bericht geben darf über den Stand der Beziehungen zur römisch-katholischen Schwesterkirche und die Möglichkeiten, die ökumenische Gemeinschaft zu fördern.

1. Die ökumenische Herausforderung an die Kirchen

Von der Kirche soll in diesem Bericht die Rede sein. Es geht um die Eine, heilige, allgemeine und apostolische Kirche wie sie die altkirchlichen ökumenischen Bekenntnisse der ersten Jahrhunderte kennzeichnen. Diese Bekenntnisse haben seitdem ihren festen und prägenden Platz in unseren Gottesdiensten – über die Konfessionsgrenzen hinweg. Deshalb geht es dabei immer um unsere! Kirche in dieser einen Kirche Christi an allen Orten und zu allen Zeiten. Es geht um ihre innere Bindung allein an den Herrn Jesus Christus (solus Christus) und die Gemeinschaft aller Kirchen (communio sanctorum) um der Sendung durch ihn willen.

Seit einiger Zeit wird in den deutschen Kirchen auf nahezu allen Ebenen von der Kirche allerdings vorwiegend unter anderen Aspekten geredet. Es geht um den Umgang mit den finanziellen und auch personellen Ressourcen, um eine effektive Arbeit der Kirchentümer und in der Folge um Strukturveränderungen. Unter diesen Aspekten vollzieht sich auch weithin eine öffentliche Diskussion. Diese Sichtweise bestimmt gegenwärtig nicht nur die evangelischen Landeskirchen und deren kirchliche Zusammenschlüsse. Sie ist nicht minder auch in der römisch-katholischen Schwesterkirche dominant. Und sie spielt sogar in den so genannten Freikirchen eine zunehmend große Rolle. Wir befinden uns hinsichtlich der äußeren Gestalt und Ordnung der Kirchentümer in einem tiefgreifenden Umbruch und sind dabei auf der Suche nach probaten Modellen. Diese Generalsynode will dazu mit der Beratung ihres Themas den Prozess befruchten, indem sie dazu beizutragen bemüht ist, dass in dem Prozess auch wichtige theologische und geistliche Aspekte, ihrem Gewicht entsprechend, zum Tragen kommen. Das ist ein hoffnungsvolles Zeichen; denn die Arbeit an diesen Fragen ist notwendig – in allen Kirchen.

Im Umbruch ist auch die ökumenische Gemeinschaft. Wir stellen fest: Das Thema Ökumene sollte eigentlich all unser Denken, Sagen und Tun bestimmen, weil wir vor Gott und der Welt alles Denken, Sagen und Tun nicht nur im Rahmen, sondern innerhalb der einen christlichen Kirche des Glaubensbekenntnisses, d. h. als Glieder am Leib Christi, vollziehen. Und wir erkennen in den letzten Jahren nach dem großen Ökumenischen Kirchentag in Berlin: Das Thema „Ökumene" ist vielfach spürbar an den Rand geraten, wird der Vollständigkeit halber mit erwähnt, aber nicht gedanklich ausgestaltet. Ich habe die unterschiedlichen Perspektivpapiere der Gliedkirchen der VELKD, das Impulspapier der EKD und entsprechende Papiere aus römisch-katholischen Diözesen geprüft und auch darin gesehen, dass das Thema eher marginal behandelt wird. Auch die Berichterstattung von der diesjährigen Herbstvollversammlung der DBK vermittelt diesen Eindruck.

In der Praxis auf Gemeinde- und Kirchenkreisebene kann es immer wieder geschehen, dass weniger ökumenisch gestaltet wird, weil an die geringere Zahl von Priestern bzw. Pfarrerinnen und Pfarrern höhere Anforderungen im jeweils eigenen Kirchenbereich gestellt werden. Ökumene wird dann mitunter eher als eine Aufgabe eingeschätzt, die man zwar schweren Herzens, aber leichteren Gewissens auch einmal zurückstellen kann. Wir begegnen einander durchaus freundlich und mit gutem Wille; es gibt gemeinsame Aktionen, um Einfluss auf die Gestaltung der Gesellschaft zu nehmen, doch die Weitergabe des Evangeliums wird wieder stärker nur in der je eigenen Tradition gepflegt.

Ich sagte aber schon, bei diesem Thema geht es nicht einfach um Veranstaltungen, sondern um eine grundsätzliche Sichtweise der Kirchen, um ihre Verbundenheit in Christus und um die Sendung mit dem Evangelium in die Welt, zu der wir miteinander berufen sind. Es geht um die tiefe Wahrheit des Glaubens, dass wir alle in dem einen Geist Glieder an dem einen Leib sind. Das betrifft nicht nur die Einzelnen in ihrer jeweiligen Kirche, das betrifft auch alle Kirchen in ihrer Gemeinschaft. In dieser Hinsicht steht die ökumenische Bewegung selbst in einem Umbruch. Neue Ansätze sind gefragt, auch Visionen, die stark genug sind, Christinnen und Christen in unseren Kirchen zu ganzem Einsatz zu bewegen. Der neue

Ansatz bedeutet ja nicht, dass wir von Grund auf neu beginnen müssten. Vielmehr: Seit dem Aufbruch in den Beziehungen zwischen der VELKD und der römisch-katholischen Deutschen Bischofskonferenz (DBK) in den siebziger Jahren des 20. Jh. ist auf allen Ebenen sehr viel an Gemeinschaft zwischen unseren Kirchen gewachsen. Dies hat zu einer Nähe und Zusammenarbeit geführt, die weit über das hinausgeht, was zuvor da gewesen ist. Ich bin überzeugt, in den Dialogen und gemeinsamen Unternehmungen haben wir so viele Gemeinsamkeiten festgestellt, dass sie im gesamten Umfang wie im Detail von vielen Menschen heute nicht mehr bewusst sind. Der Dialog war ein geeignetes Mittel, mit den festgestellten Differenzen verbindend umzugehen und sie sogar für das eigene Glaubensverständnis und -leben fruchtbar zu machen. Das ist eine Basis, auf der die Zukunft aufbauen kann; das ist zugleich die Gefahr, zuerst den Überblick und dann die Kenntnis im Einzelnen zu verlieren. Deshalb muss dem, was erreicht ist, wieder zunehmend unser aller Aufmerksamkeit gelten.

Die große Zahl der wichtigsten Dokumente oder Studien, die die lutherischen Kirchen im LWB und in Deutschland allein mit der römisch-katholischen Kirche erarbeitet haben, können Sie in der Fußnote nachlesen. [1]

Eine entscheidende Ursache für diesen Mangel besteht m. E. darin, dass es in den beteiligten Kirchen – außer zur Gemeinsamen Erklärung – keine geordnete Rezeption gegeben hat und dass nach unseren lutherischen Stellungnahmen, die zum Teil von Generalsynode und Bischofskonferenz sowie vom DNK/LWB abgegeben worden sind, die Dokumente selbst nicht in überarbeiteter Fassung erneut herausgegeben wurden. Das hat zumindest in unseren Kirchen die Rezeption eingegrenzt oder sogar verhindert, die nach einem anderen Verfahren leicht erreichbar gewesen wäre.

Es hat zudem den Anschein, dass die Vermittlung der Ergebnisse und deren Begründungen an die nächste Generation nicht hinreichend gelungen ist. Sie steht nun, nach dem Erreichen der Station vom 31. Oktober 1999, als erste Herausforderung auf der neuen Wegstrecke vor uns. Wie das bewältigt wird, hat für die jetzige und künftige Gemeinschaft in der Ökumene große Bedeutung. Wir werden neue Möglichkeiten erspüren und auch ungewohnte

1 „Das Evangelium und die Kirche", 1972 (Malta-Bericht); „Das Herrenmahl", 1978; „Wege zur Gemeinschaft", 1980; „Alle unter einem Christus", 1980 (Stellungnahme zur Confessio Augustana); „Das geistliche Amt in der Kirche", 1981; „Kirchengemeinschaft in Wort und Sakrament", 1984 (VELKD – DBK); „Einheit vor uns", 1985; „Kirche und Rechtfertigung", 1994; „Communio Sanctorum", 1997/2000 (VELKD – DBK); „Gemeinsame Erklärung über die Rechtfertigungslehre" mit GoF und Annex, 1999. Weitere wären zu nennen, die in größerem Zusammenhang erarbeitet und in der VELKD rezipiert wurden, z. B. „Lehrverurteilungen – kirchentrennend?", 1986

Wege gehen müssen. Und es ist nötig, auch die kleinen Schritte zu gehen, statt abzuwarten, bis ein großer Sprung Erfolg zu haben verspricht.

2. Ökumene heißt: Einander wahrnehmen und ansprechen

Diese Sichtweise will verhindern, von anderen Konfessionen und sich selbst ein Bild zu haben und damit über einander statt miteinander zu sprechen. Die abgewehrte Methode drängt sich besonders in Zeiten der Verunsicherung auf; und in einer solchen Zeit leben wir heute weltweit – nicht nur in der Kirche. Unter der Überschrift „Einander wahrnehmen und ansprechen" will ich nun vier Beobachtungen ansprechen und Möglichkeiten aufzeigen:

2.1 Die Enzyklika „Deus Caritas Est" vom 25.12.2005

Die erste Enzyklika Papst Benedikts XVI. war mit Spannung erwartet worden. Viele dachten, er werde darin ein Programm seines Pontifikats entwerfen. Sie war dann in der Tat programmatisch, wenn auch auf andere Weise. Benedikt will die hoch ausdifferenzierten Handlungsfelder der Kirche und der modernen Gesellschaft auf eine Mitte hinführen, die in der Lage ist und die Verheißung hat, die Welt zu ihrem Heil beisammen zu halten. Er entfaltet im ersten Teil theologisch und philosophisch in einem weiten Horizont und in die Tiefe gehend die „Einheit der Liebe in Schöpfung und Heilsgeschehen". Der Gedankengang, dass alles mit der Liebe anfängt, erinnert an Eberhard Jüngels „Gott als Geheimnis der Welt". Im zweiten Teil „Das Liebestun der Kirche als einer Gemeinschaft der Liebe spricht er konkret die Aufgaben an, die den Menschen aus ihrer Verpflichtung zu „[...] einer gerechten Ordnung der Gesellschaft und des Staates" erwachsen. Der Text ist im Grundsatz positiv zu bewerten. Er kann eine Grundlage für mehr gemeinsames Handeln sein.

Nein, die Enzyklika ist keine „Ökumene-Enzyklika" und Ökumene ist auch nicht ihr vorrangiges Thema. Aber weil es um die Sendung der einen Kirche Jesu Christi in die Welt geht, geht sie die Ökumene an. Ich halte sie für geeignet, das theologische Gespräch, das in anderen Themenbereichen festgefahren ist, hier neu zu öffnen.

Die Prägung des Papstes durch Augustin ist offenkundig. Insofern lässt der Text in den Fragen, die uns heutzutage immer noch bewegen, viel Verständigungsraum zwischen Rom und dem Luthertum. Es sind ja durchaus

Erfahrungen auf beiden Seiten, „dass die Vertreter der Kirche erst allmählich wahrgenommen haben, dass sich die Frage nach der gerechten Struktur der Gesellschaft in neuer Weise stellte" (Ziff. 27). Und eine gemeinsame Basis für den Diskurs über den Zusammenhang und die Unterscheidung der beiden Regimente hinsichtlich des Auftrags zur Gestaltung der Welt erscheint in der Enzyklika ebenso benannt: „Zur Grundgestalt des Christentums gehört die Unterscheidung zwischen dem, was des Kaisers und dem was Gottes ist [...], das heißt die Unterscheidung von Staat und Kirche [...] die Autonomie des weltlichen Bereichs. [...] Beide Sphären sind unterschieden, aber doch aufeinander bezogen." (Ziff. 28) „Die Kirche kann und darf nicht den politischen Kampf an sich reißen. Sie kann und darf sich nicht an die Stelle des Staates setzen. Aber sie kann und darf im Ringen um die Gerechtigkeit auch nicht abseits stehen." „Die Kirche hat [...] zur Reinigung der Vernunft und zur Weckung der sittlichen Kräfte beizutragen, ohne die rechte Strukturen weder gebaut noch auf Dauer wirksam sein können. [...] Die unmittelbare Aufgabe, für eine gerechte Ordnung in der Gesellschaft zu wirken, kommt dagegen eigens den gläubigen Laien zu. Als Staatsbürger sind sie berufen, persönlich am öffentlichen Leben teilzunehmen." (Ziff. 29) Ich zitiere hier ausführlicher, weil es gut ist, Anknüpfungsmöglichkeiten für das gemeinsame Gespräch und abgestimmtes Handeln wahrzunehmen, also für die Ökumene der Zukunft.

Andererseits ist klar, dass auch Benedikt zuerst von seinem System her denkt und spricht. Eigentlich braucht die ökumenische Arbeit Gedanken, die die Gefangenschaft in den je eigenen traditionellen Systemen durchbrechen. Aber dies gilt für uns gleichermaßen. Wir sollten mit der Ökumene-Kommission der DBK prüfen, wie wir das alles aufgreifen.

Fazit: Die Enzyklika enthält Potenzial für das ökumenische theologische Gespräch und das Miteinander der Kirchen. Das sollte genutzt werden. Ich empfehle deshalb, in Ökumenischen Studienkursen oder bei Begegnungen auf landeskirchlicher Ebene bis hin zu Gesprächsgruppen in Gemeinden Themen der Enzyklika aufzunehmen. Ich würde mich freuen, wenn es darüber auch zu einem Gespräch mit der Ökumene-Kommission der DBK kommen könnte. In der VELKD sind wir dazu gern bereit.

2.2 Katholikentag 2006 in Saarbrücken

Vom 24.–28. Mai 2006 hat in Saarbrücken der Katholikentag stattgefunden. Er sollte Forum und zugleich Fest des Glaubens sein. Es steht uns nicht zu, über dieses Ereignis im Vergleich zum Evangelischen Kirchentag zu urteilen. Für beide trifft zu, dass sie inzwischen ohne ökumenische Beteiligung nicht mehr denkbar und auch nicht gewollt sind. Bei solchen Ereignissen wird deutlich, dass in den Gemeinden die ökumenische Frage nicht ruht, dass die Gemeinden und die Gemeindeglieder über ökumenische Erfahrungen verfügen und ökumenische Erwartungen haben. Da kommt auch zum Ausdruck, was den Menschen an der Spaltung der Kirchen vor Ort Ärger, Leid und Trauer bereitet.

In einem Forum mit Kardinal Lehmann war ich um ein Impulsreferat zur Frage „Ökumene – wohin?" gebeten worden. Ich habe u. a. folgende Gedanken ausgeführt:

Auch wenn wir inzwischen in einer Zeit leben, in der öffentliche Wirkung hauptsächlich durch Erklärungen in die Öffentlichkeit hinein erzielt werden soll und wird, rücke ich den Dialog wieder stärker ins Zentrum. Erklärungen von katholischer wie von evangelischer Seite führen von Zeit zu Zeit vor Augen, dass eine Kirche, die sich auf die Weite einlassen will, in die der Heilige Geist zu führen vermag, eine sehr mutige Kirche sein muss; sie muss eine Kirche sein, die auch Unkonventionelles wagt. Eine Kirche muss von Gewohntem absehen können, damit sie erkennt, wohin sie der Herr in Gemeinschaft mit allen Kirchen führen will. Von sich abzusehen ist aber nicht einfach. Denn unser Glaube, unser Vertrauen auf Gott, nährt sich nicht zuletzt aus dem, was Gott in unseren Kirchen in unterschiedlichen Ausprägungen gewirkt hat und was unsere Identität ausmacht.

In der Ökumene geht es um ein Wachsen in der Erkenntnis dessen, was der dreieinige Gott für uns Menschen, an uns und durch uns wirkt. Es geht um das authentische Zeugnis von diesem Wirken und um die umfassende Rezeption im Lobpreis aller Menschen. Alle ökumenische Arbeit hat nicht nur die Verheißung und den Auftrag des Herrn für sich, sondern auch die tiefe Einsicht, dass Gott mehr gewirkt hat und wirkt, als eine Tradition oder Konfession aufgenommen hat bzw. wofür sie Raum gewährt. Diese Einsicht lehrt uns, das eigene Glaubensgut im Zusammenhang der weltweiten Christenheit neu zu sehen und sein ökumenisches Potential zu entdecken.

Ökumenische Gemeinschaft wächst nicht dadurch, dass wir nach und nach alle offenen Fragen bereden und sie damit erledigt sind, sondern dadurch, dass wir sie immer wieder mit Leben erfüllen, indem wir unsere jeweiligen zentralen Glaubenswahrheiten im Dialog zu vermitteln und ihr Profil so darzustellen versuchen, dass alle Gesprächspartner einen Erkenntnisgewinn haben. Das betrifft auch die Fragen, in denen wir uns noch nicht einig sind. Sie sind miteinander an der Heiligen Schrift zu prüfen und danach zu befolgen oder zu verändern.

Die ökumenische Bewegung hat gegenwärtig und künftig gute Chancen, wenn wir sie nicht behindern, indem unseren Kirchen zu wenig zugetraut und zugemutet wird oder indem die Beteiligten versuchen, die jeweils andere Seite nach ihrem Bild zu gestalten.

Soweit mein Beitrag. Ich berichte von dem Katholikentag unter dem Stichwort „Wahrnehmen und Ansprechen" vor allem, damit deutlich wird, dass für uns nicht nur die offiziellen Verlautbarungen den römisch-katholischen Partner ausmachen können, sondern auch all das, was wir aus den Gemeinden und Gruppen hören und aufnehmen, welche Glaubenseinsichten und Formen der Spiritualität sie bewegen, d. h. wie sie die Gemeinschaft auf der Leitungsebene ermahnen und ermutigen. Sie verdienen es zu unserem eigenen Gewinn, dass sie uns und wir sie ansprechen, einander das Wort gönnen – selbst wenn es uns in Frage stellt.

Inzwischen ist zum Ökumenischen Kirchentag 2010 nach München eingeladen worden. Ich wünsche uns in allen beteiligten Kirchen, dass die Vorbereitung zu einer lebendigen Bewegung im Land wird, die beklagte Rückschritte nach dem ersten Ökumenischen Kirchentag in Berlin wettmacht und die Gemeinschaft der Kirchen mit dem Leben und der Kraft erfüllt, die der Heilige Geist geben will. Möge dabei das Motto dominieren, dass wir einander annehmen, wie Christus uns angenommen hat – in Wahrheit und Liebe.

2.3 Irritationen aus mangelnder Wahrnehmung

Die gegenseitige Wahrnehmung kann auch getrübt sein. Das geschieht, wenn man sich nicht in die Weggemeinschaft mit den ökumenischen Partnern begibt, sondern referieren will, was man vorzeiten von ihnen gehört, gelesen und sich angeeignet hat. An einem Beispiel ist das jüngst besonders deutlich geworden. Am 5. August 2006 hat Papst Benedikt XVI. in seiner Sommerresidenz Castelgandolfo den Leitern der öffentlich-rechtlichen Fernsehanstalten Deutschlands und anderen Medienvertretern ein großes Interview in Vorbereitung auf seinen Besuch in Bayern gegeben. Darin kam auch die ökumenische Fragestellung zur Sprache:

Frage:

„Deutschland als Land der Reformation ist natürlich in besonderer Weise vom Miteinander der Konfessionen geprägt. Das ökumenische Miteinander ist ein sensibles Gebilde, das immer wieder auch in Schwierigkeiten gelangen kann. Sehen sie Möglichkeiten, das Verhältnis zur evangelischen Kirche zu verbessern; oder welche Schwierigkeiten sehen Sie auf diesem Weg?"

Benedikt XVI.:

„Vielleicht ist es wichtig, zunächst einmal zu sagen, dass die evangelische Kirche ja sehr vielgestaltig ist. In Deutschland haben wir, wenn ich recht weiß, drei größere Gemeinschaften: Lutheraner, Reformierte, Preußische Union. Dazu bilden sich im Großmaß jetzt auch Freikirchen und innerhalb der klassischen Kirchen Bewegungen wie die ‚Bekennende Kirche' und so weiter. Es ist also auch ein vielstimmiges Gefüge, mit dem wir in Respekt vor den vielen Stimmen und in der Suche nach der Einheit in Dialog treten und in Zusammenarbeit kommen müssen." Benedikt fährt dann in dem Sinne fort, dass alle Christen die Aufgabe haben, das Heil in Jesus Christus der Welt zu bezeugen und damit auch den Respekt vor der Würde jedes einzelnen Menschen in der modernen Gesellschaft zu stärken. Als Fazit stellt er fest: „Und wenn wir das tun, und danach vor allem auch alle einzelnen Gruppierungen den Glauben nicht partikularistisch, sondern immer aus seinen tiefsten Gründen her zu leben versuchen, dann werden wir vielleicht trotzdem nicht so schnell zu äußeren Einheiten kommen, aber dann werden wir zu einer inneren Einheit reifen, die, so Gott will, eines Tages dann auch äußere Formen von Einheit bringt." [2]

Es hat den Anschein, als ob der Papst die Vielgestaltigkeit unserer Kirchen beklagt, sodass er nicht wüsste, mit wem er es zu tun habe. Und er verschweigt, dass die drei Traditionen verbunden sind. Dabei wissen wir, welche Bereicherung unsere Verschiedenheiten sein können, wenn sie in dem einen Bekenntnis verbunden sind. In der VELKD erleben wir das seit über 50 Jahren.

Außerdem: Die Beschreibung der evangelischen Kirchen in Deutschland schränkt der Papst nicht nur mit den Worten ein: „[...] wenn ich recht weiß". Er verrät damit, dass er unsere Kirchen in der Gegenwart offenbar nicht wirklich wahrnimmt. Dass die dritte große Säule der reformatorischen Kirchen die „Preußische Union" sei, nährt die Vermutung, wie wenig der vormalige deutsche Professor sich für die kirchliche Situation in seinem Heimatland interessiert hat und interessiert. Dass die Union Evangelischer Kirchen nicht nur die historische Preußische Union umfasst, dass alle evangelischen Kirchen in der EKD zusammengeschlossen sind, dass die VELKD ein langjähriger Dialogpartner der DBK ist, scheint dem Papst unbekannt

2 Zitiert nach Radio Vatikan, 13.8.2006

zu sein. Dieser Ausdruck mangelnder Wahrnehmung der reformatorischen Kirchen in Deutschland ist eine ökumenische Hürde.

Freilich ergibt sich daraus auch für unsere Seite eine Aufgabe, die bislang nicht ausreichend wahrgenommen worden ist. Unsere Kirchen und Theologischen Fakultäten müssten mehr darauf bedacht sein, Rom in einer ihm zugänglichen Weise zu vermitteln, was das Zentrum unseres Glaubens ist, was uns heilig ist und wie in unseren Kirchen verbindliches Lehren geschieht.

Ich gewinne zunehmend den Eindruck, dass es uns trotz des intensiven Ringens im Dialog über die Rechtfertigungslehre nicht gelungen ist, der römisch-katholischen Kirche deutlich zu machen, wie das reformatorische „simul iustus et peccator" gemeint ist. Das ist auch gar nicht so einfach, aber erforderlich. Ich spüre diesen Mangel besonders beim Lesen der Studie „Kirche und Rechtfertigung" von 1994. Hier hätte die lutherische Seite der Kommission die Chance zur Erklärung gehabt, hat sie aber erkennbar versäumt. Solche Vermittlungsarbeit muss aber geschehen, damit der Papst künftig auch im Blick auf unsere Kirchen sagen kann, was er in der Generalaudienz am 20.9.2006 mit Blick auf die Religionen ausgeführt hat. Er bekräftigt, „[…] wie wichtig es ist, Ehrfurcht zu haben vor dem, was den anderen heilig ist." [3]

Wenn wir im ökumenischen Miteinander den Blick auf einander richten und unsere Beziehungen gestalten, bleibt es nicht aus, dass es zu Irritationen kommt. Wichtig ist dann jedoch umso mehr, dass wir den Anstoß darin erkennen, uns einander besser mitzuteilen, aufgetretene Kenntnislücken zu füllen und Verständigungsbrücken zu errichten, wo jetzt noch Gräben sind.

2.4 Zur Wahrnehmung gehört die Bereitschaft zum Diskurs

In ähnlicher Weise sollte uns die Vorlesung des Papstes während seines Bayern-Besuchs in der Universität von Regensburg über „Glaube, Vernunft und Universität" [4] zu denken geben.

Der Papst hat die fundamentale Frage nach dem Verhältnis von Glaube und Vernunft gestellt. Die Theologie fragt nach der Vernunft des Glaubens und steht damit in einem wesentlichen Zusammenhang mit der universi-

3 O.R. Nr. 39 v. 29.9.06, 2

4 http://www.sueddeutsche.de/muenchen/dokumentation-die-vorlesung-des-papstes-in-regensburg-1.747515

tären Fakultätenvielfalt, die bei allen Spezialisierungen „doch ein Ganzes bilden und im Ganzen der einen Vernunft mit all ihren Dimensionen arbeiten und so auch in einer gemeinschaftlichen Verantwortung für den rechten Gebrauch der Vernunft stehen [...]". Dieser Vernunftbegriff lässt aufhorchen: Die Vernunft des Glaubens gehört zum inneren Zusammenhang im Kosmos der Vernunft. So läuft die Vorlesung darauf hinaus, einen neuzeitlich verengten Vernunftbegriff wieder auszuweiten auf seine ursprüngliche Gestalt hin – wobei die Aufklärung durchaus anerkannt wird. Den Zielgedanken entnimmt der Papst dem Dialog des Kaisers Manuel II. mit einem gebildeten Perser: „Nicht vernunftgemäß handeln, ist Gott zuwider." Die Intention dabei könnte man so zuspitzen: Die Vernunft des Glaubens sorgt für die rechte Vernünftigkeit der Vernunft. Die Basis dazu ist die geforderte Harmonie zwischen griechischem Vernunftdenken und dem auf der Bibel gründenden Gottesglauben. Die Harmonie lebt von der Analogie der ursprünglichen Vernunft als Sinn für das Wahre und Gute als wirklicher Spiegel Gottes, der Analogie zwischen ewigem Schöpfergott und geschaffener Vernunft – auch wenn die Unähnlichkeiten unendlich (!) größer sind als die Ähnlichkeiten. Der innere Bezug von biblischem Glauben und griechischer Philosophie, also von Glaube und Denken, ist nicht nur von historischer Bedeutung, sondern ein weltgeschichtlich entscheidender Vorgang, der auch uns heute in die Pflicht nimmt, denn er ist die Grundlage dessen, was man mit Recht Europa nennen kann. Die Frage nach dem inneren Verhältnis von Glaube und Vernunftdenken wird nicht weiter entfaltet: dem Denken, das den Glauben denkt und dem Denken, das der Glaube denkt.

Die These steht im Raum, „[...] dass das kritisch gereinigte griechische Erbe wesentlich zum Glauben gehört." Es bleibt offen, was denn kritische Reinigung heißt. Stattdessen wird die sich in Wellen vollziehende neuzeitliche Forderung nach der Enthellenisierung des Christentums ins Visier genommen. Das Grundanliegen der Reformation wird als Suche der „reinen Urgestalt des Glaubens" gegen dessen philosophische Systematisierung gesehen. Leider wird nur unzureichend ausgeführt, dass es Luther gerade um den rechten Gebrauch der Vernunft gegen den Aristotelismus in der Theologie ging, also ganz wesentlich um die Frage von Glaube und Vernunft. Warum sagt der Papst kein Wort über einen notwendigen Dialog mit uns Evangelischen zur Sache?

Stattdessen vermittelt er den Eindruck, die Reformation münde geradewegs in Kant, der „[...] den Glauben ausschließlich in der praktischen Vernunft verankert und ihm den Zugang zum Ganzen der Wirklichkeit abgebrochen [...]" hat. Aus dieser bewussten Verengung könnte man schließen, dass ein Brückenbau in dieser Frage zur evangelischen Kirche für nicht erwähnenswert erachtet wird.

Nicht besser wird mit der zweiten Welle der Enthellenisierung durch die liberale Theologie des 19. und 20. Jh. umgegangen, die in Harnacks Rückkehr zum „[...] einfachen Menschen Jesus und zu seiner einfachen Botschaft" gipfelt, der moralischen Botschaft, die aller Theologisierung und Hellenisierung voraus liegt. Diese Wahrnehmung ist eingeschränkt: Warum kein Wort zur Bruchlinie zwischen Harnack und Barth? Warum kein Hinweis auf die Dialektische Theologie mit ihrer Anknüpfung an Kierkegaards Widerspruch gegen Hegel und einem neuen Verhältnis von Glaube und Denken im Unterschied zu einem philosophischen Denken des Glaubens und glaubendem Denken, in dem bereits die Überwindung der bemängelten Engführung durch das Subjektivitätsdenken eingeleitet wird? Der Papst knüpft an Joh. 1 an: Der wahrhaft göttliche Gott ist der Gott, der sich als Logos gezeigt hat, wobei Logos Vernunft und Wort zugleich ist. Aber was ist das für ein Vernunft-Wort? Das Wort vom Kreuz ist doch biblisch den Juden ein Ärgernis und den Griechen eine Torheit. Was heißt hier gereinigte griechische Vernunft? Es fällt auf, dass das Thema der Sünde überhaupt nicht berührt wird. Das würde zumindest den Harmonie- und Analogiegedanken erheblich angehen.

Es ist bedauerlich, dass es zu keinem Gesprächsangebot an die evangelische Theologie gekommen ist, der die rechte Unterscheidung und Zuordnung von Glaube und Vernunft am Herzen liegt. Hier ist Verständigungsbedarf angezeigt. Die evangelische theologische Wissenschaft sollte jedenfalls für sich darin einen Anstoß erkennen, selbst gegenüber den Äußerungen des Papstes darzustellen, wie die Frage des Verhältnisses von Glaube und Vernunft von ihr beantwortet wird.

3. Ökumene heißt: Aufeinander zugehen und sich füreinander öffnen

Dieser Aspekt in einem neuen Ansatz für die ökumenische Gemeinschaft ist nicht neu. Er hat sich bisher vielfach bewährt. Er findet seinen Ausdruck in gegenseitigen Besuchen auf allen Ebenen. Im Rahmen der EKD werden die großen gesellschaftlichen Ereignisse mit gemeinsamen Wortgottesdienstfeiern begangen. Wir kommen zweimal im Jahr im Kontaktgesprächskreis zusammen und verständigen uns in vielen Fragen unseres Zeugnisses und Dienstes in Deutschland und Europa. Die gegenseitige Teilnahme an Kirchen- und Katholikentagen ist selbstverständlich geworden.

Auf anderen Ebenen kirchlichen Lebens, auch im Rahmen der ACK, gehen wir aufeinander zu, kommen wir zusammen. Die Mitglieder und Gäste der Generalsynode können aus ihren Erfahrungsbereichen vermutlich noch viele Erfahrungen ergänzen. Ich nenne den Aspekt gleichwohl erneut, denn er darf nicht gering geachtet oder gar vergessen werden. Er will auch besagen: Ökumene ist immer zu einem großen Teil von Menschen abhängig, die sich angstfrei und mit Interesse auf den Weg zu den ökumenischen Partnern machen. Ich erwähnte eingangs bereits, dass die geringer gewordene Zahl von Priestern in größeren Gemeindebereichen auch objektive Schwierigkeiten mit sich bringt, überhaupt Zeit dafür aufzubringen, aufeinander zuzugehen und sich darauf auch noch vorzubereiten. Zudem beobachte ich, dass die Verweildauer eines Priesters in seinem Gemeindebereich infolge der Strukturveränderungen oft nur kurz ist, sodass die Gelegenheiten abnehmen, vor Ort ein konstruktives Vertrauensverhältnis aufzubauen, das sich auch in Konfliktsituationen bewährt.

Es erscheint also notwendig, bei allen Strukturveränderungen doch daran zu denken, wie die ökumenischen Aufgaben sinnvoll und wirksam wahrgenommen werden können.

3.1 Der Pastoralbesuch Benedikts XVI. in Bayern

Der Besuch des Papstes in seiner bayerischen Heimat ist zuerst ein Fest der römisch-katholischen Kirche im Freistaat mit ihrem römischen Oberhaupt. Der Papst ist zu ‚seiner'! Kirche gekommen. Gleichwohl hat dieser Besuch ökumenische Implikationen.

In der Öffentlichkeit hat Bundespräsident Horst Köhler für die evangelischen Christen und Christinnen die ökumenische Frage zuerst angesprochen und eine deutliche Mahnung ausgesprochen, auf dem Weg zur Gemeinschaft der Kirchen voranzukommen. Die Antwort Benedikts XVI., „dies sei ihm eine Herzensangelegenheit", hat Erwartungen in beiden Kirchen geweckt. Aber eine greifbare Antwort auf das angesprochene Problem ist der Papst dem Bundespräsidenten schuldig geblieben. Ich habe selbst öffentlich darauf reagiert und gesagt, es wäre gut, wenn er wie sein Vorgänger Johannes Paul II. 1980 einen neuen Dialog zur Überwindung der Spaltungen initiieren würde. Das ist bisher nicht geschehen. Aber man muss auch beachten, dass der Papstbesuch kein Besuch der gesamten Bundesrepublik und damit auf der Ebene der EKD war. Es bleibt dabei, dass der Papst noch spürbar auf die Frage des Bundespräsidenten eingehen müsste.

Das will ich hier auch offen aussprechen. In den anstehenden Fragen helfen nicht nur Gespräche, hier ist das Lehramt zu einer Entscheidung aufgefordert.

Ich selbst habe mich gefreut, dass es mit Hilfe dieses Besuchs möglich war, christliche Kirche und christlichen Glauben so eindrücklich in der Öffentlichkeit zu sehen. Gerade in den überregionalen Medien, die sich den Kirchen gegenüber sonst – vorsichtig ausgedrückt – sehr zurückhalten, war die Kirche in den Tagen des Besuchs eindrücklich präsent. Der bayerische Landesbischof, der zugleich unser Leitender Bischof der VELKD ist, hat in bemerkenswerter Weise an den großen Ereignissen teilnehmen und in der ökumenischen Vesper in Regensburg mitwirken können. Das war wichtig.

Ich weiß aber auch, dass Bruder Friedrich den ersten Schritt dazu getan hat, als er lange zuvor eine Einladung zum Besuch und einem gemeinsamen Gottesdienst in der Münchener evangelisch-lutherischen Bischofskirche an den Papst richtete. Damit hat der Landesbischof die Ökumene ins päpstliche Besuchs-Programm gebracht. Ich danke ihm dafür. Er ist bei allen Begegnungen besonders und herzlich begrüßt worden, aber leider hat er nicht die Gelegenheit erhalten, in einem Gespräch mit dem Papst dazu beizutragen, dass es zu spürbaren ökumenischen Fortschritten kommt. Und das hat sicher nicht nur mich enttäuscht.

Benedikt XVI. kennt die Situation, die sich in Deutschland für die Menschen aus der Trennung der beiden Konfessionen ergibt. Das große Problem, ihren christlichen Glauben in der Praxis gemeinsam zu leben, besteht nicht nur für die einzelnen konfessionsverschiedenen Familien. Es ist zunehmend auch ein Problem für die Kirchen, nämlich dann, wenn diese Menschen keine Erwartungen mehr an ihre Kirchen haben und sie deshalb einfach verlassen. Ich weiß, dass die römisch-katholische Seite unsere Vorhaltungen nicht mehr hören mag. Aber damit ist das Problem ja nicht gelöst, dass es verschwiegen wird und mitunter gewisse Notlösungen praktiziert werden.

Wenn ich das paulinische Bild von der Kirche als Leib mit den vielen Gliedern aufnehme, dann darf doch nicht verlangt werden, dass alle Glieder gleich gestaltet sein müssen, um am Heil Christi in Wort und Sakrament Anteil haben zu können. Ich erwarte weiterhin vom Papst, der ein ausgewiesener Theologe ist, einen kräftigen Impuls, in dieser Frage zu einer biblisch gut begründeten Praxis zu kommen. Und ich wäre dankbar, wenn mich die Mitglieder der DBK dabei ihrerseits unterstützten.

Dass dieser Pastoralbesuch eine ökumenische Vesper eingeschlossen hat, ist hervorzuheben. Ich will daran auch nicht ‚beckmessern', dass der Papst zuerst die orthodoxen Brüder angesprochen hat. Wichtig ist mir, wie ausführlich er gegenüber den Vertretern der reformatorischen Kirchen die „Gemeinsame Erklärung zur Rechtfertigungslehre“ thematisiert hat. Er steht offenbar zu seinem Anteil an dieser Erklärung und würdigt den Anteil von Landesbischof Hanselmann an deren Abschluss. Unsererseits teilen wir auch die Auffassung des Papstes: „Der Rechtfertigungskonsens bleibt eine große und noch nicht recht eingelöste Verpflichtung für uns.“ Dieser Satz ist an beide Seiten gerichtet und sollte uns alsbald neu aufeinander zu bewegen. Mit Blick auf das 2017 anstehende Jubiläum der lutherischen Reformation muss uns auf diesem Gebiet wesentlich mehr gelingen, indem wir das theologische Gespräch darüber immer wieder anstoßen und auch Kräfte dafür investieren.

3.2 Wie gehen wir aufeinander zu?

In der Folge des Zweiten Vatikanischen Konzils sind die lutherische Kirche und die römische Kirche aufeinander zugegangen, um ihre Differenzen, die sich vorwiegend in der Lehre darstellten, zu klären, zu überwinden und zu einem Konsens zu kommen. In vielen Unterschieden ist das überraschend zügig und gut gelungen, vor allem, wenn man den innersten Kern der jeweiligen Identitäten zunächst einmal ausklammerte. Im Verlauf des Dialogs wurde dann um der Transparenz willen die Methode des so genannten differenzierten Konsenses entwickelt. Danach werden die unterschiedlichen Positionen je für sich in einer Weise dargestellt, die einen Zugang für die jeweils andere Seite eröffnet. Schließlich wird formuliert, was man auf Grund des Dialogs nun gemeinsam sagen kann. Der Anlass für diese Methode war der Wille (und die Notwendigkeit), sich zu einer vertieften Gemeinschaft zugunsten eines kräftigen Zeugnisses vom Evangelium in der Welt zu verbinden. Diesen Anlass kann man gut an der Einsetzung der „Gemeinsamen Ökumenischen Kommission“ festmachen, die beim Deutschlandbesuch Papst Johannes Pauls II. 1980 zwischen DBK und EKD ins Leben gerufen wurde.

Der differenzierte Konsens hat in der letzten Phase auch den Dialog in der Zweiten Bilateralen Arbeitsgruppe der DBK und der VELKD bestimmt. Seine klassische Ausprägung liegt uns bislang in der „Gemeinsamen Erklärung zur Rechtfertigung“ vor.

Seitdem erfährt diese Methode aber auch von evangelischer und katholischer Seite manche Kritik. Auf beiden Seiten gibt es Befürchtungen, die jeweils eigene Position nicht umfassend und kräftig genug zu vertreten, um zu solch einem Konsens zu kommen. Und wo man ein Lehrstück in einer Kommission neu zu formulieren versucht hat, kam der Protest mitunter von beiden Seiten zugleich, weil Substanzminderung befürchtet wurde. Aus der Kritik ist dann das Schlagwort von der „Ökumene der Profile" als neues Programm für den Dialog entwickelt worden. Auf den ersten Blick erscheint es einleuchtend und der Ökumene dienlich. In der Tat wollen wir ja nicht, dass wichtige Anliegen der je eigenen Kirche auf dem Weg in einen Konsens verloren gehen.

Aber das neue Stichwort birgt auch eine Gefahr in sich. Es signalisiert, dass sich die Kirchen einander gegenüber aufstellen, bei sich bleiben und gegenseitig Frieden halten. Es kann leicht im Sinne einer bleibenden Abgrenzung verstanden werden. Und es wird so verstanden. Dies erleben wir, wenn die jeweils andere Seite ihr Profil einschärfen will. Ich denke nur an den 4. Abschnitt von „Dominus Iesus" im August 2000.

Eine Berechtigung hat der Begriff der Profilierung zuerst in unseren eigenen Kirchen. Er ruft unsere Kirchen in ihren vielfältigen Aufgaben auf, das Evangelium von Jesus Christus nach der Schrift zu vermitteln und Glauben zu stärken. Er bringt auch auf die Tagesordnung, die verschiedenen theologischen Lehrmeinungen zueinander in Beziehung zu bringen und nach Möglichkeit zusammenzuführen, sodass wir in den Dialog mit einer Position hineingehen, die in unseren Kirchen konsensfähig ist und an der die Dialogpartner erkennen, was das Verbindende in theologischen Sachverhalten auf evangelischer Seite ist.

Auf jeden Fall ist der Profile-Begriff schwierig, wenn er im Dialog ausschließen will, dass wir auf Grund neuer Erkenntnisse und um der Liebe willen auch selbst veränderungsbereit sind. In der Tat soll Ökumene eine Bereicherung bringen, besonders auch durch gemeinsam gewonnene neue Erkenntnisse. Dafür sollten wir Offenheit zeigen und auch Schritte wagen im Vertrauen darauf, dass der Geist Gottes neue Möglichkeiten schaffen kann. Klaus-Peter Hertzsch hat sein gern gesungenes Lied „Vertraut den neuen Wegen" zwar nicht mit Blick auf die ökumenische Arbeit geschrieben, ich kann es aber gern als Wegweiser auf diesem Gebiet gelten lassen.

Mir ist bewusst, dass keines der Schlagworte für sich auf dem Weg zu Fortschritten allein genügt. Wir müssen mehrere Aspekte bedenken, dann eben auch die beiden dargestellten Wege. Ich rege an, sie um die „Ökumene des Lebens" in den Gemeinden vor Ort zu ergänzen. Diese hat eine gute Grundlage in der Gemeinschaft der Taufe; und es gibt aus den zurückliegenden mehr als 30 Jahren gewachsene Erfahrungen in den Gemeinden mit dieser Praxis. Das sollte nicht gering geschätzt werden. Im Gegenteil: Ich will die Gemeinden ermutigen, schöpferisch und in der Bindung an den Herrn der Kirche neue Möglichkeiten zu entdecken und mit Leben zu erfüllen.

4. Ökumene heißt: Das Ziel im Auge behalten

4.1 Welches Ziel meinen wir?

Auch diese Überschrift ist eigentlich eine Selbstverständlichkeit. Allerdings gibt es durchaus Unsicherheiten und Meinungsverschiedenheiten darüber, was denn das Ziel sei. Die bisher vorgestellten Modelle changieren zwischen einer Union, einer Konkordie und einer Gemeinschaft in versöhnter Verschiedenheit. Im LWB haben wir uns für Letzteres stark gemacht.

Allerdings sind wir in Deutschland hinsichtlich des Ziels mit der römisch-katholischen Kirche ein gutes Stück vorangekommen. In der Studie „Communio Sanctorum“ [5], zu der gegenwärtig noch an der Auswertung der Diskussionsbeiträge und Stellungnahmen gearbeitet wird, haben DBK und VELKD in Ziffer 199 eine Beschreibung gegeben, der beide Seiten im Ergebnis auch zugestimmt haben. Ich zitiere:

„Eine gesamtkirchliche Einheit würde die gegenseitige Anerkennung als Kirchen, die Übereinstimmung im Verständnis des apostolischen Glaubens, die Gemeinschaft in den Sakramenten und die gegenseitige Anerkennung der Ämter, denen Wort und Sakramente anvertraut sind, einschließen. Sie ist auf die Beteiligung aller Kirchen der weltweiten Christenheit ausgerichtet.“

Dafür die Voraussetzungen zu schaffen, ist uns aufgetragen. Bei allen Dialogunternehmungen soll dieses Ziel im Blick bleiben. Damit ist auch der Umfang dessen benannt, was auf jeden Fall theologisch zu bearbeiten und zu klären ist. So wichtig praktische Schritte unterhalb dieser Schwelle auch sind (sie tragen ja meist zur Atmosphäre bei, in der Lehrfragen fruchtbar behandelt werden können), sie dürfen von dem Ziel nicht ablenken. So sehr wir zurzeit jeweils innerhalb unserer eigenen Kirchen mit großen Fragen und auch Belastungen zu tun haben, so wichtig bleibt es, diesen Gesamtzusammenhang einzubeziehen. Das gilt nicht zuletzt auch in Struk-

---

5 Communio Sanctorum. Die Kirche als Gemeinschaft der Heiligen, Paderborn/Frankfurt 2000

turfragen. Es muss zugleich auch benannt werden, wenn wir entdecken, dass ein Partner auf diesem Weg stehen bleiben will oder sogar zurückgeht. Es ist ein Stück „ökumenischer Diakonie", mein Gegenüber mitzunehmen. In den lutherischen und anderen evangelischen Kirchen müsste es leicht fallen, dieses Ziel zu verfolgen. Es entspricht unserer Auffassung von der Kirche des Bekenntnisses.

Besonders wichtig ist mir daran auch die Verpflichtung, dass unsere bilaterale Gemeinschaft auf die Beteiligung aller Kirchen der weltweiten Christenheit ausgerichtet sein soll. D. h.: Was bilateral mit der römisch-katholischen Kirche verhandelt wird, muss zu unserer Gemeinschaft mit anderen Kirchen kompatibel sein und umgekehrt. Ich erinnere daran, dass wir im vergangenen Jahr den 20. Jahrestag der Vereinbarung über die gegenseitige Einladung zur Eucharistie zwischen der alt-katholischen Kirche, der EKD und unserer VELKD begehen konnten. In diesem Jahr jährt sich eine solche Erklärung über die gegenseitige Einladung mit der Arbeitsgemeinschaft Mennonitischer Gemeinden in Deutschland zum 10. Mal.[6] Beides sind Schritte auf das Ziel hin, die uns sehr viel näher gebracht haben, was bereichernd und manchmal auch spannungsvoll sein kann. In allem aber erkennen wir einander darin als die Glieder mit je eigenen Funktionen an dem einen Leib Christi. In diesen Zusammenhang gehört auch ein Ereignis, das ich im nächsten Punkt noch gesondert entfalten will.

4.2 Die Bestätigung der Gemeinsamen Erklärung zur Rechtfertigungslehre durch den Weltrat der Methodistischen Kirchen

Am 23. Juli 2006 hat der Weltrat der Methodistischen Kirchen (World Methodist Council) auf seiner 19ten Weltkonferenz in Seoul der „Gemeinsamen Erklärung (GE) zur Rechtfertigungslehre" zugestimmt und sich damit den bisherigen Vereinbarungspartnern angeschlossen. Die „Gemeinsame offizielle Feststellung", die 1999 in Augsburg von der römisch-katholischen Kirche und dem Lutherischen Weltbund unterzeichnet worden war, wurde nun im Beisein von Prof. Dr. Walter Kardinal Kasper und LWB-Generalsekretär Dr. Ishmael Noko durch den Präsidenten des Weltrates der Methodistischen Kirchen, Bischof Sunday Mbang, und dessen Generalsekretär, Pastor Dr. George Freeman, ebenfalls unterzeichnet. Damit wurde

6 Der Besuch des mennonitischen Bruders, Pfarrer Dr. Fernando Enns, und sein Grußwort haben das der Generalsynode eindrücklich gezeigt

die GE von den evangelisch-methodistischen Kirchen mit ihren 70 Millionen Mitgliedern in aller Welt bestätigt und angenommen.

Der Unterschrift vorangestellt ist eine „Methodistische Stellungnahme", in der die methodistischen Kirchen ihre Position innerhalb des gemeinsamen Verständnisses zur Geltung bringen. Sie bezieht sich im Besonderen auf die Zustimmung zu den Paragraphen 21–22, 23–24, 26–27, 29–30, 32–33, 35–36 und 38–39 der GE.

Dieser Schritt ist auch für uns in der VELKD von Bedeutung, weil wir mit der Evangelisch-methodistischen Kirche in voller Kirchengemeinschaft, also in Kanzel- und Abendmahlsgemeinschaft, stehen. Da die Methodisten zudem der Gemeinschaft Evangelischer Kirchen in Europa (GEKE) angehören, ist die Erwartung sicher nicht unberechtigt, dass sich auch andere Mitgliedskirchen dieser GE noch anschließen mögen.

In der Stellungnahme des methodistischen Weltrates wird die Zustimmung zur GE u. a. wie folgt angezeigt:

„Wir, die Kirchen, die im Weltrat Methodistischer Kirchen verbunden sind, begrüßen diese Übereinkunft mit großer Freude. Wir erklären, dass das gemeinsame Verständnis der Rechtfertigung, wie es in der Gemeinsamen Erklärung zur Rechtfertigungslehre dargelegt wird (GE 15–17), der methodistischen Lehre entspricht. Wir sind besonders dankbar für den trinitarischen Zugang, mit dem Gottes Heilshandeln in diesen Punkten erklärt wird."

Ich rege an, nun in dieser Dreier-Gemeinschaft zu überlegen, wie die GE in weiteren und zurzeit noch schwierigen Fragen wie der nach dem Kirchen- und Amtsverständnis entsprechend umgesetzt werden kann. Würde dies nun so aufgenommen, hätte Papst Benedikt XVI. bei seiner Ansprache in Regensburg im Hinblick auf die GE nicht nur in Frage gestellt, ob entsprechend der Lehre in unseren Kirchen gelebt wird, sondern doch einen Impuls für Fortschritte auf dieser Grundlage gegeben.

5. Ökumene heißt: Als Glieder an dem einen Leib miteinander leben

Ich komme noch einmal auf das Zusammenleben der Kirchen vor Ort zu sprechen. Sie haben gespürt, wie viel mir daran liegt, das ökumenische Miteinander mit Leben zu erfüllen. Eine noch so gut ausgearbeitete Erklärung oder Enzyklika bewirkt nichts, wenn sie sich nicht auf das Leben im Glauben bezieht und die Menschen anspricht. Das gemeinsame Zeugnis wirkt vor allem in der Begegnung von Menschen, in gemeinsamen Gottesdiensten, Aktionen und Projekten, an denen wir ablesen können: Hier sind die Glieder der verschiedenen Kirchen gemeinsam um Christus geschart. Zu solchen Gelegenheiten ist die Einheit schon greifbar.

Gute Erfahrungen gibt es besonders da, wo Gemeinden nach der Charta Oecumenica Gemeindepartnerschaften abschließen und ihren Gemeinschaftswillen damit auch erkennbar fixieren. Die Ökumenische Centrale in Frankfurt setzt da viel in Bewegung. Vielleicht ist es den katholischen Bischöfen, in deren Diözesen das hervorragend und mit Gewinn für alle Beteiligten funktioniert, ja möglich, ihre Kollegen, die dies zurzeit noch ablehnen, zu einer anderen Entscheidung zu bewegen. Auch die Herausgabe von Leitlinien für das ökumenische Miteinander, die es in Bamberg und Augsburg gibt, ist geeignet, neue Anstöße zu geben und der ökumenischen Vergesslichkeit zu begegnen.

In der Vereinigten Kirche werden wir in den nächsten Wochen eine Handreichung herausgeben, die der Liturgische Ausschuss für Gottesdienste mit und zum Taufgedächtnis erarbeitet hat. Ökumenische Taufgedächtnisfeiern bilden darin einen Schwerpunkt. In Erwartung des bevorstehenden Abschlusses einer Vereinbarung über die gegenseitige Anerkennung der Taufe auf EKD- und DBK-Ebene kann damit eine Tür zu gemeinsamen Gottesdienstfeiern geöffnet werden, in denen das Sakrament nicht von vornherein ausgeblendet wird und verschwiegen werden muss.

In dem gegenwärtigen Bemühen um die Konzentration kirchlicher Dienste ist es eigentlich nur natürlich, dass unsere Kirchen nicht nebeneinander her überlegen und sich an denselben Stellen zurücknehmen. Vielmehr sollen wir regional prüfen, wie wir die kirchlichen Dienste in Verkündigung, Pädagogik und Seelsorge so organisieren und miteinander abstimmen, dass die Kirche Christi präsent und dienstfähig bleibt. Sieht man einmal auf alle Kirchen zusammen, dann sind die Ressourcen an Geld und Personen gar nicht so schmal, wie es den Anschein hat. Ökumenische Arbeitsteiligkeit ist durchaus denkbar und ansatzweise auch im Blick. Das Bild vom Leib und den Gliedern legt es ja nahe, auf die anderen angewiesen zu sein und dem zu vertrauen, der das Haupt ist, Christus. Könnte es nicht sein, dass er uns zusammenbringen will, indem er uns gegenseitig auf uns angewiesen macht?

Mir lag in diesem ersten Catholica-Bericht, den ich abgebe, daran, an konkreten Ereignissen und Fragestellungen einige Grundlinien aufzuzeigen, die meiner Auffassung nach bedacht und als Maßstab genutzt werden müssen, damit wir ökumenisch nicht auf der Stelle treten oder gar zurückfallen. In der Vereinigten Kirche sollten wir mit allen, die in der Nachfolge

Christi stehen und von seinem Wort und Sakrament leben, den eingeschlagenen Weg weitergehen – auf das Ziel zu!

Räume der Begegnung

Bericht der 10. Generalsynode auf ihrer 5. Tagung in Goslar am 22. Oktober 2007 vorgelegt

In diesem Jahr gebe ich meinen zweiten Bericht als Catholica-Beauftragter der VELKD. Als ich das Amt übernommen habe, ahnte ich, dass es ein zeitaufwändiges werden würde. Wovon ich nichts ahnte, was ich höchstens hoffte, war die Freude, die dieses Amt mit sich bringt. Diese Freude hat vor allem anderen mit den Begegnungen zu tun, die zu der Aufgabe gehören.

Dabei gebrauche ich den Begriff der Begegnung in verschiedenen Hinsichten.

Natürlich meine ich mit Begegnungen zunächst ganz einfach das Treffen von mehreren Menschen oder Menschengruppen. Man begegnet sich zu Gesprächen oder zu feierlichen Anlässen, verbringt Zeit miteinander, erfährt Gemeinschaft, kann sich austauschen und kommt sich menschlich näher – Vertrauen und Vertrautheit entstehen.

Begegnung geschieht aber auch dort, wo sich Gedanken treffen. Man erfährt z. B., wie eine Idee oder ein Vorschlag von den Schwestern und Brüdern der anderen Kirche aufgenommen wurde; man greift selbst auf, was von anderer Seite geäußert wurde, man wird von Gedanken in einem Vortrag oder einem Buch angesprochen. Auch das Gespräch über das Medium von Zeitungen oder Büchern ist ein wirkliches Gespräch, eine Begegnung.

Und Begegnung geschieht auch dort, wo neue ökumenische Ideen wachsen und man das Gefühl hat, es geht wirklich voran.

Diese Begegnungen, die ich mit Menschen und mit Gedanken im vergangenen Jahr erlebt und erfahren habe, möchte ich in meinem Bericht noch einmal Revue passieren lassen und Ihnen so Anteil geben und Gelegenheit zu eigener Begegnung.

1. Begegnungen von Menschen mit Menschen

1.1. Besuch mit dem Leitenden Bischof in Rom

Am 2. April 2007 bin ich mit dem Leitenden Bischof für einen Tag in Rom gewesen und habe dort die Gelegenheit gehabt, ausführlich, mehrere Stunden mit dem Präsidenten des Einheitsrates, Kardinal Walter Kasper, zu sprechen. Es war erfreulich zu spüren, dass die VELKD als größte lutherische Kirche der Welt ein geschätzter Gesprächspartner in Rom ist. Man darf solche atmosphärischen Gegebenheiten nicht unterschätzen!

Gegenstand des Gesprächs war unter anderem das Papier der VELKD zu Fragen von Amt und Ordination.[1] Dieses Papier konnte Kardinal Kasper erläutert werden, und wir hoffen, dass insbesondere die Hinweise auf die im letzten Überarbeitungsgang erfolgten Präzisierungen in ihrer ökumenischen Dimension deutlich geworden sind, etwa der liturgische Vollzug und die Unwiederholbarkeit der Berufung.

Es wurden des Weiteren die Probleme thematisiert, die in der besonderen konfessionellen Situation Deutschlands von besonderer Bedeutung sind: Frage der Ökumenischen Gottesdienste am Sonntagmorgen, Einladung zur Eucharistie für gemischt-konfessionelle Ehepaare, Erteilung von Ausnahmeregelungen für die Teilnahme an der Eucharistie in Notfällen[2], Auflösung der parochialen Strukturen[3]. Ebenfalls wurden die uns gemeinsam aufgetragenen missionarischen und diakonischen Aufgaben angesprochen.

1.2. Treffen mit Leitendem Bischof, Kardinal Lehmann, Bischof Müller und Pater Langendörfer

Am 25. Mai haben der Leitende Bischof und ich den Vorsitzenden der römisch-katholischen Deutschen Bischofskonferenz (DBK), Kardinal Karl Lehmann, den Vorsitzenden der Ökumenekommission der Bischofskonferenz, Bischof Müller (Regensburg) sowie Pater Langendörfer von der DBK in Berlin getroffen. Konkretes Ziel des Gesprächs war es insbesondere, der römisch-katholischen Seite das Anliegen der Kirchenleitung der VELKD zu übermitteln, Lehrgespräche zwischen beiden Kirchen wieder aufzunehmen. Diese offiziellen Lehrgespräche ruhen seit der Veröffentlichung von „Communio Sanctorum", um den Diskussionsprozess über das Dokument

1 Ordnungsgemäß berufen, Texte aus der VELKD 136/2006

2 Vgl. dazu die Enzyklika Ecclesia de Eucharistia, Verlautbarungen des Apostolischen Stuhls 159 (2003), Nr. 45–46; Nachsynodales Schreiben Sacramentum Caritatis, Verlautbarungen des Apostolischen Stuhls 177 (2007), Nr. 56

3 Vgl. die Überlegungen zum Thema in Deutsche Bischofskonferenz (Hg.), „Mehr als Strukturen [...] Entwicklungen und Perspektiven der pastoralen Neuordnung in den Diözesen", Arbeitshilfen 213 (2007)

abzuwarten. Da dieser gegenwärtig in der „Zielgerade" ist [4], ist es sinnvoll, auf neue Lehrgespräche zuzugehen.

Das Gespräch, das in offener, harmonischer Atmosphäre verlief, hat als mögliches Thema für die Arbeit einer weiteren Bilateralen Arbeitsgruppe in den Blick genommen, den Stellenwert der Differenzen zwischen den Lehrgrundlagen unserer Kirchen auszuleuchten, also zu fragen: sind Differenzen kirchentrennend oder nicht, und welche Differenzen können als Reichtum nebeneinander stehen bleiben. Weiter wurde vorgeschlagen, an der Sakramentenlehre weiterzuarbeiten und dafür bei den Ergebnissen von „Lehrverurteilungen – kirchentrennend?" erneut anzusetzen.

Die Überlegungen machen deutlich, dass sich vermutlich auch an der Methode unserer Gespräche bzw. an der Methode der Präsentation der Ergebnisse etwas verändern wird – ich werde darüber später noch eigens sprechen.

Inzwischen ist ein offizielles Schreiben von Kardinal Lehmann bei der VELKD eingegangen, das den Beschluss der DBK über die Einsetzung einer dritten Bilateralen Arbeitsgruppe mitteilt.

1.3. Ökumene-Bischofskonferenz

Im März dieses Jahres fand in der wunderschönen Akademie in Meißen die Klausurtagung der Bischofskonferenz statt. Thema der Konferenz war: „Ökumenische Konzeptionen und Perspektiven". Ich freue mich, dass es gelungen ist, in so kurzer Zeit den Band mit den Vorträgen, die während der Konferenz gehalten wurden, fertig zu stellen. [5]

Aus Sicht des Catholica-Beauftragten verdient besonders das Referat von Professor Thönissen, dem Leiter des Johann-Adam-Möhler-Institutes in Paderborn besondere Aufmerksamkeit. Denn Professor Thönissen hatte es sich zur Aufgabe gemacht, die Aussage, die Kirche Jesu Christi „subsistiere" in der römisch-katholischen Kirche, (Lumen gentium 8) als nach vorne weisenden ökumenischen Ansatz, ja als ökumenische Chance verständlich zu machen. Diese seit ihrem Bekanntwerden vieldiskutierte Aussage der

4 Die Veröffentlichung der Stellungnahmen und Reaktionen ist beschlossen; derzeit wird eine ökumenisch-hermeneutische Einleitung in die Stellungnahmen durch die Leiterin des Ökumenischen Institutes der Ev.-theol. Fakultät der Universität Heidelberg, Professorin Dr. Friederike Nüssel, vorbereitet

5 Krech, Hans/Hahn,Udo (Hg.), Ökumenische Konzeptionen und Perspektiven, Hannover 2007

Kirchenkonstitution des 2. Vatikanischen Konzils bedeute keine einfache Identifikation der einen mit der anderen, vielmehr ergeben sich Möglichkeiten einer abgestuften „communio" (Gemeinschaft) – womit freilich nicht das evangelische Modell der Kirchengemeinschaft verwechselt werden dürfe. Ob aber auch in Rom das „subsistit" so weitherzig verstanden wird, wie Thönissen dies tut? Nach den „Antworten auf einige Fragen [...]" kann man daran zweifeln, aber das ist wieder ein anderes Thema (dazu: 3.3). Immerhin liegt die Deutung, die Kardinal Lehmann für die DBK dem Konzilsdokument gibt (3.6.), auf derselben Ebene wie die Deutung Prof. Thönissens.

*1.4. **Jubiläum des Johann-Adam-Möhler-Instituts***

Mit Wolfgang Thönissen bis ich im vergangenen März noch ein weiteres Mal zusammengetroffen, und zwar auf dem Jubiläum des Johann-Adam-Möhler-Institutes. Der ökumenische „think tank" der römisch-katholischen Kirche, der von dem ökumenischen Pionier Lorenz Kardinal Jaeger, Gründer und Namengeber des bis heute existierenden Jaeger-Stählin-Kreises evangelischer und katholischer Theologen, ins Leben gerufen wurde, feierte seinen 50. Geburtstag unter ausgesuchter ranghoher Beteiligung aus der gesamten ökumenischen Landschaft nicht nur in Deutschland – auch Kardinal Walter Kasper ist anwesend gewesen. Dass dabei dem Vertreter der VELKD ein herausragender Platz und die Gelegenheit zu einem Grußwort gegeben wurden, möchte ich hier gerne hervorheben, denn es zeugt von der bereits erwähnten Wertschätzung, die die VELKD bei den römisch-katholischen Partnern genießt. Ich denke, wir haben mit dem Möhler-Institut nicht nur einen verlässlichen Partner in der Vorbereitung unserer ökumenischen Studienkurse in Pullach, sondern in allen bilateral-ökumenischen Fragen einen wichtigen und zuverlässigen Ansprechpartner, der uns in freundlicher und verständlicher Weise als Hermeneut römisch-katholischer Theologie dient und daneben auch die Freiheit hat vorauszudenken, was einmal sein könnte.

Kardinal Walter Kasper hat auf dem Jubiläums-Festakt den Festvortrag über „Ökumene in Vergangenheit und Zukunft" gehalten[6] und darin die Notwendigkeit der Ökumene für die Glaubwürdigkeit unseres Zeugnisses als christliche Kirchen deutlich gemacht. „Ein Scheitern können wir vor Gott und der Geschichte nicht verantworten." Auf unserer Seite wünscht er

6 Nachzulesen auf der Internetseite des Instituts www.moehlerinstitut.de

sich Partner, die sich ihrer Konfession bewusst sind, wie es die dialektischen Theologen in der Zeit der Gründung des Möhler-Institutes waren, und beobachtet deshalb mit Sorge die Renaissance des Kulturprotestantismus ebenso wie die – wie er sagt – neokonfessionalistische Gefahr, in der er auch die so genannte „Ökumene der Profile" sieht. Kardinal Kasper plädiert für einen Dialog im Sinne des Zeugnisgebens und der sich selbst hingebenden Liebe und für eine geistliche Ökumene – nicht als Ersatz für solide wissenschaftliche Arbeit, sondern als deren Vertiefung und Rückbindung an den Heiligen Geist.

1.5. Ökumeneforum auf dem Kirchentag in Köln

Mit Kardinal Lehmann bin ich auf dem Kirchentag im Ökumeneforum zusammen getroffen. Hier bestand für mich die Möglichkeit, eine ökumenische Standortbestimmung zu hören und zu geben. Die unerwartet hohe Zahl von gut 4000 Teilnehmern zeigt, dass Ökumene in den Gemeinden, beim „Kirchenvolk", einen hohen Stellenwert hat, eine „Lebensfrage" ist und dass die Menschen in ihrem Bemühen um mehr ökumenische Annäherung nicht locker lassen. Ich habe in meinem Statement eher aus der Perspektive der Gemeinden vor Ort unsere Sorgen, Nöte und Wünsche an die römisch-katholische Seite vorgetragen[7], und die Reaktionen der Hörerinnen und Hörer haben mir gezeigt, dass ich wichtige Fragen, die sie bewegen, angesprochen habe.

Kardinal Lehmann hat eher aus der Sicht der Dialogökumene geantwortet[8] und völlig zu Recht auf das Viele hingewiesen, was wir erreicht haben. Er macht aber seit Anfang unseres Jahrzehnts eine gewisse Erschöpfung aus, resultierend aus dem Gefühl, nicht voran zu kommen. Neben einer Wiederaufnahme des Dialogs wünscht er sich eine Freude an den Erfolgen der anderen und nennt – ganz im ökumenischen Sinne – ausdrücklich die Frauenkirche in Dresden. Und wie Kardinal Kasper weist er auf das Gebet für die Einheit hin, das nicht enden soll. Ich habe meine Ausführungen in Köln mit einem Antwortversuch auf folgende Frage beschlossen:

„Worüber sollen wir reden?

Einen Vorschlag habe ich bereits früher in meinem Vortrag gemacht: Wir sollten theologisch darüber reden, was es bedeutet, dass wir schon so

7 Abgedruckt in KNA-ÖKI Nr. 24, 12. Juni 2007, Dokumentation Nr. 9
8 Nachzulesen in KNA-ÖKI vom 10. Juli 2007, Dokumentation Nr. 12

viel erreicht haben und dass wir so viel Gutes zusammen tun können. Es kann doch nicht sein, dass dies theologisch keine Bedeutung hat.

Und dann sollten wir nicht über irgendwelche Einzelthemen wie das Amt oder das Sakrament usw. reden, sondern über die ganz und gar grundlegenden Dinge: Wie entsteht Glaube? Was ist Glaube? Was ist Kirche? Wie entsteht Kirche? Wie verstehe ich Gott, mich und die Welt? Was ist Wahrheit?

Und da werden Lutheraner zur Sprache bringen, dass es sich beim Glauben um ein unverfügbares Beziehungsgeschehen handelt, dass sich im Glauben die Erkenntnis der Wahrheit Gottes ereignet und dass diese Erkenntnis der Wahrheit, dass der Gekreuzigte der auferstandene und lebendige Herr ist, die Geburtsstunde der Kirche war und immer wieder ist. Und wir werden deutlich machen, dass ein solches Verständnis von Glaube, Kirche und Wahrheit zwar höchst subjektiv klingt, dass es aber aufgrund der Rückbindung an Schrift und Bekenntnis und aufgrund der damit gegebenen Überprüfbarkeit ganz und gar nachvollziehbar ist. Diese Freiheit und diese Verbindlichkeit – wie bringen wir dies in ein gutes Miteinander, und wie halten wir das zusammen? Das ist die spannende Frage.

Die Zukunft unserer Kirche ist ökumenisch, weil Gott das so will und weil die Menschen das von uns erwarten und verlangen. Wir haben gute Gründe und gute Möglichkeiten, und ich glaube fest daran, dass wir weiter aufeinander zugehen werden, ohne dass wir dabei unsere liebenswerten Eigenheiten aufgeben müssen, die alte Kirchen ebenso wie alte Leute halt haben."

1.6. Sebalduswallfahrt und -vesper in Nürnberg

Zu einem weiteren Zusammentreffen mit Kardinal Kasper kam es auf der Sebalduswallfahrt und -vesper am 19. August. Seit 16 Jahren feiert die ev.-luth. Kirchengemeinde St. Sebald in Nürnberg ein ökumenisches Fest zu Ehren ihres Namenspatrons. 2000 Christen beider Konfessionen haben in diesem Jahr teilgenommen.[9]

Kardinal Kasper hat dabei deutlich gemacht, dass es zur Ökumene keine Alternative gebe und dass Ökumene gleichsam Christenpflicht sei.

Bei dem am Abend zuvor stattfindenden Akademiegespräch, zu dem mehr als 500 Gäste anwesend waren und das im Zusammenhang des

9 Einen Eindruck gewinnt man hier: http://www.nuernberg-evangelisch.de/553.php

Bistumsjubiläums stand, hat Kardinal Kasper getreu seinem Motto als Rottenburger Bischof eine „Einheit in Wahrheit und Liebe" gefordert. Von einer Schummelökumene hält er überhaupt nichts. Er stellte Ernüchterung fest, wollte aber gleichwohl von einer Eiszeit nichts wissen. Zu denken muss allerdings geben, dass er derzeit die Kraft für weitere mutige Schritte nicht vorhanden sieht. Ich habe bei diesem Gespräch vorgeschlagen, gleichsam eine Bestandsaufnahme des Erreichten zu machen: Was haben wir bis heute erreicht? Wo stehen wir? Wohinter dürfen wir nicht wieder zurück? Denn selbst wenn heute manche Gesprächsprozesse schwierig sind, dürfen wir nicht vergessen, was die Generationen vor uns erarbeitet haben, sondern sollen uns dankbar darauf besinnen und von einem guten Fundament, das unsere Väter und Mütter im Dialog gelegt haben, mutig und zielgerichtet die nächsten Schritte gehen. Wenn auch die Diskussion zum Teil sehr kontrovers war, so wurde dies doch durch die ökumenische Vesper, zu der gut 3000 Menschen gekommen waren und der ihr vorausgehenden „Wallfahrt", ins „rechte Licht" gesetzt. Hier waren wir am Kern, im Zentrum des Glaubens und hier liegt der Grund, warum auch wir heute jauchzend und frohlockend Gott dafür danken, dass er so freundlich und gütig ist. Ich bin fest davon überzeugt, wenn wir Christen der getrennten Kirchen uns stärker als bisher im Lob Gottes verbinden würden, in der Doxologie, dann kämen wir uns auch in den noch trennenden Lehrfragen näher.

2. Catholica-Arbeit der VELKD, der EKD und der ACK

Die Arbeit des Catholica-Beauftragten der VELKD geschieht in guter Zusammenarbeit mit dem *Konfessionskundlichen Institut der EKD* in Bensheim/Bergstraße. Das Institut wird vom Evangelischen Bund, der Evangelischen Kirche in Deutschland sowie Landeskirchen wie der Evangelischen Kirche in Hessen und Nassau, der Evangelischen Landeskirche in Baden und der Evangelischen Kirche der Pfalz getragen. Ein Wissenschaftlicher Beirat aus acht Professorinnen und Professoren berät das Institut. Neben der Evangelischen Zentralstelle für Weltanschauungsfragen in Berlin arbeiten die „Bensheimer" mit ökumenischen Partnerinstituten in mehreren europäischen Ländern zusammen. Das Kuratorium repräsentiert die am Konfessionskundlichen Institut beteiligten Kooperationspartner. Es ist für die Zielsetzung und Leitung des Instituts maßgeblich verantwortlich. Seit Februar 2007 bin ich als Vertreter der Kirchenkonferenz der EKD dessen Vorsitzender.

Das Institut wurde 1947 in der „Villa Brunnengräber" in Bensheim gegründet. In der Folge des Zweiten Vatikanischen Konzils wuchs die Bedeutung der ökumenischen Arbeit – 1967 zog das Institut in ein größeres Dienstgebäude um. Ab 2007 arbeitet das Institut wieder am angestammten Ort. Am 23. Januar 2008 werde ich gemeinsam mit Bischof Huber als Ratsvorsitzendem und Prof. Dr. Hans-Martin Barth als Vorsitzendem des Evangelischen Bundes das neue Dienstgebäude in einer Feierstunde seiner Bestimmung übergeben. Nach seinem Gründer, dem zweiten hessen-nassauischen Kirchenpräsidenten, heißt die 1905 erbaute Villa seit 2005 „Wolfgang-Sucker-Haus".

Die Bibliothek mit über 60.000 Bänden und die Dokumentation, die mehr als 200 Pressedienste kontinuierlich auswertet, bilden den Hintergrund für die Arbeit an den konfessionskundlichen Fragen der Gegenwart. Das breite Themenspektrum der Ökumene, der Konfessionen und Kirchen bearbeitet das Konfessionskundliche Institut durch verschiedene Referate. Fünf hauptamtliche theologische Referentinnen und Referenten arbeiten im Haus in den vier zentralen Themenbereichen Catholica, Freikirchen, Ostkirchen, Ökumene. Weitere externe theologische Referenten betreuen die Themen Anglikanismus, Moraltheologie, Kirchen im Heiligen Land, Healing of Memories und Europa. Allen Referenten ist aufgetragen, die aktuellen Entwicklungen in der Ökumene zu beobachten und zu kommentieren. Pfarrerinnen, Pfarrer und andere Mitarbeitende profitieren jedes Jahr von mehreren Zeitschriften und Buchreihen, Tagungen und Intensivseminaren.[10] Die Einheit der Christen zu fördern, ist das Ziel der ökumenischen Bewegung. In vielen Ländern geschieht dies durch Nationale Kirchen- und Christenräte. In Deutschland ist die *Arbeitsgemeinschaft Christlicher Kirchen in Deutschland (ACK)* das repräsentative Organ und Forum der christlichen Kirchen. Derzeit gehören 16 Kirchen als Mitglieder und 4 Kirchen als Gastmitglieder zur ACK (Evangelische Kirche in Deutschland, Römisch-katholische Kirche, Orthodoxe Kirchen, Orientalisch-Orthodoxe Kirchen, evangelische Freikirchen und andere kleinere Kirchen). Dazu kommen 3 Gruppierungen bzw. Organisationen als Ständige Beobachter. Damit repräsentiert die ACK ein weites und vielfältiges Spektrum der kirchlichen Ökumene.

Die Geschäftsstelle der ACK ist die *Ökumenische Centrale* (ÖC) in Frankfurt am Main. Das Arbeitsteam der ÖC umfasst vier theologische Refe-

10 Siehe: http://www.ki-bensheim.de/konfessionskundliches-institut/konfessionskundliches-institut.html (Aufruf vom 7.10.2007). Bekannt ist insbesondere der „Materialdienst" (MD)

renten/innen aus verschiedenen kirchlichen Traditionen (römisch-katholisch, evangelisch, orthodox, freikirchlich) und weitere Mitarbeiterinnen und Mitarbeiter.

Ihre gemeinsame Arbeit gliedert sich neben den konfessionellen Zuständigkeiten in die Sachbereiche: 1. Glauben und Theologie, 2. Kirche und Gesellschaft, 3. Mission, Zeugnis und Gottesdienst und 4. Migration, Dialog und Kultur. Derzeit arbeiten in der ÖC nur noch 2 Referenten.[11] Seit März 2007 bin ich als Vertreter der EKD von der Mitgliederversammlung zum Vorsitzenden der ACK gewählt worden. So aufwändig die verantwortliche Ausübung dieser Ehrenämter neben meinem Bischofsamt in Braunschweig samt seinen besonderen Zusatzaufgaben ist, so sinnvoll scheint es mir zu sein, für eine zukunftsfähige Arbeit „in catholicis" zu einer intensiveren Zusammenarbeit in den sich überschneidenden Bereichen zu kommen. Natürlich hat der Catholica-Beauftragte der VELKD in Zusammenarbeit mit dem entsprechenden Referenten des VELKD-Kirchenamtes noch einmal einen anderen, eben „lutherischen Blick" auf die anstehenden Aufgaben. Außerdem sind die lutherischen Kirchen, wegen ihres klaren konfessionellen Profils die vor allem gesuchten Gesprächspartner der römisch-katholischen Kirche. Dennoch wird zu klären sein, wie gerade auch im Prozess des Zusammenwachsens von VELKD und EKD die unterschiedlichen Stimmen öffentlich zu Gehör kommen sollen und können.

3. Gelesenes

Im vergangenen Jahr sind drei Schreiben aus Rom auf unsere Schreibtische gekommen, die Aufmerksamkeit erregt haben und die auch von unserer Seite entsprechend gewürdigt worden sind, dazu weitere bemerkenswerte Texte.

3.1. Nachsynodales Schreiben Sacramentum Caritatis

Am 22. Februar erschien das nachsynodale Schreiben Sacramentum Caritatis[12], in dem Benedikt XVI. über die Eucharistie als Quelle und Höhepunkt von Leben und Sendung der Kirche schreibt.

11 Siehe: http://www.oekumene-ack.de/ (Aufruf vom 7.10.2007)

12 Verlautbarungen des Apostolischen Stuhls 177 (2007)

Der Text lässt die Freude des Papstes an niveauvoller Theologie erkennen. Es ist ein schöner Text – in seiner Sprache, seiner Konstruktion und auch in seinen Inhalten.

Der Papst deutet die Eucharistie von der Trinitätslehre aus, die er wiederum von Christus her versteht. Einem Abschnitt über die *Bedeutung* der Eucharistie (ein Geheimnis, das man glaubt) folgt eine Passage über die *Feier* der Eucharistie (ein Geheimnis, das man feiert) und schließlich Überlegungen über die *Auswirkung* der Eucharistie auf das gelebte Leben im Glauben, vor allem die Diakonie in der Kirche (ein Geheimnis, das man lebt). Deutlich ist, dass der Papst auch über die Eucharistie-Enzyklika seines Vorgängers und die daran anschließenden Reglungen in der Instruktion Redemptionis Sacramentum [13] hinaus Regelungsbedarf sah, insbesondere aus der Perspektive der Weltkirche.

Lutheranern wird in dem Schreiben noch einmal deutlich gemacht, dass sie nicht zur römisch-katholischen Eucharistie eingeladen sind. Benedikt XVI. bittet Christenmenschen aus anderen Kirchen, diese römisch-katholische Position – nämlich solche Christen nicht zur Eucharistie einzuladen – als eine auf die Heiligen Schrift und die kirchliche Tradition zurückgreifende zu *verstehen* und zu respektieren. [14] Der Papst bittet um Verstehen – das ist aus meiner Sicht ein sehr wichtiger Satz, weil er die Tür zum Gespräch weit öffnet. Ich verstehe ihn als Einladung, auch unsere Positionen den römisch-katholischen Gesprächspartnern sine ira et studio und auf Augenhöhe vorzutragen, wobei die Bereitschaft zu hören und zu verstehen vorausgesetzt ist. Umso wichtiger ist es, dass wir auf beiden Seiten über Bedingungen des Verstehens nachdenken und uns verständigen.

13 Verlautbarungen des Apostolischen Stuhls 164 (2004)

14 In Nr. 56 heißt es: „Andererseits verbietet uns die Ehrfurcht, die wir dem Sakrament des Leibes und Blutes Christi schulden, daraus ein bloßes ‚Mittel' zu machen, das unterschiedslos angewendet wird, um ebendiese Einheit zu erlangen. Die Eucharistie drückt ja nicht nur unsere persönliche Gemeinschaft mit Jesus Christus aus, sondern schließt auch die volle Communio mit der Kirche ein. Das ist also das Motiv, warum wir mit Schmerz, doch nicht ohne Hoffnung, die nicht katholischen Christen bitten, unsere Überzeugung, die auf die Bibel und die Überlieferung zurückgreift, zu verstehen und zu respektieren."

3.2. Motu proprio „Summorum Pontificum"

Schon in dem nachsynodalen Schreiben „Sacramentum Caritatis" klingt ein Thema an, das dann in dem Motu Proprio „Summorum Pontificum" [15] weiter ausgeführt wurde: Gottesdienste in lateinischer Sprache, nach dem tridentinischen Ritus, der vor der Liturgiereform des Zweiten Vatikanischen Konzils die Norm darstellte. Unter Sacramentum Caritatis Nr. 62 heißt es: „Um die Einheit und die Universalität der Kirche besser zum Ausdruck zu bringen, möchte ich empfehlen, was die Bischofssynode in Übereinstimmung mit den Richtlinien des Zweiten Vatikanischen Konzils vorgeschlagen hat: Es ist gut, wenn außer den Lesungen, der Predigt und den Fürbitten der Gläubigen die Feier in lateinischer Sprache gehalten wird; ebenso sollen die bekanntesten Gebete aus der Überlieferung der Kirche in Latein gesprochen und eventuell einige Teile in gregorianischem Choral ausgeführt werden." Und der Papst mahnt an, die künftigen Priester so in Latein zu schulen, dass sie den Gottesdienst verstehen und selbst praktizieren können.

Nun zum Motu proprio selbst. Ein Motu proprio ist ein persönliches Schreiben des Papstes, das er aus eigener Vollmacht, ohne notwendige Beratung eines weiteren Gremiums, erlässt. Die Form eines solchen Schreibens ist zweiteilig: In einem ersten Teil wird der Anlass des Schreibens dargelegt, im zweiten Teil die neuen Regelungen erlassen.

In Summorum Pontificum wird die Messe in der Landessprache weiterhin als der Normalfall angesprochen. Das von Johannes XXIII. neu herausgegebene *lateinische* Messbuch wird jedoch als „außerordentliche Ausdrucksform" der römisch-katholischen Liturgie bezeichnet und die Feier der lateinischen Messe von Hürden befreit. In dem Anliegen weiß sich der Papst in Kontinuität mit seinem Vorgänger Johannes Paul II., der in den 1980er Jahren bereits die Bischöfe aufforderte, den Gläubigen, die am lateinischen Formular von 1962 hingen, die Möglichkeit eines Gottesdienstes nach diesem Formular einzuräumen. So wollte er u. a. die zu Erzbischof Lefebvre abgewanderten Gläubigen, aber auch andere liturgisch konservativ Gesinnte zurückgewinnen oder in der Kirche halten. Zur Verfolgung dieser Ziele setzte Johannes Paul II. auch die Kommission Ecclesia dei ein.

Neben den täglichen und wöchentlichen Messen sollen auch die Sakraments- und Wallfahrtsgottesdienste nach dem lateinischen Ritus gefeiert werden können, und auch das Beten des Breviers in lateinischer Sprache soll

15 Verlautbarungen des Apostolischen Stuhls 178 (2007)

gefördert werden. Die Laien haben ein Antragsrecht, Pfarrer müssen nicht mehr ihre Bischöfe fragen, ob sie nach dem alten Ritus feiern dürfen. Sollte ein Pfarrer dem Antrag der Gemeinde(gruppe) nicht nachkommen, soll dies beim Diözesanbischof angezeigt werden.

Das Motiv für die vereinfachte Feier der lateinischen Messe, die nicht nur eine Frage der Sprache, sondern des gesamten liturgischen Handelns ist, ist, wie das Begleitschreiben deutlich macht, der Wille zur Einheit der römisch-katholischen Kirche. Darin wird ein Anknüpfen an Bemühungen des vorigen Papstes sichtbar. Dessen Motu proprio „Ecclesia dei", das 1988 erste Schritte zur weiteren Feier der alten Liturgie möglich machte, wird hier konkretisiert und fortgeschrieben. Die Gruppen, die sich an die Grundsätze von Erzbischof Lefebvre halten und dennoch in der römisch-katholischen Kirche verblieben sind, sind nicht ohne Einfluss, und es liegt Rom daran, diese „im Boot" zu behalten. Neben einem liturgischen hat man hier auch einen theologischen Konservativismus in Rechnung zu stellen.

Hinzu kommen – jedenfalls in Deutschland wahrnehmbar – prominente Intellektuelle wie der Schriftsteller und Büchner-Preisträger (2007) Martin Mosebach denen die „Häresie der Formlosigkeit" [16] heftig zusetzt und die sich darum eine Rückkehr zum alten Ritus wünschen. Bei diesen Menschen stehen Negativbeispiele evangelischer und katholischer Gottesdienste ohne feste Form im Hintergrund. Mit einer solchen ästhetischen Kritik muss nicht notwendigerweise eine reaktionäre Theologie einhergehen.

Aus evangelisch-lutherischer Sicht [17] ist zu Summorum Pontificum zu sagen, dass für die Verkündigung des Evangeliums als dem eigentlichen Auftrag der Kirche (CA 7) die Verständlichkeit ein *wesentliches* Kriterium ist. Wo der Gottesdienst unverständlich wird, gerät er zum rein äußeren Vollzug und erfüllt das von evangelischer Seite dringende Bedürfnis des Mitvollzugs nicht mehr. Anders gesagt: Die Ausübung des Allgemeinen Priestertums im Gottesdienst durch den kompetenten Mitvollzug der Feier wird durch eine nicht mehr verständliche Sprache erheblich erschwert wenn nicht unmöglich gemacht. Aus liturgiewissenschaftlicher Sicht kann hinzugefügt werden, dass die Reform des Zweiten Vaticanum, die den landessprachlichen Gottesdienst zum Normalfall erklärte, ein Ergebnis der liturgie-

16 Mosebach, Martin, FAZ vom 8. Juli, 4

17 Zum motu proprio hat die Herbst-Vollversammlung der DBK Leitlinien erlassen. Leitender Gedanke ist das „Prinzip der Harmonie zwischen dem Interesse und Wohl der antragstellenden Gläubigen und der ordentlichen Hirtensorge für die Pfarrei [...] Die Zulassung der außerordentlichen Form darf nicht bestehende Spannungen verstärken oder gar neue Spaltungen hervorrufen." (Nr. 1 der Leitlinien) Die Bischofskonferenz hält insgesamt den Bedarf an Feiern in der alten Form für „weitgehend gedeckt"

wissenschaftlichen Forschung zum Gottesdienst der ersten Jahrhunderte war.

Auf der anderen Seite wird niemand gezwungen, an einem Gottesdienst in lateinischer Sprache teilzunehmen, da der Gottesdienst in der Landessprache die Regel ist, während der alte Ritus eine Ausnahme bleibt – vermutlich auch deshalb, weil die Priester inzwischen in der lateinischen Messe ungeübt sind. Allerdings eine Ausnahme, die von der Gemeinde relativ leicht durchzusetzen ist – der Text nennt kein Quorum, das erreicht werden muss, damit eine lateinische Messe stattfindet.

Eine bemerkenswerte Ausnahme ist die Feier des Triduum Sacrum (Gründonnerstag bis Ostern). Hier soll nur nach den besonderen für diese herausragenden Festtage approbierten Messformularen gefeiert werden. Ist damit impliziert, dass an diesen zentralen Festen der Heilsgeschichte der Gottesdienst unbedingt verständlich sein soll?

Jenseits von alledem erscheint mir der *Sachverhalt*, auf den das „motu proprio" reagiert, einer zu sein, dem auch in unserer Kirche zu begegnen ist. Viele, gerade auch junge Menschen, lassen sich von dem, was in der Religion fremd bzw. besonders ist, wie auch von ästhetisch gut gestalteten Feiern ansprechen. Das Bewusstsein für Form und für „Heiligkeit" scheint mancherorts zu wachsen. Dass die Feier intellektuell mit- bzw. nachvollzogen werden kann, ist keine unbedingte Voraussetzung dafür, dass sie als gelungen eingestuft wird. Und wer wollte bestreiten, dass es trotz aller hervorragenden Arbeit im Liturgiereferat der VELKD und im Liturgiewissenschaftlichen Institut in Leipzig Gottesdienstfeiern gibt, die wenig ansprechend gestaltet sind, sei es aus Zeitmangel, Unkenntnis oder anderer Prioritätensetzung? Das „Motu proprio" vermittelt auch die Botschaft: Der Gottesdienst, die Feier ist per definitionem das Nicht-Alltägliche, und das darf man ihm auch anmerken. Vielleicht hören wir dies auch als Erinnerung an uns.

3.3. Antworten auf Fragen zu einigen Aspekten bezüglich der Lehre über die Kirche

Der nur kurz nach dem Motu proprio erschienene, auch in der Dignität – als Text der Glaubenskongregation – höher einzuschätzende Text „Antworten auf Fragen zu einigen Aspekten bezüglich der Lehre über die Kirche" vom

10. Juli[18] handelt wie das Referat von Wolfgang Thönissen auf unserer Bischofskonferenzklausur vom rechten Verständnis des „subsistit" in Lumen Gentium 8 (die Kirche Jesu Christi „subsistiert" in der römisch-katholischen), aber anders als dieser interpretieren die „Antworten" das „Subsistieren" im Sinne einer Identifikation, wenn auch nicht einer exklusiven.

Und es wird klar und deutlich gesagt, dass die Kirchen der Reformation keine Kirchen im eigentlichen Sinne seien, weil in ihnen die historische Sukzession im Bischofsamt nicht bewahrt wird und es darum keine ordnungsgemäße Bischofsweihe und damit auch kein anerkennungswürdiges Pfarramt und damit kein wirkliches Abendmahl gebe.

Der Text löst zwei unterschiedliche Reaktionen aus:

Zum einen weiß man alles das, was da steht, aus älteren Dokumenten, etwa „Dominus Iesus" (2000), es ist nichts neu, und man fragt sich: Für wen wird das gesagt? Also: Keine Aufregung. Und es regt sich der Abwehrimpuls, der sagt: Es interessiert uns nicht, ob wir von Rom als Kirche anerkannt werden oder nicht, denn wir wissen, dass wir eine Kirche sind.

Und trotzdem macht der Text ärgerlich und traurig. Ärgerlich, weil dadurch, dass uns immer wieder gesagt wird, wir seien aus der Sicht Roms, nach dessen Kriterien, keine Kirche, immer wieder auch Wunden aufgerissen werden und Abkühlung entsteht. Ja, so ein Dokument wirkt auch wie eine kalte Dusche.[19]

Traurig macht der Text aus zwei Gründen: zum einen, weil sich die römisch-katholische Kirche damit selbst isoliert. Indem die eigene Sicht absolut gesetzt und damit die notwendig anzuerkennende Perspektivität geisteswissenschaftlicher Aussagen negiert wird, verabschiedet sich der Vatikan aus dem Kreis ernst zu nehmender wissenschaftlicher Theologie; zum anderen, weil solche Dokumente – wahrscheinlich bewusst und gewollt – vor allem auf die wachsende Zahl in den eigenen Reihen zielen, die ökumenisch voran wollen, vor allem die Gemeinden.[20]

---

18 Den deutschen Text findet man derzeit noch am besten im Internet, etwa auf der Seite des Vatikans: http://www.vatican.va/roman_curia/congregations/cfaith/documents/rc_con_cfaith_doc_20070629_responsa-quaestiones_ge.html (15. Oktober)

19 Diese Wirkung des Dokuments wird von Kardinal Karl Lehmann in Abs. VI seines Eröffnungsreferats der DBK im September 2007 (vgl. hierzu unten 3.6.) bedauert, ja, es werden Fehler im Zuge der Veröffentlichung des Textes konzediert

20 Interessant ist, dass der Text in Italien als Dokument gegen die Relativierung der römisch-katholischen Kirche als eine Religionsform unter anderen im modernen Staat verstanden wurde

Allerdings möchte ich auch gerne betonen, dass bei dem vielen Schatten, den das Dokument geworfen hat, auch Licht zu finden ist – in dem Schreiben selbst und in den begleitenden Kommentaren.

In dem Schreiben selbst wird [21] deutlich, dass die Trennung der römisch-katholischen Kirche von den Ostkirchen, aber auch den Kirchen der Reformation „die katholische Universalität [...] in ihrer vollen Verwirklichung in der Geschichte" hindert. Damit wird konzediert, dass auch der römisch-katholischen Kirche ein Mangel eignet, was den ökumenischen Impetus dieser Kirche erklärt.

Und in dem Kommentar zum Text, der diesem aus Rom gleich beigegeben wurde, wird zur fünften Frage, die die reformatorischen Kirchen betrifft, deutlich gesagt, dass diese einen „Heilswert" haben. Ich frage: Ist denn das nicht das Entscheidende: dass in unseren Kirchen Heil vermittelt wird?

Erfreulich war außerdem, was sogleich zum Erscheinen als auch kurz nach dem Erscheinen des Textes von hochrangigen deutschen oder deutschsprachigen katholischen Amtsträgern zu hören war. In dem Statement des Vorsitzenden der Katholischen Deutschen Bischofskonferenz erklärte Kardinal Lehmann: „Die erneute katholische Stellungnahme der Glaubenskongregation mag besonders in ihrer Knappheit und Dichte hart erscheinen, aber sie lässt grundlegend Raum, die anderen Kirchen nicht nur moralisch, sondern theologisch als Kirchen zu achten. Der eigene Anspruch darf nicht zu irgendeiner Überheblichkeit führen, denn durch die Spaltungen ist auch die Fülle der katholischen Kirche eingeschränkt."

Kardinal Kasper führte in seiner Stellungnahme aus: „Wenn ich nach der Erklärung ‚Dominus Iesus' formulierte, die protestantischen Kirchen seien Kirchen anderen Typs, so war dies nicht [...] ein Gegensatz zu der Formulierung der Glaubenskongregation sondern der Versuch einer sachgemäßen Interpretation, an der ich festhalte." [22] Man müsse „sagen, die evangelischen Kirchen haben einfach ein anderes Kirchenverständnis und ein anderes Amtverständnis. Es kann nicht gegen den Dialog sein, das zu artikulieren und dann darüber zu sprechen. Die Evangelischen legen gerade in der letzten Zeit Wert auf ein eigenes Profil." [23]

Für mich sind diese Stellungnahmen der für uns besonders wichtigen Gesprächspartner in der römisch-katholischen Kirche ein sprechender Beleg für die vorhin zitierten Worte Walter Kaspers, dass ein Scheitern der Öku-

21 In der Antwort auf die vierte Frage
22 Radio Vatikan am 11. Juli 2007
23 Radio Vatikan am 15. Juli 2007

mene vor Gott und den Menschen nicht zu verantworten sei. Darum sollten auch wir das unsrige dafür tun, das Klima durch den Text der Glaubenskongregation nicht weiter abkühlen zu lassen.

Man kann fragen, ob die beiden zuletzt genannten Texte, das „motu proprio“ und die „Antworten“ – nur wenige Tage auseinander liegend erschienen – in einen sachlichen Zusammenhang gehören. Martin Schuck von Konfessionskundlichen Institut Bensheim hat dies kürzlich bejaht [24]: Es gehe in beiden Texten um einen Spagat: einerseits solle in Richtung der Traditionalisten die Kontinuität der konziliaren mit der vorkonziliaren Theologie festgestellt werden: Das zweite Vatikanische Konzil hat keine Neuerungen gebracht [25], andererseits solle aber dieser Gruppe auch signalisiert werden, dass es kein Zurück hinter das Konzil gebe.

So sind die jüngsten Schreiben aus dem Vatikan vor allem als Versuche zu verstehen, die Einheit der römisch-katholischen Kirche zu bewahren.

3.4. Benedikt XVI., Jesus von Nazareth

Wenn ein biblisch-theologisches Buch monatelang auf den Bestsellerlisten unter den Top ten steht, ist das ein Grund zur Freude. Das hat es lange nicht gegeben. Nun war Jesus noch nie ein Ladenhüter, aber dass das Buch des Papstes so einschlagen würde, war denn doch überraschend.

Aber ist es ein Buch des Papstes? Oder ist es ein Buch des ehemaligen Kurienkardinals? Oder ein Buch des Professors Joseph Ratzinger? Das Cover lässt die Frage unbeantwortet. Joseph Ratzinger / Benedikt XVI., Jesus von Nazareth, heißt es da, und im Innenteil lautet es entsprechend.

Benedikt XVI. geht auf die Frage nach dem lehramtlichen Status des Buches im Vorwort ein. Er schreibt dort, „dass dieses Buch in keiner Weise ein lehramtlicher Akt ist, sondern einzig Ausdruck meines persönlichen

24 Schuck, Martin, Zwei vatikanische Schreiben – eine Strategie?, MD 58 (2007), 61f

25 In dieselbe Richtung der Traditionalisten weist das Schreiben von Kardinal Arinze vom 17. November 2006, in dem es heißt: „Die Bischofskonferenzen der Länder, in denen derzeit [in der Abendmahlsliturgie vom Vergießen des Blutes Jesu Christi] der Wortlaut „für alle“ oder ein Äquivalent dafür im Gebrauch sind, werden daher gebeten, den Gläubigen in den nächsten ein bis zwei Jahren die notwendigen Katechesen über dieses Thema zu halten, um sie für die Einführung einer genauen Übersetzung der Wendung pro multis – zum Beispiel [für viele,] „for many“, „per molti“, etc. – in die Landessprache vorzubereiten. Das wird bei den nächsten Übersetzungen des Römischen Missales der Fall sein, welche die Bischöfe und der Heilige Stuhl für den Gebrauch in den verschiedenen Ländern zulassen werden

Suchens ‚nach dem Angesicht des Herrn' (vgl. Ps 27,8). Es steht daher jedermann frei, mir zu widersprechen." Und er betont, dass die ersten Arbeiten an dem Buch auf das Jahr 2003 zurückgehen, also in die Zeit, da er noch Leiter der Glaubenskongregation war. [26]

Diese Selbstrelativierung der eigenen wissenschaftlichen Erkenntnisse ist für mich aus ökumenischer Perspektive beinahe wichtiger als das, was er materialiter über Jesus auf den bislang [27] knapp 450 Seiten zu sagen vermag. Ich bekenne gerne, dass mich das Buch mit seinem oftmals beinahe meditativ-kerygmatischen Duktus angesprochen hat; es sind häufig eher Predigten als wissenschaftliche Ausführungen. Die tiefe kreuzestheologische Verwurzelung der Ausführungen zeigt eindrucksvoll, wie viel uns mit der Theologie dieses Papstes verbindet.

Als stärker historisch denkender Theologe fällt mir auf, dass die historisch-kritische Methode manchmal zu einer realienkundlichen Hilfswissenschaft degradiert wird. Da die zentrale These des Papstes lautet, dass der biblische auch der historische Jesus ist, wundert es nicht, dass die literar-, form- und redaktionskritischen Ergebnisse der Exegese kaum herangezogen werden, die diese Historizität in Frage stellen. Ebenso wenig verwundert es, dass der Papst selbst das Johannesevangelium für „historisch" hält, wobei „historisch" meint, dass das Evangelium „den Inhalt der Reden, Jesu Selbstzeugnis in den großen Jerusalemer Auseinandersetzungen, richtig wiedergegeben" hat, „so dass die Leser wirklich den entscheidenden Inhalten dieser Botschaft und in ihr der authentischen Gestalt Jesu begegnen." [28] Ich frage mich, ob hier nicht die These des Papstes, dass Christentum und Hellenismus von Beginn an eine gleichsam notwendige Synthese gebildet haben, Pate stand, da ja das Johannesevangelium stark von hellenistischen Gedanken geprägt ist. [29]

Gegen alle spekulativen Jesusbilder, die uns in den vergangenen Jahrzehnten und Jahrhunderten vorgesetzt wurden beharrt Benedikt XVI. darauf, dass Jesus von Nazareth ohne seinen besonderen Gottesbezug nicht zu verstehen ist. Wir schauen immer durch Kreuz und Auferstehung auf

---

26 Ratzinger, Josef – Benedikt XVI., Jesus von Nazareth. Erster Teil. Von der Taufe im Jordan bis zur Verklärung, Freiburg/Basel/Wien [2]2007, 22f

27 Dass das Buch „Erster Teil" genannt wird, lässt mindestens einen zweiten erwarten.

28 Ratzinger, Josef – Benedikt XVI., Jesus von Nazareth, 271

29 Schnelle, Udo, Einleitung in das Neue Testament, Göttingen [2]1996, 576; Becker, Jürgen, Das Johannesevangelium Bd. 1, Ökumenischer Taschenkommentar zum NT 4/1, Gütersloh/Würzburg 1979, 53. Zur Hellenismus-These des Papstes vgl. Weber, Friedrich, Enthellenisierung. Zur Kontroverse um den Regensburger Papstvortrag, in: KNA-ÖKI Nr. 30 vom 24. Juli 2007, Beilage/Dokumentation Nr. 13

das Leben Jesu, und ohne Kreuz und Auferstehung wäre das Leben Jesu nicht viel mehr als das Leben eines von vielen Wanderpredigern. Hier, im Zentrum der Botschaft, stimmen wir ganz überein.

3.5. Walter Kardinal Kasper, Diener der Freude

Wenn ich unter den zahlreichen Veröffentlichungen des Präsidenten des Einheitsrates der römisch-katholischen Kirche, Kardinal Walter Kasper, sein Buch über das Priesteramt auswähle, so ist das darin begründet, dass es in einer Zeit, da das VELKD-Papier über das Amt ökumenisch intensiv diskutiert wird, erfreulich viel Übereinstimmung signalisiert. Und auch jenseits des Textes „Ordnungsgemäß berufen" ist es ja die Amtstheologie, die von römisch-katholischer Seite immer als ein entscheidender trennender Faktor benannt wird. In seinem sehr persönlich gehaltenen, zum 50-jährigen Ordinationsjubiläum geschriebenen Buch „Diener der Freude" [30] macht Kardinal Kasper deutlich, worin er derzeit die zentralen Aufgaben des Priesters sieht: in der Wortverkündigung bzw. in der Evangelisation.

Ich bin außerordentlich dankbar für diese Positionsbestimmung, weil sie der Leserschaft letztlich vor Augen führt, dass hier in der Gegenwart und in der Zukunft eine *gemeinsame* Aufgabe von *evangelischer und katholischer* Kirche besteht. Wir werden unserem Verkündigungsauftrag besser gerecht, wenn wir ihn als einen *gemeinsamen* Auftrag verstehen. Unser Wort wird kräftiger, wenn wir es – jedenfalls in den zentralen Linien – *gemeinsam* sagen.

Wenn auch in den theoretischen, amtstheologischen Passagen nach wie vor konfessionsbedingte Unterschiede bleiben, die auch nicht verschleiert werden müssen, so treffen wir uns doch in der konkreten Wahrnehmung des Verkündigungs-Amtes wieder. Auch auf der Ebene der Amtsträger gibt es also eine gute, gelebte Ökumene, eine Ökumene des Lebens. Dieses Signal zu hören, ist immer wieder eine Freude!

30 Freiburg/Basel/Wien 2007

3.6. Karl Lehmann, Zum Selbstverständnis des Katholischen – Eröffnungsreferat der Herbst-Vollversammlung der katholischen Deutschen Bischofskonferenz

In meinem Glückwunsch-Schreiben an Kardinal Lehmann anlässlich seines 20. Jahrestages als Vorsitzender der DBK habe ich hervorgehoben, dass er für uns ein unverzichtbarer Exeget von amtlichen Texten aus Rom ist. Als ein solcher hat er sich auch wieder in seinem Eröffnungsreferat der Herbst-Vollversammlung der DBK[31] erwiesen, denn hier hat er noch einmal die oben erwähnten Antworten auf Fragen zu einigen Aspekten bezüglich der Lehre über die Kirche erläutert. Dazu ist er zurückgekehrt zu dem Referenztext Lumen Gentium 8, in dem sich erstmals die Aussage findet, die Kirche Jesu Christi subsistiere in der katholischen Kirche. Gegen anders lautende Interpretationen beharrt er darauf, dass die Wortwahl eine schlichte Identifikation der einen mit der anderen ausschließt, und er zeigt die vielen ökumenischen Anknüpfungspunkte, die insbesondere die Aussage, dass sich in unseren kirchlichen Gemeinschaften – Lehmann sagt ausdrücklich: Kirchen[32] – vielfältige Elemente der Heiligung und der Wahrheit zu finden sind. Und er weist in Lumen Gentium auch eine Vielzahl von Passagen nach, in denen sich eine Selbstrelativierung der katholischen Kirche findet – bis hin zum Eingeständnis, dass die Kirche stets der Reinigung bedarf, was ja heißt, dass sie Sünderin ist, und der Anerkenntnis, dass die Spaltung auch ihre Fülle einschränkt.

„Man muss beides festhalten: den Anspruch der katholischen Kirche auf substanzielle Identität zwischen der Kirche Jesu Christi und ihr *und* der Anerkennung kirchlicher Elemente außerhalb ihrer selbst." Was heißt das für den Dialog? Kardinal Lehmann macht drei Vorschläge, auf die wir gut eingehen können:

1. Wir sollten über ökumenische Zielvorstellungen reden. Denn erst wenn man weiß, wo man hin will, kann man auch über den Weg sinnvoll reden;

---

31 Das Referat findet sich auf der Internetseite der DBK: http://dbk.de/imperia/md/content/pressemitteilungen/2007-2/2007-068_2-eroeffnungs-referat-lehmann_anhang.pdf. Hier sind im Anhang 1 auch die entsprechenden Passagen aus dem Konzilstext Lumen Gentium nachzulesen

32 S. die Fußnote 5 in dem genannten Referatstext. Die offizielle Sprachreglung „Kirchen und kirchliche Gemeinschaften" klinge wie „ein klappriges Schema. Darum spreche ich auch oft bloß von ‚Kirchen' ohne den Zusatz"

2. wir sollen das Reformationsjubiläum als die Gelegenheit eines Ausgleichs und der Vertiefung verstehen – ich höre dies so, dass gesagt wird: Lasst uns für 2017 etwas Konkretes vornehmen; und
3. es ist Zeit für eine Zwischenbilanz über das, was erreicht ist, dies darf nicht vergessen werden.

In dem Pressebericht über die Herbst-Vollversammlung der DBK heißt es ausdrücklich, dass die „Fortsetzung des theologischen Dialogs zwischen der Deutschen Bischofskonferenz und der Vereinigten Evangelisch-Lutherischen Kirche Deutschlands … ein wichtiger Beitrag" … „für die Belebung bewährter ökumenischer Kontakte" sein kann. Das denke ich auch. Es ist gut, dass wir wieder miteinander sprechen werden!

3.7. Die Apostolizität der Kirche

Den letzten Berichtspunkt kann und will ich nur relativ kurz ansprechen. Im vergangenen Jahr ist das Ergebnis eines langjährigen Dialogs zwischen dem Lutherischen Weltbund und dem Einheitsrat über die Apostolizität der Kirche vorgelegt worden. [33] Dieses überaus sorgfältig gearbeitete Dokument legt dar, wie weit der Konsens zwischen unseren Kirchen über die Bezeugung der Wahrheit durch die Heilige Schrift, das Verhältnis von Schrift und Tradition und das kirchliche Amt – insbesondere das Bischofsamt – bereits reicht und wo noch weiterer Klärungsbedarf besteht.

Ich will nur auf dieses wichtige Dokument hinweisen. Es wird hierzu Stellungnahmen des Ökumenischen Studienausschusses und des Theologischen Ausschusses der VELKD und des DNK geben, denen ich nicht vorgreifen will.

33 The Apostolicity of the Church. Study Document of the Lutheran-Roman Catholic Commission on Unity, ed. by the Lutheran World Federation an the Pontifical Council for Promoting Christian Unity, Lutheran University Press, Minneapolis (Minnesota) 2006

4. Perspektiven für künftige Begegnungen

4.1. Katholikentag 2008 in Osnabrück

Im kommenden Jahr findet in Osnabrück der Katholikentag statt. Es ist schon lange guter Brauch, dass wir einander zu unseren Kirchentagen einladen und ökumenische Themen bearbeiten.

Die Programmplanung für den Katholikentag läuft auf Hochtouren, ist aber noch nicht endgültig abgeschlossen. Nach den derzeitigen Planungen werde auch ich im kommenden Jahr zu Veranstaltungen des Katholikentags eingeladen werden.

Zurzeit ist geplant, dass ich an zwei Podienveranstaltungen mitwirke:

Im Ökumenezentrum zum Thema „Wege und Ziele der Ökumene" und im Geistlichen Zentrum zum Thema „Macht Beten Sinn?" – ich würde lieber sagen: „Hat Beten Sinn?" oder „Ist Beten sinnvoll?".

4.2. Konsultation von ökumenischen Nachwuchswissenschaftlern und Nachwuchswissenschaftlerinnen

Schon lange frage ich mich, wie sich die Ökumene in die Ausbildung unserer künftigen Pfarrer und Pfarrerinnen, Lehrer und Lehrerinnen besser – gleichsam als eine Selbstverständlichkeit – integrieren lässt. Es darf nicht sein, dass unsere Fachleute für Religion mit lediglich zufälligem ökumenischem Wissen ins Pfarr- oder Lehramt kommen. Wenn wir wieder einmal in den entsprechenden Gremien über Lehrpläne sprechen, werde ich diesen Gesichtspunkt in die Diskussion einbringen.

Ökumene darf nicht ein Feld für einige ausgesuchte Spezialisten oder Spezialistinnen werden. Sie muss vielmehr in die Mitte der Kirche und ihres Auftrags hineinragen. Darum freue ich mich, dass die im vergangenen Jahr gegebene Anregung einer Tagung für Nachwuchskräfte auf dem Feld der Ökumene aufgenommen worden ist und dass auf römisch-katholischer Seite das Projekt durchaus als hochrangig eingestuft wird. Die Planungen zwischen dem Johann-Adam-Möhler-Institut, dem Institut für ökumenische Forschung Straßburg und dem Theologischen Studienseminar Pullach schreiten voran. Ich bin gespannt, was daraus werden wird, und freue mich auf die Ergebnisse. Noch mehr aber freue ich mich darauf, dass auf diese Weise ein weiterer Raum für Begegnung eröffnet wird.

4.3. *Ergebnis der Vorgespräche für eine künftige BILAG*

Ich habe vorhin schon einmal über das Gespräch berichtet, das ich gemeinsam mit dem Leitenden Bischof mit Kardinal Lehmann und dem Ökumene-Bischof Gerhard Müller geführt habe. Es ging darin vor allem um die Frage, wie ein künftiger Dialog, ein Lehrgespräch zu gestalten sei, wenn es denn Aussicht auf Erfolg haben soll.

Es hat mich nicht gewundert, dass unser Gespräch schnell zu dem Prozess „Lehrverurteilung – kirchentrennend" gelenkt worden ist, denn dieser Prozess schien uns allen noch nicht hinreichend aufgearbeitet zu sein. Gewiss liegen von beiden Seiten Stellungnahmen vor, aber wir waren uns einig, dass eine Aufarbeitung der Stellungnahmen bzw. auch eine Sichtung der Arbeit des Ökumenischen Arbeitskreises, der die Stellungnahmen ausgewertet hat, ein lohnendes Unternehmen sein könnte.

Das hat auch mit der Methode bzw. mit der Fragehinsicht zu tun, die bei den Dialogen angewandt worden ist. Denn es ist nicht zuerst nach einem kleinsten gemeinsamen Nenner gefragt worden, nach Sätzen und Begriffen, mit denen wir unsere Gemeinsamkeiten beschreiben können, sondern die Frage ging eine Etage tiefer nach der Bedeutung und dem Status von Differenzen: Welche Lehrunterschiede sind heute wirklich noch kirchentrennend, und warum sind bestimmte Unterschiede trennend und andere nicht? Raum war dann insbesondere auch für die Frage, ob es Veränderungen in der Lehre gegeben hat, so dass gesagt werden konnte: die alten Verurteilungen treffen die gegenwärtige Lehre der Partner nicht mehr?

Uns allen schien diese Fragerichtung, dieser Gesprächsansatz Erfolg versprechender zu sein als die in den vergangenen Jahren dominierende Methode des differenzierten Konsenses.

4.4. *Einladung zum Dialog über ökumenische Hermeneutik*

Und damit sind wir an dem Punkt, wo wir grundsätzlich das Thema einer ökumenischen Hermeneutik ansprechen wollen. Ich habe den Eindruck, dass sich auf beiden Seiten, der römisch-katholischen wie auch unserer Seite, die Stimmen mehren, die der Methode des differenzierten Konsenses im Augenblick nicht mehr zutrauen, zu weiter gehenden ökumenischen Ergebnissen auf der Ebene der Lehrgespräche zu führen. Ich will nur eine Stimme zitieren, die kürzlich in Sibiu zu hören war.

„Bei dem Versuch, über die Gräben hinweg zu einem Konsens zu kommen, hat sich die bisherige Methode, Konvergenzen aufzuzeigen als fruchtbar erwiesen und in vielen bislang kontroversen Fragen weitergeführt. Ich erinnere etwa an den Fundamentalkonsens in der Rechtfertigungslehre. Aber inzwischen hat sich diese Methode offensichtlich erschöpft; wir kommen auf diesem Weg im Augenblick nicht mehr viel weiter." [34] So Kardinal Walter Kasper in seinem Vortrag.

Mit Kardinal Kasper bin ich mir darin einig, dass wir dankbar auf die Gemeinsame Erklärung zur Rechtfertigungslehre zurückblicken können. Ich habe das in einem Artikel in den Zeitzeichen deutlich gemacht. [35] Aber ich bin ebenso wie er unsicher, ob die Methode im Augenblick noch zu weiter führenden Ergebnissen führen kann. Die Methode des differenzierten Konsenses ist an bestimmten Themen und Begriffen orientiert. Ich denke, wir müssen tiefer fragen nach den Voraussetzungen unseres theologischen Denkens. Der Vortrag des Papstes in Regensburg hat z. B. deutlich gemacht, dass in unserem Verständnis von Glaube und Vernunft tief greifende Unterschiede bestehen. Und solche Differenzen bestehen auch in weiteren fundamentaltheologischen Fragen wie etwa dem Verständnis von Wahrheit und Wahrheitsgewährleistung sowie von der Konstitution des Glaubens und der Kirche.

Wie kommen wir zu wahren Aussagen über den Glauben und die Gemeinschaft der Glaubenden, die Kirche? Und welche Bedeutung hat es, dass wir diese Frage – jedenfalls bis jetzt noch – unterschiedlich beantworten? Ich denke, solche Fragen, die ja auch in dem Ökumenepapier der VELKD angesprochen sind [36], führen uns weiter.

Gleichzeitig unterstütze ich auch den Vorschlag von Harding Meyer, der das in den Dialogen bis heute Erreichte sichten und sichern möchte, um es vor dem Vergessen zu bewahren. Er schlägt vor, so genannte „In-via-Erklärungen" abzugeben, also Erklärungen auf dem Weg der Annährung zwischen den Kirchen, die einen hohen Grad an Verbindlichkeit haben. [37] An solchen Erklärungen könnte man erkennen, dass wir auf vielen Feldern

34 Kasper, Walter, Das Licht der Welt und die Kirche. Vortrag vom 5.9.2007 in Hermannstadt, in: http://www.oekumene3.eu/downloads.php (Aufruf vom 6.10.2007)

35 Weber, Friedrich, Zehn Jahre nach der Gemeinsamen Erklärung zur Rechtfertigungslehre, Zeitzeichen Heft 10/2007, 20ff

36 Ökumene nach evangelisch-lutherischem Verständnis, TADV 123, Hannover 2004

37 Meyer, Harding, Stillstand oder neuer Kairos. Zur Zukunft des evangelisch-katholischen Dialogs, in: „Stimmen der Zeit", Heft 10/2007, 687–696. Dabei möchte ich ausdrücklich das Grundsätzliche von den materialen Vorschlägen unterschieden wissen. Es wäre zu überprüfen, ob etwa das zum Thema Amt Gesagte (ebd. 694f) mit den

weiter sind, als es derzeit scheint. Wichtig wäre es dann, das Erreichte noch einmal fundamentaltheologisch bzw. hermeneutisch zu reflektieren und dadurch das thematisch Ausgesagte auf eine breitere bzw. grundsätzlichere theologische Basis zu stellen. Ich habe diesen Vorschlag während des Ökumene-Forums anlässlich der Sebalduswallfahrt in Nürnberg aufgenommen. Zu meiner großen Freude hat ihn sich auch Kardinal Lehmann in seinem Auftaktreferat zur Herbst-Vollversammlung der Deutschen Bischofskonferenz im September 2007 zu Eigen gemacht. [38]

Grundsätzlich plädiere ich also dafür, neben dem differenzierten Konsens nach anderen Formen oder Wegen des Dialogs zu suchen, die uns vielleicht weiter bringen als die Methode der vergangenen Jahrzehnte.

4.5. Bedeutung der Ökumene des Lebens für eine ökumenische Ekklesiologie

Ein weiterer Erfolg versprechender Weg liegt für mich in der gelebten Ökumene in den Kirchen, Kirchenkreisen und Gemeinden. Ich habe das schon in meinem Beitrag auf dem Ökumeneforum des Kirchentages gesagt: Das Funktionieren der Ökumene auf diesen Ebenen des praktischen Miteinanders ist der Normalfall, und das soll auch so bleiben. Und ich wiederhole meine Bitte an die andere Seite, nicht ängstlich zu sein, sondern sich mit uns und den Gemeinden herzlich zu freuen, wenn hier Dinge vorangehen. Denn aufhalten lässt sich sowieso nichts mehr.

Zur guten gelebten Ökumene auf diesen Ebenen gehört auch die funktionierende Zusammenarbeit auf manchen Feldern der Diakonie, der Bildung, des Dienstes an Kindern und Jugendlichen und selbst der Seelsorge. Insbesondere dort, wo eine der beiden Kirchen in einer deutlichen Diasporasituation ist, ist es üblich, dass Gemeindeglieder manche Dienste der anderen Kirche in Anspruch nehmen. Und warum auch nicht!

Und schließlich können wir auch auf solchen Feldern, wo wir gemeinsame Aufgaben als Kirchen sehen – Stichwort: missionarischer Auftrag – und wo wir mit dem Staat im Gespräch sind – etwa zum Thema der Feiertagsheiligung – vieles zusammen sagen und zusammen tun.

Ich frage mich seit längerem – und ich rege an, auch dies in Dialogen einmal zu thematisieren –, wie dieses funktionierende Miteinander theologisch zu interpretieren ist. Was hat das praktisch funktionierende gemein-

---

verbindlichen Aussagen des neuen Amtspapiers der Bischofskonferenz der VELKD übereinstimmt

38 Lehmann, Karl, Selbstverständlich katholisch, in: FAZ vom 25.9.2007, 8

same *Tun* für Auswirkungen auf unser Verständnis unserer selbst als Kirchen und auf unser Verständnis von Einheit? M. E. lohnt es sehr, darüber nachzudenken. Ich lade dazu ein.

Und zu dem, was wir tun, gehören auch gemeinsame Erfahrungen des Feierns, ein Stück Weggemeinschaft, wie wir sie etwa beim Pilgern auf der Sebalduswallfahrt erfahren haben. Solche Erfahrungen prägen sich ein und machen lebendig und greifbar, was Kardinal Kasper gesagt hat: „Wir lassen uns nicht wieder los."

An zwei wesentliche Gesichtspunkte ökumenischen Handelns hat der Papst in seiner Grußbotschaft an die dritte ökumenische Versammlung in Sibiu erinnert:

Das erste ist: Der echte Dialog bringt die glaubende Person, ja den Herrn in unserer Mitte selber zur Sprache. Das heißt: Ein Dialog kommt erst dort zur Erfüllung, wo Jesus Christus selbst zu beiden Partnern des Dialogs sein Wort sagen kann. Das zweite: Der Papst regt – ähnlich wie Kardinal Kasper – einen geistlichen Ökumenismus an, und er sagt: „Das Gebet für die Einheit stellt den Königsweg zur Ökumene dar."

Ich wünsche uns, dass wir in unseren Kirchen niveauvolle, wissenschaftlich erstklassige Dialoge führen, in denen Christus wirklich zu Wort kommt, und ich bitte Sie, am Gebet für den weiteren Weg der Ökumene festzuhalten.

„Können etwa zwei miteinander wandern, sie seien denn einig untereinander?" (Amos 3,3)

Bericht der 10. Generalsynode auf ihrer 6. Tagung in Zwickau am 13. Oktober 2008 vorgelegt

Die Frage ist nicht rhetorisch gemeint, sie will vielmehr vor aller auch kritischen Betrachtung dessen, was im Berichtszeitraum aus Sicht des Catholica-Beauftragten zu sagen ist, dazu provozieren, noch einmal und dann immer wieder an das Gemeinsame zu erinnern: „Unser gemeinsames Fundament ist der Glaube an den dreifaltigen Gott, die eine Taufe auf seinen Namen, der Glaube an Jesus Christus, den Erlöser in der Welt und sein befreiendes Evangelium, das in der Kirche weiterlebt. Wenn wir uns der Unterschiede in Lehre und Ordnung unserer Kirche bewusst werden, wie sie vor allem in den Fragen des Amts- und Kirchenverständnisses noch vorhanden sind, bleibt dieses gemeinsame Fundament so stark, dass es uns zusammenhält." [1]

1. Untereinander einig? Gemeinsamkeiten und neue Kontroversen

1.1. Gemeinsam ethisch und gesellschaftspolitisch handeln – Sterbehilfe und Sonntagsschutz

Gesellschaftspolitische und ethische Fragen sind sicherlich ein ganz zentrales Gebiet, auf dem seit Jahren die römisch-katholische und die evangelischen Kirchen eng und vertrauensvoll zusammenarbeiten und gemeinsam Zeugnis vor der Welt geben.

Ich erinnere an die kürzlich wieder neu aufgebrochene Diskussion über das Altwerden und Sterben. Mich haben in der Debatte um die Beihilfe zu Suizid und Tötung auf Verlangen die deutlichen Worte von Erzbischof Dr. Robert Zollitsch gefreut, der vor einem Dammbruch im Denken unserer Gesellschaft warnte. „Die Ermöglichung aktiver Sterbehilfe würde langfristig ältere Menschen unter den Druck stellen, dem persönlichen Umfeld oder der Gesellschaft nicht weiter zur Last zu fallen", schrieb der Vorsit-

---

1 „Ökumenische Gemeindepartnerschaften am Ort". Leitlinienpapier der Region Westfalen/Lippe vom November 2005

zende der Deutschen Bischofskonferenz in einem Beitrag für die Zeitung „Die Welt". [2] Wer die Menschenwürde auch in Alter und Krankheit bewahren wolle, „[...] der sucht keinen einfachen Ausweg aus dem Leben, sondern nach der Möglichkeit einer würdevollen Gestaltung dieser Lebensphase", so Zollitsch weiter.

In der Ablehnung aktiver Sterbehilfe sind sich beide Kirchen völlig einig, selbst wenn ein Großteil der Bevölkerung der Sterbehilfe gegenüber nicht abgeneigt ist. Der Anspruch, autonom über den eigenen Tod zu entscheiden, steht unserer gemeinsamen christlichen Auffassung entgegen, dass das Leben ein Geschenk ist, über das Menschen nicht verfügen dürfen. So wurde auch evangelischerseits wiederholt betont, dass trotz der berechtigten Ängste vieler Menschen vor einem menschenunwürdigen Altern und qualvollen Sterben andere Antworten gegeben werden müssen und können als organisierte Sterbehilfe. Zu nennen sind die schmerzlindernde Palliativmedizin, Patientenverfügungen und vor allem die Hospizarbeit. Organisierte Sterbehilfe ist meines Erachtens ein Angriff auf jede die Menschenwürde achtende Gesellschaft und wir müssen uns auch weiterhin gemeinsam und deutlich gegen jede Ökonomisierung des Sterbens wenden. Zugleich aber werden wir uns auch gemeinsam stärker als bisher den Menschen zuwenden müssen, die Sterbende begleiten, den Ärzten und denen, die Menschen in ihrer letzten Lebensphase pflegen.

Auch in der Debatte über die schleichende Aushöhlung des Sonntagsschutzes sprechen katholische und evangelische Christen mit einer Stimme, um ein weiteres Beispiel zu nennen. Seit den Veränderungen des Ladenschlussgesetzes sind in vielen Städten insbesondere in Ostdeutschland Einkaufszentren immer häufiger auch sonntags geöffnet. Möbelhäuser bieten Probewohnen am Sonntag an. Städte erklären sich zu Freizeitzentren und können so am Sonntag geöffnete Läden bieten. Berlin, Brandenburg, Sachsen und Sachsen-Anhalt erlauben sogar offene Geschäfte an allen Sonntagen in der umsatzstarken Adventszeit. Auch hier ist eine Ökonomisierung unseres Lebens zu beobachten. Der Mensch wird in erster Linie als Konsument wahrgenommen. Demgegenüber setzen sich die Kirchen zusammen mit den Gewerkschaften und auch vielen mittelständischen Unternehmen für den bleibenden Schutz des Sonntags ein, um nicht eine der ältesten religiösen, sozialen und kulturellen Errungenschaften der Welt zu verlieren. Sie erinnern daran, dass der Sonntag ein Geschenk Gottes an die Menschen darstellt, ein Tag des Gottesdienstes, der Muße und der Besinnung, ein

2 „Die Welt" vom 21. Juli 2008, 7

Raum für die Freiheit der Religion. Gemeinsam haben deshalb die beiden großen Kirchen Deutschlands letztes Jahr das Bundesverfassungsgericht angerufen. Und im November letzten Jahres hat die Evangelische Kirche in Deutschland in Zusammenarbeit mit der Arbeitsgemeinschaft Christlicher Kirchen unter dem Motto „Gott sei Dank, es ist Sonntag“ eine neue Initiative zum Schutz des Sonntags gestartet.

Weitere Themen, die uns gemeinsam berühren, sind die Kinderarmut und die wachsende Armut in Deutschland überhaupt, die Problematik der Spätabtreibungen und – nicht nur in Niedersachsen hochaktuell – die ungelöste Problematik der Endlagerung von radioaktiven Abfällen.

1.2. Gemeinsam Hoffen – Enzyklika „Spe salvi“

Aber auch in vielen Glaubensfragen sind wir gemeinsam auf dem Weg. Dies möchte ich an einem weiteren Beispiel näher aufzeigen. Am 30. November 2007 erschien die Enzyklika „Spe salvi“. [3] Wie bereits die erste Enzyklika des Papstes Benedikt XVI. „Deus caritas est“ ist auch sein zweites Lehrschreiben ein grundlegender theologischer Text, der zu einem zentralen Gegenstand des christlichen Glaubens die Lehre der römisch-katholischen Kirche festhalten will. Es ist zunächst nach innen an die römisch-katholische Kirche gerichtet und nimmt nur an wenigen Stellen Lehräußerungen anderer Kirchen in den Blick. „Spe salvi“, „Auf Hoffnung sind wir gerettet“ (Röm 8,24) behandelt das Thema der christlichen Hoffnung. Zunächst wird der biblisch-theologische Befund entfaltet. Der zweite Teil kennzeichnet das ewige Leben als eine Wahrheit, die unser gegenwärtiges Leben fundamental hoffnungsvoll bestimmt. Der dritte Teil begründet die Notwendigkeit, christliche Hoffnung nicht nur individuell, sondern kollektiv zu bestimmen. Der vierte Teil setzt sich mit innerweltlichen Bestimmungen der Hoffnung kritisch auseinander, insbesondere der Hoffnung auf eine Erlösung der Welt durch die Wissenschaft. Der fünfte Teil „Die wahre Gestalt der christlichen Hoffnung“ unterstreicht, dass demgegenüber aus christlicher Perspektive allein Gott erlösen kann und dass diese Erlösung nie individualistisch verengt werden darf, sondern dass Christus alle Menschen erlösen will. Lern- und Übungsorte der Hoffnung (so der Titel des sechsten Teils) sind das Gebet, Tun und Leiden und das letzte Gericht.

---

3 Enzyklika SPE SALVI von Papst Benedikt XVI. an die Bischöfe, an die Priester und Diakone, an die gottgeweihten Personen und an alle Christgläubigen über die christliche Hoffnung. 30. November 2007 (Verlautbarungen des Apostolischen Stuhls 179)

Ein aktueller Anlass des Schreibens ist nicht zu erkennen. Mit dem Erscheinen dieser zweiten Enzyklika ist jedoch klar, dass der Papst die Trias des 1. Korintherbriefes 13,13: Glaube, Hoffnung, Liebe auszulegen beabsichtigt; und es verdichten sich die Anzeichen, dass ein Lehrschreiben zum Thema „Glauben" kurz vor der Veröffentlichung steht.

Drei Aspekte von „Spe salvi" möchte ich hervorheben:

Die Enzyklika belegt erneut die ökumenische Einsicht, dass die evangelisch-lutherische und die römisch-katholische Kirche auch in der Lehre sehr viel mehr eint als trennt. Über weiteste Strecken des Textes kann die lutherische Kirche dem Inhalt vorbehaltlos zustimmen und dankbar viele sprachlich schöne Formulierungen und Bilder aufnehmen. Erwähnt sei nur die tiefe, vor allem vom Apostel Paulus gelehrte, Wahrheit, dass die Hoffnung auf das ewige Leben schon hier und jetzt das Leben der Christenmenschen zutiefst prägt und bereichert. Was die römisch-katholische Kirche von der Hoffnung lehrt, gehört zweifellos zu den Dingen, die unsere Kirchen verbinden und nicht zu denen, die uns trennen. Und selbst für die erkennbaren Unterschiede in der Lehre von der Hoffnung gilt meines Erachtens, dass sie nicht kirchentrennend sind.

Auch werden die besonderen Akzente der römisch-katholischen Lehre von der Hoffnung nicht ausgeblendet, sondern einladend interpretiert. Die Bedeutung der Werke für das ewige Leben und die Vorstellung eines Fegefeuers werden zum Beispiel mit der Notwendigkeit begründet, Gottes Gnade und seine Gerechtigkeit ins rechte Verhältnis zu setzen.

Schließlich sei darauf verwiesen, dass der Papst in der Enzyklika seine in der Regensburger Vorlesung von 2006 durchgeführte Auseinandersetzung mit der Neuzeit fortführt. So setzt er sich auch mit den neuzeitlichen Vorstellungen von Vernunft und Freiheit auseinander, die für ihn immer im „Gegensatz zu den Bindungen des Glaubens und der Kirche" stehen.[4] Anders gesagt: Vernunft und Freiheit sind erst dann vorbehaltlos zu bejahen, wenn sie kirchlich gebunden sind. Diese Ausführungen des Papstes reizen natürlich zum Diskurs und zu Nachfragen. Aber was die Enzyklika trotzdem zu einem für die lutherische Kirche erfreulichen Text macht: Sie liest sich nicht wie ein Dekret, sondern wie eine Einladung zum Gespräch über den Glauben, die Liebe und eben die Hoffnung.

---

4 Ebd., § 18

„Können etwa zwei miteinander wandern, sie seien denn einig untereinander?" (Amos 3,3)

1.3. Unterschiedliche Verhältnisbestimmungen von Glaube und Vernunft

Dennoch sind wir damit bei dem zweiten Teil meiner Überschrift „Gemeinsamkeiten und neue Kontroversen" angelangt. Denn neben all den Gemeinsamkeiten ist auch zu beobachten, dass wir plötzlich in den evangelisch-katholischen Beziehungen wieder über ökumenische Stolpersteine zu reden haben, die wir längst zu den Akten gelegt glaubten. Dazu gehört sicherlich auch das eben erwähnte Stichwort „Glaube und Vernunft". Die Irritationen seit der Regensburger Rede des Papstes, über die ich bereits vor zwei Jahren ausführlich berichtet hatte, halten an.[5] Jüngst hat sich erneut Bischof Dr. Wolfgang Huber zu diesem Thema geäußert.[6] Der EKD-Ratsvorsitzende widerspricht der These Papst Benedikts XVI., dass Reformation und Aufklärung die Verbindung zwischen Vernunft und Glauben gelöst haben und damit eine Enthellenisierung des Christentums stattgefunden habe. Damit werde der Weg zur Neuzeit als Verfallsgeschichte gedeutet und z. B. übersehen, dass gerade Kant den Weg gebahnt habe, um den Gottesgedanken auch vor der philosophischen Vernunft abzusichern, so Bischof Huber.

In der rechten Unterscheidung und Zuordnung von Glaube und Vernunft und der damit verbundenen Frage, wie Wahrheit zu bestimmen ist, bestehen unbestreitbar konfessionelle Unterschiede. Darüber gilt es weiterhin gemeinsam nachzudenken. Mit Hilfe von Theologen wie Schleiermacher, Kierkegaard oder Barth können wir evangelische Christen z. B. einen Vernunftbegriff in das Gespräch einbringen, der zwar nicht mehr der griechischen Metaphysik verpflichtet ist, der aber sehr wohl die existentielle Dimension der christlichen Wahrheit zu entfalten vermag und insofern gerade keiner Beliebigkeit verfällt, sondern den Menschen auf den Ernst seiner Existenz vor Gott anspricht. Theologie steht nicht über, sondern unter der Wahrheit – nämlich der Wahrheit, die uns im Evangelium begegnet und Jesus Christus heißt. Diese Wahrheit kann kein Vernunftdenken je einholen. Dieser Wahrheit immer wieder neu nachzuspüren, bleibt unser gemeinsamer Auftrag. Hier sehe ich eine noch immer nicht erledigte Aufgabe für beide Kirchen. Eventuell könnten dabei auch die ökumenischen Institute mithelfen, damit bereits die auszubildenden Theologinnen und

---

5 Weber, Friedrich, Enthellenisierung? Zur Kontroverse um den Regensburger Papstvortrag, in: Materialdienst des Konfessionskundlichen Instituts Benshein 58 (2007), 83ff

6 Siehe die Interviews mit Bischof Wolfgang Huber in der August-Ausgabe des Magazins Cicero und in der Frankfurter Allgemeinen Zeitung vom 26. August 2008. Beides sind Auszüge seines neuen Buches: Huber, Wolfgang, Der christliche Glaube. Eine evangelische Orientierung, Gütersloh 2008

Theologen stärker als bisher am Prozess des ökumenischen Dialogs teilhaben und mit den jeweiligen Voraussetzungen des theologischen Denkens vertraut werden. Ähnliches hatte bereits 1980 die internationale „Gemeinsame römisch-katholische/evangelisch-lutherische Kommission" im Sinn. Sie regte damals an, besonderes Gewicht auf die ökumenische Bewusstseinsbildung und Erfahrung der Amtsträger zu legen und integrierte theologische Ausbildungsgänge zu schaffen, die von beiden Kirchen verantwortet werden.[7]

1.4 Anhaltende Anfragen über das Liturgieverständnis

Nun ein Beispiel aus dem Bereich der Liturgie: Mit dem Motu proprio „Summorum Pontificum" und dem daraus folgenden einfacheren Gebrauch des alten Ritus des sogenannten tridentinischen „Missale Romanum" kam es im Juli letzten Jahres zu Irritationen auf dem Gebiet der Liturgie. Darüber habe ich bereits letztes Jahr berichtet. Nun, ein Jahr später hat sich an der Ersteinschätzung aus dem Jahr 2007 nicht viel geändert.[8] Doch inzwischen ist auch eine approbierte Fassung des alten Ritus für die Gottesdienste zwischen Gründonnerstag und Ostern, die zunächst ausgenommen waren, erschienen. Damit ist noch deutlicher sichtbar geworden, dass die Messbücher von 1962 und 1970, die beide als authentische Ausdrucksformen der „lex orandi" der römisch-katholischen Kirche verstanden werden sollen, in ökumenischer Hinsicht unterschiedliche, teils gegensätzliche Akzente setzen.

Sehr deutlich hat sich diese Problematik in der Diskussion um die Karfreitagsbitte für die Juden gezeigt.[9] Doch auch die wieder zugelassene Karfreitagsbitte für die Einheit der Christen zeigt deutliche theologische Unterschiede zur Version von 1970. Beten Katholiken mit dem Missale von 1970 für die „Brüder und Schwestern, die an Christus glauben, dass unser Herr und Gott sie leite auf dem Weg zur Wahrheit und sie zusammenführe in

7 Gemeinsame römisch-katholische/evangelisch-lutherische Kommission, Wege zur Gemeinde, Paderborn/Frankfurt 1980, § 71

8 Räume der Begegnung. Bericht des Catholica-Beauftragten der VELKD vom 22.10. 2007, in: Texte aus VELKD 141, 10f

9 Zum Ganzen siehe: Homolka, W./Zenger, E. (Hg.), „[…] damit sie Jesus Christus erkennen". Die neue Karfreitagsbitte für die Juden, Freiburg/Basel/Wien 2008, außerdem eine Kommentierung des Catholica-Beauftragten der VELKD anlässlich seines Vortrags zur Eröffnung der Woche der Brüderlichkeit in Wiesbaden, in: KNA-ÖKI 27/2008, 4f

der Einheit der heiligen Kirche" [10], so ist das eine deutliche Akzentverschiebung gegenüber dem alten Missale, wo „[...] für die Irrgläubigen und Abtrünnigen (haereticis et schismaticis)" gebetet wird: „[...] unser Gott und Herr möge sie allen Irrtümern entreißen und sie zur heiligen Mutter, der katholischen und apostolischen Kirche, zurückrufen." [11] Die Bitte fährt fort damit, der Heiland möge niemanden verloren gehen lassen und auf die durch teuflischen Trug verführten Seelen schauen, er möge die Herzen der Irrenden zur Einsicht kommen lassen und sie zur Ablegung ihres Irrglaubens bewegen. Demgegenüber wird im nachkonziliaren Messbuch eine unverkennbar andere Theologie sichtbar: „Allmächtiger Gott, du allein kannst die Spaltung überwinden und die Einheit bewahren. Erbarme dich deiner Christenheit, die geheiligt ist durch die eine Taufe. Einige sie im wahren Glauben und schließe sie zusammen durch das Band der Liebe". Hier ist zu konstatieren, dass es um eine deutlich andere Einschätzung der anderen Christen geht. Von unserer Seite ist nun die Anfrage zu stellen: Wer ist mit den „Haereticis et Schismaticis" gemeint? Etwa wir? Und wie ist diese Fürbitte mit Konzilsdokumenten wie „Unitatis redintegratio" oder mit der Enzyklika Johannes Pauls II. „Ut unum sint" vereinbar?

Und noch eine weitere Überlegung: Auch wenn es verkürzend oft so dargestellt wurde, letztendlich geht es in dem Motu proprio primär gar nicht um das Feiern der Messe in Latein. Auch das nachvatikanische Missale von Papst Paul VI. konnte sowohl in lateinischer als auch in der jeweiligen Landessprache gefeiert werden. Anfragen stellen sich vielmehr weiterhin an das theologische Verständnis der alten Liturgie. Denn das Missale von 1962 basiert in seinem Grundverständnis auf der mittelalterlichen Klerikerliturgie. Es ist allgemein bekannt, dass die Reformatoren das sich darin zeigende Klerikerverständnis scharf kritisierten.

Ökumenisch von großer Bedeutung ist nach wie vor, dass bei der Liturgiereform, die mit der Liturgiekonstitution des Zweiten Vatikanischen Konzils 1963 begann, auch reformatorische Anliegen aufgenommen wurden. Ziel der Liturgiereform war die „volle und tätige Teilnahme des ganzen Volkes" (Sacrosanctum Concilium 14). Es ging dabei nicht um eine äußere aktive Beteiligung der Gläubigen, sondern um Intensivierung des geist-

10 Vgl. Die Feier der Heiligen Messe. Messbuch für die Bistümer des deutschen Sprachgebietes. Authentische Ausgabe für den liturgischen Gebrauch, Teil 1, Köln/Freiburg/Regensburg 1975, 46

11 Übersetzung zitiert nach: Schott, A., Das Messbuch der heiligen Kirche mit liturgischen Einführungen. Neu bearbeitet von den Benediktinern der Erzabtei Beuron, Freiburg u.a. 1962, 263

lichen Lebens der Gläubigen und damit der ganzen Kirche. Liturgie wird als Weiterführung des Priesteramtes Christi verstanden, wobei dieses Amt allen durch die Taufe in den Leib Christi Eingegliederten zukommt. Alle sind aufgrund dieses gemeinsamen Priesteramtes Träger der Liturgie. Zugespitzt gesagt: Der Priester ist hier also nicht mehr Mittler zwischen Gott und Gläubigen, sondern Vorsteher der aktiv beteiligten Gläubigen. Für mich drängt sich die Frage auf: Wie sind diese beiden Liturgieverständnisse kompatibel?

In den vergangenen Jahrzehnten wurde die Liturgiereform zum wohl wichtigsten Kristallisationspunkt, an dem sich sämtliche Kirchenkritik des konservativen, gemäßigt-traditionalistischen Flügels der römisch-katholischen Kirche festmachte. Diesen Traditionalisten ging es bei der Einforderung des alten Messritus insofern weniger um ein genuin liturgisches Anliegen als um ein demonstratives Festhalten an einem neuscholastischen Kirchen- und Weltbild, innerhalb dessen die – freilich auch mehrfach reformierte – Tridentinische Messe als einmalige und ewig gültige, alle Zeiten überdauernde katholische Gottesdienstform angesehen wird. Der Vatikan ist diesen Gruppierungen nun sehr weit entgegengekommen; allerdings wird von ihnen die rückhaltlose Anerkennung des Zweiten Vatikanischen Konzils verlangt. Wir werden nun evangelischerseits erst einmal abwarten müssen, ob damit diese Entwicklung auf dem Gebiet der Liturgie zu einem Ende gekommen ist oder ob es weitere Versuche geben wird, die alte Liturgie stark zu machen. Immerhin gibt es aus dem Jahre 2003 einen Antwortbrief des damaligen Präfekten der Glaubenskongregation, Josef Kardinal Ratzingers, auf eine Anfrage des Bonner Altphilologen Heinz-Lothar Barth, welcher der traditionalistischen Priesterbruderschaft Pius X. nahesteht. Dort schreibt der heutige Papst noch, dass die römische Kirche auf Dauer „[...] doch wieder einen einzigen römische Ritus haben muss", der vollständig in der Tradition des überlieferten Ritus stehe. [12] Sollte das Motu proprio ein erster Schritt auf solch einem Weg sein, dann würden allerdings wichtige Anliegen des Zweiten Vatikanischen Konzils schleichend uminterpretiert und gemeinsame liturgische Überzeugungen zwischen Katholiken und Lutheranern aufgegeben werden.

---

12 Brief Josef Kardinal Ratzingers von 23.6.2003 an Dr. Heinz-Lothar Barth, in: H.-L. Barth. Ist die traditionelle lateinische Messe antisemitisch? Antwort auf ein Papier des Zentralkomitees der deutschen Katholiken, Altötting, ^{2}2007, 17f

1.5. Irritationen in ethischen Fragestellungen

Wenn wir neu aufgebrochene Divergenzen bedenken, müssen wir schließlich nochmals auf das Feld der Ethik zurückkommen. Seit Jahren verständigen sich die Evangelische Kirche in Deutschland und die Deutsche Bischofskonferenz auf gemeinsame Antworten auf sozialethisch virulente Fragen. Dies habe ich bereits gezeigt. Dabei kam immer auch Hoffnung auf, dass sich im sozialethischen Umfeld rascher Übereinstimmungen erzielen lassen als auf dem dornigen Feld der klassischen kontroverstheologischen Fragen. Man sah sich gar auf dem Weg zu einer ökumenischen Soziallehre.[13] Doch neben all der vertrauensvollen und guten Zusammenarbeit mussten wir am Ende letzten Jahres auch feststellen, dass dies nicht immer zwangsläufig der Fall ist. Ich denke hier an den konkreten Fall der Stammzellendiskussion: Hier wurden sowohl die evangelischen Kirchen als auch die katholische Kirche davon überrascht, dass sich in der ethischen Beurteilung der Frage plötzlich so deutliche Gräben auftaten – wobei ich ehrlicherweise hinzufügen muss, dass diese Differenzen auch quer durch das Lager der kirchenleitenden Geistlichen auf evangelischer Seite gingen. Die Kirchenleitungen beider großen christlichen Kirchen glaubten sich in der Ablehnung der Forschung an embryonalen Stammzellen einig, bis Ende vergangenen Jahres Bischof Wolfgang Huber eine Stichtagsverschiebung in der Stammzellenforschung befürwortete.[14]

Die römisch-katholische Kirche hingegen appellierte an die Abgeordneten des Deutschen Bundestages, dass es keinen Spielraum für ein Abwägen gibt Hier gehe es letztlich nicht um eine Terminverschiebung, sondern um eine grundsätzliche Entscheidung. Da embryonale Stammzellforschung die Tötung menschlicher Embryonen voraussetze, könne eine verbrauchende Embryonenforschung niemals gerechtfertigt werden. Der menschliche Embryo sei von Beginn an Mensch und niemand habe das Recht auf eine Heilung, die auf der völligen Verzweckung eines Dritten beruht.[15]

Bis heute kann ich bei meinen Begegnungen mit Vertretern der römisch-katholischen Kirche feststellen, dass sie über diese neu aufgebrochene Diffe-

13 Siehe z.B. Bedford-Strohm, Heinrich, Freiheit und Verbindlichkeit. Auf dem Weg zu einer ökumenischen Sozialethik, in: Herder Korrespondenz 58 (2004), 406–410

14 Siehe Huber, Wolfgang, Auch der katholische Mensch kann irren, in: Frankfurter Allgemeine Zeitung vom 27.12.2007, 29. Allerdings ist darauf hinzuweisen, dass unter den evangelischen Sozialethikern auch vorher schon andere Stimmen laut wurden

15 So die Erklärung des Vorsitzenden der Deutschen Bischofskonferenz, Erzbischof Dr. Robert Zollitsch, zur Debatte über das Stammzellengesetz am 11.04.2008 (http://dbk.de/aktuell/meldungen/01644/index.htm)

renz irritiert sind, besonders da der Eindruck entstehen konnte, als würden die ethischen Unterschiede in einer aktuellen Frage mit einer grundsätzlichen Kritik an der autoritativen Struktur des Lehramtes verbunden. Für die römisch-katholische Kirche ist es sehr schmerzlich, dass die beiden großen Kirchen in dieser Frage nicht mit einer einheitlichen Stimme sprechen konnten. Sie tut sich schwer mit einer evangelischen Ethik im Spannungsfeld zwischen der Freiheit des Gewissens auf der einen und der Verbindlichkeit des Glaubens auf der anderen Seite. „Pluralismus als Markenzeichen" war das Schlagwort, das einige evangelische Ethiker bereits 2002 in der Stammzellendebatte als die Position des Protestantismus reklamiert hatten. [16] Pluralismus auf dem Gebiet der Moral und Ethik kann für die römisch-katholische Kirche sicherlich kein gesamtchristliches Markenzeichen werden, auch wenn in ihr de facto natürlich unterschiedliche Positionen vertreten werden.

Die Debatte hat mir gezeigt, dass wir immer wieder neu um einen inhaltlichen Konsens ringen müssen. Wo liegen die Grenzen der Forschung? Wie muss der Begriff der Menschenwürde gefasst werden? All dies sind so komplexe Fragen, als dass wir uns einfach auf einmal getroffenen Positionsbestimmungen ausruhen könnten. [17] Auf der formalen Ebene gilt es ebenfalls immer wieder zu überprüfen, wie wir, wie die römisch-katholische Kirche, zu Entscheidungen kommen und auch darüber müssen wir uns gegenseitig Rechenschaft geben.

2. Neue Methoden im Ökumenischen Gespräch?

2.1 Differenzierter Konsens

Können wir also weiterhin miteinander wandern, wenn wir uns gar nicht mehr so sicher sind, wie einig wir eigentlich untereinander sind? Ja, wir sind uns nicht einmal mehr sicher, mit welchen hermeneutischen Methoden wir überprüfen können, ob und wie weit wir uns einig sind. Denn die ökumenisch bislang gängige Methode des „Differenzierten Konsenses" ist in die Jahre gekommen. Vielleicht fühlt sich so mancher an ein Wort aus dem Buch Josua erinnert: „Dies unser Brot [...] war noch warm, als wir zu euch

16 Siehe: Pluralismus als Markenzeichen. Eine Stellungnahme evangelischer Ethiker zur Debatte um die Embryonenforschung, in: FAZ , 23. Januar 2002, 8

17 Siehe z. B.: Härle, Wilfried/Vogel, Bernhard (Hg.), Begründung von Menschenwürde und Menschenrechte, Freiburg 2008

auszogen, nun aber, siehe, ist es hart und zerbröckelt; und diese Weinschläuche waren neu, als wir sie füllten, und siehe, sie sind zerrissen; und diese unsere Kleider und Schuhe sind alt geworden über der sehr langen Reise.“ (Josua 9,12f)

Zur Erinnerung, „Differenzierter Konsens“ heißt: Zunächst werden die unterschiedlichen konfessionellen Positionen je für sich dargestellt, dann das, was man aufgrund des Dialoges gemeinsam verantwortet sagen kann. Zugleich wird aufgezeigt, wo überhaupt Übereinstimmung angestrebt werden muss, wo Unterschiede die Gemeinschaft im Glauben nicht betreffen und wo immer noch Grenzen liegen. Die klassische Ausprägung dieses Verfahrens liegt uns bislang in der „Gemeinsamen Erklärung zur Rechtfertigung“ vor. Seitdem hat diese Methode aber eben auch von evangelischer und katholischer Seite manche Kritik erfahren. Darüber habe ich bereits mehrfach berichtet. Auf beiden Seiten gibt es Befürchtungen, die jeweils eigene Position sei nicht umfassend und kräftig genug vertreten worden, um zu solch einem Konsens zu kommen. Und wo man ein Lehrstück in einer Kommission neu zu formulieren versucht hat, kam der Protest mitunter von beiden Seiten zugleich, weil Substanzminderung befürchtet wurde. Sind unsere ökumenischen Methoden also inzwischen alt und zerrissen, uns unter der Hand zerbröckelt und unbrauchbar geworden für die realen Beziehungen zwischen den Kirchen?

2.2 Das Forschungsprojekt „Grund und Gegenstand des Glaubens“

Im April diesen Jahres trat nun ein Forscherkreis an die Öffentlichkeit, der für sich reklamiert, eine neuartige Zielsetzung und innovative Methode in die ökumenische Debatte einbringen zu können. Mit der offiziellen Vorstellung des Buches „Grund und Gegenstand des Glaubens nach römisch-katholischer und evangelisch-lutherischer Lehre“ [18] ging nach sieben Jahren die erste Etappe eines lutherisch/römisch-katholischen Forschungsprojektes zu Ende, das sofort große ökumenische Aufmerksamkeit, aber auch kritische Rückfragen erfahren hat. Eine Studiengruppe der Evangelisch-Theologischen Fakultät Tübingen und der Päpstlichen Lateran-Universität Rom unter der Leitung der Professoren Eilert Herms und Giuseppe Lorizio hatte

18 Eine Einführung in das Projekt bietet Nüssel, Friederike, Glaubensgegenstand und Glaubenslehre. Zur Dynamik der Lehrentwicklung und Lehrverständigung in der Geschichte des Christentums, in: Materialdienst des Konfessionskundlichen Instituts Bensheim 59 (2008), 89–93

sich der Aufgabe verschrieben, die heute gültigen Lehrdokumente, d. h. die maßgeblichen und verpflichtenden Texte unser beider Kirchen unter dem Gesichtspunkt ihres Gegenstandsbezuges zu untersuchen. Die Arbeitsgruppe sieht sich von der Überzeugung getragen, dass der Partner sich auf dieselbe Wirklichkeit beziehe wie man selbst, nämlich auf die Offenbarung der Wahrheit Gottes. Diese „res" des Glaubens sei jedoch keinesfalls identisch mit den Zeugnisgestalten des Glaubens, sondern vielmehr das dynamische Fundament des Glaubens, welches wiederum die Dynamik von Lehrentwicklung und Lehrverständigung bestimmt. Nach Meinung der Beteiligten ist es das Ziel des Projektes, eine vertiefte Erfassung der eigenen Konstruktionsprinzipien jeder der beiden Lehrtraditionen anzustreben, um so den Erschließungsprozess der göttlichen Wahrheit besser zu verstehen. Es müsse möglich sein, beide Traditionen auf denselben dynamischen Gegenstand bezogen und in diesem Sinne als wahre Gestalten des Glaubenszeugnisses zu verstehen. Daher wollte man sich der Herausforderung stellen, konsequent die Positionen des Partners von innen heraus nachzuvollziehen. Ein Akt „methodischer Empathie" wird dies im Vorwort des Buches genannt: „Evangelische Köpfe versuchen einmal, nicht nur konsequent evangelisch, sondern auch konsequent römisch-katholisch zu denken"[19] und umgekehrt. Bewusst will das Projekt weder eine gemeinsame ökumenische Fundamentaltheologie noch einen eigenen Dialog in Konkurrenz zu anderen anstreben.

Es lässt aufhorchen, wenn evangelische Kritiker wie Eilert Herms der „Gemeinsamen Erklärung" und ihrer Methodik sich so deutlich zu Wort melden. Insofern habe ich mich über die Gelegenheit gefreut, Grußworte der VELKD bei der Buchpräsentation in Tübingen und Rom zu entrichten und dabei mehr über das Projekt zu erfahren. Ungewöhnlich war, dass die Ergebnisse nicht nur vor dem Forum der Wissenschaft präsentiert wurden, sondern eben auch eine offizielle kirchliche Präsenz bei der Vorstellung und den sich anschließenden Diskussionen vorgesehen war. Damit nicht die geringste Spur eines Verdachtes aufkommen konnte, dass die Kirche Ergebnisse wissenschaftlicher Arbeit kommentiert, bevor diese überhaupt in kleineren Arbeitsgruppen diskutiert worden sind, waren meine Grußworte vom Tenor des Dankes für die Arbeit bestimmt. Ich dankte den beteiligten Professoren, dass sie das Wagnis des Dialogs auf sich genommen haben und konstruktiv beieinander geblieben sind in einer Zeit, in der so viel von

19 Herms, Eilert/Žak, Lubomir, Grund und Gegenstand des Glaubens nach römisch-katholischer und evangelisch-lutherischer Lehre, Tübingen 2008, XV

Stagnation des Dialogs zwischen evangelischer und katholischer Kirche die Rede ist.

2.3 Gegenseitiges und Gemeinsames Verstehen

Doch wie ist das Projekt zu bewerten? Gerade katholischerseits kam es zu durchaus deutlichen Rückfragen. Wiederholt wurde bemängelt, dass das Unterfangen sowohl an den zuständigen Ansprechpartnern im Vatikan als auch an der katholischen Kirche und den katholischen Ökumenikern in Deutschland vorbeilief. Außerdem wird befürchtet, dass ein ökumenischer Perspektivenwechsel eingeleitet wird, da es eben nicht mehr um eine Konvergenz der beiden Lehrtraditionen geht sondern nur darum, die jeweils unterschiedlichen Konstruktionsprinzipien empathisch zu erfassen, was – so die Kritik – auf eine theologische Fundierung der sogenannten Differenzökumene hinausläuft. [20]

Methodische Empathie tut der Ökumene sicherlich gut. Der eine Gesprächspartner wird zum Interpreten der Lehre des jeweils anderen. Ohne Interesse am Gegenüber und ohne wohlwollende Wahrnehmung des anderen ist Verstehen gar nicht möglich. Und so mag es in der Tat sinnvoll sein, nicht gleich nach der gemeinsamen Sprache, nach dem gemeinsamen Konsens, nach dem Entwurf einer gemeinsamen Fundamentaltheologie zu suchen, sondern zunächst einmal den ökumenischen Partner sorgfältig wahrzunehmen und seine methodischen Voraussetzungen zu verstehen. In der ökumenisch-theologischen Wissenschaft geht es vor allem anderen darum, den anderen in seinen spezifischen Prägungen und mit seinen besonderen Merkmalen wahrzunehmen und ihn in den Motiven seines Anders-Seins und Anders-*Handelns* zu verstehen.

Doch ist dieser Ansatz eigentlich wirklich so innovativ? Er verbindet das Projekt nicht zuletzt mit dem Bemühen vieler anderer Theologen, die auch zunächst einmal den ökumenischen Partner sorgfältig wahrgenommen haben. Ich erwähne hier nur die Arbeit Hans Küngs über die Rechtfertigung bei Karl Barth und im Konzil zu Trient. Sie war mir, dem evangelischen Theologen, hilfreich beim Verständnis des großen Themas Rechtfertigung. Ebenso werden erfahrene Ökumeniker sicherlich bestätigen, dass methodische Empathie eine lang eingeübte Selbstverständlichkeit im ökumenischen Bestreben ist. Die bilateralen Konsensdialoge haben immer erst

20 So z. B Wolfgang Thönnissen. Siehe KNA-ÖKI 16/2008, 5f

einmal versucht, die Position des anderen vorurteilsfrei und sorgfältig kennenzulernen.

Dieser Akt des Verstehens ist darum so wichtig, weil in dem Moment, in dem ich beginne zu verstehen, der Grad der Fremdheit schon abzunehmen beginnt. Das, was ich verstehe, wird mir vertraut, wird Teil von mir selbst. Und wenn ich es dann noch formulieren muss, bin ich trotz vorhandener Differenzen ganz nahe bei meinem Partner. So sagen es jedenfalls neuere Ansätze der Hermeneutik, die das Subjekt und das Objekt des Verstehens aus heuristischem Grund noch unterscheiden, aber nicht mehr voneinander trennen mögen.

Doch gleichzeitig sollten und können wir beim gegenseitigen Verstehen nicht stehen bleiben. Vielmehr ist dies der erste Schritt zum gemeinsamen Verstehen. Letzteres sieht das Projekt zwar nicht als seine Aufgabe an. Wenn es aber nicht zumindest offen für den zweiten Schritt sein sollte, wäre Kritik in der Tat berechtigt. Wir dürfen die Suche nach gemeinsam verantworteten Aussagen des Glaubens nicht aufgeben! Denn Glaube ist ohne die Gemeinschaft der Glaubenden nicht lebbar. Und diese schließt durchaus die in Lehrgesprächen gesuchte Verständigung über den gemeinsamen Glauben ein. Bleibt dies im Blick, könnte die Gemeinschaftsproduktion der beiden beteiligten Universitäten auch die ökumenisch weiterhin wichtige Schiene des differenzierten Lehrkonsenses bereichern und voranbringen. Das profunde Verstehen der Denkvoraussetzungen und der fundamentaltheologischen Position des Gegenübers ermöglicht einen gemeinsam verantworteten und gemeinsam zur Sprache gebrachten Konsens, der zugleich seine Grenzen thematisiert und aufzeigt, wo überhaupt Übereinstimmung angestrebt werden muss, also einen Konsens, der die je eigenen konfessionellen Identitäten nicht verleugnet und zudem deutlich macht, inwieweit unterschiedliche Sprach- und Denktraditionen die Gemeinschaft im Glauben nicht tangieren; wir brauchen ein Konsens, der die Gemeinschaft der Kirchen mit Jesus Christus und untereinander stärkt.

3. Kontinuität in der Gesprächsökumene

Es ist hoffentlich deutlich geworden, dass ich trotz nicht zu leugnender Probleme die Konsensökumene für weiterhin nötig und hilfreich halte. Neuen Entwicklungen und Erträgen möchte ich mich nun in einem dritten großen Abschnitt dieses Berichtes zuwenden.

„Können etwa zwei miteinander wandern, sie seien denn einig untereinander?“ (Amos 3,3)

3.1 Bilaterale Arbeitsgruppe

Bleiben wir zunächst in Deutschland. Hier führen Lutheraner und Katholiken seit über 30 Jahren offizielle, theologische Gespräche. Bevor ich auf die neuesten Entwicklungen zu sprechen komme, sei zunächst zur Erinnerung ein kurzer Rückblick gestattet:

Im Jahre 1976 wurde die erste gemeinsame Arbeitsgruppe von der römisch-katholischen Deutschen Bischofskonferenz und der Kirchenleitung der VELKD eingesetzt. Diese Kommission veröffentlichte 1984 das Studiendokument „Kirchengemeinschaft in Wort und Sakrament“. Im Jahre 1987 setzte die Zweite Bilaterale Arbeitsgruppe den nationalen katholisch-lutherischen Dialogprozess fort. Am 4. September 2000 wurde das Ergebnis der Arbeit – das Studiendokument „Communio Sanctorum“ – von Präsident Friedrich-Otto Scharbau und Bischof Paul-Werner Scheele der Öffentlichkeit vorgestellt. Präsident Scharbau wies damals darauf hin, dass das Dokument nicht auf Zustimmung kirchlicher Organe angelegt sei, sondern auf eine breite Diskussion, „[…] die zu gegebener Zeit dann zu einem Votum der Kirchenleitung der VELKD und entsprechend der katholischen Bischofskonferenz zusammengefasst werden wird“.

Die Aufnahme von „Communio Sanctorum“ in der kirchlichen und wissenschaftlichen Öffentlichkeit wurde entscheidend durch die Veröffentlichung von „Dominus Iesus“ durch die römische Kongregation für die Glaubenslehre am 5. September 2000 beeinflusst. So entstanden schwierige hermeneutische Voraussetzungen für den Rezeptionsprozess von „Communio Sanctorum“, die sich auch in den evangelischen Stellungnahmen widerspiegeln. Zwischen 2001 und 2005 entstanden gut 20 solcher Stellungnahmen. Sie stammen u. a. von den Ausschüssen der VELKD, von theologischen Ausbildungseinrichtungen, von Ökumenereferaten einzelner Landeskirchen oder von einzelnen Universitätstheologen. Die evangelischen Stellungnahmen fielen zum Teil recht unterschiedlich aus. Insgesamt überwog jedoch die Skepsis deutlich gegenüber den positiven Würdigungen. Dankenswerterweise hat sich Frau Professorin Friederike Nüssel aus Heidelberg bereiterklärt, diese Stellungnahmen zu sichten und den Ertrag der Diskussion darzustellen. Diese Untersuchung von Professorin Nüssel liegt nun vor und ich hoffe, dass sich die Kirchenleitung der VELKD demnächst damit befassen wird, um so die Arbeit der Zweiten Bilateralen Arbeitsgruppe einem Abschluss zuzuführen.

Zeitgleich zu dem sich abzeichnenden Ende dieser Arbeitsphase gibt es einen Neuaufbruch: Zu Beginn dieses Jahres sah die Kirchenleitung der

VELKD die Zeit gegeben, das Gespräch mit dem Vorsitzenden der Ökumene-Kommission der römisch-katholischen Deutschen Bischofskonferenz, Bischof Dr. Gerhard Ludwig Müller, zu suchen mit dem Ziel, die Lehrgespräche zwischen VELKD und Bischofskonferenz wieder aufzunehmen und eine dritte bilaterale Arbeitsgruppe zu berufen und zu beauftragen. Ein erstes Spitzengespräch zwischen VELKD und römisch-katholischer Deutscher Bischofskonferenz fand im Mai 2007 statt; danach traf sich eine kleine Vorbereitungsgruppe, um den kirchenleitenden Gremien einen Themenvorschlag zu unterbreiten. Am 5. September 2008 hat nun die Kirchenleitung VELKD zu meiner großen Freude die Berufung und Beauftragung der dritten bilateralen Arbeitsgruppe zwischen der römisch-katholischen DBK und der VELKD beschlossen. Und auch die Vollversammlung der Deutschen Bischofskonferenz traf auf ihrer Herbstsitzung Ende letzten Monats in Fulda einen entsprechenden Beschluss.

Die neue Dialogrunde wird sich mit dem Thema „Gott und die Würde des Menschen" beschäftigen. Wie in meinem Bericht bereits deutlich wurde, haben sich in den letzten Jahren neben den traditionellen dogmatischen und kontroverstheologischen Differenzen aufgrund der gesellschaftlichen Herausforderungen neue Fragen in den Vordergrund geschoben. Die einstige Hoffnung, klassische dogmatische Fragen mit Hilfe einer ethischen Verständigung überwinden zu können, ist in letzter Zeit mehr und mehr der Erkenntnis gewichen, wie eng die eine Fragestellung mit der anderen zusammenhängt. Im Umgang mit der Stammzellenproblematik sind viele Menschen davon ausgegangen, dass wir uns sehr nahe sind. Und nun ist dem vielleicht gar nicht so. Dass wir darüber so überrascht sind, mag daran liegen, dass wir die anthropologischen Grundlagen nie diskutiert haben. Schon zu Beginn des 19. Jahrhunderts hatte übrigens der katholische Theologe Johann Adam Möhler bemerkt, dass die Differenzen zwischen den Konfessionen vor allem in der anthropologischen Fragestellung zu suchen seien. Vielfach ist man diesem Hinweis nachgegangen, doch bisher ist eine gründliche Untersuchung noch nicht angegangen worden. Der Arbeitsauftrag an die Arbeitsgruppe, sich des Themas „Gott und die Würde des Menschen" anzunehmen, soll hierzu einen Beitrag leisten. Es wird vorgeschlagen, die biblischen Perspektiven zum Thema „Der Mensch als Geschöpf Gottes" herauszuarbeiten. Unter dem Stichwort „Der Mensch vor Gott" soll die kontroverstheologische Frage nach Ursünde und Erbsünde erneut aufgegriffen werden. Schließlich gilt es, anthropologische Zentralthemen wie z. B. „Leib, Seele, Geist", „Mann und Frau", „Der Mensch als Person" oder „Freiheit und Verantwortung" zu untersuchen.

„Können etwa zwei miteinander wandern, sie seien denn einig untereinander?“ (Amos 3,3)

Eine kurze Nebenbemerkung: Nächstes Jahr begehen wie den 10. Jahrestag der Unterzeichnung der „Gemeinsame(n) Erklärung zur Rechtfertigungslehre“ und ich bin mir sicher, dass es darüber im Catholica-Bericht 2009 zu referieren gilt. In der Debatte um die „Gemeinsame Erklärung“ wurde manchmal skeptisch gefragt, was ein Konsens in der Rechtfertigungslehre bringe, wenn keine Einigkeit im Menschen- und Sündenverständnis bestehe. Ich hoffe, die neue Gesprächsrunde kann auch hier einen weiteren Beitrag zur Annäherung leisten.

Insgesamt wird an dem Themenvorschlag deutlich, dass im Zentrum der Kommissionsarbeit also nicht ethische, sondern theologische Grundsatzfragen stehen. Doch die Bearbeitung dieser theologischen Fragen geschieht natürlich in dem Wissen, dass sich die Kirchen in Deutschland auch weiterhin in strittigen gesellschaftlichen Fragen über eine gemeinsame Position verständigen wollen. Dass eine solche Verständigung nur auf der Basis einer gründlichen theologischen Auseinandersetzung gelingen kann, ist ebenfalls zu nicht geringen Teilen die Frucht des bisherigen ökumenischen Dialogs; und dieser soll nun weiter vertieft werden.

Denn es besteht zwischen der VELKD und der Deutschen Bischofskonferenz darüber Einigkeit, dass trotz der inzwischen wieder stärker gewordenen Tendenz zur gegenseitigen Abgrenzung auch an dem Ziel, der Kirche Jesu Christi sichtbar Ausdruck zu verleihen, festgehalten werden soll. Von daher wollen die beteiligten Kirchen die Herausforderung annehmen, um in einer bisher sehr kontroversen Diskussionslage eine Klärung der strittigen Fragen voranzutreiben.

Schließlich ist es mir noch wichtig, darauf hinzuweisen, dass der Arbeitsauftrag an die Kommission auch die Bitte umfasst, sich erneut der hermeneutischen Fragen des ökumenischen Dialogs zu vergewissern. Wie wichtig dies ist, hat der vorherige Abschnitt gezeigt. Daher bin ich sehr froh, dass nun ein geeigneter Ort für solch eine hermeneutische Reflexion gefunden wurde.

Insgesamt freue ich mich schon sehr darauf, dieser bilateralen Arbeitsgruppe als lutherischer „Co-Vorsitzender“ vorzustehen und die insgesamt vierzehn Kommissionsmitglieder aus beiden Kirchen genauer kennenzulernen.

3.2 Die römisch-katholische Kirche im Dialog auf Weltebene

Auch auf der Weltebene führen Lutheraner und Katholiken seit vielen Jahren Gespräche und zwar verantwortet durch den Lutherischen Weltbund

und den päpstlichen Einheitsrat. Auf das 2006 fertiggestellte Studiendokument „Die Apostolizität der Kirche“ dieser gemeinsamen Kommission für die Einheit hatte ich bereits letztes Jahr ganz kurz verwiesen. Leider hat sich die Veröffentlichung der deutschen Fassung sehr verzögert, so dass der deutsche Text immer noch nicht offiziell vorliegt. Wie üblich in solchen Situationen hat der Lutherische Weltbund seine Mitgliedskirchen aufgefordert, das Dokument zu studieren. Daher hat das Deutsche Nationalkomitee des Lutherischen Weltbundes inzwischen den Ökumenischen Studienausschuss des DNK und der VELKD beauftragt, federführend für die anderen Ausschüsse der VELKD eine Stellungnahme zu diesem Dokument zu erarbeiten. Ohne deren Ergebnisse vorwegnehmen zu wollen ist m.E. bereits jetzt klar, dass die umfangreiche Studie einen wichtigen Beitrag für die ökumenisch zentrale Frage leistet, wie wir die Kirche und ihre bleibenden Grundlagen verstehen und wie wir als Kirche in Kontinuität zu unseren Ursprüngen leben können. Indem „Apostolizität“ als Dreh- und Angelpunkt der Überlegungen gewählt wurde, eröffnet das Dokument nochmals neue Perspektiven für die so schwierige Debatte um das kirchliche Amt. Ich bin mir sicher, dass sich gerade hier erfolgversprechende Verbindungen herstellen lassen zur aktuellen Diskussion innerhalb des Lutherischen Weltbundes, der im März letzten Jahres sein Studiendokument „Das bischöfliche Amt im Rahmen der Apostolizität der Kirche“ verabschiedet hat. Erfreulicherweise knüpft die Studie wiederholt an die Ergebnisse der „Gemeinsame(n) Erklärung zur Rechtfertigungslehre“ an. Sowohl die Methode der „Gemeinsame(n) Erklärung“ als auch inhaltliche Aussagen werden aufgegriffen. Damit wird die besondere Autorität dieses bislang einzigen von Genf und Rom offiziell rezipierten Textes genutzt. Insgesamt hoffe ich, dass die Apostolizitätsstudie weltweit intensiv studiert wird und so die ökumenischen Beratungen voranbringen wird.

Inzwischen hat der Rat des Lutherischen Weltbundes auf seiner letzten Tagung in Arusha, Tansania, eine neue Runde der beiderseitigen Gespräche beschlossen. Zum einen soll ein Text zum Reformationsjubiläum 2017 entstehen, zum anderen am Thema „Taufe und das Wachsen in Gemeinschaft“ gearbeitet werden.

Schließlich sei noch erwähnt, dass Rom natürlich auch mit anderen weltweiten Konfessionsfamilien bilaterale Gespräche führt. Zu nennen sind u. a. die anglikanische Gemeinschaft, der reformierte und der methodistische Weltbund und vor allem natürlich die Orthodoxie. Dieser theologische Dialog mit den Orthodoxen Kirchen war jedoch lange Zeit unterbrochen, da mit der Wiederzulassung der mit Rom unierten Kirchen des byzantinischen Ritus in der Ukraine und Rumänien in den 90er Jahren des letzten Jahrhunderts zunächst die Themen „Uniatismus" und „Proselytismus" zu besprechen waren. Die orthodoxen Kirchen kritisieren, dass die römisch-katholische Kirche mit Hilfe der Unierten ihren Einflussbereich auszuweiten versuche. Erst im Jahre 2006 konnte der reguläre Dialog wieder aufgenommen werden und im Oktober letzten Jahres wurde die sogenannte Ravenna-Erklärung verabschiedet. Sie trägt den Titel „Kirchliche und kanonische Konsequenzen der sakramentalen Natur der Kirche" und behandelt das Kirchenverständnis unter den Gesichtspunkten „Konziliarität" und „Autorität".[21] Der Text wurde von katholischer Seite als ein wichtiger Fortschritt begrüßt. Nach Ansicht von Kardinal Kasper haben erstmals „[…] die orthodoxen Gesprächsteilnehmer eine universale Ebene der Kirche anerkannt; und sie haben gleichzeitig anerkannt, dass es auch auf dieser universalen Ebene einen ‚Protos,' einen Primas gibt, der nach der altkirchlichen Taxis nur der Bischof von Rom sein kann."[22] Zugleich wurde aber auch deutlich, dass der Weg der orthodox/römisch-katholischen Annäherung auch weiterhin kein einfacher sein wird. Das Ravenna-Treffen wurde von der vorzeitigen Abreise der russisch-orthodoxen Delegation aufgrund von innerorthodoxen Differenzen überschattet. Das russische Patriarchat äußerte zudem Bedenken, dass der Text Behauptungen beinhalte, die nicht auf der historischen Wahrheit gründeten.[23]

4. Abschied und Neuanfang

4.1 Wechsel an der Spitze der römisch-katholischen Deutschen Bischofskonferenz

„Übergänge" ist eines der Themen dieses Berichtes. Auch im personellen Bereich gab es dieses Jahr einen wichtigen Übergang. Mitte Januar gab der Bischof von Mainz, Dr. Karl Kardinal Lehmann, seinen Rücktritt vom Amt des Vorsitzenden der römisch-katholischen Deutschen Bischofskonferenz bekannt. Wir haben diese Mitteilung mit Bedauern, aber natürlich auch

21 Der Text ist z. B. abgedruckt in: Orthodoxes Forum 22 (2008), 89–99

22 Siehe: Beratungen über die Ökumene mit Papst Benedikt XVI. und den Kardinälen. Informationen und Reflexionen von Kardinal Walter Kasper. Freitag, 23. November 2007, www.vatican.va/roman_curia/pontifical_councils/chrstuni/card-kasper-docs/rc_pc_chrstuni_doc_20071123_dialogo-ecumenico_ge.html

23 Siehe auch die kritische Einschätzung von Hilarion Alfeyev, russisch-orthodoxer Bischof von Wien und Österreich in: Europaica 140 vom 19. Februar 2008

mit Verständnis und vor allem in großer Dankbarkeit für seinen Dienst zur Kenntnis genommen. Das Bedauern der VELKD war zum einen in der Sorge um seine Gesundheit begründet, zum anderen ist es ein Ausdruck der großen Wertschätzung, die Kardinal Lehmann in unseren Kirchen genießt.

Immer wieder durften wir erleben, wie er den im Zweiten Vatikanischen Konzil aufgebrochenen Geist lebendig erhält und ihn an die Gesprächspartner und an die nachfolgende Generation zu vermitteln bemüht ist. In diesem Geist hat er viele Dinge auf den Weg gebracht, die gegenwärtig als selbstverständlich im Miteinander der Kirchen gelten und praktiziert werden; das darf nicht vergessen werden. Kardinal Lehmann ist von Anbeginn ein Mann des Dialogs. Er weiß, dass die Verständigung in Lehrfragen allein nicht ausreicht, um die Kirchen zu vertiefter Gemeinschaft zusammenzuführen. Aber er kennt auch den Stellenwert, den Differenzen in der Lehre für die Trennung der Kirchen haben. Deshalb hat er sich nun schon seit nahezu 40 Jahren dem theologischen Lehrgespräch verpflichtet gefühlt und weiß das Instrument des Dialogs trefflich zu handhaben. Die Arbeit des „Ökumenischen Arbeitskreises evangelischer und katholischer Theologen" wurde und wird ganz maßgeblich von ihm geprägt. Dabei ist vor allem an die Studie „Lehrverurteilungen – kirchentrennend?" zu denken.

Daneben war Kardinal Lehmann u. a. am internationalen Dialog des Lutherischen Weltbundes und des „Päpstlichen Rates zur Förderung der Einheit der Christen" beteiligt und hat auch die bereits erwähnten bilateralen Lehrgespräche zwischen seiner Bischofskonferenz und der Kirchenleitung der VELKD mit Interesse begleitet, gefördert und vertreten. Dankbar erinnert sich die VELKD nicht zuletzt daran, in welcher Weise Kardinal Lehmann um das Gelingen und die Akzeptanz der „Gemeinsame(n) Erklärung zur Rechtfertigungslehre" bemüht war. Seine Beiträge haben in den aufgeregten Auseinandersetzungen wesentlich dazu beigetragen, die Diskussion zu versachlichen, aber ebenso auch die Erwartungen, die von vielen Christen auf beiden Seiten mit der Bestätigung dieser Erklärung am 31. Oktober 1999 in Augsburg verbunden worden sind, erfüllt.

Ich darf noch hinzufügen, dass ich Karl Kardinal Lehmann ganz persönlich für das geschwisterliche Miteinander in den sich überschneidenden gemeinsamen Dienstjahren in Rheinhessen danke. Ich durfte immer wieder erleben, mit welcher Zuversicht er die ökumenische Bewegung vorangebracht hat. Kurz nach der Bekanntgabe seines Rücktritts wurde mir dies bei der Feier der ökumenischen Vesper zur Eröffnung der diesjährigen Gebetswoche für die Einheit der Christen, die wir im Mainzer Dom gemeinsam vorgenommen haben, einmal mehr deutlich.

So sehr wir also den Abschied von Kardinal Lehmann bedauern, freuen wir uns doch auch über die Wahl seines Nachfolgers im Amt des Vorsitzenden. Erzbischof Dr. Robert Zollitsch wurde am 12. Februar von der Vollversammlung der DBK für sechs Jahre gewählt. Er gilt als erfahrener Bischof eines großen Erzbistums und hat mit großem Organisationstalent Strukturreformen im Freiburger Bistum vorangetrieben, die heute für viele Diözesen als vorbildlich gelten. Ein „Seelsorgebischof" wird er genannt, der gut zuhören kann.

Nach der Wahl beschrieb der neue Vorsitzende sein Verhältnis zum bisherigen: Wir sind uns theologisch und menschlich so nah, dass es schwer sein wird, Unterschiede zu erkennen. Der hier bekundete Wille zur Kontinuität wird sich sicherlich auch in den ökumenischen Beziehungen erweisen. So hat dann auch Erzbischof Zollitsch erfreulicherweise gleich in einem seiner ersten Fernsehinterviews der ökumenischen Zusammenarbeit oberste Priorität eingeräumt. In seiner Diözese und in der DBK ist Erzbischof Zollitsch als konsensorientierter Vermittler geschätzt, was in der Ökumene von großem Nutzen ist. Die gute und vertrauensvolle ökumenische Zusammenarbeit im Südwesten ist bereits ein Beleg dafür.

Uns evangelische Christinnen und Christen ließ Erzbischof Zollitsch gleich zu Beginn seiner Amtszeit aufhorchen, als er öffentlich über den Zölibat nachdachte, sich gegen Denkverbote wandte und es für „theologisch nicht notwendig" hielt, dass Priester ehelos leben. [24] Allerdings würdigte er zugleich die Ehelosigkeit von Priestern als hohes Gut und hat auch darauf aufmerksam gemacht, dass solch eine Entscheidung nur durch ein Konzil möglich wäre.

Im gleichen Interview stellte Erzbischof Zollitsch ebenfalls klar, dass er auch im Verständnis des Kircheseins der evangelischen Kirchen die Linie Kardinal Lehmanns fortschreibt: Die evangelische Kirche sei Kirche, wenn auch in einem anderen Sinne. „Ich kann ihr das nicht absprechen" – so Zollitsch. [25] Ich bin gespannt darauf, wie der Erzbischof seine ökumenischen Überzeugungen in den nächsten fünf Jahren präzisieren wird und freue mich auf die weitere vertrauensvolle Zusammenarbeit zwischen der römisch-katholischen Bischofskonferenz und der VELKD.

24 Siehe Spiegelinterview vom 18. Februar 2008, 54–56
25 Ebd.

4.2 Neubesetzung des Catholica-Referates der VELKD

Unter dem Stichwort Personalia möchte ich kurz einen weiteren Wechsel erwähnen. Am 15. Februar 2008 hat OKR Dr. Oliver Schuegraf als Referent für Ökumenische Grundsatzfragen und Catholica im Amt der VELKD seine Arbeit aufgenommen. Zu seinen bisherigen beruflichen Stationen gehörte u.a. die Tätigkeit als Studierendenseelsorger an der Universität Coventry, England, und zeitgleich als Koordinator der internationalen Nagelkreuzgemeinschaft am Versöhnungszentrum der Kathedrale von Coventry. Zuletzt war er Pfarrer im fränkischen Feuchtwangen. Mit dem Dienstantritt von Herrn Schuegraf geht eine längere Vakanzzeit im Catholica-Referat der VELKD zu Ende; ich bedanke mich daher ganz herzlich bei all jenen Referenten des Amtes, die in dieser Zeit die Aufgaben des Referats mitübernommen haben.

5. Altbewährte Klassiker

Von Altbewährtem möchte ich in meinem letzten Abschnitt berichten, von Feldern der Zusammenarbeit, die über die vielen Jahre zu Klassikern des gemeinsamen Lebens mit der römisch-katholischen Kirche geworden sind. Bewährte Institutionen, die auch weiter gepflegt werden sollten. Um nochmals ein Bibelzitat zu verwenden: „Und niemand, der vom alten Wein trinkt, will neuen; denn er spricht: Der alte ist milder" (Lukas 5,39).

5.1 Ökumenischer Studienkurs

Zunächst möchte ich auf den Ökumenischen Studienkurs verweisen, der seit vielen Jahren im Zwei-Jahres-Rhythmus unter der Verantwortung der römisch-katholischen Bischofskonferenz und der Kirchenleitung der VELKD durchgeführt wird und sich an interessierte evangelische Pfarrerinnen und Pfarrer sowie römisch-katholische Priester und Mitarbeitende im Pastoralreferentendienst wendet. In diesem Jahr fand der Kurs vom 15.–21. Juni in Pullach statt unter dem Thema „Gott denken, von Gott reden heute – Die Gottesfrage, philosophisch und theologisch diskutiert im ökumenischen Kontext".

In Vorträgen wurde das Thema philosophisch, biblisch-exegetisch, systematisch-theologisch und praktisch-theologisch von lutherischen und römisch-katholischen Theologinnen und Theologen beleuchtet. Vor allem aber stand immer wieder auch der persönliche Austausch im Vordergrund. Es wurde u. a. der Frage nachgegangen, ob die in der Ökumene diskutierten Unterschiede vielleicht weniger theologischer als vielmehr philosophischer Natur sind. Auch gab es Gelegenheit zu überlegen, wie man heute im Pfarralltag und im Religionsunterricht glaubwürdig von Gott reden kann. Ein Höhepunkt war sicherlich der Besuch des Leitenden Bischofs der VELKD, Dr. Johannes Friedrich, und des Erzbischofs von München und Freising, Dr. Reinhard Marx, im Studienkurs.

5.2 Katholikentag 2008 in Osnabrück

Ein zweiter Punkt: Wie bereits vor zwei Jahren in Saarbrücken bin ich auch dieses Jahr gerne der Einladung zur Teilnahme am Katholikentag in Osnabrück gefolgt.

Unter anderem war ich zu einer Podiumsveranstaltung mit Bischof Gerhard Ludwig Müller, dem Vorsitzende der Ökumenekommission der römisch-katholischen Deutschen Bischofskonferenz, Frau Barbara Rudolph von der Arbeitsgemeinschaft Christlicher Kirchen und Herr Arnd Brummer von der Zeitschrift Chrismon gebeten worden. „Ziellose Ökumene: Welche Einheit suchen wir – welche Ökumene wollen wir?“ lautete die Veranstaltung. Offenbar ist inzwischen die Frage nach der Krise der Ökumene auch schon ein ökumenischer Klassiker, denn bereits zwei Jahre zuvor in Saarbrücken nahm ich an einer Diskussion mit ganz ähnlichem Titel teil.

In meinem Impulsreferat[26] habe ich zunächst nochmals die ökumenische Methode des differenzierten Konsenses und das neue Konzept von der „Ökumene der Profile“ dargestellt. Anschließend habe ich das Einheitsmodell vorgestellt, für das sich der Lutherische Weltbund und die Vereinigte Evangelisch-Lutherischen Kirche Deutschlands stark machen, nämlich das Konzept einer Gemeinschaft in versöhnter Verschiedenheit. Ziel der Ökumene ist für uns „[...] die Erklärung und Praktizierung von Kirchengemeinschaft auf der Basis und unter der Voraussetzung der von Gott gewirkten ‚wahren Einigkeit‘ der Kirche, die im gemeinsamen schriftgemäßen Verständnis des Evangeliums gegeben ist.“[27] Meine einführenden Worte habe ich abgeschlossen mit dem Hinweis, dass Ökumene jedoch

26 Weber, Friedrich, Ziellose Ökumene?, in KNA-ÖKI 24/2008, 4ff

27 Ökumene nach evangelisch-lutherischem Verständnis. Positionspapier der Kirchenleitung der VELKD, Hannover 2004 (Texte aus der VELKD 123), § 3.2a

noch so viel mehr ist als die nicht immer leichte Suche nach der Einheit der Kirche. So viel wurde erreicht in den letzten Jahrzehnten: Ökumene ist gegenseitige Achtung statt Misstrauen und Feindschaft; sie ist praktische Zusammenarbeit und Rücknahme von Verurteilungen. Ökumene ist aber auch erfahrene Gemeinschaft unter Christinnen und Christen jenseits aller erreichten oder noch nicht erreichten Konsense; sie ist die intuitive Erfahrung, dass in den Gottesdiensten und Versammlungen der anderen Konfessionen Christus präsent ist.

Auch Bischof Müller wandte sich gegen das Gerede von einer vermeintlichen Eiszeit in der Ökumene und verwies darauf, dass wir Christen und Christinnen in der Tiefe verbunden seien, so dass wir auch das Trennende aushalten könnten. Allerdings warnte er vor Oberflächlichkeiten im ökumenischen Gespräch. Seiner Meinung nach sei der Relativismus der öffentlichen Meinung gegenüber der Wahrheitsfrage für das Haus der Ökumene ein rutschiger Boden. Statt einem „romantischen Einheitsgefühl" anzuhängen, sollten wir Christen nach dem tieferen Grund suchen, auf dem wir gemeinsam stehen. Mein Amtsbruder rief Katholiken, Protestanten und Orthodoxe auf, nach einem gemeinsamen dogmatischen Fundament zu suchen. Dieses müsse sorgfältig die je eigene Tradition aufleuchten lassen. Es könne keiner Konfession zugemutet werden, dass sie gegen das eigene Wahrheitsgewissen ihre Sichtweise aufgebe und die gegenteilige Position übernehme.[28]

Ich habe den Osnabrücker Katholikentag unter dem Stichwort „Bewährtes" erwähnt, weil Katholiken- und Kirchentage inzwischen undenkbar sind ohne die intensive Beteiligung von Vertretern der jeweils anderen Kirchen. Dies ist langer und guter Brauch. Und auch Osnabrück hat wieder gezeigt, mit welcher großen Selbstverständlichkeit dieser Brauch heute gepflegt wird. Rückblickend kann man sagen: In den ökumenerelevanten Veranstaltungen des Katholikentages wurde deutlich, dass wir natürlich weiterhin viele Differenzen zu bearbeiten haben, doch dies wollen wir in partnerschaftlicher Zusammenarbeit tun. In Osnabrück gab es dazu viele Gesten des guten Willens. So präsentierten sich katholische, lutherische, reformierte und orthodoxe Kirchenführer nach dem zentralen ökumenischen Gottesdienst gemeinsam auf der Treppe des historischen Osnabrücker Rathauses, also genau dort, wo 1648 nach dem Dreißigjährigen Krieg der Westfälische Frieden verkündet wurde. Zuvor hatten sie gemein-

28 Siehe KNA vom 24. Mai 2008, 18

sam ein Taufgedächtnis gefeiert, indem sie sich Schalen mit gesegnetem Wasser reichten und sich gegenseitig ein Kreuz in die Hand malten.

Nach Einschätzung des Präsidenten des Ökumenischen Kirchentages, Prof. Eckhard Nagel, war bereits in Osnabrück zu spüren, dass der bevorstehende Ökumenische Kirchentag 2010 in München als etwas nahezu Selbstverständliches angesehen werde. Die Konfessionen wüchsen tatsächlich sehr schnell zusammen. Die Menschen spürten, dass es für alle Seiten ein großer Vorteil sei, wenn an der Basis vertrauensvoll miteinander gearbeitet werde, hob der ÖKT-Präsident hervor.[29] So war es denn nur folgerichtig, dass der Osnabrücker Katholikentag mit einer gemeinsamen Einladung von Erzbischof Reinhard Marx und Landesbischof Johannes Friedrich nach München endete. Ich kann mir nur die Worte unseres Leitenden Bischofs auf der Abschlussversammlung zu eigen machen: „Die Welt soll sehen, dass uns mehr eint als trennt“, so Bischof Friedrich in Osnabrück.

5.3 Institut für Ökumenische Forschung in Straßburg

Schließlich möchte ich auf eine weitere bewährte Kooperation hinweisen. Denn die Catholica-Arbeit der VELKD ist seit vielen Jahren eingebettet in den größeren Horizont verschiedener ökumenischer Partner, zu deren Aufgaben ebenfalls der Dialog mit der römisch-katholischen Kirche gehört. Letztes Jahr hatte ich an dieser Stelle auf die gute Zusammenarbeit mit dem Konfessionskundlichen Institut der EKD in Bensheim und mit der Arbeitsgemeinschaft Christlicher Kirchen in Deutschland hingewiesen. Dieses Jahr soll ein weiterer, langjähriger Partner vorgestellt werden: das Institut für Ökumenische Forschung in Straßburg.

Das Institut hat seit seiner Gründung im Jahr 1965 drei Aufgabenbereiche: Erstens die Erforschung von Fragen, die zwischen lutherischen und anderen christlichen Kirchen strittig waren oder strittig sind; zweitens die Beratung und Begleitung der internationalen Dialoge, die der Lutherische Weltbund führt; drittens die ökumenische Kommunikation, also Information über ökumenische Dialoge, Probleme und Prozesse, das Wecken von Interesse und Leidenschaft für die Ökumene. An dieser Aufgabenbeschreibung wird sofort deutlich, dass die Begleitung des lutherischen Dialogs mit der römisch-katholischen Kirche zentrale Bedeutung hat.

29 Siehe KNA vom 27. Mai 2008, 6

So ist das Institut in der Person von Prof. Dr. Theodor Dieter, dem Direktor des Straßburger Instituts, in der internationalen lutherischen/römisch-katholischen Kommission für die Einheit beratend für den Lutherischen Weltbund tätig. Er und seine Kollegen begleiten darüber hinaus auch den anglikanisch-lutherischen, sowie den lutherisch-reformierten Dialog. Schließlich führt das Institut seit drei Jahren einen Dialog mit Theologen der Pfingstbewegung, der sich deutlich von den traditionellen Dialogen unterscheidet. Hauptaufgabe ist es, herauszufinden, worüber und wie und mit welchem Ziel lutherische Theologen mit Vertretern der Pfingstbewegung sprechen können. Man hofft, am Ende dem LWB einen differenzierten Vorschlag für einen offiziellen Dialog machen zu können. Alle Beteiligten sehen diese Gespräche als äußerst fruchtbar und zukunftsweisend an.

Zu den besonderen Aufgaben des Instituts im Zusammenhang mit den Dialogen gehört neben der Erarbeitung von Studien zu bestimmten Spezialfragen, die in den jeweiligen Dialogen auftauchen, die Aufgabe, für die innere Kohärenz der Dialoge mit sehr unterschiedlichen Partnern Sorge zu tragen, denn die lutherischen Dialogteilnehmer sollen nicht mit verschiedenen Partnern mit verschiedenen Zungen sprechen. Hinzu kommt die Aufgabe, Ergebnisse früherer Dialoge in die jeweiligen Gespräche einzubringen, damit das ökumenische Rad nicht immer neu erfunden werden muss sowie die Reflexion der Dialoge. Aus solchen Reflexionen sind die so wichtigen und bereits öfters erwähnten Konzepte „Einheit in versöhnter Verschiedenheit“ oder „differenzierter Konsens“ im Institut entwickelt worden.

Die gemeinsame Forschungsarbeit der Institutsmitglieder gilt gegenwärtig vor allem Fragen der Theologie und der Realisierung von Kirchengemeinschaft, Fragen der Autorität und Verbindlichkeit von Schrift, Bekenntnis und ökumenischen Dokumenten wie auch Grundfragen der ökumenischen Hermeneutik. In regelmäßigen Abständen trifft sich ein internationales Forschungsteam von etwa 20 Fachleuten aus verschiedenen Kirchen und Ländern in dem schönen Schlösschen Klingenthal in der Nähe von Straßburg, um an diesen Themen zu arbeiten. Die Ergebnisse und Einsichten dieser Forschungsarbeit kommen immer wieder auch der Catholica-Arbeit der VELKD zugute. Wiederholt konnten wir auf die Beratung und Unterstützung Straßburgs zurückgreifen. Zudem nimmt Professor Dieter am Catholica-Arbeitskreis der VELKD und des DNK/LWB teil, wofür wir ihm sehr dankbar sind.

„Können etwa zwei miteinander wandern, sie seien denn einig untereinander?“ (Amos 3,3)

6. Ausblick: Wider die Müdigkeit im ökumenischen Gespräch

Unter diesem Titel wurde im Vorjahr eine Aufsatzsammlung zu Ehren von Ulrich Kühn vorgelegt.[30] Die Autoren des Bandes wissen sich trotz aller Müdigkeit in der Ökumene in der Aufgabe verbunden, die Verständigung über Konfessionsgrenzen hinweg zu suchen. In dem Band finden sich die „Katholischen Thesen zur Ökumene“ zum Reformationsfest 2004[31] des römisch-katholischen Magdeburger Bischofs Dr. Gerhard Feige. Er weist darauf hin, dass ökumenisches Denken und Handeln „[...] trotz aller beschwörenden Worte noch keine Selbstverständlichkeit“ ist. Ein Grund dafür könnte der „Mangel an existentieller Betroffenheit“ sein. „[...] Selbstgenügsamkeit und Desinteresse an anderen Christen sind oft die Folge fehlender Erfahrungen. [...] Ökumenisches Engagement bedarf aber sowohl des Verstandes als auch der Gefühle. Wer nur auf eines von beiden setzt, ist manchmal sehr schnell am Ende.“[32]

Feiges Analyse stimmt. Wo finden sich waches Interesse und die geschwisterliche Zuneigung zu den Menschen in den anderen Kirchen? Wo wird das Gespräch zwischen Gemeinden gesucht und zwar über die aus der Not geborenen Frage hinaus, ob man das Gemeindehaus einmal mitbenutzen dürfe? Wo meldet sich die Gemeinschaft der Christen in einer Stadt, wenn es darum geht, auf soziale Verwerfungen wie z. B. Kinderarmut hinzuweisen und gegen sie zu agieren und zu demonstrieren?

Gott sei Dank geschieht genau dies in vielen unserer Gemeinden, in der gemeinsamen theologischen Arbeit, in der Praxis gemeinsamen spirituellen Lebens in Gottesdienst und Feier und im gemeinsamen Dienst zum „Besten der Stadt“.

Besonders im Hinblick auf die gerade begonnene Lutherdekade halte ich es für wichtig, dass wir zeigen: Dieses gemeinsame ökumenische Engagement gehört zu unserem evangelischen Selbstverständnis. Selbstgenügsamkeit und Desinteresse an anderen Christen dürfen keine Kennzeichen der Dekade werden. Sie sollten vielmehr Anlass sein, das festzuhalten, was wir bereits erreicht haben.

---

30 Petzoldt, Matthias, Wider die Müdigkeit im ökumenischen Gespräch, Leipzig 2007
31 Ebd., 184ff
32 Ebd., 185

7. Fazit

Die Ökumene ist müde und hellwach zugleich – wir müssen nur Sorge dafür tragen, dass die gelegentliche Erschöpfung uns nicht dazu verführt, die erreichte Grunderkenntnis zu vergessen, dass das, was uns verbindet, viel stärker ist als das, was uns trennt. Aber wie sollten wir uns das erlauben? Denn es bittet doch der Herr der Kirche, Jesus Christus „[…] für die, die durch ihr Wort an mich glauben werden, damit sie alle eins seien." (Joh 17,20f) Darum, wir können miteinander wandern (Amos 3,3), viel weiter, als wir mitunter meinen, denn wir sind eins in Christus.

Beziehungen vertiefen in einer komplexen ökumenischen Landschaft

Bericht der 11. Generalsynode auf ihrer 2. Tagung in Ulm am Samstag, 24. Oktober 2009 vorgelegt

Ökumene ist nicht nur für die VELKD, sondern für die ganze Evangelische Kirche gelebte Wirklichkeit. Aber es ist mitunter gut, sich der Einschätzung der Geschwister zu vergewissern. Ich zitiere aus einer Rede, die Kardinal Kasper, der Präsident des Einheitsrates der römisch-katholischen Kirche, am 27. Februar 2009 im Dom zu Braunschweig hielt: „Auch auf unserer, auf katholischer Seite, ist Ökumene ein Teil katholischen Selbstverständnisses und katholischer Identität. Es gibt gewiss immer wieder Irritationen auf beiden Seiten, aber es gibt keinen Weg zurück [...] hinter das, was an ökumenischer Gemeinsamkeit und ökumenischer Zusammenarbeit in unseren Gemeinden in den letzten Jahrzehnten gewachsen ist. [...] Der Weg vor uns mag länger und auch schwieriger sein, als wir uns das anfangs dachten. Es stehen durchaus noch grundlegende Fragen an, aber es gibt keine Alternative zu diesem gemeinsamen Weg und zu diesen Versuchen nach einem Konsens in den Grundfragen unseres Glaubens."

Auch Weihbischof Thomas Maria Renz hat dies gestern in seinem Grußwort vor der VELKD-Synode eindrucksvoll bekräftigt. Dafür ist ihm schon gestern gedankt worden. Ich tue dies aber heute noch einmal, weil er einen stilbildenden Beitrag dazu geleistet hat, wie Christen unterschiedlicher Konfessionsfamilien mit- und übereinander reden sollten.

Wir gehören zusammen, wir sind freundschaftlich verbunden. Dazu gehört auch, dass wir die Differenzen zwischen uns aushalten und alles daran setzen, sie ins Positive zu kehren. Und dazu gehört auch, dass wir nie anders als im Wissen darum, dass wir auf einem gemeinsamen Grund stehen, mit- und übereinander reden.

Doch was ist, wenn es zu Enttäuschungen kommt? Auch dies ist ja im Miteinander nicht auszuschließen. Hier ist an die nikomachische Ethik des Aristoteles und deren Skizze über das Wesen der Freundschaft zu erinnern. In diesem Kontext fragt Aristoteles auch danach, was sei, wenn die Freundschaft getrübt ist. Er führt aus: Wenn die Differenzen nicht allzu gravierend sind, dann soll man nur noch lockere Freundschaft halten, sie aber nicht aufgeben. Wenn es keine Gemeinsamkeiten mehr gibt, dann sollte man die Freundschaft auflösen. Entscheidend aber sei, so Aristoteles, die

Hoffnung auf eine gute Weiterentwicklung zu behalten und deshalb die Krise durchzustehen, in der Erwartung, dass sie zu einer vertieften Freundschaft beiträgt. Das allerdings setzt die wohlmeinende Auseinandersetzung mit meinem Gegenüber voraus.

Die Catholica-Arbeit der VELKD ist davon bestimmt, dass es gute Weiterentwicklungen der Ökumene zwischen der römisch-katholischen und den lutherischen Kirchen gibt. Darum ist sie profiliert, weicht Konflikten nicht aus, benennt Probleme und ist alles andere als eine ‚Schmuseökumene'. Zugleich geht sie mit sich selber und dem Zustand der eigenen Kirche ehrlich um. Arrogant darf sie nie auftreten.

Ich freue mich nun, dass ich den Bericht über unsere Arbeit heute zum ersten Mal vor den neuen Synodalen der Generalsynode halten darf und darüber hinaus auch noch vor den Mitgliedern der UEK-Vollversammlung.

1. Innerkatholische Herausforderungen und Klärungsprozesse

1.1 Die deutschen Bistümer und ihre „pastoralen Räume"

Im Gegensatz zum Vatikan hat die römisch-katholische Kirche in Deutschland, abgesehen von der Ablehnung der Bischöfe, dem Präsidentschaftskandidaten des Zentralkomitees der deutschen Katholiken zuzustimmen, ein ruhiges Jahr hinter sich. Dies mag daran liegen, dass sie – ähnlich wie auch die Evangelische Kirche in Deutschland – in den letzten Jahren sehr mit Strukturdebatten und damit auch mit sich selbst beschäftigt ist. Da ich in den Vorjahren nicht über diese Prozesse berichtet habe, möchte ich dies nun nachholen.

Die Ausgangslage ist hinlänglich bekannt, weil wir die Probleme in den evangelischen Landeskirchen genauso oder ähnlich kennen: Wir beklagen den deutlichen Mitgliederschwund und die damit verbundenen sinkenden finanziellen Mittel, den geringer werdenden Gottesdienstbesuch, die allgemein zurückgehende Nachfrage nach kirchlichen Angeboten und die Überlastung des hauptamtlichen Personals. Auf katholischer Seite kommt dann noch ein akuter Priestermangel hinzu. Die meisten Priester versorgen mittlerweile mehrere Pfarreien. Alle römisch-katholischen Bistümer in Deutschland haben sich diesen Herausforderungen stellen müssen und tun dies auch weiterhin. Unmissverständlich hielt Bischof Joachim Wanke im Frühjahr 2007 auf einem Studientag der Deutschen Bischofskonferenz zu dieser Thematik fest: „Die derzeitigen Reformmaßnahmen signalisieren eine historische Zäsur in der Geschichte der Seelsorge in Deutschland. Eine Pastoral, die alle Gläubigen gleichmäßig versorgt, ist endgültig vergangen."[1]

Der rechtlich-strukturelle Umbau auf der lokalen und mittleren Ebene ist in vielen Bistümern radikaler, als dies in den evangelischen Landeskirchen bislang der Fall ist. Unter dem Stichwort „Pastorale Räume" wird versucht, an der Pfarrei als „Normalfall" festzuhalten und zugleich größere Einheiten auf der mittleren Ebene eines Bistums zu schaffen. Es wird je nach Bistum mit unterschiedlichen Modellen gearbeitet, doch die Konsequenz läuft immer auf das Gleiche hinaus: „Ortsgemeinden werden zusammengelegt; Selbstverantwortung und ehrenamtliches Engagement der Gemeindeglieder werden eingefordert, ebenso ihre Mobilität und Flexibilität, da nicht mehr jedes Angebot vor Ort bereitgestellt werden kann."[2] So entstehen Pfarreiverbände, Pfarreigemeinschaften oder ganz neue Großpfarreien, in denen neben dem Pfarrer noch weitere Priester, Diakone, Pastoralreferentinnen und -referenten arbeiten. Im Bistum Essen wurden z. B. zwischen 2006 und 2008 die über 250 Pfarreien zu nur noch 43 Großpfarreien mit etwa 170 unselbständigen Gemeinden zusammengeführt. Auch im Bistum Hildesheim, dessen Territorium sich mit meiner braunschweigischen Landeskirche überschneidet, gibt es diese Umstrukturierungen. Das Bistum ist dabei, bis 2014 die Anzahl der Pfarreien von etwa 360 auf ca. 120 zu verringern. Damit einhergehend wird prognostiziert, dass die Zahl der Priester im Gemeindedienst des Bistums auf 170 zurückgehen wird.[3] Für die Gläubigen besonders schmerzlich ist zudem, dass am Ende dieses Prozesses ca. 50 von den weit über 400 Pfarr- und Filialkirchen geschlossen sein werden. Für die Struktur der größer werdenden Pfarreien werden in Hildesheim zwei mögliche Modelle vorgeschlagen: Entweder gibt es in jeder Teilgemeinde der Pfarrei einen Seelsorgeausschuss oder eine Bezugsperson, die/der die Gruppen und Initiativen an diesem Ort im Blick hat, sie begleitet und gleichzeitig die Verbindung mit dem Pfarrer und dem Seelsorgeteam der Pfarrei hält. Als zweite Möglichkeit wird angedacht, dass die Leitung der Pfarrei in den Händen einer sogenannten Pastoral-Equipe liegt, der die Vertreter der einzelnen Ortsgemeinden und vorhandenen Ver-

---

1 „Mehr als Strukturen [...] Entwicklungen und Perspektiven der pastoralen Neuordnung der Diözesen". Dokumentation des Studientages der Frühjahrs-Vollversammlung 2007 der Deutschen Bischofskonferenz, Bonn 12. April 2007 (Arbeitshilfen 213), 19

2 Werbick, J., Auslaufmodell Ortsgemeinde? Rückfragen eines systematischen Theologen, in: Diakonia 37 (2006), 168

3 Vgl. Eckpunkte 2020. Kurz- und mittelfristige Strukturplanung für die Diözese Hildesheim, 15. Dezember 2003 (abrufbar unter: www.bistum-hildesheim.de/bho/dcms/sites/bistum/bistum/geschichte/img/Eckpunkte2020.pdf)

bände, die Hauptamtlichen sowie der Pfarrer angehören. Die Verantwortung in den Ortsgemeinden wird von einer Gruppe wahrgenommen, die zum Teil von der Ortsgemeinde gewählt, zum Teil vom Bischof auf Vorschlag der Pastoral-Equipe ernannt wird. [4] Wenn ich es richtig beobachte, entwickelt sich so in den Bistümern eine neue Sicht von Gemeinde: Anstelle der bislang klassischen Pfarrgemeinde entstehen unterschiedliche Formen der Gemeinschaft vor Ort, die alle in die Großpfarrei eingebunden sind, an der die Leitung, in der Regel ein Pfarrer plus Team angesiedelt ist. Daneben wird auf Bistumsebene in besondere, gut ausgerüstete Projekte mit missionarischem Auftrag investiert.

Einige Vorteile dieser Strukturveränderungen sind sofort offensichtlich. Es kann zur Vereinfachung administrativer Vorgänge und damit zur Einsparung von finanziellen und personellen Ressourcen kommen. Werden viele Aufgaben der kirchlichen Grundversorgung durch die größeren Einheiten abgedeckt und müssen daher nicht alle Alles machen, eröffnen sich Schwerpunktsetzungen vor Ort. Die Seelsorge und Arbeit mit kranken und alten Menschen, vor allem aber auch mit Jugendlichen und Schülern lässt sich zentral von Spezialisten qualifiziert und ansprechend organisieren; das ist die Hoffnung. Darüber hinaus wird aber auch die Chance gesehen, durch die Konzentration dort „milieuspezifische" Erlebnisangebote machen zu können, wo auch kirchenferne Schichten der Gesellschaft tatsächlich erreichbar sind. So will zum Beispiel die Initiative „soul side linden" in Hannover besonders Menschen, die nur sporadisch mit Kirche zu tun haben, durch offene, experimentelle Angebote wie Kunstausstellungen oder Kloster auf Zeit, ansprechen.

Doch ebenso zeichnen sich auch Probleme und Gefahren ab: Für den katholischen Theologen Jürgen Werbick haben die lokalen Gemeinden eine „[...] unverzichtbare Rolle als ‚Stützpunkte' eines lebenslangen Christ(in)-Werdens", als Orientierungs- und Rückzugs-Orte. [5] Trotz aller Versuche, dieser Einsicht gerecht zu werden, ist m. E. für die römisch-katholische Kirche ein gewisser Rückzug der Amtskirche aus der Fläche nicht zu vermeiden. Manches Gemeindeglied befürchtet daher einen Verlust von Beheimatung und Übersichtlichkeit in den neuen Großpfarreien. [6] Ehrenamtliche

4 Siehe Visionen eröffnen Wege. Auf neue Art Kirche sein. Leitfaden zur Zusammenführung von Pfarrgemeinden im Bistum Hildesheim (Neuauflage), Januar 2005, 28–31

5 Werbick, a. a. O. 117

6 Siehe dazu die ersten Auswertungen einer empirischen Studie zum Thema: M. Böhnke/Th. Schüller, Problematische Strategien. Zur Neuordnung der Pastoral in deutschen Diözesen, in: Herder Korrespondenz 63 (2009), 453f

Mitarbeiterinnen und Mitarbeiter in den Gemeinden fühlen sich durch den Abzug des hauptamtlichen Personals alleingelassen. Mancher Priester hingegen hat Angst vor dem sich wandelnden Priesterbild und viele hauptberufliche Mitarbeiter fürchten um ihren Arbeitsplatz.

Diese Entwicklung und entsprechende Tendenzen auf evangelischer Seite werfen aber auch ökumenische Rückfragen auf: Wenn es stimmt, dass eine gewisse Konzentration auf besondere Projekte und Orte stattfindet (im Impulspapier „Kirche der Freiheit" redet übrigens auch die EKD von Kompetenzzentren und besonderen Kirchen als thematische Zentren)[7], stellt sich die Frage, wie Ökumene zukünftig angesichts dieser Konzentration und den finanziellen Kürzungen gelebt werden kann. Was bedeutet es, wenn Pfarrer und Priester aus der Fläche zurückgezogen und auf bestimmte Standorte konzentriert werden müssen? Werden auch weiterhin gemeinsam vorbereitete und durchgeführte ökumenische Gottesdienste oder Bibelabende in den Ortsgemeinden möglich sein? Oder finden diese nur noch zentral in besonderen Kirchen statt? Wie ist es zu interpretieren, wenn es durchaus passieren kann, dass in Bayern evangelische Pfarrer katholische Gemeindeglieder beerdigen, weil kein römisch-katholischer Kollege verfügbar ist? Oder zeugt dies gar von guter ökumenischer Selbstverständlichkeit im Miteinander vor Ort? Sind wir bereit, in ökumenischer Verbundenheit gerne zu helfen oder übersteigt dies unsere eigenen personellen Kapazitäten? Wie kann zukünftig ein gemeinsames ökumenisches Auftreten zu öffentlichen Anlässen vor Ort aufrechterhalten werden? Für die Gesellschaft wird ja gerade hier Ökumene erst sichtbar. Oder ist das konfessionelle Bewusstsein in der Gesellschaft bereits so weit, dass es gar keine Rolle mehr spielt, ob sowohl ein katholischer als auch evangelischer Geistlicher bei der Einweihung eines Feuerwehrhauses anwesend sind? Werden wir evangelischen Christen uns daran gewöhnen, dass nun vielleicht „Frau Meier" die offizielle Vertreterin der römisch-katholischen Kirche vor Ort ist und nicht mehr „Pfarrer Müller" bei der Einführung der neuen evangelischen Pfarrerin erscheint? Es wird generell zu klären sein, was eine Veranstaltung zu einer ökumenischen macht. Qualifizieren die handelnden Personen oder der Inhalt ein Ereignis als ökumenisch? Für ökumenisch genutzte Kirchenräume haben wir uns in Niedersachen letztes Jahr Gedanken über sinnvolle Kriterien gemacht und eine Praxishilfe herausgegeben.[8] Es wäre wünschenswert,

---

7 Vgl. Kirche der Freiheit. Perspektiven für die Evangelische Kirche im 21. Jahrhundert. Ein Impulspapier des Rates der EKD, 2006, 100

8 Siehe: Ökumenisch genutzte Kirchenräume. Eine Praxishilfe hrsg. von der Konferenz der leitenden Geistlichen der evangelisch-lutherischen Kirchen, der evangelisch-refor-

wenn es etwas Ähnliches auch für ökumenische Veranstaltungen gäbe. Dies sollte dann auch die Frage nach einem stellvertretenden ökumenischen Handeln aufnehmen. Wie und wann kann die eine Konfession auch für die andere sprechen und handeln, wenn diese nicht präsent sein kann?

Grundsätzlich werden wir zukünftig verstärkt vor der Herausforderung stehen, wie wir auch weiterhin Begegnungsflächen zwischen unseren Kirchen schaffen, um nicht eine Entfremdung voneinander zu fördern. Auch in Zeiten von sinkenden Hauptamtlichenzahlen und von Arbeitsverdichtung sind die regelmäßige Begegnung und die genaue, authentische Kenntnis des Gesprächspartners unerlässliche Voraussetzung für eine wachsende Gemeinschaft.

Diese Fragen machen deutlich, dass innerkirchliche Strukturprozesse und Diskussionen durchaus auch ökumenische Relevanz und Brisanz haben. Dass dem so ist, wird auch deutlich am Fall der Piusbrüder, dem ich mich nun zuwenden will.

1.2 Der Vatikan, die Piusbrüder und die Einheit der Kirche

Am 21. Januar 2009 wurde durch ein Dekret der vatikanischen Bischofskongregation die Strafe der Exkommunikation gegen vier Bischöfe der Priesterbruderschaft St. Pius X. aufgehoben.[9] Sie waren 1988 nach der illegalen Weihe durch den Reformgegner, Erzbischof Marcel Lefebvre, aus der Gemeinschaft der römisch-katholischen Kirche ausgeschlossen worden. Die Aufhebung der Exkommunikation hatte zu Beginn des Jahres zu anhaltenden Diskussionen und zum Teil auch heftigen Reaktionen innerhalb und auch außerhalb der römisch-katholischen Kirche geführt.

1.2.1 Wer sind Lefebvre und die Piusbrüder?

Erzbischof Marcel Lefebvre (1905–1991) gehörte auf und nach dem Zweiten Vatikanischen Konzil zur Minderheit der entschiedenen Reformgegner. Vor allem die Liturgiereform verurteilte er scharf. Lefebvre sammelte Gleichgesinnte in der von ihm gegründeten „Priesterbruderschaft St. Pius X.". Die

---

mierten Kirche und der römisch-katholischen Bistümer in Niedersachsen und Bremen, Osnabrück 2008

9 Abgedruckt in: L'Osservatore Romano. Wochenausgabe in deutscher Sprache, Nr. 5 vom 30. Januar 2009, 1; auch: KNA-ÖKI Dokumentation vom 10. Februar 2009, 2

Namenswahl deutet bereits an, dass es den Mitgliedern um ein Festhalten an den Riten und Glaubenssätzen aus der Zeit Papst Pius X. (1903–1914) geht. Im Jahre 1988, drei Jahre vor seinem Tod, weihte er, um das Überleben seiner Priesterbruderschaft zu sichern, unerlaubt selber vier Bischöfe und spaltete sich so von der römisch-katholischen Kirche ab. Denn nach römisch-katholischem Kirchenrecht haben sich Weihender und Geweihte damit automatisch selbst aus der Kirche ausgeschlossen. Schon einen Tag später sprach der damalige Papst Johannes Paul II. die Exkommunikation auch formell aus. [10]

Nach eigenen Angaben sind die Traditionalisten in 63 Ländern vertreten mit 500 Priestern, die ca. 600.000 Gläubige betreuen. Darüber hinaus werden über 80 Schulen und 2 Universitäts-Institute betrieben. Dies mag nach beeindruckenden Zahlen klingen. Doch rückt man diese Angabe durch einen Vergleich mit der Mitgliederzahl der katholischen Kirche (1,1 Milliarden) ins rechte Licht, so ergibt sich, dass nur 0,1 % der Bewegung gefolgt sind.

Auch heute sieht die ultrakonservative Bewegung im Zweiten Vatikanischen Konzil einen Verrat an der Glaubenstradition. Der deutsche Distriktobere der Piusbruderschaft, Franz Schmidberger, bezeichnet das Zweite Vatikanum als das größte Unglück des vergangenen Jahrhunderts, dessen Dokumente „[...] einen protestantischen, aufklärerischen, die Ordnung der Kirche umstürzenden Geist [...]“ atmen. [11] Zentrale Beschlüsse dieses Konzils, wie etwa die ökumenische Öffnung hin zu den anderen christlichen Konfessionen sowie die Aussagen zur Religionsfreiheit und dem Verhältnis zu den nichtchristlichen Religionen, bezeichnet er als „Zeitbomben“, die dringend zu entschärfen sind, weil sie sonst eine geistige Katastrophe nicht nur in der Kirche, sondern in der ganzen Menschheit anrichteten. Für Schmidberger gilt: „Solange die Irrtümer des Konzils nicht zugegeben und richtig gestellt, solange die Sünden des Konzils nicht bereut und wiedergutgemacht sind, gibt es keine wahre Genesung des mystischen Leibes des Herrn und der Christenheit im Großen [...] Wir warten mit Sehnsucht auf

10 Siehe dazu ausführlich: Haering, S., Die Pius-Bruderschaft, ihre Bischöfe und das Kirchenrecht, in: Klerusblatt. Zeitschrift der katholischen Geistlichen in Bayern und der Pfalz 89 (2009), 92–94. Er zeigt auch das kirchenrechtswidrige Handeln Lefebvres seit den 70er-Jahren des vorigen Jahrhunderts auf

11 Schmidberger, F., Die Zeitbomben des Zweiten Vatikanischen Konzils, ^{4}2008, 3f (Siehe: www.medrum.de/files/Zeitbomben_des%20Konzils.pdf). Dieser Vortrag wurde 1989 erstmals gehalten und seitdem immer wieder aktualisiert, zuletzt im Oktober 2008. Er gibt also eine Position wieder, die noch nicht von den Geschehnissen von 2009 beeinflusst werden konnte

das Schuldbekenntnis jener, die durch das II. Vatikanische Konzil und die daraus folgenden Reformen die Kirche der Erniedrigung und die Seelen dem Verderben ausgeliefert haben und dem Dreifaltigen Gott die schuldige Ehre geraubt haben.“ [12]

In einer anderen Publikation der Piusbruderschaft ist schließlich zu lesen, dass man sich an Schulen, die ihrer Verantwortung unterliegen, mit Kant, Hegel und Sartre beschäftigen solle, aber so, wie ein Medizinstudent sich mit Krankheiten beschäftigt, mit dem Ziel also, diese zu bekämpfen. [13]

1.2.2 Die antisemitischen Äußerungen Bischof Williamsons

Besonders die Einbeziehung des Traditionalistenbischofs Richard Williamson in die Aufhebung der Exkommunikationen hat Schock und Befremden hervorgerufen. Im Falle des Briten ist ein Mann rehabilitiert worden, der sich als Holocaustleugner entpuppte. Williamson leugnete die Existenz der Gaskammern und das volle Ausmaß des Völkermordes an den Juden während des Dritten Reiches. Seine Aussagen sind eine Anfechtung für den christlich-jüdischen Dialog. Nicht umsonst ist die Leugnung der Shoa in Deutschland ein Straftatbestand. Und Williamson ist sich natürlich auch bewusst, dass diese Leugnung sowie jede andere Form der Verachtung oder Herabsetzung von Juden und Judentum nicht Lehre der römisch-katholischen Kirche sind. Mit dem Konzilsdokument „Nostra Aetate“ hat sich diese verpflichtet, jeglicher Art von Antisemitismus oder Antijudaismus in Liturgie, Katechese und Predigt ein Ende zu machen. [14]

Insofern war die Sorge, die von den Beteiligten des christlich-jüdischen Dialogs geäußert wurde, gut zu verstehen. Besonders dankbar bin ich daher vor allem der römisch-katholischen Deutschen Bischofskonferenz, dass sie sich so schnell und so deutlich gegen die Aussagen von Williamson positioniert hat. Auch Papst Benedikt XVI. hat nochmals klar und unmissverständlich gegen das Vergessen und die Leugnung der Shoa Stellung bezogen, wie er und sein Vorgänger es bereits wiederholt getan haben. [15]

12 Ebd., 17

13 Piusbruderschaft St. Pius X., Mitteilungsblatt für den deutschen Sprachraum, Juli 2005, 23f

14 Siehe: Nostra Aetate 4

15 Es ist bemerkenswert, dass sich Papst Benedikt XVI. veranlasst sah, in einem persönlichen Brief an die Bischöfe der römisch-katholischen Kirche seine Sicht der Ereignisse

Allerdings: Auch wenn also die Aussagen von Bischof Williamson als Einzelmeinung wahrzunehmen sind, zeigt sich, dass zwischen der fortdauernden Ablehnung der Ergebnisse des Zweiten Vatikanischen Konzils durch die Traditionalisten und ihrer tief reaktionären und freiheitsfeindlichen Haltung ein enger Zusammenhang besteht, worauf bereits der Präsident des Zentralkomitees der Deutschen Katholiken, Hans Joachim Meyer, zu Recht hingewiesen hat. [16]

Und darüber hinaus lässt sich meiner Meinung nach die Frage nach der Rücknahme der Exkommunikation nicht trennen von der Frage nach bestimmten politischen Haltungen und Äußerungen der Personen, um die es geht. Die Leugnung des Holocaust ist nicht nur Ausdruck einer verwerflichen, zutiefst inhumanen politischen und geschichtsvergessenen Haltung. Auch in ihren politischen Äußerungen bleiben Christen Christen. Das heißt, die politische Äußerung eines Christen geschieht nicht in einem Raum, der nicht der Wahrheit des Evangeliums verpflichtet wäre. Für Christen und Christinnen gibt es diese Räume nicht, in denen sie unter Absehung des Glaubens reden und handeln können. Insofern hat die Leugnung des Holocausts durchaus mit der theologischen Haltung des Bischofs zu tun. [17]

1.2.3 Der Wunsch, einen Bruch zu heilen, führt zu heftigen Irritationen

Betrachtet man nun die eigentliche Aufhebung der Exkommunikationen, so ist zunächst festzuhalten, dass diese nicht die ganze Priesterbruderschaft sondern nur die vier Bischöfe persönlich betrifft. Auch bleiben diese weiterhin suspendiert, haben also kein Amt in der römisch-katholischen Kirche inne. Das heißt z. B.: Wenn sie (oder andere Priester der Bruderschaft) ihre Messe feiern, tun sie dies weiterhin gültig, aber unerlaubt. Wichtig ist es auch zu wissen, dass die Aufhebung ein einseitiger Akt Roms war, obwohl auch weiterhin Klärungsbedarf in Lehrfragen gesehen wird, und dass von

nochmals darzulegen und sich von den Äußerungen Williamsons zu distanzieren (siehe: KNA vom 12. März 2009, Dokumentation, 1–4)

16 Siehe die Presseerklärung: www.zdk.de/pressemeldungen/meldung.php?id=509&page=3

17 Ende September kamen Berichte auf, dass der Vatikan doch vor der Aufhebung der Exkommunikationen von der Holocaust-Leugnung Bischof Williamsons gewusst habe. Dies hat inzwischen der damals zuständige Kardinal Castrillón Hoyos in einem ausführlichem Interview entschieden dementiert. In diesem Interview hält er zudem fest, dass Williamson nie den Genozid an den Juden generell geleugnet habe, sondern nur dessen Ausmaß. Dies sei dann aber kein moralisches Problem mehr, sondern vielmehr ein historischer Fehler (Süddeutsche Zeitung vom 25. September 2009, 7)

den vier Bischöfen kein Bekenntnis zum Zweiten Vatikanum als Vorbedingung abverlangt wurde.

Als Motiv für diesen Begnadigungsakt des Papstes gibt der katholische Kirchenrechtler Stephan Haering an: „Der Pontifex will eine neue Brücke schlagen zu einer Gruppierung, die nicht dauerhaft aus der vollen Gemeinschaft der Kirche fallen soll.“ [18] Der Papst wollte also sein Handeln aus der brennenden Sorge heraus begründet wissen, ein schmerzendes Schisma zu heilen. Entsprechend ließ der Vatikan verlautbaren, dass dieser Schritt aus „pastoraler Sorge und väterlicher Barmherzigkeit“ des Papstes geschehen sei. [19] Doch die zum Teil heftigen Reaktionen, gerade auch die innerkatholischen in Deutschland, zeigten, dass viele dieser Begründung nicht folgen wollten. Vielmehr wurde der Vorgang deutlich kritisiert. So wurde im Internet eine Petition unter dem Titel „Uneingeschränkte Anerkennung der Beschlüsse des Zweiten Vatikanischen Konzils gefordert“ gestartet, die u. a. von der amtskirchenkritischen Laienorganisation „Wir sind Kirche“ gefördert und verbreitet wurde. [20] Darüber hinaus haben auch viele katholische Hochschullehrer ihre Besorgnis ausgedrückt. So machte z. B. das Professorenkollegium der Katholischen Fakultät der Universität Münster nahezu vollständig in einer öffentlichen Erklärung seine Vorbehalte gegen die Aufhebung der Exkommunikationen deutlich. [21] Auch die deutschen Bischöfe meldeten sich zu Wort.

Wenn ich es richtig wahrgenommen habe, gab es dabei ein gewisses Nord-Süd-Gefälle, wobei die bischöflichen Reaktionen im Norden schärfer ausfielen als in Bayern. Auf der Frühjahrs-Vollversammlung versuchten die deutschen Bischöfe Einigkeit zu demonstrieren. In einer Erklärung hielten sie gemeinsam und in aller Eindeutigkeit fest, dass alle Dokumente des Zweiten Vatikanischen Konzils unaufgebbar zur katholischen Tradition gehörten, also auch jene über die Religionsfreiheit und die Beziehung zu den nicht-christlichen Religionen. Auch übten sie Kritik an der internen

18 Haering, a. a. O., 94

19 Vatikanisches Kommuniqué vom 24. Januar 2009 (abgedruckt in: KNA-ÖKI Dokumentation vom 10. Februar 2009, 3). Dieses Motiv wird auch deutlich in dem Brief, den Papst Benedikt XVI. am 10. März an den Episkopat versandt hat (abgedruckt in: L'Osservatore Romano. Wochenausgabe in deutscher Sprache, Nr. 12 vom 20. März 2009, 6; auch: KNA vom 12. März 2009, Dokumentation, 1–4)

20 Siehe: www.petition-vaticanum2.org

21 Erklärung der Katholisch-Theologischen Fakultät der Westfälischen Wilhelms-Universität Münster, 27. Januar, in: KNA-ÖKI Dokumentation vom 10. Februar 2009, 8

Abstimmung im Vatikan. Zugleich wiesen sie jedoch alle Versuche zurück, das Ansehen und die Integrität des Papstes in Zweifel zu ziehen.[22]

Inzwischen ist es wieder ruhiger geworden. Doch die Frage nach den Piusbrüdern ist damit noch lange nicht ad acta gelegt. Ende Juni weihte die Piusbruderschaft neue Priester trotz scharfer Proteste der deutschen Bischöfe, die das Vorhaben als Affront gegen die Einheit der Kirche verstanden. Auch der Vatikan hatte in einer Presseerklärung zuvor nochmals deutlich gemacht, dass die Weihen nach wie vor als illegitim anzusehen sind.[23] Zu konkreten Sanktionen oder gar der Rücknahme der Aufhebung der Exkommunikationen kam es jedoch nicht.

Nun wird man sehen müssen, wie die angekündigten Lehrgespräche mit der Piusbruderschaft verlaufen werden. Benedikt XVI. hat dafür die Zuständigkeiten im Vatikan neu geregelt. War bislang die eigenständige Kommission „Ecclesia Die" für den Dialog mit den Traditionalisten zuständig, wurde diese nun direkt dem Präfekten der Glaubenskongregation unterstellt, da die zu klärenden Fragen „im Wesentlichen doktrineller Natur" sind.[24] Die anstehenden Gespräche hat der Regensburger Bischof Gerhard Ludwig Müller, der der Glaubenskongregation angehört, als eine Art „theologischen Nachhilfeunterricht" beschrieben, der nicht mit einem ökumenischen Dialog oder Treffen kirchenleitender Organe verschiedener Kirchen zu vergleichen sei.[25]

1.2.4 Beobachtungen und Anfragen aus evangelischer Sicht

Durch die Aufhebung der Exkommunikation ohne jegliche Vorbedingungen hat sich Rom in eine schwierige Ausgangslage manövriert. Viele ungeklärte Fragen stellen sich. Daher möchte ich ein paar Beobachtungen und Anfragen aus evangelischer Perspektive formulieren. Einige davon werden bestimmt auch in den Lehrgesprächen mit den Piusbrüdern eine Rolle

22 Siehe: Erklärung der deutschen Bischöfe zum gegenwärtigen Weg der katholischen Kirche, Hamburg, 5. März 2009 (abrufbar unter: www.dbk.de/imperia/md/content/pressemitteilungen/2009-1/2009-025-anl_2-erklaerung.pdf)

23 http://212.77.1.245/news services/bulletin/news/24002.php?index=24002&po date=17.06.2009&lang=ge

24 Siehe das Motu proprio „Ecclesiae Unitatem" Papst Benedikts XVI. vom 2. Juli 2009 (www.vatican.va/holy_father/benedict_xvi/apost_letters/documents/hf_ben-xvi_apl_20090702_ecclesiae-unitatem_ge.html.)

25 Siehe: KNA vom 9. Juli 2009, Interview, 3

spielen müssen Ich bin gespannt darauf, wie sich der Vatikan und die Bruderschaft dabei positionieren werden.

Es stellt sich die Frage: Wenn es um die Überwindung eines Schismas geht, stehen dann Glaubensfragen zumindest vorübergehend zur Disposition? Und wenn ja, wie lange? Die Piusbruderschaft hat auch noch nach dem 21. Januar ihre bekannten Positionen wiederholt und keinerlei selbstkritische Einsicht gezeigt.[26] Es ist auch nicht zu sehen, dass sich dies in absehbarer Zeit ändern wird. Wenn es aber keine baldige Anerkennung der Inhalte des Zweiten Vatikanums gibt, droht dann eine neuerliche Exkommunikation? Dann wäre es jedoch sinnvoller gewesen, die Differenzen in Glaubensfragen vorher zu klären. Oder ist diese Geste möglich, weil die Konzilsentscheide zur Ökumene oder dem Verhältnis zu anderen Religionen doch nicht ganz so wichtig sind wie Fragen des Amtes und des Papsttums, in denen man sich einig weiß? Doch meines Wissens ist es nicht möglich, dass ein Papst von Teilen eines gültigen Konzils dispensieren oder Teile für weniger wichtig erklären kann. Entsprechend hat der Vatikan sehr bald klargestellt, dass für eine künftige Anerkennung der Piusbruderschaft „[...] die volle Anerkennung des Zweiten Vatikanischen Konzils und des Lehramtes der Päpste Johannes XXIII., Paul VI., Johannes Paul I., Johannes Paul II. und Benedikt XVI. unverzichtbare Voraussetzung" sei.[27]

Ökumenisch bedenkenswert scheint mir: Der Generalobere der Priesterbruderschaft hat für die aus der Sicht Roms illegalen Weihen von 1988 in Anspruch genommen, dass sie eine „Überlebensoperation" in einer akuten Notsituation gewesen seien[28], bei der es das Kirchenrecht erlaube, päpstliche Anordnungen zu übertreten. Es sei zum Wohl und um der Kontinuität der Kirche willen geschehen. Auch wenn sich sehr unterschiedliche historische Situationen immer nur schlecht miteinander vergleichen lassen, sei mir hier zumindest eine Assoziation erlaubt: Auch die Reformatoren sahen sich in einer Notsituation, die sie dazu zwang, selbst neue Pfarrer zu ordinieren. Die römisch-katholische Kirche kann sich sicherlich in beiden Fällen die Begründungen nicht zu Eigen machen. Doch scheint sie mir in dem einen Fall den Willen zur apostolischen Kontinuität ernster zu nehmen als im anderen. Denn auch aus Sicht der Reformatoren ging es um die gefähr-

26 Siehe dazu Hünermann, P., Excommunicatio – Communicatio. Versuch einer Schichtenanalyse der aktuellen Krise, in: Herder Korrespondenz 63 (2009), 119–125, der in seinem Artikel mehrmals darauf hinweist, dass nach traditionell römisch-katholischem Verständnis eigentlich eine reumütige Umkehr Voraussetzung für die Aufhebung einer Exkommunikation ist

27 Siehe: KNA vom 5. Februar 2009, Das Thema: Vatikan und Traditionalisten, 6

28 Siehe Interview in: KNA vom 27. Januar 2009, Das Thema: Traditionalisten, 5

dete Kontinuität der ursprünglichen apostolischen Lehre. Dies ist ein Gedanke, den der Vatikan bislang für den lutherisch/römisch-katholischen Dialog nicht ausreichend fruchtbar gemacht hat.

Und schließlich stellt sich die Frage: Wenn die Einheit innerhalb der römisch-katholischen Kirche ein so hohes Gut ist und deshalb Großzügigkeit und Nachsicht bis zum Äußersten gezeigt werden müssen, warum wird diese Haltung nicht auch in die andere Richtung praktiziert? Hier ist innerkatholisch z. B. an Vertreter der Befreiungstheologie oder an mit Lehrverboten belegte Professoren zu denken. Die Organisation „Wir sind Kirche" brachte diese Anfrage so auf den Punkt: „Der Papst streckt seinen Arm aus und heißt [die Traditionalisten] willkommen. Es bleibt aber ein schaler Geschmack: Hat Benedikt XVI. nicht zwei Hände?" [29] Und müsste sich Rom nicht dann darüber hinaus auch die Frage stellen, was solch eine Großzügigkeit für die ökumenische Einheit aller Christen bedeuten könnte? Ist die Einheit der gesamten Christenheit nicht auch ein sehr hohes Gut, das mutiger und großzügiger Maßnahmen seitens des Papstes aus dem Land der Reformation wert wäre? Hätten dann nicht Passagen in „Dominus Iesus" anders formuliert werden müssen und können, wenn es darum geht, die Christenheit als Ganze zusammenzubringen und nicht nur die römisch-katholische Kirche? Was wäre im evangelisch-katholischen Gespräch vielleicht möglich, wenn hier ebenfalls nicht von vornherein eine vollständige Übereinkunft in allen Lehren die Voraussetzung zur Einheit wäre, sondern die bereits erreichten, durchaus beeindruckenden Dialogergebnisse gemeinsam auch konkret umgesetzt

Eine Frage, die in all den Ereignissen nochmals deutlich wurde, habe ich noch nicht erwähnt. Da sie mir so wichtig erscheint, möchte ich ihr einen eigenen Abschnitt widmen:

1.3 Innerkatholisches Ringen um das Zweite Vatikanische Konzil

Die Aufhebung der Exkommunikationen wurde laut Aussage des Vatikans mit Bedacht in zeitliche Nähe zum 50. Jahrestag der Ankündigung des Zweiten Vatikanischen Konzils durch Papst Johannes XXIII. gestellt. Benedikt XVI. wollte mit der Aufhebung der Exkommunikationen zur Heilung eines Bruches beitragen, dessen Ursprung in genau jenem Konzil zu suchen

29 Wir sind Kirche, Einseitig, einäugig, einarmig, in: www.wir-sind-kirche.at/content/index2.php?option=com_content&do_pdf=1&id=361

ist. Die Reaktionen zeigten jedoch, dass diese Terminwahl leicht so verstanden werden konnte, als ob die Reform und das ökumenische Anliegen des Zweiten Vatikanums heute nicht mehr denselben Stellenwert besitzen wie damals. Es ist ja bemerkenswert, dass die kurze Ansprache, mit der Johannes XXIII. damals das Konzil erstmals ankündigte, zum Abschluss der Weltgebetsoktav für die Einheit der Christen stattfand. Viele Christinnen und Christen heute hätten sich daher vielleicht eher gewünscht, dass der Abschluss der Gebetsoktav in diesem Jahr mit einer deutlichen Geste gegenüber den nichtrömischen Kirchen statt der Aufhebung einer Exkommunikation von Traditionalisten zu Ende gegangen wäre.

So aber sah sich die römisch-katholische Kirche plötzlich gezwungen, erklären zu müssen wie sie es mit dem Zweiten Vatikanischen Konzil hält. Sowohl der Vatikan als auch die Deutsche Bischofskonferenz mussten klarstellen, dass das Konzil oder Teile davon nicht zur Disposition stehen. Doch wahrscheinlich ist die entscheidende Frage auch gar nicht, ob sich Rom von Teilen des Konzils distanzieren will, sondern vielmehr, ob eine bestimmte Interpretation des Konzils als normativ durchgesetzt werden soll. Darüber ist in der römisch-katholischen Kirche ein hermeneutischer Richtungsstreit erkennbar, der schon seit einigen Jahren geführt wird. Letztlich ist er in den Dokumenten des Zweiten Vatikanischen Konzils selbst angelegt. Denn einige Aussagen hinterlassen einen ambivalenten Eindruck, da häufig gegenläufige Aussagen nebeneinander stehen. Eine Interpretationslinie, die m.E. zumindest in Deutschland lange Zeit vorherrschend war, sagt: Um die Texte mit großer Mehrheit verabschieden zu können, hätten alte und neue Positionen nebeneinander stehen müssen. Doch die neue Aussage sei die entscheidende, da sie zeige, wohin das Konzil wolle. Es gehe also um eine konstruktive Fortschreibung der römisch-katholischen Lehrtradition. Demgegenüber gibt es eine zweite Linie, die davon ausgeht, die Konzilsaussagen seien so zu interpretieren, dass sie in strenger und ungebrochener Kontinuität mit älteren Lehraussagen zu lesen sind. Das Konzil habe also gar keine Neuerungen gebracht. Gerade in neueren lehramtlichen Dokumenten ist diese Interpretation zu finden, man denke nur an Texte wie das bereits erwähnte päpstliche Schreiben zum einfacheren Gebrauch des alten Messritus oder auch an jüngere Verlautbarungen der Glaubenskongregation zum Wesen der Kirche.[30]

30 Z.B. Apostolisches Schreiben „Summorum Pontificum“ (Verlautbarungen des Apostolischen Stuhls 178) 2007; Erklärung „Dominus Iesus“ (Verlautbarungen des Apostolischen Stuhls 148) 2000; Antworten auf Fragen zu einigen Aspekten bezüglich der Lehre über die Kirche (www.vatican.va/roman_curia/congregations/cfaith/documents/

Ich tue mich allerdings mit dieser Interpretation der Kontinuität schwer. Ein Text wie z. B. der „Syllabus Errorum“ Pius IX. aus dem Jahre 1864, der in 80 Thesen Positionen wie Pantheismus, aber auch Demokratie und Religionsfreiheit verurteilt, ist m.E. schlechterdings nicht in eine glatte Kontinuität mit den Aussagen des Zweiten Vatikanischen Konzils zur Religionsfreiheit zu bringen. Genau dies haben auch die Piusbrüder, die den „Syllabus“ sehr schätzen, erkannt; das erklärt ihre Polemik gegen weitere Teile des Konzils. [31]

Wie es mit dem Zweiten Vatikanischen Konzil weitergeht, wird in den nächsten Jahren genau zu beobachten sein. Lutheraner werben natürlich für eine Konzilshermeneutik, die die ökumenischen Neuaufbrüche und konstruktiven Fortschreibungen des Konzils stark macht. Vielleicht ist es ja aber sogar so, dass die Piusbrüder mit ihrem Angriff auf wichtige Errungenschaften des Zweiten Vatikanischen Konzils dieses sogar gestärkt haben – zumindest in Deutschland. Vielleicht hat es den gewichtigen Aussagen des Zweiten Vatikanischen Konzils zur Ökumene, zum religiösen Dialog oder zur Religionsfreiheit gut getan, dass sie wochenlang in der Presse waren, dass leidenschaftlich für ihre uneingeschränkte Anerkennung protestiert wurde und dass sich auch die Deutsche Bischofskonferenz mit aller wünschenswerten Deutlichkeit zu ihnen bekannt hat. Mögen auch restriktivere Deutungen im Vormarsch sein, ein Zurück hinter das Konzil sollte weniger denn je möglich sein.

2. Die römisch-katholische Kirche und ihr Auftrag an der Welt: die Sozialenzyklika Papst Benedikts XVI.

Eine der Errungenschaften dieses Zweiten Vatikanischen Konzils war die eindeutige Bestätigung der Botschaft, dass Christsein nicht mit einem

rc_con_cfaith_doc_20070629 responsa-quaestiones_ge.html) 2007 Siehe dazu ausführlich den Catholica-Bericht 2007 Texte aus VELKD Nr. 141, 2007, 10–13

31 Im Zusammenhang mit den anstehenden Gesprächen mit dem Vatikan ist neben der polemischen Ablehnung noch eine andere Variante der Piusbrüder im Umgang mit dem Konzil zu beobachten: Man erkennt das Konzil zwar als allgemeines Konzil an, tut es aber zugleich als reines Pastoralkonzil ab, von dem von Anfang an klar gewesen sei, dass man keine neuen Dogmen definieren wolle und welches daher nicht den gleichen Stellenwert wie andere habe (so z. B. der deutsche Distriktobere Schmidberger in: KNA vom 26. Juni 2009, Interview 3; siehe auch Matthias Gaudron, Wie müssen wir zum Konzil stehen?, in: Priesterbruderschaft St. Pius X., Mitteilungsblatt für den deutschsprachigen Raum, April 2009, 36–43. Als Gewährsmann für diese These zitiert Gaudron einen Text des damaligen Kardinals Ratzinger aus dem Jahre 1988)

Rückzug aus der Welt einhergeht. Entsprechend lautet der erste Satz der Pastoralkonstitution „Gaudium et Spes" programmatisch: „Freude und Hoffnung, Trauer und Angst der Menschen von heute, besonders der Armen und Bedrängten, sind auch Freude und Hoffnung, Trauer und Angst der Jünger Christi." [32] In dieser Tradition steht auch die neueste Enzyklika Benedikts XVI., die am 7. Juli 2009 unter dem Namen „Caritas in Veritate" (Liebe in Wahrheit) veröffentlicht wurde. Sie zeigt, dass die römisch-katholische Kirche auch weiterhin ihren Auftrag an der Welt wahrnimmt und sich deshalb auf die Welt und ihre Fragen einlässt. Sie will sich als kompetente und richtungweisende Stimme in den öffentlichen gesellschaftspolitischen Diskurs einbringen. Mit der Veröffentlichung der Sozialenzyklika ruft der Papst angesichts der dramatischen Bedrohungen nach einer neuen Ethik und fordert dringend, eine „echte politische Weltautorität" [33] zu bestimmen. Die Enzyklika kann so durchaus als eine Kritik des Systems verstanden werden, das solche Krisen nicht verhindert.

Im Anschluss an Eph. 4,15 beschreibt Benedikt XVI. die Wahrheit in der Liebe komplementär als Liebe in der Wahrheit. Mit dieser Formulierung soll die christliche Liebe jenseits aller emotionalisierten Engführungen als die Kraft sozialer Empathie entfaltet werden. Diese vermag im Licht des Glaubens wie auch der Vernunft über ihre Inhalte und Ziele in allgemeingültiger und dialogfähiger Weise Rechenschaft zu geben. Die untrennbare Verbindung von Liebe und Logos, Glaube und Rationalität, die bereits die Regensburger Vorlesung deutlich machte, wird damit in sozialethischer Hinsicht fortgeführt und vertieft. In dieser Perspektive soll die christliche Liebe in ihrer orientierungsbildenden und damit zugleich ideologiekritischen Erschließungskraft transparent werden. Sie ist Benedikt XVI. zufolge unverzichtbar, um die gesellschaftspolitischen und sozialethischen Herausforderungen in der globalen Gesellschaft bewältigen zu können. Vor diesem Hintergrund unternimmt die Enzyklika den Versuch, auf anthropologischer Grundlage ein kulturelles Leitbild zu entwickeln, das im Sinne eines „neuen Humanismus" Menschen befähigen und ermutigen will, sich in grenzüberschreitender Solidarität miteinander und Verantwortung füreinander als Geschöpfe und Ebenbilder Gottes wahrzunehmen und zu achten. [34]

---

32 Gaudium et Spes Nr. 1

33 Siehe: Enzyklika „Caritas in veritate" von Papst Benedikt XVI. an die Bischöfe, an die Priester und Diakone, an die Personen gottgeweihten Lebens, an die christgläubigen Laien und an alle Menschen guten Willens über die ganzheitliche Entwicklung des Menschen in der Liebe und in der Wahrheit (Verlautbarungen des Apostolischen Stuhles 186) 2009, Nr. 67

34 Caritas in veritate, a. a. O., Nr. 19

Die Enzyklika behandelt dabei Themen wie Gerechtigkeit und Gemeinwohl, Entwicklung, Migration, Sexualität und Bevölkerungswachstum in einem angesichts vorangegangener Sozialenzykliken veränderten politischen, sozialen und gesellschaftlichen Umfeld. So verstehen sich die Ausführungen des Papstes als aktualisierende Fortschreibung der sozialethischen Intentionen der Enzyklika „Populorum progressio" von Paul VI. aus dem Jahr 1967. Angesichts der Verbindung der Ausführungen von „Populorum progressio" mit dem Zweiten Vatikanischen Konzil tritt der Papst aber auch hier der Unterscheidung einer vor- und nachkonziliaren Soziallehre entgegen und lässt keinen Zweifel daran, dass das Konzil nur als Vertiefung der „eine(n) einzige(n) kohärente(n) [...] Lehre" und in „der Kontinuität des Lebens der Kirche" recht verstanden werden kann.[35] Erneut wird also deutlich, wie im Vatikan zurzeit das Konzil interpretiert wird. Und um ein letztes Mal auf die Piusbrüder zurückzukommen: Es zeigt sich auch hier der Versuch, den Traditionalisten entgegenzukommen. Doch zugleich ist die Enzyklika ein Zeugnis dafür, wie schwierig dies für Rom werden dürfte. Der Anspruch der römisch-katholischen Kirche, sich auf die moderne Welt einzulassen, wie er in solch einer Sozialenzyklika sichtbar wird, ist m.E. schwer mit der entgegengesetzten Grundhaltung der Piusbrüder in Einklang zu bringen.

Das Dokument ist um eine sachgemäße Wahrnehmung der hochkomplexen Realität der modernen Welt bemüht und entfaltet in seinen zeitdiagnostischen Ausführungen die ökonomischen, kulturellen, politischen und ökologischen Herausforderungen, vor denen wir stehen. Die Phänomene der Globalisierung werden in ihrer Ambivalenz als potenzielle Chance wie auch Gefährdung der humanen Entwicklung wahr- und ernst genommen und entgegen aktuell beobachtbaren Tendenzen zur Fatalisierung sehr klar in die ebenso sachliche wie moralische Verantwortung der menschlichen Freiheit gestellt. Der Umgang mit den ökonomischen und ökologischen Krisen der Gegenwart wird damit dezidiert als eine kulturelle Gestaltungsaufgabe benannt, an der sich Kirche maßgeblich beteiligen will. Ebenso bemerkens- und anerkennenswert ist der das gesamte Papier prägende Geist einer kulturellen Unvoreingenommenheit und Aufgeschlossenheit, der die Vielfalt der wissenschaftlichen, wirtschaftlichen und technologischen Entwicklungen als legitime Ausdrucksformen der menschlichen Natur respektiert – sofern sie bereit sind, den „Grundnormen des natürlichen Sittengesetzes",

35 Caritas in veritate, a.a.O., Nr. 12

das Gott dem Menschen „ins Herz geschrieben hat", zu folgen[36] – wie es gemäß katholischer Schultheologie ausgedrückt wird. Dem entspricht die zuversichtliche Bereitschaft, die aktuellen Herausforderungen als Chance zur humanen Weiterentwicklung zu nutzen und zu meistern.

Die Rezeption der Enzyklika innerhalb der katholischen Kirche zeigt ein zwiespältiges Echo: Einerseits erfuhr der Text eine geradezu euphorisch anmutende Würdigung als „epochales", „bahnbrechendes" Dokument – so Wissenschaftler der katholischen Universität Eichstätt-Ingolstadt.[37] Auf der anderen Seite gab es tiefgreifende Kritik bis hin zu der Aussage, es handle sich „formal gesehen" um ein „ziemliches Schrottpapier".[38] Dem katholischen Sozialethiker Gerhard Kruip zufolge hat diese divergente Wahrnehmung mit dem heterogenen Charakter der Enzyklika zu tun, die anscheinend zusammengesetzt ist aus einer Vorlage mit vielfältigen Stellungnahmen zur Weltpolitik, die der Papst einer nachträglichen theologischen Rahmung unterzogen habe. Die Verbindung von theologischen und politischen Aussagen sei dabei nicht immer gelungen.[39]

Interessant wäre auch ein ausführlicher Vergleich mit dem EKD-Papier „Wie ein Riss in einer hohen Mauer", das ungefähr zeitgleich veröffentlicht wurde und ebenfalls zur Wirtschaftskrise Stellung nimmt.[40] Obwohl gemeinsame Parameter in unterschiedliche Theoriekonzepte eingebunden und dadurch semantisch unterschiedlich konnotiert sind, ist beiden Texten doch gemeinsam:

– Das Bewusstsein, dass in der Gegenwart durch den Prozess der Globalisierung und die ökologischen Herausforderungen gegenüber früheren Zeiten ein radikales Umdenken vonnöten ist.
– Die grundsätzlich ethisch ausgerichtete Reflexion aktueller Krisenphänomene und möglicher Lösungsstrategien.
– Beide Texte sprechen sich für ein Konzept sozialer Marktwirtschaft aus, das sich den globalen und ökologischen Herausforderungen für die Gegenwart ebenso wie auch mit Blick auf zukünftige Generationen verpflichtet weiß. In kritischer Abwehr eines ökonomischen Selbstzweckes

36 Caritas in veritate, a. a. O., Nr. 68

37 Siehe KNA vom 10. Juli 2009, Korrespondentenberichte, 2

38 So Friedhelm Hengsbach im Deutschlandfunk am 11. Juli 2009 (siehe: www.dradio.de/dlf/sendungen/interview_dlf/997549)

39 Kruip, G., Entwicklung und Wahrheit. Die Sozialenzyklika Benedikt XVI. ermöglicht viele Lesarten, in: Herder Korrespondenz 63 (2009), 389

40 Wie ein Riss in einer hohen Mauer. Wort des Rates der EKD zur globalen Finanzmarkt- und Wirtschaftskrise (EKD Texte 100), 2009

insistieren beide Papiere darauf, dass die Wirtschaft in den Dienst des Menschen bzw. des Gemeinwohls zu stellen ist.

Auch die neue Enzyklika „Caritas in veritate" bestätigt also meinen wiederholt geäußerten Eindruck, dass trotz vieler Differenzen evangelische und römisch-katholische Christinnen und Christen mehr eint als trennt. Die VELKD ist dankbar, in welcher grundsätzlichen Dimension die Enzyklika das Thema bearbeitet hat. Allerdings kommt sie zu keinen konkreten Handlungseinsichten, so dass ihre Wirkung wohl eher gering bleiben wird.

3. Die römisch-katholische Kirche in Beziehung zur lutherischen Kirche

3.1 Die Beziehungen zur VELKD

3.1.1 Veröffentlichung der evangelischen Stellungnahmen zu „Communio Sanctorum"

Letztes Jahr hatte ich ausführlich über die offiziellen theologischen Gespräche berichtet, die die VELKD seit über 30 Jahren mit der römisch-katholischen Bischofskonferenz führt. Heute möchte ich Ihnen mitteilen, was sich seither getan hat.

Ich hatte darauf aufmerksam gemacht, dass die VELKD durch eine Veröffentlichung der relevanten evangelischen Stellungnahmen zum Dokument „Communio Sanctorum" die Arbeit der Zweiten Bilateralen Arbeitsgruppe zwischen VELKD und römisch-katholischer Deutscher Bischofskonferenz einem gewissen Abschluss seitens der VELKD zuzuführen beabsichtigte. Dies ist inzwischen geschehen. Der erschienene Band vereint zwölf Reaktionen auf das Studiendokument mit einer einführenden Lesehilfe in das umfangreiche Material von Frau Prof. Friederike Nüssel (Heidelberg). Den Texten vorangestellt ist ein „Votum der Kirchenleitung der VELKD zum Diskussionsprozess über Communio Sanctorum." Darin würdigt die Kirchenleitung, dass das Konsensdokument „[...] den überaus strittigen und offenen kontroverstheologischen Themen im Bereich der Ekklesiologie nicht ausgewichen ist" und hält es „[...] für wegweisend, dass die Themen in einen Gedankengang eingebettet wurden, der die konstitutive Bedeutung der Schrift und die Bedeutung des allgemeinen Priestertums der Gläubigen herausstellt."[41] Darüber hinaus benennt die Kirchenleitung wichtige hermeneutische und inhaltliche Punkte, die durch den Diskussionsprozess sichtbar geworden sind und auch für die Weiterarbeit wichtig sein könnten. So wertet es die Kirchenleitung z. B. als ermutigendes Zeichen, „[…] dass die weiterhin bestehenden Differenzen in der Heiligen- und Marienverehrung nicht als hinreichender Grund für eine Kirchentrennung angesehen werden."[42] Zugleich räumt das Votum aber auch ein, dass der Abschnitt über die Bezeugungsinstanzen innerevangelisch unterschiedlich bewertet wurde und das Kapitel zum Papstamt deutliche Kritik erfahren hat. In ihrem Votum hat sich die Kirchenleitung übrigens auch eine Passage der Entschließung der letztjährigen Generalsynode in Zwickau zum Bericht des Catholica-Beauftragten zu eigen gemacht, in der die Methode des differenzierten Konsenses gewürdigt wurde.

3.1.2 Beginn der Dritten Bilateralen Arbeitsgruppe: „Gott und die Würde des Menschen"

Darüber hinaus hatte ich im vergangenen Jahr die Aufnahme einer neuen, dritten Dialogrunde der Bilateralen Arbeitsgruppe angekündigt. Im Mai ist die neue Dialogkommission zu ihrer konstituierenden Sitzung zusammengekommen. Von der Kirchenleitung der VELKD wurden als Mitglieder der Dialogkommission berufen: Landesbischof Prof. Dr. Friedrich Weber (lutherischer Vorsitzender), Prof. Dr. Hans-Martin Gutmann, Regionalbischof i. R. Dr. Ernst Öffner, Dr. Miriam Rose, Prof. Dr. Christiane Tietz (in Absprache mit dem Präsidium der UEK), Prof. Dr. Joachim Track, OKR Dr. Oliver Schuegraf (lutherischer Geschäftsführer). Mitglieder der Dialogkommission sind für die Deutsche Bischofskonferenz: Bischof Prof. Dr. Gerhard Ludwig Müller (katholischer Vorsitzender), Prof. Dr. Johannes Reiter, Prof. Dr. Dorothea Sattler, Prof. Dr. Thomas Söding, Prof. Dr. Wolfgang Thönissen, Prof. Dr. Eberhard Tiefensee, Dr. Dorothee Kaes (katholische Geschäftsführerin).

Unmittelbar nach der Sitzung brachte Bischof Müller seine Freude darüber zum Ausdruck, dass die Gespräche nun fortgeführt werden: „Dies ist ein wichtiges Signal gegen alle, die meinen, um die Ökumene sei es derzeit schlecht bestellt. Die Gespräche werden unser wechselseitiges Verständ-

41 Schuegraf, Oliver/Hahn, Udo (Hrsg.), Communio Sanctorum. Evangelische Stellungnahmen zur Studie der Zweiten Bilateralen Arbeitsgruppe der Deutschen Bischofskonferenz und der Kirchenleitung der VELKD, Hannover 2009, 15

42 Schuegraf/Hahn, a. a. O., 14

nis vertiefen und unsere Beziehungen bereichern, davon bin ich überzeugt", so der Bischof von Regensburg. Und auch ich werte den Beginn der neuen Bilateralen Arbeitsgruppe als ein wichtiges Signal, dass das Gespräch der beiden Konfessionen weitergeht; ich sehe dem weiteren Dialog mit spannungsvoller Erwartung entgegen – eine Einstellung, die ich bei allen Kommissionsmitglieder zu spüren meinte. Bereits bei diesem ersten Treffen, bei dem es vor allem um ein gegenseitiges Kennenlernen ging, kam es zu lebhaften und interessanten Diskussionen über die von den kirchenleitenden Gremien vorgegebene Themenstellung.

Diese lautet: „Gott und die Würde des Menschen" und führt in Bereiche, die in den bisherigen Lehrgesprächen nicht genügend bedacht wurden. Es ist wichtig, dass wir die unveräußerliche Würde des Menschen als ein über die Konfessionen hinweg verbindendes Thema herausarbeiten. Ich bin davon überzeugt, dass auch die gerade vorgestellte Enzyklika von ihrer kulturhermeneutischen Intention und den anthropologischen Kategorien her wie auch aufgrund einzelner Problemanalysen sehr geeignet ist, unsere Gespräche zu befruchten und zu fördern. Doch es wird uns nicht um die Suche nach gemeinsamen Positionen zu konkreten Fragen der Sozialethik gehen. Vielmehr werden wir uns klassischen dogmatischen Themen zuwenden, vor allem natürlich der Anthropologie, also der christlichen Lehre vom Menschen. Des Weiteren ergeben sich aus der Themenstellung auch Bezüge zur Gnaden- und Rechtfertigungslehre sowie der Schöpfungslehre. Darüber hinaus haben wir den Auftrag, die bisherige Methode des ökumenischen Dialogs zu erörtern. Deshalb haben wir verabredet, auf unserer nächsten Sitzung, die Mitte Dezember stattfinden wird, zunächst nochmals die Methode, die unserem Dialog zugrunde lag, sowie dessen Rezeption zu untersuchen und dabei auch die Ergebnisse des internationalen lutherisch/römisch-katholischen Dialogs in den Blick zu nehmen.

3.2 Die Beziehungen zum Lutherischen Weltbund

3.2.1 Lutherisch/Römisch-katholische Kommission für die Einheit

„Internationaler lutherisch/römisch-katholischer Dialog" ist ein gutes Stichwort, um zum weltweiten Horizont des Luthertums zu kommen. Wie in Zwickau berichtet, tagte von 1995 bis 2006 die vierte Phase der lutherisch/römisch-katholischen Kommission für die Einheit. Die deutsche Veröffentlichung ihres Studiendokumentes „Die Apostolizität der Kirche" ließ letztes

Jahr leider noch auf sich warten. Inzwischen aber ist der Text dieser wichtigen Studie den deutschen Kirchen, aber auch der weiteren Öffentlichkeit auf Deutsch zugänglich.[43]

An der Kommission und ihrem Dokument lässt sich gut aufzeigen, welche Bedeutung für die VELKD und ihre ökumenische Arbeit die Einbindung in den größeren Rahmen des Lutherischen Weltbundes hat und auf welch vielfältige Weise wir in die lutherische Kirchengemeinschaft eingebunden und mit ihr verflochten sind:

Die Beauftragung der internationalen Kommission und die Ernennung der Kommissionsmitglieder erfolgten durch den Rat des Lutherischen Weltbundes und den Päpstlichen Rat zur Förderung der Einheit der Christen. Aufgrund der Größe der deutschen lutherischen Kirchen und der besonderen ökumenischen Situation in Deutschland gehört solchen Kommissionen traditionell ein deutsches Mitglied an. Nach Rücksprache mit dem DNK/LWB und der VELKD wurde der Vorsitzende unseres synodalen Catholica-Ausschusses, Prof. Dr. Gunther Wenz (München), in die Kommission berufen. Nachdem die Kommission ihr Arbeitsergebnis den beiden Auftraggebern vorgelegt hatte, bat nun der Lutherische Weltbund um Reaktionen aus dem Kreis seiner Mitgliedskirchen. Für Deutschland ist für solche Fragen das Deutsche Nationalkomitee des LWB (DNK/LWB) zuständig, dem neben den VELKD-Gliedkirchen auch die fünf weiteren deutschen Mitgliedskirchen des LWB angehören. Das DNK/LWB hat daraufhin den Ökumenischen Studienausschuss (ÖStA) gebeten, das Dokument gründlich zu studieren und eine Stellungnahme zu erarbeiten. Dem ÖStA gehören neben Professoren unterschiedlicher Fachrichtungen auch Vertreter der verschiedenen Gliedkirchen der VELKD sowie zwei durch das DNK/LWB benannte Mitglieder an. Zunächst arbeitete eine Untergruppe des Studienausschusses an einem Textentwurf für die Stellungnahme, der dann auf der Sitzung des ÖStA letzten Monat besprochen und überarbeitet wurde. Der endgültige Text geht nun zurück an das DNK/LWB. Wenn sich das DNK/LWB den Text zu Eigen macht, kann er dann wiederum als Reaktion aller lutherischen Kirchen Deutschlands an den LWB versandt werden.

Inzwischen hat eine 5. Runde der lutherisch/römisch-katholischen Kommission für die Einheit im Juli dieses Jahres ihre Arbeit aufgenommen. Diesmal berief der Rat des LWB nach Rücksprache mit dem DNK/LWB und VELKD Frau Prof. Friederike Nüssel (Heidelberg) in die Kommission.

43 Die Apostolizität der Kirche. Studiendokument der Lutherisch/Römisch-katholischen Kommission für die Einheit, Paderborn/Frankfurt a.M. 2009

Er beauftragte letztes Jahr in Arusha, Tansania, die neue Kommission, nicht nur ein Dokument zum Thema „Taufe und das Wachsen in Gemeinschaft" zu erarbeiten, sondern speziell auch einen Text zum Reformationsjubiläum im Jahr 2017. Wie zu hören ist, soll zunächst eine gemeinsame Theologie der Taufe erarbeitet und zudem untersucht werden, welche Bedeutung diese für das Wachsen der Gemeinschaft zwischen unseren Kirchen hat. Das ist in der Tat eine für die Ökumene zentrale Frage. Denn es ist ja besonders schmerzlich, dass wir als Kirchen nach wie vor getrennt sind, obwohl wir uns 2007 in Magdeburg zusammen mit anderen Kirchen nochmals offiziell und verbindlich verpflichtet hatten, unsere Taufen wechselseitig anzuerkennen. Aber vielleicht liegt dies ja daran, dass wir zwar dasselbe Verständnis des Taufritus und dessen theologische Begründung haben, es aber durchaus noch offene Fragen im Verständnis der Taufe als umfassenden Prozess christlicher Initiation gibt. Wir sollten also noch größere Anstrengungen unternehmen, ob wir von einer durchdachten Tauf-Theologie her uns nicht doch auch im Kirchenverständnis näherkommen könnten.

3.2.2 Zehn Jahre „Gemeinsame Erklärung zur Rechtfertigungslehre"

Schließlich möchte ich auf ein Ereignis zu sprechen kommen, das genau heute in einer Woche nicht weit von hier gefeiert werden wird. Am 31. Oktober 1999 wurde in Augsburg die „Gemeinsame Erklärung zur Rechtfertigungslehre" unterzeichnet. Ihr 10. Jahrestag wird wiederum in Augsburg mit einem zweitägigen Festakt begangen, der vom Lutherischen Weltbund und dem Päpstlichen Einheitsrat vorbereitet und verantwortet wird. In ihrer Einladung zu den Feierlichkeiten schreiben Generalsekretär Dr. Ishmael Noko und Walter Kardinal Kasper:

„Diese Erklärung stellt einen wichtigen Meilenstein in der Geschichte unserer beiden Kirchen dar. Offiziell und öffentlich und mit großer Freude bekräftigen wir, dass die in unseren Gemeinschaften jahrhundertelang wiederholten gegenseitigen Verurteilungen in dieser entscheidenden Frage nicht länger Gegenstand unserer gegenwärtigen Lehre sind. Unter allen Ereignissen der ökumenischen Diskussionen und Dialoge des zwanzigsten Jahrhunderts nimmt die erreichte Übereinstimmung einen besonderen Platz ein. Ein weiterer bedeutsamer Schritt auf die Einheit hin erfolgte 2006 in Seoul, Korea, als auch die Weltkonferenz der Methodisten die „Gemeinsame Erklärung" bestätigte. Inmitten der Feierlichkeiten rund um die Welt erschien uns Augsburg als der Ort der Unterzeichnung 1999 für die zentrale Feier am geeignetsten."

Auch hier zeigt sich die enge Einbindung der VELKD in die Gemeinschaft des Lutherischen Weltbundes, denn die VELKD begleitet das Jubiläum auf verschiedenen Ebenen. So war das Amt der VELKD von Anfang an in die Planungen für den Festakt einbezogen und hat auf Bitten des LWB zahlreiche Aufgaben bei der Vorbereitung der Veranstaltung übernommen. Des Weiteren ist letzten Monat das Heft „Unter dem Horizont der Gnade. Ökumenische Arbeitshilfe zum 10. Jahrestag der Gemeinsamen Erklärung zur Rechtfertigungslehre" erschienen, das in Kooperation von der VELKD, dem J.-A.-Möhler-Institut für Ökumenik und der Ökumenekommission der Evangelisch-methodistischen Kirche entstanden ist. Schließlich ist von der VELKD eine Dokumentation erarbeitet worden, die es zukünftig erleichtern wird, die „Gemeinsame Erklärung" auf dem Hintergrund ihrer Vorgeschichte und der Fülle an Reaktionen besser zu verstehen. In der Textsammlung sind nun die Entwürfe und Vorstufen der Erklärung sowie die offiziellen Reaktionen aus den Mitgliedskirchen des LWB, aber auch die kritischen Stimmen, die laut geworden waren, an einem Ort zugänglich. So ist es möglich, nochmals nüchtern und in allen Einzelheiten nachzuvollziehen, wie sich damals die Ereignisse genau dargestellt haben.

Dass die „Gemeinsame Erklärung" in Deutschland nicht unumstritten geblieben ist, sondern sich vor allem aus der universitären Theologie deutliche Kritik meldete, darf ehrlicherweise nicht verschwiegen werden. Doch weltweit gesehen, hat der Text große Zustimmung erfahren. Bis Juni 1998 hatten mehr als die Hälfte der LWB-Kirchen ihr Votum zum endgültigen Text abgegeben. Diese repräsentierten etwa 90 % der Lutheraner im LWB. Der Rat des LWB stimmte daraufhin einstimmig der Gemeinsamen Erklärung zu. [44] Wichtig erscheint mir, daran zu erinnern, dass zwei Wochen vor der Unterzeichnung auch der Rat der Evangelischen Kirche in Deutschland und der Vorstand der Arnoldshainer Konferenz gemeinsam mit der Kirchenleitung der VELKD in einer Erklärung die erreichte Einigung begrüßten. Dort heißt es: „Das Ergebnis dieses Prozesses ist von hoher Bedeutung für alle Gliedkirchen der Evangelischen Kirche in Deutschland, nicht nur für die unmittelbar beteiligten Mitgliedskirchen des Lutherischen Weltbunds. Zum ersten Mal seit der Reformation ist es mit der GER und den Zusatzdokumenten gelungen, dass die seit damals getrennten Kirchen gemein-

44 Siehe: Unter dem Horizont der Gnade, Ökumenische Arbeitshilfe zum 10. Jahrestag der „Gemeinsamen Erklärung zur Rechtfertigungslehre", Hannover/Paderborn/Frankfurt a. M., 8; auch 11

same Aussagen zu jener Lehre machen, die einst Ausgangspunkt für das Zerbrechen der Einheit der abendländischen Kirche gewesen ist. Die Lehrverurteilungen, die sich auf die Rechtfertigungslehre beziehen, haben damit ihre kirchentrennende Wirkung verloren." [45]

Auf katholischer Seite würdigte Papst Johannes Paul II. am Tag der Unterzeichnung das Dokument als „[...] einen Meilenstein auf dem nicht leichten Weg der Wiederherstellung der vollen Einheit unter den Christen", als „wertvolle(n) Beitrag zur Reinigung des geschichtlichen Gedächtnisses" und als „sichere Grundlage [...] um die theologische Forschung auf ökumenischem Gebiet fortzuführen." [46] Und Erzbischof Zollitsch hat im April dieses Jahres für die römisch-katholische Deutsche Bischofskonferenz nochmals in aller Deutlichkeit festgehalten: „Wer nach Augsburg behauptet, die Unterschiede in der Rechtfertigungslehre hätten kirchentrennenden Charakter, vertritt damit seine Privatmeinung und kann sich dafür nicht auf kirchliche Lehre berufen." [47]

Was nun die theologische Kritik an einzelnen Formulierungen oder Abschnitten angeht, sehe ich hier nicht den Ort, diese Debatte zu führen. Doch auch im Rückblick scheint mir eine methodische Erkenntnis wichtig:

Die heftigen und leidenschaftlichen Debatten um die „Gemeinsame Erklärung" sind verständlich, da es bei der Rechtfertigungslehre nicht um ein Lehrstück neben anderen geht, sondern um den zentralen Punkt, an dem sich die Wege in der Reformation getrennt haben. In diesem Zusammenhang lohnt es sich daran zu erinnern, dass in den 60er-Jahren des vergangenen Jahrhunderts auch heftig diskutiert wurde zwischen Lutheranern und Reformierten, und zwar auch um ein Zentralstück der Theologie, die Abendmahlslehre. Der Prozess hin zur Unterzeichnung der Leuenberger Erklärung drohte zu scheitern, solange die beteiligten Parteien den Einzelheiten des Vergleichs von Formulierungen der jeweiligen konfessionellen Traditionen verhaftet blieben. So kam man nicht weiter auf dem Weg zur noch ausstehenden Abendmahlsgemeinschaft. Erst ein neuer methodischer Ansatz machte die innerevangelische Einigung möglich. Wurde damals also zunächst auch sehr gewissenhaft um Detailfragen gerungen, ja gestritten,

---

45 Die Gemeinsame Erklärung zur Rechtfertigungslehre. Dokumentation des Entstehungs- und Rezeptionsprozesses, hrsg. von F. Hauschildt gemeinsam mit U. Hahn und A. Siemens, Göttingen 2009, 945

46 Ebd., 1035

47 Zollitsch, Robert, Zur Zukunft der Ökumene, in: KNA-ÖKI 15–16, 7. April 2009, Dokumentation, 2

wird heute Leuenberg als großer Fortschritt gewürdigt. Wenn wir also Leuenberg loben, müssen wir dann nicht auch bei der Interpretation der „Gemeinsame(n) Erklärung" die grundlegenden, übergeordneten Gesichtspunkte [48] stark machen und die Kritik an Einzelheiten zurücktreten lassen? Und warum gab es nicht ähnlichen Einspruch, als vor 22 Jahren die Kirchengemeinschaft zwischen VELKD, Union Evangelischer Kirchen und Evangelisch-methodistischer Kirche in Deutschland unterzeichnet werden sollte oder 2006, als der Weltrat Methodistischer Kirchen der Erklärung zustimmte? Klassische methodistische Formulierungen sind dem lutherischen „simul iustus et peccator" wohl noch weiter entfernt als die traditionelle römisch-katholische Position, und dennoch ist mir keinerlei Einwurf bekannt, dass mit der Annäherung an die Methodisten ein Kernstück lutherischer Theologie geopfert worden sei.

Ich glaube, die Versuche, die Bedeutung der „Gemeinsame(n) Erklärung" juridisch von ihrer kirchenrechtlichen Stellung oder von einer vollständigen theologischen Kongruenz mit lutherischen Lehrsätzen abhängig machen zu wollen, gehen am Text vorbei. Ich vertraue darauf, dass letztlich die „Gemeinsame Erklärung" eine Erfolgsgeschichte werden wird, weil sich ihr Gehalt in den Kirchen selbst durchsetzen wird. Wie die Leuenberger Konkordie will auch die „Gemeinsame Erklärung" helfen, dass sich zwei ökumenische Partner die Wahrheit des Evangeliums einander erschließen. Das Verständnis einer konfessionell tradierten Formulierung wurde auf neue Weise so ausgesprochen, dass der andere eben diese Wahrheit des Evangeliums darin wiedererkennt. [49] Vielleicht erinnern Sie sich ja noch, wie Generalsekretär Dr. Noko dies im Eröffnungsgottesdienst unser Synodalperiode anhand der Geschichte von Maria und Marta beschrieben hat: „Die Unterzeichnung der Gemeinsamen Erklärung zur Rechtfertigungslehre ist das Ergebnis, dass LutheranerInnen und KatholikInnen Gott und einander zugehört haben. Durch dieses Zuhören haben wir einander entdeckt, haben wir entdeckt, dass wir auf verschiedene Weise über dieselben Dinge sprechen. Aus dieser Erfahrung lernten wir, dass Zuhören ein Geschenk Gottes ist [...] Wir können nicht friedlich miteinander bestehen, wenn wir nicht lernen und anerkennen, dass wir einander zuhören müssen." [50]

---

48 Siehe dazu z. B.: Unter dem Horizont der Gnade, a. a. O., 16–18 und 26–31

49 Siehe dazu bereits den Bericht des Catholica-Beauftragten der VELKD vom 18. Oktober 1998 (Texte aus der VELKD 83) 1998, 3

50 Predigt, Lukas 10, 38–42 von Pfr. Dr. Ishmael Noko, Generalsekretär des Lutherischen Weltbundes, in: epd-Dokumentation 22/23, 19. Mai 2009, 6

Schließlich stellt sich nach 10 Jahren die Frage, was die „Gemeinsame Erklärung" gebracht hat. Hieß es doch in der Erklärung: „Unser Konsens in Grundwahrheiten der Rechtfertigungslehre muss sich im Leben und in der Lehre der Kirchen auswirken und bewähren." [51] Nun ist eine Dekade vergangen, und sicherlich sind wir nicht so weit gekommen, wie sich viele erhofft haben. Vielleicht wäre ja sogar inzwischen auch mehr erreicht worden, wenn nicht die Bearbeitung der von der Erklärung angestoßenen Fragen durch die heftige Kritik in Deutschland erschwert worden wäre. Und dennoch ist einiges passiert:

1) Das bereits erwähnte Studiendokument „Die Apostolizität der Kirche" knüpft erfreulicherweise immer wieder an die Ergebnisse der ‚Gemeinsamen Erklärung' an. Sowohl die Methode der Gemeinsamen Erklärung als auch inhaltliche Aussagen wurden aufgegriffen. Dies wird explizit damit begründet, dass der Text „beträchtliches Gewicht und Autorität" besitzt, da mit seiner Unterzeichnung bisherige Dialogergebnisse zur Rechtfertigungslehre offiziell rezipiert wurden. [52]
2) In bin mir sicher, dass auch die von der neuen internationalen Kommission anvisierte Studie zur Taufe ein Baustein der Weiterarbeit an der GER werden wird. Denn es ist doch sicherlich dort auch zu klären, welche Bedeutung der Konsens in der Rechtfertigungslehre für die Taufe hat und damit auch eine Bedeutung für das Verständnis von Kirche.
3) Auch unseren nationalen Dialog zum Thema „Gott und die Würde des Menschen" verstehen wir durchaus als Weiterarbeit an den uns von der Rechtfertigungsbotschaft aufgegebenen Themen.
4) Des Weiteren arbeiten lutherische und römisch-katholische, aber auch reformierte und methodistische Bibelwissenschaftler zurzeit gemeinsam daran, die biblische Basis der „Gemeinsame(n) Erklärung zur Rechtfertigungslehre" zu verbreitern. Man hat sich die Aufgabe gesetzt, das Zeugnis des Alten Testaments stärker in die biblische Begründung der Rechtfertigungsbotschaft einzubeziehen und das neutestamentliche Zeugnis von der Rechtfertigung nicht allein von der paulinischen Theologie her zu begründen, sondern ebenso das Wirken Jesu und seine Verkündigung der Gottesherrschaft sowie die Botschaft von der Gerechtigkeit Gottes in anderen Schriften des Neuen Testaments zu berücksichtigen. Darüber hinaus soll auch stärker als bisher nach den Wirkungen der biblischen Rechtfertigungsbotschaft im Leben der Kirche und bei den Glaubenden

51 GER § 43
52 Die Apostolizität der Kirche, a. a. O., Vorwort, 13f

gefragt werden. Die Ergebnisse sollen nächstes Jahr in einem gemeinsamen Text zusammengefasst und vorgestellt werden.

5) Und schließlich möchte ich auf ein weiteres interessantes Projekt hinweisen: Im September 2008 haben das katholische Johann-Adam-Möhler-Institut in Paderborn und das Institut für Ökumenische Forschung in Strasbourg das Projekt einer „Ökumenischen Kommentierung der 95 Ablassthesen Martin Luthers" begonnen. Ein Team von evangelischen und katholischen Theologen untersucht im Gespräch miteinander die Ablassthesen in ihrem historischen Kontext. Hier geht es nicht um einen Konsenstext über ein heutiges Ablassverständnis. Vielmehr soll Lesern, die die Thesen historisch und theologisch tiefer verstehen wollen, die nötigen Informationen gegeben und eine umfassende, gemeinsam verantwortete Interpretation vorgestellt werden. Auch dieses Projekt ist eine Frucht der „Gemeinsame(n) Erklärung".

Es gibt also durchaus eine aktive Weiterarbeit an den relevanten Fragen, auch wenn diese (noch) nicht zu neuen offiziellen Vereinbarungen geführt hat. Vor allem muss die notwendige Weiterarbeit aber auch die selbstkritische Reflexion einschließen, wie Lutheraner es – gemeinsam mit den Katholiken – schaffen, die Rechtfertigungsbotschaft für die Gegenwart neu zu erschließen. Angesichts der Vorbehalte oder gar Rechtfertigungsvergessenheit weiter Teile unserer Kirchenmitglieder stehen wir vor der Herausforderung, Verstehenshindernisse abzubauen, die reformatorische Zentralbotschaft ins Gedächtnis zu rufen und die befreiende Kraft dieser biblischen Wahrheit zu verkündigen.

Der diesjährige Bericht hat bewusst eine Auswahl aus all dem getroffen, was sich in einem Jahr im Bereich „Catholica" ereignet hat. Anhand dieser Auswahl ist hoffentlich deutlich geworden, wie komplex die ökumenische Landschaft ist, in der wir unsere Beziehung zur römisch-katholischen Kirche leben. Innerkirchliche Diskussionen wie etwa die um Strukturreformen oder den Umgang mit Kontroversthemen haben auch Auswirkungen auf das Verhältnis zu den ökumenischen Partnern. Das gilt für beide Kirchen gleichermaßen. Zudem werden unsere Beziehungen vor Ort immer auch durch unsere weltweiten Konfessionsfamilien mitbestimmt, denen wir uns zugehörig fühlen. Für deutsche Katholiken sind dies natürlich der Vatikan und die römische Weltkirche. Für die VELKD hingegen ist das weltweite Luthertum der bestimmende Horizont. Dies konnten wir in den letzten Tagen deutlich erfahren, indem wir uns gemeinsam auf die Vollversammlung des LWB in Stuttgart vorbereitet und uns mit unseren Gästen aus der lutherischen Weltökumene mit dem Thema „Unser tägliches Brot gib uns heute“ beschäftigt haben.

Trotz dieser komplexen ökumenischen Landschaft wissen wir uns verpflichtet, unsere Beziehungen zu vertiefen. Dies sollten im letzten Kapitel die Beispiele aus der nationalen und internationalen Dialogökumene aufzeigen: Ergebnisse der offiziellen Kommissionen befinden sich in der Auswertung, neue Gespräche haben begonnen, und der 10. Jahrestag der „Gemeinsame(n) Erklärung“ bietet eine gute Gelegenheit, sich des Erreichten zu vergewissern, Gott dafür zu danken und um Kraft für die Weiterarbeit zu bitten.

„Damit ihr Hoffnung habt“ lautet das Leitwort des 2. Ökumenischen Kirchentages im nächsten Mai (2010). Über dieses ökumenische Großereignis wird im Catholica-Bericht 2010 sicherlich viel zu berichten sein. „Damit ihr Hoffnung habt“ – bis dahin möge uns dieses Leitwort begleiten auf der Suche nach vertieften Beziehungen in einer komplexen ökumenischen Landschaft.

„[…] damit ihr Glauben und Hoffnung zu Gott habt“

Bericht der 11. Generalsynode auf ihrer 3. Tagung in Hannover am Samstag, 6. November 2010 vorgelegt

Meine diesjährigen Überlegungen möchte ich unter ein Wort aus dem 1. Petrusbrief stellen. Dort ist zu lesen:

> *„Christus ist zwar zuvor ausersehen, ehe der Welt Grund gelegt wurde, aber offenbart am Ende der Zeiten um euretwillen, die ihr durch ihn glaubt an Gott, der ihn auferweckt hat von den Toten und ihm die Herrlichkeit gegeben hat, damit ihr Glauben und Hoffnung zu Gott habt.“ (1 Petrus 1,20f)*

Dieser Text, der in unseren Kirchen zu Okuli ausgelegt wird, ist bereits mitten in der Passionszeit ein verkappter Ostertext. Der Blick wird auf unsere noch ausstehende Heimat ausgerichtet, die in der Auferstehung der Toten grundgelegt ist. Und auf diese Osterbotschaft lohnt es sich auch zu hören in der langen Trinitatiszeit am Ende des Kirchenjahres. Christus ist auferstanden – der Tod ist überwunden. Von dieser befreienden Botschaft leben wir. Die Auferstehung Christi gibt unserer Hoffnung und unserem Glauben einen sicheren Grund. Im Rückblick auf die Heilsgeschichte erkennen wir bereits jetzt, worauf sich unsere Hoffnung und unser Glaube hin ausstrecken. Davon wollen und müssen wir Christinnen und Christen gemeinsam Zeugnis ablegen. Mit einer Stimme wollen und müssen wir davon sprechen, dass Er erweckt und die Macht des Todes besiegt wurde. Geht es um das Zentrum unseres Glaubens, ist kein Platz, sich in unseren jeweils besonderen kirchlichen und konfessionellen Gestalten zu profilieren und in konfessionalistischer Beharrlichkeit zurückzufallen. Wo wir dies tun, lacht der Tod aus dem Gemäuer unserer Kirchlichkeit. Vielmehr sind wir aufgerufen, den Reichtum unserer konfessionellen Schätze und Gaben auf das Zentrum hin auszurichten und in den Dienst des kommenden Reiches Gottes zu stellen. Wir haben das Zeugnis von der Auferweckung Christi auch in unsere ökumenischen Beziehungen hinein zu verkündigen. Zur missionarischen und befreienden Dimension unseres Glaubens gehört, dass wir uns gegenseitig wahrnehmen und miteinander reden, uns unsere Hoffnung mitteilen, uns Rechenschaft geben über unsere Sicht und Praxis des Glaubens. Der Glaube und die Hoffnung zu Gott führen uns zusammen, geben unserem Denken und Handeln eine gemeinsame Richtung und Orientierung.

‚Hoffnung' und ‚Glaube', die beiden Leitbegriffe der Petrusbriefverse, sollen auch meinen diesjährigen Catholica-Bericht gliedern. Unter dem Stichwort ‚Hoffnung' werde ich zunächst auf den Ökumenischen Kirchentag zurückblicken, bevor ich mich dann der weiterhin nötigen Aufarbeitung unserer theologischen Differenzen zuwende. Die Suche nach dem gemeinsamen Bezeugen unseres Glaubens nimmt weiterhin einen zentralen Platz in den lutherisch/römisch-katholischen Beziehungen ein.

1. Hoffnung schöpfen – Nachlese zum Ökumenischen Kirchentag

Oft war im Nachgang zum Zweiten Ökumenischen Kirchentag (ÖKT) zu hören und zu lesen, dass es *den* ÖKT nicht gab. Vielmehr habe jeder ganz persönliche Erfahrungen und Eindrücke von *seinem* ÖKT gesammelt. Dieser Einsicht kann ich mich gut anschließen. Mein Kirchentag war besonders geprägt von den Veranstaltungen, an denen ich aktiv teilgenommen habe: vom Eröffnungsgottesdienst auf dem Odeonsplatz, über eine Bibelarbeit in leichter Sprache, dem Himmelfahrtsgottesdienst mit einer bemerkenswerten Predigt von Prof. Dorothea Sattler, der Podiumsdiskussion zur Amtsfrage gemeinsam mit meinem Regensburger Amtsbruder, Gerhard Ludwig Müller, der vom Publikum durchaus Gegenwind zu spüren bekam, bis hin zum vollen Lima-Gottesdienst unter alt-katholischer, evangelischer und anglikanischer Beteiligung und dem bewegenden Meißen-Gottesdienst. Besonders im Gedächtnis bleibt mir das Podiumsgespräch mit dem Ehepaar Liselotte und Dr. Hans-Jochen Vogel, Prof. Otto Hermann Pesch und anderen zur ökumenischen Situation. In der überfüllten St. Markus Kirche wurde so etwas wie eine „heilige Ungeduld" spürbar, als die Gesprächsteilnehmenden von ihrem sie in Christus verbindenden Glauben sprachen und sie zugleich die Grenzen der gemeinsamen Praxis artikulierten. Mein Eindruck und meine Sorge: Es gibt eine leise Auswanderung gerade auch von in konfessionsverbindenden Ehen Lebenden aus der verfassten Kirche, wenn deren Praxis dem gemeinsamen Glaubensleben keinen Raum gewährt.

Und dann gab es natürlich die mit Spannung erwartete Artoklasie, die orthodoxe Feier des Brotbrechens. 20.000 waren gekommen trotz eisiger Kälte im Mai. Die Anwesenden haben eindrücklich gezeigt, dass wir Christinnen und Christen Tischgemeinschaft begehen können ohne Abendmahl zu feiern. War diese Form des Brotbrechens nur ein billiger Ersatz für die ausstehende Mahlgemeinschaft? Ich meine ‚Nein'. Trotz der Differenzen, die uns noch trennen, *haben* wir Tischgemeinschaft erfahren, sind an den orange gedeckten Tischen miteinander ins Gespräch gekommen, haben miteinander gebetet und gesungen. Das sind zentrale Lebensäußerungen unseres christlichen Glaubens. Von ganz besonderer ökumenischer Bedeutung war auch die Proklamation des Schöpfungstages/der Schöpfungszeit, die ich als Vorsitzender der Bundes-ACK für deren 17 Mitglieder im Himmelfahrtsgottesdienst auf dem Odeonsplatz vornehmen durfte. Auf eine Initiative der orthodoxen Kirche wurde das mit ihm verbundene Anliegen nunmehr nach langem Diskussions- und Entscheidungsprozess an einen bestimmten Zeitraum gebunden. Wir haben Dank dieser Initiative einen uns ökumenisch verbindenden neuen Feiertag. [1]

„[…] damit ihr Hoffnung habt“ – so lautete das Motto des Kirchentags, das aus jenen bereits zitierten Versen des 1. Petrusbriefes entnommen wurde. Es ist klar, dass damit keine Hoffnung angesprochen ist, die wir uns selbst schenken können. Im Blick ist vielmehr die Hoffnung, die der Glaube schenkt. Und ich bin überzeugt, dass viele von dieser geschenkten Hoffnung schöpfen konnten, auch wenn dieser Zweite Ökumenische Kirchentag vielleicht nicht so neu und aufregend wie der erste in Berlin war, auch wenn die ökumenische (wie auch die tatsächliche) Großwetterlage kein Hochdruckgebiet bereithielt:

- Manch einer mag Hoffnung geschöpft haben, dass er vier Tage lang mit Menschen unterschiedlicher Herkunft und Konfession, unterschiedlicher Überzeugungen und Frömmigkeitsformen ins Gespräch kommen konnte, gemeinsam beten und feiern durfte.
- Manch einer mag es Hoffnung gegeben haben, dass sie angesichts der großen gesellschaftlichen und ökonomischen Herausforderungen viele Gleichgesinnte gefunden hat, die an einer solidarischen und gerechten Gesellschaft in diesem Land mitbauen wollen.
- Nicht wenige werden in den letzten Monaten im Bekanntenkreis auf großes Unverständnis gestoßen sein, dass sie immer noch diesem traurigen Verein Kirche die Treue halten. Auf über 100.000 Menschen zu treffen, die ebenfalls noch Hoffnungen in ihre Kirchen setzen, muss gut tun.
- Viele bayrische Kirchengemeinden – evangelische und katholische vereint – haben Hoffnungszeichen gesetzt, indem sie sich ökumenisch auf

1 Siehe dazu: Ansprache des Vorsitzenden der Arbeitsgemeinschaft Christlicher Kirchen zur Einführung des Ökumenischen Tages der Schöpfung, in: Una Sancta 65 (2010), 83. Die gesamte Ausgabe der Zeitschrift beschäftigt sich thematisch mit dem Ökumenischen Schöpfungstag.

den Kirchentag vorbereitet und gemeinsame Initiativen vor Ort auf den Weg gebracht haben: ökumenische Pilgerwege sind entstanden; gemeinsame Chorprojekte haben konfessionsverschiedene Gemeinden verbunden.

– Ich persönlich habe Hoffnung geschöpft, da diesmal auf besondere Weise die kleineren Kirchen in unserem Land präsent waren. Es ist ein ökumenischer Fortschritt, dass die drei für die Arbeitsgemeinschaft christlicher Kirchen benannten Präsidiumsmitglieder nun – im Gegensatz zum ersten ÖKT – voll stimmberechtigt waren. Die Artoklasie hat zudem ein besonderes Augenmerk auf unsere orthodoxen Brüder und Schwestern gelegt. Sie stellen immerhin die drittgrößte Konfession in unserem Land.

Der Kirchentagssong der Wise Guys beginnt mit der Zeile: „Die Hoffnung bleibt". Meine Arbeit in der Ökumene ist ohne diese bleibende Hoffnung nicht möglich. Für mich findet sie in der ‚Leidenschaft für das Mögliche' Ausdruck. Meine Hoffnung nach dem Kirchentag ist, dass es uns gelingt, unser Miteinander als selbstverständlichen Teil des jeweiligen Kirche-Seins zu verstehen und das Erreichte zu verstetigen. Dazu mehr im nächsten Abschnitt. Und schließlich gebe ich auch die Hoffnung nicht auf, dass die Leidenschaft für das Mögliche auch überraschende, außergewöhnliche Früchte hervorbringen wird, so wie es in dem Wise-Guys-Lied weiter heißt: „Auch wenn die Welt verrückt spielt: Die Hoffnung stirbt zuletzt. Zu glauben hat schon manchen Berg versetzt."

2. Glaubenslehre – Die Suche nach theologischer Annäherung

2.1 Abendmahl

Gibt es Hoffnung beim Thema ‚Abendmahl/Eucharistie'? – dies war sicherlich eine Frage, die viele Gläubige auf dem Ökumenischen Kirchentag umgetrieben hat. Die unterschiedlichen Positionen sind bekannt, aus der jeweiligen Binnenperspektive theologisch durchaus begründbar und auch gegenseitig zu respektieren. Genau dies geschah auch auf dem Kirchentag. Wir haben nicht gemeinsam mit römisch-katholischen Amtsträgern Abendmahlsfeiern durchgeführt. Sehr wohl haben wir allerdings von evangelischer Seite aus bei evangelisch verantworteten Abendmahlsfeiern alle getauften Christen zum Abendmahl eingeladen, wie wir es sonst auch tun. Damit wollten wir nicht gegen römisch-katholische Regeln verstoßen, sondern unseren eigenen Überzeugungen treu bleiben.

Die erwähnte Feier des Brotbrechens war eine wertvolle ökumenische Erfahrung. Vielleicht sogar ein kleiner Vorgeschmack auf die noch ausstehende Gemeinschaft im Herrenmahl. Doch ob die Artoklasie uns *theologisch* weiterhilft, die bestehenden Probleme in der Abendmahlsfrage zu lösen, glaube ich nicht. So bleibt die dringliche Frage bestehen: Wie kann es hier weitergehen? Wie kann der Status quo überwunden werden? Dazu möchte ich die theologischen Knackpunkte in Erinnerung rufen. In seiner Kampfschrift aus dem Jahr 1520 ‚De captivitate babylonica ecclesiae praeludium‘ warf der Reformator Martin Luther der römischen Kirche seiner Zeit vor, sie halte das Altarsakrament in dreifacher Weise gefangen: erstens durch den Entzug des Laienkelchs, zweitens durch die, wie er sich ausdrückte, „Vernünftelei“ der Transsubstantiationslehre und drittens durch die Theorie und Praxis der Messe als eines Opfers. Das Messopfer wurde als der bei Weitem schlimmste Missbrauch des Abendmahls kritisiert. In allen drei traditionellen Kontroversen ist nach Einschätzung der Experten mittlerweile durch die diversen Lehrgespräche ein differenzierter Konsens erreicht, der eigentlich die Feststellung ermöglicht, dass in der Lehre vom Herrenmahl zwischen römisch-katholischer Kirche und evangelisch-lutherischen Kirchen keine aktuellen Gegensätze von kirchentrennender Bedeutung vorliegen. Inhaltlich liegen wir im Abendmahls- bzw. Eucharistieverständnis nicht mehr weit auseinander. Darauf habe ich auf dem Ersten Frankfurter Konfessionsgespräch im Vorfeld des ÖKT hingewiesen, bei dem Bischof Gerhard Ludwig Müller und ich uns gemeinsam den Fragen von Journalisten stellten.

Aus lutherischer Sicht – so damals meine Ausführungen – wäre es also an der Zeit, einen Prozess zu einer Gemeinsamen Erklärung zum Abendmahl bzw. zur Eucharistie in Gang zu setzen, analog der Gemeinsamen Erklärung zur Rechtfertigung (GER). Eine solche Gemeinsame Erklärung zum Abendmahl könnte u. a. zeigen: Der Streit und die gegenseitigen Verurteilungen in der Frage um die Darreichung in beiderlei Gestalt, also Brot und Kelch, sind durch die Bestimmungen des Zweiten Vatikanischen Konzils und durch Grundsatzüberlegungen zum stiftungsgemäßen Gebrauch des Herrenmahls im Wesentlichen behoben. Auch in der Frage der wirklichen Gegenwart Jesu Christi, der sich in der Kraft des göttlichen Geistes unter Brot und Wein zum Empfang darbietet, ist ebenso grundsätzliche Übereinstimmung erzielt wie in der Messopferfrage. Beigeordnete Probleme wie etwa dasjenige der Dauer der Realpräsenz oder der Reservation der Elemente etc. lassen sich auf dieser Basis einer einvernehmlichen Lösung zuführen.

Erste Entwürfe zu solch einer neuen Gemeinsamen Erklärung liegen bereits vor. Der Münchner Theologe Gunther Wenz hat z. B. bereits einen konkreten Textvorschlag veröffentlicht.[2] Auch Harding Meyer hat im Rahmen seiner Forderung nach In Via-Erklärungen, über die ich vor zwei Jahren berichtet habe, Bausteine einer solchen gemeinsamen Erklärung vorgestellt.[3] Besonders gewichtig ist, dass sich auch der Ökumenische Arbeitskreis evangelischer und katholischer Theologen (ÖAK) des Themas angenommen hat – jenes aus dem sogenannten Jaeger-Stählin-Kreis hervorgegangene Gremium, das bereits die wegweisende Studie „Lehrverurteilungen – kirchentrennend?" erarbeitet hatte. Eine Untergruppe des ÖAK hat sich zum Thema konstituiert; am Ende des Prozesses soll ein gemeinsamer, interkonfessionell getragener Text stehen.

Ein Hauptproblem solch einer Gemeinsamen Erklärung oder eines „,In Via'-Textes" ist sicherlich, dass die Lehre vom Herrenmahl in engem Sachbezug zur Ekklesiologie und zur Amtstheorie steht, von der sie sich nicht isolieren lässt. Die zwischen unseren Kirchen bisher ungelösten Differenzen in der Lehre von der Kirche und vom kirchlichen Amt wirken sich entsprechend auch auf Theorie und Praxis des Herrenmahls aus. Dennoch wäre eine Gemeinsame Erklärung zum Abendmahl weder in theoretischer noch in praktischer Hinsicht überflüssig und vergeblich. Zu Recht unterscheidet Harding Meyer zwischen dem schon erreichten gemeinsamen theologischen Verständnis des Sakraments und dem noch ungeklärten Problem seines legitimen Vollzugs auf Grund der Amtsfrage. Für ihn ist es dringend nötig und an der Zeit, „deutlich zu machen, dass das noch ungeklärte Problem des *legitimen Vollzugs*, so schwer es auch wiegen mag, mit dem im wesentlichen schon erreichten gemeinsamen *theologischen Verständnis* des Herrenmahls nur ,indirekt', auf jeden Fall nicht so eng und unlöslich verwoben ist, dass es keine *Unterscheidung* zwischen ,Verständnis' und ,Vollzug' geben könnte. Darum sollte es auch möglich sein, trotz der noch strittigen Frage des *legitimen Vollzugs* des Herrenmahls doch die im Dialog so klar erreichte und wichtige *Gemeinsamkeit im theologischen Verständnis* dieses Sakraments

---

2 Wenz, Gunther, Skizze des Entwurfs einer Gemeinsamen Erklärung zur Lehre vom Herrenmahl, in: T. Karttunen (Hg.), Oppi ja maailmankuva. Professori Eeva Martikaisen 60-vuotisjuhlakirja, Helsinki 2009, 155–168

3 Meyer, Harding. Plädoyer für eine evangelisch/katholische „,In via'-Erklärung" zum Verständnis des Herrenmahls, in: Ders., Versöhnte Verschiedenheit. Aufsätze zur ökumenischen Theologie III, Frankfurt a. M./Paderborn 2009, 145–159

hervorzuheben, sie kirchlich anzuerkennen und so gegen alle Verflüchtigungen festzuhalten."[4]

Für das öffentliche Bewusstsein von Kirche und Gesellschaft wäre es m. E. von erheblicher Bedeutung, verbindlich zu erfahren, dass in den dogmatischen Fragen der Abendmahlslehre im engeren Sinn ein differenzierter Konsens besteht. Viele Vorurteile und Missverständnisse, die sich auf beiden Seiten hartnäckig halten, ließen sich dadurch beheben. Aber auch in praktischer Hinsicht wäre von einer Gemeinsamen Erklärung zum Abendmahl ein wichtiger Motivationsschub zu erwarten, etwa durch die Einsicht, dass das Verhältnis von Kirchengemeinschaft und Abendmahlsgemeinschaft beiderseits als differenzierter Zusammenhang verstanden wird, wodurch sowohl generelle Trennungen als auch unmittelbare Gleichsetzungen vermieden werden. Schließlich könnte auch in festgefahrene Fronten der überkommenen Amtslehre Bewegung gebracht werden – etwa durch die präzise Klärung der Stellung und Bedeutung der Träger des ordinationsgebundenen Amtes in der eucharistischen Feier.

Zugleich sind natürlich die ökumenische Enttäuschung und Frustration bereits vorprogrammiert, wenn es nicht auch im Vollzug zu ersten Fortschritten kommt. Eine theologische Erklärung ohne irgendwelche Folgen in Fragen der eucharistischen Gastfreundschaft oder des gemeinsamen Abendmahls in konfessionsverbindenden Ehen dürften evangelischen Christinnen und Christen und wohl auch weiten Kreisen in der römisch-katholischen Kirche kaum vermittelbar sein. Letztlich müssen solche Gespräche um eine Gemeinsame Erklärung und substantielle Fortschritte im Vollzug auf Weltebene angesiedelt sein, also zwischen dem Lutherischem Weltbund und Rom, so wie auch schon die entsprechende Erklärung zur Rechtfertigungslehre. Ich gebe jedoch zu, dass ich eher skeptisch bin, ob im Moment ein solcher Prozess auf Weltebene unmittelbar möglich wäre. Es ist nicht zu sehen, dass für Rom im Moment Spielräume denkbar sind, die auch einen Fortschritt im Vollzug ermöglichten. Doch das darf uns nicht daran hindern, auf nationaler Ebene an diesem Thema intensiv und geduldig weiterzuarbeiten. Auch der GER gingen lange Vorarbeiten auf verschiedenen nationalen Ebenen voraus. Wir müssen bereit sein, wenn die Zeit reif ist.

Allerdings gilt es bis dahin weiterhin auszuloten, was wir im Moment vielleicht bereits auf deutscher Ebene praktisch verbessern können. Es hat mich ermutigt, dass Bischof Müller während unseres erwähnten Presseauftritts vor dem Kirchentag erkennen ließ, dass er der theologischen Debatte

4 Meyer, a. a. O., 147

nicht abgeneigt sei, auch wenn er sich nicht dazu geäußert hat, ob er Chancen für Fortschritte auf der Ebene des Vollzugs sehe. Doch war auf dem Kirchentag von Weihbischof Hans-Jochen Jaschke zu hören, dass es jeder Katholik mit seinem Gewissen vereinbaren solle, ob er am evangelischen Abendmahl teilnehmen könne. Und der Vorsitzende der römisch-katholischen Deutschen Bischofskonferenz, Erzbischof Robert Zollitsch, erklärte sich bereit, sich für den gemeinsamen Abendmahlsempfang für Eheleute unterschiedlicher Konfessionen einzusetzen. Vielleicht ist ja zumindest in dieser Frage eine gewisse Bewegung möglich und wir kommen zu einer eindeutigen, verlässlichen und weitherzigen Interpretation der römischen Vorgaben – mit ihren durchaus bereits bestehenden Ausnahmebestimmungen. [5]

Am Ende dieses Abschnitt möchte ich noch kurz über den Tellerrand der lutherisch/römisch-katholischen Beziehungen hinausschauen: Dieses Jahr haben wir das 25-jährige Jubiläum der ‚Vereinbarung über die gegenseitige Einladung zur Teilnahme an der Feier der Eucharistie' mit der Alt-Katholischen Kirche in Deutschland gefeiert. Hier ist es den evangelischen Landeskirchen gelungen, zu einer Übereinstimmung zu kommen mit einer Kirche, die in ihrer Theologie, ihrem Abendmahlsverständnis und vor allem auch ihrem Amtsverständnis der römisch-katholischen sehr, sehr nahe ist. Interkommunion bzw. eine volle Abendmahlgemeinschaft ist noch nicht möglich, doch wir sind gegenseitig gastbereit. In der Vereinbarung heißt es: „Durch diese Einladung wollen die beteiligten Kirchen dem Gebot Jesu Christi gehorsam sein, dass seine Kirche einig und eine sei. Indem sie ein Zeichen dieser Einheit setzen und einen Schritt auf diese Einheit hin tun, bezeugen sie vor aller Welt den dreieinigen Gott als den einzigen Herrn." [6] Das evangelische Ökumenemodell der Kirchengemeinschaft basiert auf einem ‚gestuften' Verständnis des anvisierten Einigungsprozesses und kennt somit eucharistische Gastfreundschaft als solch einen Schritt des Weges. In Teilen der alt-katholischen Kirchen Europas wird dagegen ein Ökumeneverständnis vertreten, das sich auch in der römisch-katholischen Kirche findet: Erst wenn die volle theologische Übereinkunft in Glaubensfragen

5 Das römisch-katholische Kirchenrecht spricht von Ausnahmen bei Todesgefahr und anderen schweren Notlagen (siehe CIC, can. 844, § 4). Eine Zusammenstellung zur Interpretation und Umsetzung dieser Vorgaben findet sich bei H.-G. Link, Kanzel- und Abendmahlsgemeinschaft in Vereinbarungen und Erklärungen zwischen Verschiedenen Kirchen. Eine Bestandsaufnahme, in: J. Brosseder/H.-G. Link (Hg.), Eucharistische Gastfreundschaft. Ein Plädoyer evangelischer und katholischer Theologen, Neukirchen-Vluyn 2003, 123–128

6 Siehe: www.velkd.de/downloads/Vereinbarung_Eucharistie.pdf

erreicht wurde, ist die kirchliche Einheit und damit verbunden die eucharistische Gemeinschaft möglich. Zwischenzustände sind zu vermeiden. Auf diesem Hintergrund war das Abkommen von 1985 keine ökumenische Selbstverständlichkeit, sondern eine große Herausforderung und mutige Entscheidung für die Alt-Katholiken in Deutschlands. Es hat sich im letzten Vierteljahrhundert als segensreich erwiesen und ein tieferes Zusammenwachsen gefördert, gerade dort wo unsere beiden Kirchen auch vor Ort Gemeinden haben. Ein im September 2010 veröffentlichtes Abschlussdokument der lutherisch/alt-katholischen Gesprächskommission hat mittlerweile neue „Überlegungen zur Realisierung weiterer Schritte auf dem Weg zur sichtbaren Kirchengemeinschaft" [7] vorgelegt, die nun hoffentlich in den Kirchen intensiv diskutiert werden.

2.2 Rechtfertigung

2.2.1 Jubiläum der „Gemeinsamen Erklärung zur Rechtfertigungslehre"

Der letzte Catholica-Bericht hatte sich wenige Tage vor der Jubiläumsveranstaltung in Augsburg ausführlich mit dem Thema „10 Jahre Gemeinsame Erklärung zur Rechtfertigungslehre" beschäftigt. [8] Deshalb mag hier ein ganz kurzer Rückblick auf die Veranstaltung genügen.

Der Festakt im Goldenen Saal der Stadt Augsburg war an beiden Tagen sehr gut besucht. Den Festvortrag am Freitagabend hielt Prof. em. Dr. Eberhard Jüngel, mit dem überraschenden Titel „Was hat des Menschen Glück mit seiner Seligkeit zu tun?" Am Samstag schlossen sich Vorträge von Bischof em. Dr. Walter Klaiber und Karl Kardinal Lehmann an. Bischof Klaiber stellte Überlegungen zur biblischen Begründung der Rechtfertigungslehre an und brachte dabei dankenswerterweise auch dezidiert seine methodistischen Erfahrungen und Fragestellungen ein. Das Themenfeld ‚Rechtfertigung und Heiligung' z. B. hat so nochmals eine ganz neue Tiefe bekommen, wie sie vor 10 Jahren so noch nicht möglich war. Kardinal Lehmann hingegen zeichnete nochmals ausführlich den Entstehungsprozess der Erklärung nach. Das Jubiläum endete mit einem Ökumenischen Fest-

---

7 So der Titel des Abschlussdokumentes (siehe: www.velkd.de/downloads/AKD-VELKD_Kom-mission_Abschlussdokument.pdf)

8 Beziehungen vertiefen in einer komplexen ökumenischen Landschaft. Bericht des Catholica-Beauftragten der VELKD vor der 2. Tagung der 11. Generalsynode am 24. Oktober 2009 in Ulm, November 2009 (Texte aus der VELKD 150), 21–25

gottesdienst im Augsburger Dom, der im Bayrischen Fernsehen übertragen wurde.

Insgesamt konnte die Veranstaltung in Augsburg deutlich machen, dass beide Kirchen in den letzten 10 Jahren ökumenisch durchaus etwas erreicht haben, wenngleich auch längst nicht so viel, wie viele Menschen es sich am 31. Oktober 1999 erhofft hatten. Auch die atmosphärischen Fortschritte in vielen Teilen der Welt sind nicht zu unterschätzen. Eindrücklich erzählte z. B. Dr. Ishmael Noko, der Generalsekretär des LWB, dass als Folge der GER in seinem Heimatland Simbabwe die bis dahin allgegenwärtigen Zäune auf den Friedhöfen niedergerissen wurden, die den katholischen von dem evangelischen Teil und somit die Verstorbenen noch im Tod voneinander trennten.

Kardinal Kasper jedenfalls reagierte sehr deutlich auf die Frage nach einer ökumenischen Eiszeit. In seiner Predigt im Abschlussgottesdienst wandte er sich mit Nachdruck gegen das „gottlose Gejammere über vermeintlichen Stillstand in der Ökumene und die elende Miesmacherei, die spießig nur sieht, was alles noch nicht erreicht ist, die aber vergisst, was uns auch in den letzten Jahren geschenkt worden ist.“ [9] Auch Benedikt XVI. hat übrigens die GER nochmals ausdrücklich gewürdigt. Im Angelusgebet erinnerte er an die Unterzeichnung und bekräftigte die damalige Würdigung durch Papst Johannes Paul II. als Meilenstein der Ökumene: „Ich hoffe von Herzen“, – so Benedikt – „dass dieser wichtige Jahrestag dazu beiträgt, dass es weitere Fortschritte gibt auf dem Weg hin zur vollen und sichtbaren Einheit aller Jünger Christi“. [10]

2.2.2 Simul iusta et peccatrix

Für Lutheraner gehört zum Kernbestand der Rechtfertigungslehre auch die Kurzformel ‚simul iustus et peccator‘. Wir Menschen sind Gerechte und Sünder zugleich – diese traditionell lutherische Überzeugung konnte sich auch die römisch-katholische Kirche am Ende des langen Prozesses hin zur Unterzeichnung am 31. Oktober 1999 zu Eigen machen. [11]

---

9 Zur ökumenischen Option gibt es keine Alternative. Predigt von Kardinal Walter Kasper, in: KNA-ÖKI Dokumentation vom 10. November 2009, 3

10 Siehe: The Pontifical Council for Promoting Christian Unity, Information Service Nr. 123 (2009/III-IV), 38

11 Gemeinsame Offizielle Feststellung mit Annex, Nr. 2A (in: F. Hauschildt/U. Hahn/A. Siemens (Hg.), Die Gemeinsame Erklärung zur Rechtfertigungslehre. Dokumentation des Entstehungs- und Rezeptionsprozesses, Göttingen 2009, 920f)

Doch was heißt das für die Kirche? Gibt es auch eine ecclesia peccatrix? Gemeinsam sind Katholiken und Lutheraner überzeugt, der Kirche ist von Gott verheißen, dass sie nie definitiv von der Wahrheit abfallen kann. Was auch immer die Wirkung der Sünde von Personen sein mag, die Heiligkeit der Wortverkündigung und Feier der Sakramente wird fortdauern, weil die Gaben Gottes an die Kirche unwiderruflich sind. In diesem Sinne ist sie heilig. Das ist sozusagen die *heilstheologische Perspektive.* Davon zu unterscheiden ist der Blick auf die *geschichtliche Gestalt* der Kirche. Hier sagen Lutheraner, dass die Kirche sehr wohl vom Evangelium abirren kann und es oft genug getan hat, so dass ihre wahre Identität und Bestimmung durch die Sünde nicht mehr wiederzuerkennen ist. Auf römisch-katholischer Seite gibt es durchaus lehramtliche Aussagen, die eine fortwährende Erneuerungsbedürftigkeit der Kirche offen und deutlich aussprechen.[12] Diese Texte legen also nahe, dass auch Rom so etwas wie eine sündige Kirche aus phänomenologischer Perspektive kennt. Doch andererseits bindet die römisch-katholische Lehre das verheißene Bleiben in der Wahrheit an das Amt der Kirche, in letzter Instanz an das unfehlbare päpstliche Lehr- und Leitungsamt. Sie sieht in ihm ein sichtbares Zeichen und einen Garanten der Einheit und der Wahrheit, dessen Äußerungen somit menschlicher Sündhaftigkeit und der Möglichkeit kritischer Befragung entzogen sind. Das lässt sich aus evangelischer Sicht nicht mit der Rechtfertigungslehre vereinbaren. Sobald eine Instanz unfehlbar über die rechte Auslegung der Schrift entscheiden könnte und in ihren Entscheidungen nicht von der Schrift her kritisierbar wäre, ist der Selbstauslegungskraft des Wortes Gottes in der Schrift ein Riegel vorgeschoben.

Die Frage nach der ecclesia peccatrix hat sich mir in den letzten Monaten angesichts der bedrückenden und unfassbaren Einzelheiten über den sexuellen Missbrauch in unseren Kirchen neu gestellt. Ich sage ‚unseren Kirchen', denn längst sind wir in unseren evangelischen Landeskirchen über eigene Fälle schockiert. Was nun alles ans Licht kommt und in der Presse diskutiert wird, ist erschütternd. In seinem Hirtenbrief an die irischen Bischöfe im März diesen Jahres hat sich Papst Benedikt XVI. direkt an die Opfer und ihre Familie gewandt: „Im Namen der Kirche drücke ich offen die Scham und die Reue aus, die wir alle empfinden."[13] Die klaren Worte

12 Siehe z.B. Lumen Gentium Nr. 8: Die Kirche ist „zugleich heilig und stets der Reinigung bedürftig, sie geht immerfort den Weg der Buße und Erneuerung."

13 Hirtenbrief des Heiligen Vaters Benedikt XVI. an die Katholiken in Irland, 19. März 2010, Nr. 6 (www.vatican.va/holy_father/benedict_xvi/letters/2010/documents/hf_ben-xvi_let_20100319_church-ireland_ge.html). Genauso deutlich wurde Benedikt XVI.

des Briefes waren wichtig und dringend nötig – auch im Hinblick auf die Situation in Deutschland. Die Berichterstattung hingegen als „unbedeutendes Geschwätz dieser Tage" – so Angelo Kardinal Sodano, immerhin der Dekan des Kardinalskollegiums – abzutun, ist mehr als ärgerlich.[14] Ich nehme an, er wollte sich dagegen verwahren, dass die Verbrechen Einzelner zu kollektiver Schuld erklärt werden. Sicherlich darf nicht jeder Pfarrer und Priester unter Generalverdacht gestellt werden, aber vielleicht lohnt es sich ja doch, genau an dieser Stelle nochmals über die ecclesia peccatrix nachzudenken: Wo war der Umgang mit Missbrauchsfällen in der Vergangenheit doch so fahrlässig, wo die allgemein anerkannten Verfahrens- und Vorgehensweisen bei Verdachtsmomenten so lax, unangemessen oder schlichtweg falsch, dass die Schuld eben nicht nur an einzelnen Tätern oder kirchlichen Verantwortungsträgern festzumachen ist, sondern die Institution Kirche als Ganze Mitverantwortung trägt, ja sündig geworden ist und der Buße und Erneuerung bedarf?

Karl Kardinal Lehmann treiben offenbar dieselben Fragen um. In einem Artikel in der Frankfurter Allgemeinen Zeitung betont er zunächst, dass selbst in der jetzigen Situation der Aspekt der sancta ecclesia nicht ausgeblendet werden dürfe. Denn es müsse gewährleistet bleiben, dass das befreiende göttliche Leben durch die von Christus geschenkte Heiligkeit der Kirche auch wirklich zur Menschheit und ihrer Verlorenheit vordringe. Er fährt dann jedoch fort, dass man auch von einer sündigen Kirche sprechen müsse: „Diese dialektische Rede hat erhebliche Konsequenzen auch für unser Thema. Die Kirche ist nicht einfach vom Leben und Handeln ihrer Mitglieder abgetrennt, sowenig sie sich darauf beschränkt. Sie wird auch als Institution ins Mark getroffen, wenn wir das gelebte Zeugnis des Evangeliums Jesu Christi verweigern. Sonst kommt man leicht in die Versuchung, die Verfehlungen in der Kirche ausschließlich dem einzelnen Sünder anzurechnen, sie selbst aber vor jedem Makel zu bewahren. Eine solche Mentali-

---

auch am 16. September 2011 in einem Gespräch mit Journalisten während der Flugreise zu seinem Staatsbesuch in Großbritannien (siehe: www. oecumene.radiovaticana.org/ted/Articolo.asp?c=422847)

14 Zum Kampagnenvorwurf siehe: Pilters, Michaela Kampagnen und Geschwätz? Zur Rolle der Medien im kirchlichen Missbrauchsskandal, in: Herder Korrespondenz 64 (2010), 227–231. Siehe auch: Zukunft der Kirche – Kirche für die Zukunft. Plädoyer für eine pilgernde, hörende und dienende Kirche. Impulsreferat des Vorsitzenden der Deutschen Bischofskonferenz, Erzbischof Dr. Robert Zollitsch, zur Eröffnung der Herbst-Vollversammlung der Deutschen Bischofskonferenz in Fulda am 20. September 2010 (www.dbk.de/ fileadmin/redaktion/diverse_downloads/presse/2010-144-Er %F6ffnungsreferat.pdf) , 6

tät hat die schlimmen Praktiken bloßen Vertuschens oder des Versetzens eines Täters von Ort zu Ort gewiss mit begünstigt.“ [15] Wie so oft hat der frühere Vorsitzende der römisch-katholischen Deutschen Bischofskonferenz mit schnellen, klaren und eindeutigen Aussagen seiner Kirche einen guten Dienst erwiesen.

Die römisch-katholische Deutsche Bischofskonferenz hat nun mit ihren neuen Leitlinien für den Umgang mit sexuellem Missbrauch, die zum 1. September 2010 in Kraft getreten sind, in aller Deutlichkeit notwendige Verschärfungen vorgenommen, um einen konsequenten Umgang mit Missbrauchsfällen zu ermöglichen. [16]

2.3 Apostolizität

Auf das internationale Studiendokument des Lutherischen Weltbundes und der römisch-katholischen Kirche namens „Die Apostolizität der Kirche“ hatte ich bereits in den beiden letzten Jahren hingewiesen. So habe ich anhand des Dokumentes aufgezeigt, wie sich der Rezeptionsprozess für ein solches Dialogpapier gestaltet und welche Bedeutung für die VELKD und ihre ökumenische Arbeit die Einbindung in den größeren Rahmen des Lutherischen Weltbundes hat. [17] Mittlerweile liegt die damals angekündigte Stellungnahme des Ökumenischen Studienausschusses (ÖStA) zu dem Dokument vor.

Bevor ich knapp auf diese Stellungnahme eingehe, sei zuvor noch die Frage erlaubt: Warum ausgerechnet ‚Apostolizität‘ als Thema des internationalen Dokumentes? Damit sind wir ein letztes Mal beim Thema ‚Rechtfertigung‘. Denn mit der GER haben beide Kirchen bekannt, dass die Lehre von der Rechtfertigung ein „unverzichtbares Kriterium [ist], das die gesamte Lehre und Praxis der Kirche unablässig auf Christus hin orientieren will“. [18] Stimmt man in der Rechtfertigungslehre überein, muss dies für Lutheraner eigentlich Konsequenzen haben, gerade auch im gegenseitigen Verständnis des Kircheseins und des Amtes. Dies spricht die internationale Dialogkommission selbst ganz deutlich aus. Ich zitiere einen etwas längeren Abschnitt aus dem Studiendokument:

---

15 Lehmann, Karl Kardinal, Kirche der Sünder, Kirche der Heiligen, in: Frankfurter Allgemeine Zeitung Nr. 77 vom 1. April 2010, 7. Siehe auch: Bischof Stephan Ackermann, „Sancta simul et semper purificanda“. Anmerkungen zur Heiligkeit und Sündigkeit der Kirche, in: KNA-ÖKI 25 vom 22. Juni 2010, Dokumentation Nr. 17, 1–7

16 Siehe: www.dbk.de/fileadmin/redaktion/diverse_downloads/presse/2010-132a-Leitlinien.pdf

17 Catholica-Bericht 2009, a. a. O.

18 GER § 18 (in: Hauschildt/Hahn/Siemens, a. a. O., S. 278)

„Mit der ‚Gemeinsamen Erklärung zur Rechtfertigungslehre' ist ein ‚Konsens in Grundwahrheiten der Rechtfertigungslehre' zwischen der katholischen Kirche und den lutherischen Kirchen festgestellt. Damit wird ein hohes Maß an Gemeinsamkeiten im Glauben – also in dem, was den Kern der apostolischen Sukzession darstellt – bekannt. Nach der ‚Gemeinsamen Erklärung' ist die Rechtfertigungslehre ‚Maßstab oder Prüfstein des christlichen Glaubens'; von ihr gilt: ‚Keine Lehre darf diesem Kriterium widersprechen'. Von dieser ‚Gemeinsamen Erklärung' kann die katholische Sicht des Amtes in den lutherischen Kirchen und die lutherische Sicht des Amtes in der römisch-katholischen Kirche nicht unberührt bleiben. Denn auch wenn die Bewahrung der Lehre nicht allein Aufgabe des ordinationsgebundenen Amtes ist, ist es doch seine spezifische Aufgabe, das Evangelium öffentlich zu lehren und zu verkündigen. Die Unterzeichnung der ‚Gemeinsamen Erklärung' impliziert also die Anerkennung, dass in beiden Kirchen das ordinationsgebundene Amt in der Kraft des Heiligen Geistes seinen Dienst erfüllt hat, in den in dieser Erklärung dargelegten Kernfragen des Glaubens die Treue zum apostolischen Evangelium zu bewahren." [19]

Doch es ist hinlänglich bekannt, dass es der römisch-katholische Kirche bislang nicht möglich ist, uns als Kirche mit gültigen Ämtern anzuerkennen. In dieser ‚anomalen' Situation – wir stimmen in der Lehre von der Rechtfertigung überein und sind uns doch nicht einig, welche Folgen dies für andere Kontroversthemen hat – ist es gerade zwingend notwendig, dass sich beide Kirchen mit der zentralen Frage beschäftigen, was Kirchen zu Kirche macht, kurzum, wie die Kontinuität der Kirchen zu ihrem apostolischen Ursprung gewährleistet bleibt. [20] Denn wenn wir hier nicht zu einer tragfähigen und differenzierten Übereinkunft kommen, dann wäre langfristig gesehen die Übereinstimmung in der Rechtfertigungsbotschaft wertlos bzw. gar nicht gegeben. Doch dieser Satz lässt sich auch andersherum formulieren. Und der Umkehrschluss gibt mir dann doch die notwendige Geduld und Beharrlichkeit für das mühsame Geschäft der ökumenischen Dialoge auf der theologischen Ebene: Denn wenn wir tatsächlich einen wegweisenden Konsens mit der GER erreicht haben, wovon ich überzeugt bin, dann muss es auch möglich sein, in den strittigen Fragen im Kirchenver-

---

19 Die Apostolizität der Kirche. Studiendokument der Lutherisch/Römisch-katholischen Kommission für die Einheit, Paderborn/Frankfurt a. M. 2009, 141 (= § 288)

20 Siehe dazu ausführlicher: Institute for Ecumenical Research, Lutherans in Ecumenical Dialogue: 2003–2010, Strasbourg 2010, 28–30. Vgl. ferner: J. Brosseder/J. Track, Kirchengemeinschaft jetzt. Die Kirche Jesu Christi, die Kirchen und ihre Gemeinschaft, Neukirchen-Vluyn 2010, 39–124

ständnis weiterzukommen.[21] Vielleicht noch nicht heute oder morgen, aber: wir werden weiterkommen. Genau hierzu hat die internationale Studie einen wichtigen Beitrag geleistet: ein Fortschritt in der Frage nach der Apostolizität wird ein wichtiger Baustein für das Weiterkommen in der Ekklesiologie und Ämterlehre und damit auch für die gemeinsame Feier des Abendmahles sein.[22]

Doch nun noch kurz zur Einschätzung unseres Ökumenischen Studienausschusses (ÖStA). Aus der umfangreichen Stellungnahme seien ein paar Schlaglichter beispielhaft erwähnt:

> Der ÖStA würdigt – bei kleineren Kritikpunkten – besonders die umfangreichen exegetischen Studien zum Thema ‚Apostolizität'. Das biblische Zeugnis werde auf eine derart gründliche und differenzierte Weite erhoben und der theologischen Diskussion zugrunde gelegt, dass man „geradezu von einer neuen Qualität sprechen [kann], welche die ökumenischen Dialoge damit erreicht haben“.[23]

> Des Weiteren hat sich der ÖStA intensiv mit der kirchengeschichtlichen Argumentation des Studiendokumentes auseinandergesetzt. Eine zentrale Passage lautet hierzu: Es „wird das Anliegen einer ökumenischen Hermeneutik erkennbar, die Geschichte nicht auf die konfessionstrennenden, sondern die verbindenden Aspekte hin zu befragen. Der Anspruch, das Lutheranern und Katholiken gemeinsame Erbe der Alten Kirche und des Mittelalters zur Sprache zu bringen, ist zu begrüßen, wird aber nur zum Teil eingelöst. Es zeigt sich, dass die Auswahl und Deutung der Bezugstexte von einer römischen Sicht geprägt sind. Die Tendenz wird erkennbar, sich an der katholischen Geschichtsdeutung zu orientieren, während die reformatorische Rezeption der altkirchlichen und mittelalterlichen Tradition nur teilweise erkennbar wird. Das wirft die Frage auf, ob es überhaupt eine Deutung der ersten 1500 Jahre der Kirchengeschichte

21 So auch GER § 43 (in: Hauschildt/Hahn/Siemens, a. a. O., 284)

22 Auch in Skandinavien wurde mittlerweile ein beachtenswerter Beitrag zu den noch offenen ekklesiologischen Fragen vorgestellt. Dieser Prozess wurde ebenfalls durch die Gemeinsame Erklärung zur Rechtfertigungslehre angestoßen: Justification in the Life of the Church. A Report from the Roman Catholic – Lutheran Dialogue Group for Sweden and Finland, Uppsala/Stockholm/Helsinki 2010. Und auch der bereits erwähnte Ökumenische Arbeitskreis evangelischer und katholischer Theologen hat sich intensiv mit dem Thema Apostolizität auseinandergesetzt und dazu eine wegweisende Studie vorgelegt: Das kirchliche Amt in apostolischer Nachfolge. Abschließender Bericht, in: D. Sattler/G. Wenz (Hg.), Das kirchliche Amt in apostolischer Nachfolge: III. Verständigung und Differenzen, Freiburg i. B./Göttingen 2008, 167–267

23 Stellungnahme des Deutschen Nationalkomitees der Lutherischen Weltbundes zum Dokument ‚Die Apostolizität der Kirche', erarbeitet vom Ökumenischen Studienausschuss, 29. April 2010 (www. velkd.de/downloads/Stellungnahme_APOSTOLIZITAET_09.10.pdf), 7

geben kann, die unter Absehung konfessioneller Verortung eine für Lutheraner wie Katholiken gemeinsame Basis bietet, und unter welchen methodischen Voraussetzungen sie möglich wäre." [24]

Ausführlich untersucht der ÖStA die Überlegungen zu den Themenfeldern ‚Apostolische Sukzession', ‚ordinationsgebundenes Amt' sowie ‚Verantwortung der Lehre'. Dabei werden weiterführende Erkenntnisse gewürdigt, aber auch kritische Nachfragen gestellt. So begrüßt der ÖStA z. B. die im Studiendokument herausgearbeitete Anerkennung der apostolischen Ursprungstreue der jeweils anderen Kirche. Zugleich muss er jedoch feststellen, dass „die von der Studie konstatierte Anerkennung der Apostolizität der lutherischen Kirche in schwer verständlicher Spannung zu neueren Äußerungen des römischen Lehramtes" steht und überlegt, ob dies so zu erklären sei, dass „aus römisch-katholischer Perspektive das Gegebensein von formalen Elementen der Apostolizität in anderen Kirchen noch nicht identisch ist mit der vollen Anerkennung der Apostolizität dieser Kirchen". [25] Wäre dem so, stellen sich jedoch kritische Rückfragen an die Konzeption der Studie, einzelne Elemente von Apostolizität in den Kirchen aufzuzeigen und die Differenz zwischen den Kirchen allein in der jeweils spezifischen ‚Konfiguration' dieser Elemente zu suchen. Ein weiteres Beispiel: Der ÖStA begrüßt, dass sich die Studie ausführlich der Frage nach der Stellung der Lehre in den Kirchen widmet, da so die kirchliche Lehre als eigenständige Dimension der Apostolizität wahrgenommen wird und es zu keiner falschen Engführung auf das ordinationsgebundene Amt kommt. In diesem Zusammenhang werden auch die erheblichen Fortschritte der internationalen Kommission bei der Verhältnisbestimmung von Heiliger Schrift und Tradition gewürdigt. Zugleich kommt der ÖStA aber auch zu dem Ergebnis, dass das Studiendokument die für die römisch-katholische Kirche „konstitutive Asymmetrie zwischen Lehramt und Kirchenvolk verschleiert". [26]

Die Stellungnahme des ÖStA endet mit dem Wunsch, dass der durch die internationale Kommissionsarbeit angestoßene „Studien- und Diskussionsprozess am Ende dann auch in einen offiziellen Rezeptionsprozess mündet. Bei einem fortwährenden Ausbleiben der Rezeption von Dialogergebnissen steht die Glaubwürdigkeit des ökumenischen Willens der Kirchen auf dem Spiel, und es ist misslich, wenn jedes Dokument in seiner Argumentation wieder von vorne anfangen muss, um sich nicht dem Vorwurf auszusetzen, auf theologischen Sand zu bauen. Daher ist es die Hoffnung des Ökumenischen Studienausschusses, dass mittelfristig jene Passagen des Dokumentes, die sich im Studien- und Diskussionsprozess als

24 Stellungnahme DNK/LWB, a. a. O., 15
25 Stellungnahme DNK/LWB, a. a. O., 19f
26 Stellungnahme DNK/LWB, a. a. O., 29

konsensfähig im Sinne eines differenzierten Konsenses erwiesen haben, auch tatsächlich kirchlich rezipiert werden." [27]

Auf seiner Sitzung vom 29. April 2010 hat sich das Deutsche Nationalkomitee des Lutherischen Weltbundes die Stellungnahme des ÖStA zu Eigen gemacht und den Text als Diskussionsbeitrag der deutschen LWB-Kirchen nach Genf weitergeleitet.

2.4 Gemeinsamkeiten festhalten – Das Harvest-Projekt

Nicht nur der ÖStA macht sich Gedanken darüber, dass es in der Ökumene viele Studien und Diskussionsergebnisse gibt, diese jedoch selten in einem offiziellen Rezeptionsprozess münden. Auch in Rom ist man sich dieses Problems sehr wohl bewusst. Auch wenn nicht von bindender Rezeption gesprochen wird, hat man erkannt, dass all die wertvollen Erkenntnisse der geführten Dialoge nicht in Vergessenheit geraten dürfen, sondern dass vielmehr eine vorläufige Ernte einzufahren ist. Genau diesem Projekt hat sich Kardinal Kasper verschrieben. Im Jahre 2009 hat er das Buch „Harvesting the Fruits", also: die Früchte ernten, veröffentlicht. [28] Das Buch ist das Ergebnis einer mehrjährigen Studienarbeit im Päpstlichen Rat zur Förderung der Einheit der Christen. Der Kardinal gibt zusammen mit seinen Mitarbeitern einen Überblick über wichtige Ergebnisse von vier bilateralen Dialogen der römisch-katholischen Kirche: mit den Anglikanern, Lutheranern, den Methodisten und den Reformierten. Das Erbe der Dialoge soll festgestellt werden, so dass die gegenwärtig und zukünftig in der ökumenischen Arbeit Tätigen daran weiterarbeiten können. Das Buch dient also einer ökumenischen *traditio*. Es geht um *Inhalte* (die Ergebnisse und Einsichten der Dialoge) und um das *Weitergeben* dieser Inhalte. Das zeigt, wie wichtig dem Kardinal diese Dialoge sind und wie sehr er sich dafür engagiert, dass diese Dialoge auch weitergehen. Dafür kann man Kardinal Kasper nur dankbar sein. Weil Dialoge eine zweiseitige Sache sind, kann das Ernten der Früchte des Dialogs aber nicht einseitig geschehen, sondern muss sich zweiseitig vollziehen. Deshalb hat Kardinal Kasper eine Reihe von Theologen aus den vier genannten Kirchen und Kirchenfamilien im Februar

27 Stellungnahme DNK/LWB, a. a. O., 31

28 Kasper, Cardinal Walter, Harvesting the Fruits. Basic Aspects of Christian Faith in Ecumenical Dialogue, London/New York 2009. Deutsche Ausgabe: Kasper, Walter, Die Früchte ernten. Grundlagen christlichen Glaubens im ökumenischen Dialog, Paderborn/Frankfurt a. M. 2011

2010 nach Rom eingeladen, damit diese ihrerseits das Buch kommentierten. Das war, wie Teilnehmer berichten, ein sehr anregender Austausch.

Lutherische Theologen haben bei dem Treffen in Rom deutlich gemacht, dass sie beim ‚Ernten' die Akzente in der Gewichtung der Themen etwas anders setzen würden (im Harvest-Buch nimmt das Kapitel über die Kirche bei Weitem den größten Raum ein); dass sie gerne das, woran noch weiter gearbeitet werden muss, präziser bestimmen würden; dass sie Fragen der ökumenischen Methode und Hermeneutik, die im Dialog impliziert und für seine Rezeption wie Weiterführung von großer Bedeutung sind, eigens ansprechen möchten; dass sie schließlich die Frage nach dem Ziel des ökumenischen Weges erörtern möchten. Das Buch ist ein erster Schritt zu einem gemeinsamen, dialogischen Prozess des Erntens.

Man wird sehen müssen, wie er von den beteiligten Kirchen aufgegriffen wird. Zum Ernten der Früchte gehört in der römisch-katholischen Kirche auch die Glaubenskongregation. Sie hat nicht die Aufgabe, an ökumenischen Dialogen teilzunehmen, muss aber deren Ergebnisse beurteilen. Das ist eine anspruchsvolle Aufgabe, da ökumenische Dialoge intensive wechselseitige Lernprozesse sind, ohne die man die Ergebnisse der Dialoge nicht zureichend beurteilen kann. Diese Komplexität des Rezeptionsprozesses mag es auch erklären, dass der Text unter dem Namen der Person Kardinal Kaspers veröffentlicht wurde und im Moment keinen offiziellen Status hat. Wollte man ihn unter dem Namen des Einheitsrates veröffentlichen, hätte er durch alle Instanzen gehen müssen, was zu weiteren Verzögerungen geführt hätte.

Bei dem gemeinsamen Symposium in Rom ist auch die Wichtigkeit betont worden, die Ergebnisse der bilateralen Dialoge in Bibelstudien und Arbeitshilfen für die Gemeinden und ihr ökumenisches Zusammenleben zu erschließen. Beide Kirchen leiden unter einem Traditionsverlust, unter der Schwierigkeit, ihre großen Glaubenseinsichten ihren Mitgliedern heute zu vermitteln. Ökumenische Dialoge beschäftigen sich mit diesen Traditionen und den Spannungen und Konflikten zwischen ihnen, die in der Vergangenheit so viele Schwierigkeiten bereitet haben und es teilweise auch heute noch tun. Soweit jene Traditionen als Ausdruck von Wahrheitsgewissheiten bei den so genannten ‚einfachen Gläubigen' in Vergessenheit geraten sind, können die ökumenischen Dialoge nicht unmittelbar für sie von Bedeutung sein. Aber wenn der konstruktive Umgang mit den kirchlichen Traditionen, der in den ökumenischen Dialogen praktiziert wird, ergänzt wird durch ein Nachdenken, was die in jenen Traditionen zur Sprache kommende Sache für die Menschen heute bedeuten könnte, machen die ökumenischen Dialoge und die in ihnen erreichten Klärungen eine Differenz für die Menschen in den Gemeinden aus. Sie können dann ihren Glauben besser verstehen und fröhlicher leben. Zu den wissenschaftlichen Dialogen sollte ein ökumenisches Bemühen treten, die teilweise fremd gewordenen Traditionen einander so zu erschließen, dass das Leben bereichert wird.

2.5 Ökumene durch Gruppenkonversion? – Anglicanorum Coetibus

Mit der am 9. November 2009 veröffentlichten Apostolischen Konstitution „Anglicanorum Coetibus“ will der Vatikan für jene anglikanischen Gruppen eine eigene Struktur innerhalb der römisch-katholischen Kirche anbieten, die die volle Einheit mit Rom suchen, aber zugleich ihr spirituell-liturgisches Erbe bewahren wollen. Angesprochen sind vor allem Anglikaner, die für sich keine Heimat mehr in ihrer Kirche sehen. Als Gründe dafür sind zu nennen: Die Einführung der Frauenordination in ihren Kirchen (Amerika: 1976; England: 1984) sowie die aktuellen Debatten um sexualethische Fragen und, in England, um die Öffnung des Bischofsamts für Frauen. Dazu sollen nun in der römisch-katholischen Kirche Personal-Ordinariate ähnlich der Militärseelsorge eingerichtet werden, die der Aufsicht der Glaubenskongregation unterstehen. Den Übertrittswilligen wird die volle Annahme der römischen Lehre ebenso abverlangt, wie die Anerkennung des päpstlichen Primats. Römisch-katholisch getauften Anglikanern stehen die Ordinariate in der Regel nicht offen. Anglikanische Geistliche, die konvertieren und weiter als Priester tätig sein wollen, müssten neu geweiht werden. Auch bereits verheiratete ex-anglikanische Priester könnten nach Einzelfallprüfung die römisch-katholische Priesterweihe empfangen. Für künftige Kandidaten gilt allerdings die normale Zölibatspflicht.

Wie ist das Dokument nun einzuschätzen? Zunächst einmal ist darauf hinzuweisen, dass es sich um eine Entscheidung der Glaubenskongregation handelt, an der der päpstliche Einheitsrat nicht direkt beteiligt war. Auch erfolgte im Vorfeld keine Rücksprache mit den betroffenen römisch-katholischen Bischofskonferenzen und den anglikanischen Partnern. Dem Erzbischof von Canterbury blieb also nur die Möglichkeit, ‚gute Miene zum bösen Spiel zu machen‘.

Diese Begleitumstände mögen erklären, dass Rom sich bei der Verkündigung der Konstitution umso mehr Mühe gab, den Verdacht eines antiökumenischen Affronts zu zerstreuen. Mehrmals wurde darauf hingewiesen, dass das Angebot auf Gesuchen von Anglikanern, nicht aus eigener Initiative unterbreitet wurde. Auch die Konstitution selbst beginnt mit den Worten: „In jüngster Zeit hat der Heilige Geist Gruppen von Anglikanern gedrängt, wiederholt und inständig darum zu bitten, auch als Gruppen in die volle katholische Gemeinschaft aufgenommen zu werden.“ [29] Um neue Spannungen mit den orthodoxen Kirchen zu vermeiden, wurde des Weiteren mehrmals betont, dass es keinesfalls eine Analogie zu den katholischen Ostkirchen geben werde. Jene mit Rom unierten Kirchen orthodoxen Ritus mit eigenständigem Kirchenrecht sind für die Orthodoxie kein ökumenisches Vorbild, gelten vielmehr als ein abschreckendes Beispiel der Proselytenmacherei. Auch bestritt Kardinal Kasper, dass mit dem Angebot eine generelle Wende zur Rückkehrökumene eingeläutet würde. Seiner Meinung nach ist die Konversion aus Gewissensgründen – auch die einer ganzen Gruppe – eine Frage der Religions- und Gewissensfreiheit, nicht eine Frage der Ökumene. [30]

Letztlich ist „Anglicanorum Coetibus“ nur für Teile des anglokatholischen Flügels innerhalb der weltweiten anglikanischen Gemeinschaft eine ernsthafte Option und nicht für die sehr starke Gruppe von konservativ-evangelikalen Anglikanern. Für letztere ist die Einheit mit dem römischen Papst kein attraktives Angebot. So ließ der Rat der evangelikal-geprägten Church Society innerhalb der Kirche von England unmissverständlich verlautbaren, dass die wahre Lehre der Kirche von England keine der Lehren oder Bräuche umfasst, wie sie für die Kirche Roms charakteristisch sind. So sei die Kirche Roms in ihrer Lehre von der Kirche und den Heilsmitteln mit fundamentalen Mängeln behaftet. Eine sachgemäße Abwehr des theologischen Liberalismus dürfe daher nicht einhergehen mit der Zuwendung zur Kirche Roms mit ihren unbiblischen Lehren und Bräuchen. [31]

Unübersichtlich bleibt auch, wieweit das Angebot von Anglokatholiken angenommen werden wird und ob viele der noch ungeklärten praktischen Fragen abschrecken werden: Was ist mit den Eigentumsverhältnissen einer Gemeinde, die zum Übertritt bereit wäre? Wem gehören die Kirchengebäude? Wie sieht es mit der Übernahme von Pensionsansprüchen der Geistlichen aus? – so lauten nur einige der Fragen. Interessant könnte die Konstitution vor allem für die Traditional Anglican Communion sein, jener Gemeinschaft von Kirchengründungen, die sich aufgrund der Frauen-

29 Siehe: www.vatican.va/holy_father/benedict_xvi/apost_constitutions/documents/hf_ben-xvi_apc_20091104_ anglicanorum-coetibus_ge.html

30 Siehe Interview: www.oecumene.radiovaticana.org/ted/Articolo.asp?c=0333048. Im Ökumenismusdekret des Zweiten Vatikanischen Konzils wird ebenfalls zwischen der ökumenischen Bewegung und der Wiederaufnahme Einzelner in die volle katholische Gemeinschaft unterschieden (siehe: Unitatis Redintegratio 4)

31 Siehe: www.churchsociety.org/press/pr_2009-11_Rome.htm

ordination bereits offiziell von Canterbury getrennt hat und der intensiver Kontakt zu Rom im Vorfeld der Veröffentlichung der Konstitution nachgesagt wird. Doch auch hier bleibt noch offen, ob die Traditional Anglican Communion tatsächlich auf den Zug aufspringen wird. Mancher mag sich eher das Angebot einer Diözese anglikanischen Ritus in Gemeinschaft mit Rom erhofft haben.

Als knappes Fazit sei festgehalten: Es ist Kardinal Kasper recht zu geben, dass die Konstitution kein *ökumenisches Modell* ist. Und hochkirchliche Randgruppen in Deutschland sollten nicht versuchen, es zu einem solchen für Katholiken und Lutheraner zu machen. [32] Vielmehr geht es um Konvertiten, die in freier Gewissensentscheidung aus der anglikanischen in die römisch-katholische Kirche eintreten. Ich hoffe nur, dass dies allgemein so in der römisch-katholischen Kirche gesehen wird. Es bleibt eben doch schnell der Beigeschmack, dass das vorgesehene Verfahren als Abwerbestrategie verstanden werden kann, die über die ökumenisch unproblematische Aufnahme von Konvertiten hinausgeht. Wenn es aber kein ökumenisches Modell ist, dann heißt dies aber auch, dass wir weiter um ein solches ringen müssen. Denn mit der Konstitution wird erneut das bestehende Grundproblem deutlich, dass es noch kein gemeinsames, tragfähiges Verständnis für den Weg zur Einheit gibt. Wir Lutheraner können gut damit leben, dass wir Einheit in versöhnter Verschiedenheit gestalten. Auf dieser Grundlage beruht nicht zuletzt die Leuenberger Konkordie von 1973. Genau dieses Verständnis und Konzept ist aber für weite Teile der römisch-katholischen Kirche kein erfolgversprechender Weg. Wir müssen weiter intensiv um gemeinsame Modelle der Einheit ringen.

3. Glaubenslehrer – Personalia des letzten Jahres

3.1 Fünf Jahre Pontifikat Benedikts XVI.

„Wir sind Papst" – solche Schlagzeilen gab es am 19. April 2010 zum 5. Jahrestag der Wahl Joseph Kardinal Ratzingers nicht mehr zu lesen. In der nicht-kirchlichen, deutschen Presse fand das Jubiläum kaum ausführliche Würdigungen. Eine Ausnahme bildete ein offener Brief Hans Küngs an die katholischen Bischöfe weltweit, der in mehreren großen Tageszeitungen

32 Siehe: Knoche, Hansjürgen, Neue Perspektiven für hochkirchliche Gemeinschaften, in: KNA-ÖKI 52–53 vom 21. Dezember 2009

abgedruckt wurde und in dem Küng dem Papst „verpasste Gelegenheiten" und eine „gescheiterte Restaurationspolitik" vorwarf.[33] Fünf Jahre Papst Benedikt XVI. sollen auch für den diesjährigen Catholica-Bericht Gelegenheit geben, eine knappe Zwischenbilanz aus lutherischer Sicht zu ziehen.

In der Wahl Joseph Kardinal Ratzingers kam der klare Wunsch des Kardinalskollegiums nach Kontinuität zum vorherigen Pontifikat zum Ausdruck. Der Präfekt der Glaubenskongregation hatte dabei keine leichte Nachfolge anzutreten. Johannes Paul II. war ein charismatischer ‚Medienstar', der selbst in seinem Sterben medial präsent war und Christinnen und Christen beeindruckte. So bat der neue Papst nach seiner Wahl auch um Geduld mit ihm. Nach fünf Jahren meine ich bemerken zu können, dass Benedikt XVI. mittlerweile seine Art gefunden hat, das Amt auszufüllen.

Insgesamt legt der ehemalige Dogmatikprofessor seinen Schwerpunkt als Papst auf die Darstellung, Auslegung und Bewahrung des römisch-katholischen Glaubens. Es fällt auf, dass er sich Zeit lässt für Äußerungen. Dies ist wohl nicht als Zögerlichkeit zu deuten, sondern seinem akademischen Anspruch geschuldet. Besonders erwähnen möchte ich die drei Enzykliken seiner bisherigen Amtszeit, zunächst die beiden Schreiben über die christliche Liebe und Hoffnung, dann die Sozialenzyklika. Mit diesen Texten kann ich ökumenisch viel anfangen. Da werden Fragen gestellt, die durchaus alle Gläubigen bewegen. Und auch in den Antworten gibt es vieles, das es verdient, auch von evangelischen Christen gehört zu werden.

Die Stärken Benedikts XVI. als Glaubenslehrer und -bewahrer der römisch-katholischen Kirche haben zur Kehrseite, dass offenbar weniger Gewicht auf eine gute Kommunikation und Koordination im Verwaltungsapparat der Kurie gelegt wird. Öfters konnte man in den letzten Jahren erleben, dass Abstimmungs- und Verständigungsprozesse zwischen den ‚Ministerien' des Vatikans nicht geklappt haben oder dass dafür offenbar gar keine festen Strukturen vorgesehen waren. Auch wurde in der Öffentlichkeitsarbeit die Brisanz einiger Themen nicht erkannt. Diese Defizite zeigten sich im Umgang mit drei Kontroversen, die das Pontifikat Benedikts mitgeprägt haben:

> Zu erinnern ist an die Regensburger Rede während des zweiten Deutschlandbesuches des Papstes 2006, die nachhaltige Irritationen in der muslimischen Welt auslöste. Zu leicht konnte ein islamkritisches, mittelalterliches Zitat als persönliches Zitat des Papstes missverstanden werden. Die Folgen sind bekannt und haben dem interreligiösen Dialog des Vatikans viel Schaden zu gefügt.

33 Abgedruckt z. B. in: Süddeutsche Zeitung vom 15. April 2010, 13

Angesichts der anhaltenden Debatte ging es z. B. nahezu unter, dass der Papst die Türkei bereiste und dort ein bemerkenswerter Besuch der Blauen Moschee sowie intensive Gespräche mit muslimischen Vertretern auf dem Programm standen. Darüber hinaus konnten einige der zentralen Aussagen dieser Regensburger Rede zum Thema „Glaube und Vernunft“ und die damit verbundene Deutung der Reformation und Aufklärung als Verfallsgeschichte aus evangelischer Sicht nicht unwidersprochen bleiben. [34] In beiden Aspekten setzt der Papst seinen Kampf gegen jede Art von vermeintlichem Relativismus fort, den schon das Wirken Kardinal Ratzingers als Präfekt der Glaubenskongregation prägte. Hier sei nur an die Erklärung „Dominus Iesus“ erinnert, in der es nicht nur um den kirchlichen Status anderer Konfessionen, sondern v. a. auch um den Umgang mit den anderen Religionen ging.

Unter Juden sorgten die Wiedereinführung der Karfreitagsfürbitte zur Bekehrung der Juden im Ritus der sogenannten tridentinischen Messe sowie die Aufhebung der Exkommunikation des Holocaust-Leugners, Richard Williamson, für erhebliche Kritik und anhaltende Empörung. [35]

Schließlich sind die ersten fünf Jahre des Pontifikats Benedikts auch durch seine angestrebte Versöhnung mit der traditionalistischen Piusbruderschaft geprägt und letztlich auch belastet. Letztes Jahr habe ich ausführlich darüber berichtet. [36] Inzwischen laufen die offiziellen Gespräche Roms mit den Traditionalisten unter strenger Vertraulichkeit. Bekannt ist jedoch, dass von römisch-katholischer Seite u. a. der Opus-Dei-Generalvikar Fernando Omari und der deutsche Jesuit Karl Josef Becker berufen wurden. Becker gilt als einer der maßgeblichen Vertreter jener engen Konzilsinterpretation, dass die Kirche Jesu Christi auch für das Zweite Vatikanische Konzil ausschließlich die römisch-katholische Kirche bleibe.

Bezüglich des ökumenischen Engagement Benedikts hat Peter Neuner jüngst folgende Einschätzung festgehalten: Es „war vorherzusehen, dass weder die mutigen Formulierungen des jungen Professors, noch die kritischen Aussagen des Präfekten der Glaubenskongregation, dessen Aufgabe es war, einer Verfälschung des Glaubens zu wehren, allein die Marschrichtung bestimmen würden. Jedenfalls hat der Papst schon in der ersten Audienz nach seinem Amtsantritt die christlichen Kirchen und Gemeinschaften

34 Siehe dazu: „Können etwas zwei miteinander wandern, sie seien denn einig untereinander?“ Bericht des Catholica-Beauftragten der VELKD vor der Generalsynode am 14. Oktober 2008 in Zwickau, November 2008 (Texte aus der VELKD 144), 9f

35 Eine kritische Bewertung hat der Catholica-Beauftragte in seiner Festrede am 9. März 2008 anlässlich der Feier „60 Jahre Gesellschaft für Christlich-Jüdische Zusammenarbeit in Wiesbaden“ vorgenommen. Siehe: www.deutscher-koordinierungsrat.de/Wiesbaden

36 Catholica-Bericht 2009, a. a. O., 10–16

zum ökumenischen Dialog aufgerufen." [37] In dem Zitat klingt an, dass es einen ‚frühen' Professor und einen ‚späteren' Präfekten Ratzinger gibt. Doch haben sich dabei Ratzingers ökumenische Überzeugungen entwickelt bzw. verändert oder verhärtet? Der Papst selbst jedenfalls hat mehrmals betont, dass er sich in seinen Positionen immer treu geblieben sei. Doch andererseits gibt es m. E. durchaus einige Aussagen des Konzilstheologen Ratzingers, die nur schwer mit seinen heutigen Positionen in Einklang zu bringen sind: Bereits in den 60er-Jahren des letzten Jahrhundert finden sich z. B. Überlegungen, die nicht weit von dem lutherischen Konzept „Einheit in versöhnter Verschiedenheit" entfernt zu liegen scheinen. In welcher Kontinuität stehen diese mit lehramtlichen Aussagen, die der Papst als Präfekt der Glaubenskongregation maßgeblich mitverantwortet hat? Wie dem auch sei: zumindest in den letzten Jahrzehnten ist sich Papst Benedikt XVI. in seiner konservativen Grundhaltung treu geblieben. Darin ist er aus Sicht von Lutheranern – auch wenn wir manche seiner theologischen Überzeugungen und daraus resultierenden ökumenischen Konsequenzen nicht teilen mögen – berechenbar und präzise.

Insgesamt halte ich es nicht für ausgeschlossen, dass es in der Ökumene noch zu Weiterentwicklungen kommt; das traue ich Papst Benedikt durchaus zu. Schnelle Fortschritte in ekklesiologischen und – wie bereits erwähnt – sakramentstheologischen Lehrfragen sehe ich allerdings im Moment nicht. Vielleicht ist es ja aber ein hoffnungsvolles Zeichen, dass beim diesjährigen Treffen des „Ratzinger-Schülerkreises" in Castel Gandolfo der neue Präsident des Päpstlichen Einheitsrates, Erzbischof Kurt Koch, als Hauptreferent eingeladen wurde. Koch (und nicht z. B. Karl Josef Becker) war gebeten worden, dort über das Zweite Vatikanische Konzil und seine Rezeption zu referieren.

3.2 Personeller Wechsel im Päpstlichen Einheitsrat

Mit dem Stichwort „Präsident des Päpstlichen Einheitsrates" komme ich zu dem zweiten Abschnitt dieses Kapitels, dem personellen Wechsel in dieser vatikanischen Behörde.

Auch wenn er genau genommen bereits nicht mehr im Amt war, bot die Elfte Vollversammlung des Lutherischen Weltbundes im Juli dieses Jahres einen würdiger Rahmen für Walter Kardinal Kasper, sich von uns zu verab-

37 Neuner, Peter, Vom Professor zum Papst. Der ökumenische Weg Benedikts XVI., in: Herder Korrespondenz Special 1 (2010), 7–12, hier 10

schieden. Der scheidende Präsident des Päpstlichen Rates zur Förderung der Einheit der Christen war geladen worden, das Grußwort für die römisch-katholische Kirche zu sprechen. Schnell wurde deutlich, dass ihm die lutherisch-katholischen Beziehungen eine besondere Herzensangelegenheit während seiner Amtszeit gewesen waren. Und er betonte ausdrücklich: auch bleiben werden.

In der Tat hatten die lutherischen Kirchen mit Kardinal Kasper einen vertrauten und kompetenten Gesprächspartner in Rom. Die Ökumene ist für den Kardinal immer eine zentrale Aufgabe gewesen, die in der Botschaft Jesu ihren Grund hat. Seit 1999, als er Sekretär des Einheitsrates wurde, hat er von dieser Einsicht geleitet das theologische Gespräch und den Austausch zwischen den Kirchen gefördert. Während seiner Zeit in Münster und Tübingen hat er als Dogmatiker Impulse gesetzt und die Ökumene gedanklich vorangetrieben, ebenso wie als Mitglied der Kommission für Glauben und Kirchenverfassung des Ökumenischen Rates der Kirchen. Zu seinen Verdiensten gehört auch die unermüdliche Suche nach einer weiteren Annäherung der römisch-katholischen Kirche mit der Orthodoxie und den altorientalischen Kirchen. Im Jahre 2005 gelang es, den theologischen Dialog zwischen der Orthodoxie und Rom nach fünf Jahren Pause wieder aufzunehmen.

Ein immer wiederkehrendes Motiv seiner ökumenischen Bemühungen war der Ruf nach einer „Ökumene des Lebens", bestehend aus dem gemeinsamen Lesen der Heiligen Schrift und gemeinsamen Gebet, in Freundschaften, der karitativen Zusammenarbeit und dem Schutz des Lebens und der Natur. Wichtig ist sein Hinweis auf die Bedeutung der Taufe. Zu Recht schreibt er in seinem Praxishandbuch zur Ökumene: „Wenn Christen gemeinsam das Geheimnis und den geistlichen Reichtum ihrer Taufe wiederentdecken, wächst ihre Nähe zu Christus und zueinander." [38]

Als 2007 das ökumenische Klima belastet wurde durch das Dokument der vatikanischen Glaubenskongregation zu Fragen des Kirchenverständnisses, weil dieses im Sinne des erwähnten Jesuiten Beckers erneut feststellte, dass die reformatorischen Kirchen keine Kirchen im eigentlichen Sinn seien, legte Kardinal Kasper den Akzent auf die Passage, in der – dem Zweiten Vatikanischen Konzil folgend – anerkannt wird, „dass in den Kirchen und kirchlichen Gemeinschaften, die noch nicht in voller Gemeinschaft mit der katholischen Kirche stehen, kraft der in ihnen vorhandenen Elemente der

---

38 Kasper, Walter Kardinal, Wegweiser Ökumene und Spiritualität, Freiburg/Basel/Wien, 2007, 49

Heiligung und der Wahrheit die Kirche Christi gegenwärtig und wirksam ist".[39] Entsprechend deutet er das Dokument so: Es sage gar nicht, „die evangelischen Kirchen seien keine Kirchen, sondern sie seien keine Kirchen im eigentlichen Sinn, d. h. sie sind nicht in dem Sinn Kirchen wie die katholische Kirche sich als Kirche versteht. [...] Die evangelischen Kirchen wollen gar nicht Kirche im Sinn der katholischen Kirche sein; sie legen Wert darauf, ein anderes Kirchen- und Amtsverständnis zu haben."[40] Kasper übersetzte daher den Ausdruck ‚Kirche nicht im eigentlichen Sinn' als ‚Kirche anderen Typs' und erklärte, diese andere Ausdrucksweise stehe nicht im Gegensatz zu den Aussagen der römischen Glaubenskongregation. Ich habe Respekt vor dieser Deutung, auch wenn sie sich mit dem Wortlaut der vatikanischen Äußerung nicht leicht verträgt und hinsichtlich der daraus abgeleiteten Wortwahl in fortwährende Unstimmigkeiten führt.

Mit dem bereits vorgestellten „Harvest-Projekt" ist es Kardinal Kasper gelungen, am Ende seiner Amtszeit nochmals ein wichtiges Zeichen zu setzten. Die VELKD wünscht sich, dass dieses ‚ökumenische Vermächtnis' Kaspers in den betroffenen Kirchen nicht in Vergessenheit gerät, sondern in den dafür zuständigen offiziellen Strukturen weiter diskutiert und in einen Prozess der Rezeption münden möge.

Neuer ‚Ökumene-Minister' des Vatikans ist, wie bereits erwähnt, der bisherige Bischof von Basel, Kurt Koch. An der Spitze des Päpstlichen Einheitsrates steht mit Kurt Koch, der zum Erzbischof ernannt wurde, erneut eine Persönlichkeit, die auf eine Lehrtätigkeit als Professor für Dogmatik und Liturgiewissenschaft zurückblicken kann und der die Kirchen der Reformation nicht nur aus der Literatur, sondern „aus der unmittelbaren Erfahrung" vertraut sind. Laut Erzbischof Koch sei dem Papst dies eine wichtige Voraussetzung für die Berufung gewesen.

Bischof Koch war Ökumene-Beauftragter der Schweizer Bischofskonferenz und ist bereits seit dem Jahre 2002 Mitglied des Päpstlichen Einheitsrates. Er kann auf eine eindrucksvolle Liste an Publikationen verweisen. Viele seiner Bücher beschäftigen sich dezidiert mit ökumenischen Fragen. Dabei wird deutlich, dass der neue Präsident des Einheitsrates durchaus die traditionelle, lehramtliche Meinung vertritt, diese jedoch ohne jede Wagen-

39 Kongregation für die Glaubenslehre, Antworten auf Fragen zu einigen Aspekten bezüglich der Lehre über die Kirche, 29. Juni 2007 (www.vatican.va/roman_curia/congregations/cfaith/documents/rc_con_cfaith_doc_ 20070629_responsa-quaestiones_ge.html), Frage 2

40 Siehe: www.storico.radiovaticana.org/ted/storico/2007-07/144081_vatikan_kasper,_dokument_ladt_zum_ dialog_ ein.html

burgmentalität sondern vielmehr im Dialog mit anderen Positionen vorträgt. Man darf gespannt sein, welche Akzente Erzbischof Koch in den nächsten Monaten setzen wird. In der Vergangenheit hat er sich zum Beispiel dafür ausgesprochen, dass die Zulassung von verheirateten Männern zum Priesteramt in der römisch-katholischen Kirche weiter diskutiert werden sollte. Schließlich sei die Zölibatsverpflichtung eine änderbare Disziplinar-Frage, solange zugleich die positive Bedeutung des Zölibats gewahrt bleibe. Zugleich hat er aber immer auch mit deutlichen Worten den Vorwurf zurückgewiesen, dass Papst Benedikt XVI. hinter die Reformen des Zweiten Vatikanischen Konzils zurückgehen wolle. Der Papst wolle vielmehr die Kirche in die Tiefe führen – so die Überzeugung Kochs.

Kochs Wahlspruch als Baseler Bischof lautete übrigens: „Christus hat in allem Vorrang“. Dies ist sicherlich ein Motto, dem wir Lutheraner uneingeschränkt zustimmen können und das Brücken zum Dialog mit dem Luthertum bauen sollte. Wir wünschen dem neuen Präsidenten des Einheitsrates jedenfalls alles Gute, Gottes Segen und einen guten Anfang in seinem neuen Amt. Wir hoffen, dass er sich schnell in die sehr komplexe Materie der ökumenischen Beziehungen des Vatikans einarbeiten wird und uns – so wie bislang Kardinal Kasper – ein guter ökumenischer Freund werden wird. Ich freue mich, dass wir im Januar 2011 im Rahmen einer Begegnungsreise der Kirchenleitung der VELKD nach Rom Erzbischof Koch nicht nur persönlichen kennenlernen werden, sondern auch Zeit für intensive Gespräche sein wird.

4. „[…] damit ihr Glaube und Hoffnung zu Gott habt“

Meine abschließenden Gedanken möchte ich dieses Jahr dem alle zwei Jahre stattfindenden Ökumenischen Studienkurs der VELKD und der römisch-katholischen Deutschen Bischofskonferenz widmen. Er fand dieses Jahr vom 13. bis 18. Juni in Erfurt statt und bot evangelischen Pfarrerinnen und Pfarrern zusammen mit katholischen Priestern, Pastoralassistentinnen, -assistenten und Gemeindereferentinnen und -referenten Gelegenheit zu einer intensiven gemeinsamen Studienzeit und zu ökumenischem Austausch. In bewusster Aufnahme des Mottos des Ökumenischen Kirchentages in München lautete dieses Jahr sein Thema „Damit ihr Hoffnung habt: Sterben – Tod – Leben“. Unter dieser Überschrift wurden Fragen nach dem Umgang mit Sterben und Tod in unserer Gesellschaft, in unseren Kirchen sowie nach der gemeinsamen Rechenschaft christlicher Hoffnung in unserer Zeit aufgegriffen. Der Tagungsort Erfurt bot die Möglichkeit, das Thema im Kontext einer weitgehend entchristlichten Gesellschaft anzugehen und nach den Möglichkeiten zu fragen, das christliche Zeugnis von der Hoffnung glaubwürdig zu vermitteln.

Damit bin ich wieder bei meinen Anfangsüberlegungen. Unglaublich ist die Hoffnung an die Auferstehung der Toten und doch so voller Zuversicht, auch für mein Ende und das Ende meiner Lieben. Der Tod gehört nicht zu den letzten Dingen, nach denen nichts mehr kommt, sondern zu den vorletzten. Wenn es zu unserer grundlegenden missionarischen Aufgabe gehört, ökumenisch geeint diese befreiende Botschaft von der Auferstehung Christi und der Überwindung des Todes weiterzugeben, dann ist es gut, dass sich der Ökumenische Studienkurs genau dieses Themas angenommen hat. Gemeinsam sind römisch-katholische und evangelische Theologen darüber ins Gespräch gekommen, wie diese Botschaft am Grab, am Krankenbett oder in der Begräbnisliturgie zum Wohle und der Hoffnung der Menschen bezeugt werden kann. Dieses gemeinsame Arbeiten an lebensdienlichen Fragen ist ein guter Dienst an der Gesellschaft. Während des Studienkurses zeigte sich schnell, dass dabei die Herausforderungen und Fragen unserer Seelsorgerinnen und Seelsorger gar nicht so sehr entlang der konfessionellen Linien verlaufen. Vielmehr ist es entscheidend, ob jemand in der Großstadt lebt oder auf dem Dorf, ob es noch volkskirchliche Strukturen und eingeübte Muster der Trauerbegleitung gibt oder die meisten Seelsorgefälle aus der Sicht der Betroffenen ein Erstkontakt mit unserer christlichen Hoffnung und unserem Glauben sind. Gemeinsam müssen wir Kirchen uns dem Thema „Sterben – Tod – Leben" stellen und Gegenmodelle zur Hoffnungs- und Sprachlosigkeit vieler Menschen entwickeln: Wie findet der Glaube die Kraft zum Protest gegen den Tod? Wie überzeugt unsere Hoffnung auf die wirklich letzten Dinge? Wie sieht Glaube aus, der zu einem Leben befreit, das schon jetzt mit dem Zukünftigen rechnet? Wie bringen wir die Botschaft Jesu angesichts der Macht des Todes zur Sprache? In einem versöhnenden Wort, einem Zuspruch der Vergebung, einem wohltuenden und tröstenden Ritual?

In der Begegnung und dem Austausch geschieht gemeinsames Lernen – voneinander und miteinander. Damit zeigen Projekte wie der Ökumenische Studienkurs exemplarisch, was gelingende Ökumene immer auch ist: eine Schule „des Glaubens und der Hoffnung zu Gott".

Der Autor

Friedrich Weber, Prof. Dr. theol. (1949)

Studium der ev. Theologie, Geschichte und Pädagogik in Wuppertal, Göttingen und Oldenburg. Verheiratet – zwei erwachsene Kinder. 1972–1984 Vikar und Pastor in Greetsiel/Nordsee, 1984–1991 Pfarrer und Dekan in Oppenheim/Rhein, 1991–2002 Regionalbischof (Propst) der Ev. Kirche in Hessen und Nassau in Wiesbaden und Vorstand der Ev. Akademie Arnoldshain/Taunus.

Seit 2002 Landesbischof der Ev.-luth. Landeskirche in Braunschweig. Vorsitzender des Hochschulrates und Honorarprofessor der TU-Braunschweig. Vizepräsident der Stiftung Braunschweigischer Kulturbesitz. Ratsvorsitzender der Konföderation evangelischer Kirchen in Niedersachsen und Catholica-Beauftragter der VELKD. Vorsitzender der Arbeitsgemeinschaft Christlicher Kirchen in Deutschland. Co-Vorsitzender der Meissen-Kommission der EKD und der Church of England, Vorsitzender des Kuratoriums des Konfessionskundlichen Instituts der EKD in Bensheim, Kuratoriumsmitglied der Herzog-August-Bibliothek in Wolfenbüttel, Canon der anglikanischen Kathedrale von Blackburn/GB.

Nachweise

I. Vorträge

Die Herausforderung konfessionsüberschreitender christlicher Strömungen für die Arbeitsgemeinschaft Christlicher Kirchen
Vortrag zur Tagung „30 Jahre ACK Sachsen-Anhalt“ am 7. März 2009 in Magdeburg und zur Mitgliederversammlung der ACK Deutschland in Berlin am 11. März 2009

Enthellenisierung? – Zur Kontroverse um den Regensburger Papstvortrag
Vortrag zur Tagung der Catholica- und Ökumene-Referenten der evangelischen Landes- und Freikirchen sowie der Alt-Katholischen Kirche am 16. Mai 2005 im Konfessionskundlichen Institut in Bensheim

Zur Zukunft der Ökumene – Probleme und Perspektiven aus evangelischer Sicht
Impuls vor der Podiumsdiskussion „Ökumene wohin?“ beim 96. Katholikentag in Saarbrücken am 25. Mai 2006 in der ev. Ludwigskirche Saarbrücken

Ökumene – lebendig, kräftig, zukunftsfähig?
Impuls auf dem ev. Kirchentag 2007 in Köln am 7. Juni 2007

Missionsland – Deutschland. Verkündigung in konfessionsloser Umwelt
Hauptvortrag auf der Generalversammlung des Evangelischen Bundes am 2. Oktober 2009 in Leipzig

Auf dem Weg zur Einheit
Ansprache auf dem Forum „Auf dem Weg zur Einheit“ am 18. August 2007 im Caritas-Pirckheimer-Haus zu Nürnberg

Im Glauben eins – in Kirchen getrennt. Die Charta Oecumenica als Chance
Vortrag beim Neujahrsempfang des Diözesanrats der Katholiken im Bistum Hildesheim am 16. Januar 2010 in Hildesheim

Ziellose Ökumene: Welche Einheit suchen wir – welche Ökumene wollen wir?
Katholikentag Osnabrück am 23. Mai 2008

Für eine gemeinsame Erklärung zum Abendmahl
Impulsreferat für das „Frankfurter Konfessionsgespräch" am 29. April 2010 im Haus am Dom zu Frankfurt

Gottes Schöpfung feiern und bewahren
Vortrag zum ersten ökumenischen Schöpfungstag am 3. September 2010 in Brühl/Rhein

II. Predigten

Predigt zum Ökumenischen Gottesdienst im Dom zu Braunschweig
am 25. November 2006

Sermon on occasion of the presentation of two german pastors as Local Ecumenical Partnership (LEP)-pastors in the Diocese of Blackburn
February 15, 2007 in Christ-Church in Coln (GB)

Predigt im ökumenischen Gottesdienst zur Sebalduswallfahrt
am 19. August 2007 in St. Sebaldus Nürnberg

Predigt in der Vigil zur Herbstinvestitur des Ritterordens vom Hl. Grab zu Jerusalem
im Dom zu Braunschweig am 5. Oktober 2007

Predigt im Ökumenischen Gottesdienst am 18. Januar 2008 im Dom zu Mainz
60 Jahre Arbeitsgemeinschaft Christlicher Kirchen in Deutschland (ACK)

Predigt zur ACK-Mitgliederversammlung Sachsen-Anhalt
am 1. März 2008 in der Kathedrale St. Sebastian in Magdeburg

Predigt zur ökumenischen Vesper in St. Ägidien zu Braunschweig
am 10. März 2008

Predigt im ACK-Gottesdienst zur Ökumenischen Friedensfahrt
Kirchentag Bremen am 21. Mai 2009

Predigt im Ökumenischen Gottesdienst zur Eröffnung der Gebetswoche für die Einheit der Christen
am 24. Mai 2009 im Dom zu Paderborn

Predigt zur Eröffnung der Gebetswoche für die Einheit der Christen
am 17. Januar 2010 in der Nikolaikirche zu Kiel

Predigt zur ökumenischen Vesper der ACK Bonn
am 24. Januar 2010 in der Stiftskirche St. Peter, Bonn

Predigt zum ökumenischen Kreuzweg zwischen Asse II und Schacht Konrad
am 7. März 2010 in der Petrikirche zu Salzgitter-Beddingen

Sermon for the service in St. Pauls Warton (GB)
on March 14, 2010

Predigt im Gottesdienst der Gemeinschaft Sant'Egidio in der Franziskanerkirche in Würzburg
am 30. März 2010

Predigt im Eröffnungsgottesdienst des 2. Ökumenischen Kirchentages in München
am 13. Mai 2010 auf dem Odeonsplatz

Proklamation des Schöpfungstages beim zentralen Gottesdienst des 2. Ökumenischen Kirchentages in München
am 14. Mai 2010 auf dem Odeonsplatz

Predigt im Ökumenischen Festgottesdienst
am 11. November 2010 im Dom zu Münster aus Anlass der 60-jährigen Geschichte des Deutschen Ökumenischen Studienausschusses

III. Kommentare

Wechselseitige Taufanerkennung
Kommentar für den Materialdienst des Konfessionskundlichen Instituts Nr. 3/2007

Ablass und kein Ende?
KNA-ÖKI 41/2008

Was hat die Gemeinsame Erklärung zur Rechtfertigungslehre gebracht?
z. T. in: Zeitzeichen 10/2007

Theologie der Selbstisolierung
Für „Die Welt“ 13. Juli 2007

Das Bischofsamt – evangelisch-lutherische Überlegungen
Kirche + Leben. Bistumszeitung Münster vom 11. Mai 2008

Ökumenische Anfragen an die alte Messe
KNA-ÖKI 27/2008

Statement zu der ökumenischen Dimension der Lutherdekade
KNA-ÖKI 47–2008

IV. Interviews

Ungebrochener Wille, ökumenisch voranzugehen
Herder Korrespondenz 3/2010

Einheit ist das Ziel, nicht Gleichheit
Rheinischer Merkur Nr. 18/ 6. Mai 2010

Innere Erneuerung der Ökumene angemahnt
VELKD-Informationen Nr. 120 vom 26. April 2007

Dialog mit Katholiken hat zur gegenseitigen Verständigung beigetragen
Interview für die VELKD-Informationen 2006

V. Catholica-Berichte 2006–2010

„Es sind viele Glieder, aber der Leib ist einer"
Bericht der 10. Generalsynode auf ihrer 4. Tagung in Ahrensburg am 17. Oktober 2006 vorgelegt

Räume der Begegnung
Bericht der 10. Generalsynode auf ihrer 5. Tagung in Goslar am 22. Oktober 2007 vorgelegt

„Können etwa zwei miteinander wandern, sie seien denn einig untereinander?"
Bericht der 10. Generalsynode auf ihrer 6. Tagung in Zwickau am 13. Oktober 2008 vorgelegt

Beziehungen vertiefen in einer komplexen ökumenischen Landschaft
Bericht der 11. Generalsynode auf ihrer 2. Tagung in Ulm am 24. Oktober 2009 vorgelegt

„[...] damit ihr Glauben und Hoffnung zu Gott habt"
Bericht der 11. Generalsynode auf ihrer 3. Tagung in Hannover am 6. November 2010 vorgelegt